于漪全集

于漪全集

(修订版)

第十一卷

序言书信

上海教育出版社

1978年12月，参加中国妇女代表团访问日本

1982年3月,参加全国中学生优秀读物评选后造访太原晋祠

革命老前辈康克清的嘱咐永远镌刻在心

登上屋顶，查看校园及周围情况，牢把学校安全关

2011年,荣获第八届复旦大学"校长奖",与复旦大学党委书记朱之文、复旦大学校长杨玉良合影

2014年,赴苏州为顾德辉老师90岁诞辰祝寿

2014年7月,重大课题攻关项目培训动员大会期间,与教育部副部长李卫红、上海市副市长翁铁慧合影

对语文教学现状的思考

出版说明

《于漪全集》是基础教育领域首部特级教师的全集，也是上海教育出版社为特级教师出版的第一部全集。自2018年8月第一版出版以来，在传承、弘扬和建设新时代社会主义文化、以教育自信创建自信的教育等方面发挥了重要作用，深受广大读者特别是第一线教育工作者的好评。

《于漪全集》收录了于漪在不同时期出版的专著以及发表于全国各类报刊的论文、讲话、序跋等作品。编辑过程中，虽尽力搜集，仍难免挂一漏万。部分文章的写作时间和出处未予注明，留待日后修订逐步完善。在此，也对原发报刊编辑部、图书出版单位一并致谢。

《于漪全集》第一版由上海市教师学研究会组织有关教师、专家编辑。于漪的教育思想植根于教学实践，是理论与实践有机融合的生动阐述。有时一材多用，是为了从不同角度阐释相关问题，为读者呈现丰富的不同历史阶段的思考成果。

《于漪全集》第一版以"一辈子学做教师"为线索，根据文章内容，分为二十一卷，从基础教育、语文教育、课堂教学、阅读教学、写作教学、教师成长、序言书信、教育人生八个方面多维度展现于漪来自教育第一线的理论研究成果，基本体现了当代教育家的典型形象。

于漪自2019年9月被中共中央授予"人民教

育家"国家荣誉称号以来，担当新的历史使命，坚持思想创新，特别是在中国特色教育学、教师学等重大理论建设上奋力探索，笔耕不辍，不断形成新的思想成果。鉴于此，上海市教师学研究会及时组织学术力量，对《于漪全集》第一版作了全面修订：一是补充了于漪教育新论述；二是增加了于漪教育活动年表；三是在版式、装帧上作了调整，从第一版的较小开本八类二十一卷改为较大开本的八类十二卷；四是对文字和内容错漏加以改正。

我们希望，《于漪全集》修订版能够继续为广大教育工作者学习于漪教育教学思想，探索中国特色教育学、教师学，为国育才，为党育才，发挥应有的作用。

目录

序言

《中外名家读写趣闻》写在前面 … 3
《教育教学实用文写作指导》序 … 5
《教师口才修养》序 … 7
《外国当代儿童文学作品选评》序 … 9
在"炼"字上下功夫
　——《十字路口——'89上海市中学生新星作文大奖赛获奖作文评析》序 … 12
《初中作文训练技巧》序 … 15
在书前说几句
　——《缪斯的金钥匙》序 … 17
《初中生600字作文》写在前面 … 19
一点感想
　——《新时期中学教师修养》序 … 21
《少年作文精华词典》写在前面 … 24
十年辛苦不寻常
　——《华东六省一市中学生作文比赛十年佳作精选（1981—1990）》序 … 26
在限制中显本领
　——《高中生700字作文》序 … 29
《中学生优秀演讲稿选评》序 … 31
《我用拼音写日记》序 … 33
《深圳·珠海·澳门中学生作文选》序 … 35

《中师生必读》序 37
《在改革大潮中》序 39
《全国初中生作文大全》序 41
倾注真情咏浦东
　　——《"浦东之春"中学生优秀作文选》序 43
《美的世界》写在前面 44
往深处开掘
　　——《第二届"浦东之春"中学生优秀
　　　作文选》序 46
《语文教学的人文思考与实践》序 48
《初中语文学习导引》前言 50
《语文教育论文选》前言 52
《语文素质教育新探》序 55
阅读与素质教育
　　——《初中生阅读辞海》序 57
《语文课堂立体教学模式》序 59
《于漪文集》自序 62
《走近经典　高中文化读本》前言 72
《少年古诗词诵读本》前言 74
《探索明天的教育》序 76
《陈文高语文人生的四个乐章》序 78
《语文课堂问题教学策略》序 80
《新语文个性化写作》序 82
《苹果与粉笔灰——献给老师的心灵咖啡》序 84
《名家与你同行》序 86
《学生古诗文鉴赏辞典》序 88
《作文新视角》序 91
情真·理真·事真
　　——《我这样学写作》序 93

《上海市中学生年度最佳作文选（2004）》序　96
《成语新解创意作文词典》序　98
《文字的背后：33位中国作家敞开心扉》序　100
《语文教学过程思维训练解读》序　102
《我的夜光杯》序　104
新苗破土　生意盎然
　　——《高手作文100篇》序　106
"著名中学师生推荐书系"序　109
《托起一抹绿色》序　112
《阅读教学田野研究》序　114
《读懂中国》序　117
"于漪新世纪教育论丛"小引　119
《语文可以这样教——"于漪语文德育实训
　　基地"教学案例》卷首寄语　121
《走过高中》序　123
《中华经典诗歌鉴赏与诵读》序　125
传统经验与现代意识的完美结合
　　——《张庆文集》序　127
《上海名师课堂　小学语文　卢雷卷》序　131
《守望杏坛》序　134
《启迪言语智慧》序　137
《上海名师课堂　中学语文　黄荣华卷》序　140
真知灼见，启人深思
　　——《范守纲作文评说》序　144
《实践反思　同伴互助　专业引领——"三步
　　实践课"校本研修模式的探索》序　146
《我教儿子学作文》序　148
《陶行知箴言》序　151

上海复旦中学校本教材序	153
《人，活在价值体系中》序	155
《我的爱弥儿》序	158
《中小学文学课程导论》序	161
追求母语教学的高境界	
——《发现语文之美》序	164
《岁月留痕——教育新闻的采访与写作》序	166
在探索写作奥妙中前进	169
《提升精神与智慧力量——优秀教师的觉醒之路》序	172
《语文教学艺术新论》序	175
《教育的姿态》前言	178
《笑迎人生》序	181
《语文的尊严》前言	184
"中学生思辨读本"丛书序	186
三尺讲台系国运　一生秉烛铸民魂	
——《卓越教师第一课——于漪谈教师素养》序	189
拔节成长的佳音	
——"中学语文教师成长进阶丛书"序	191
让孩子的心灵辉煌起来	
——《中国校园文学（第一辑）角斗士》序	195
初试锋芒赞	198
"'青青子衿'传统文化书系"序	201
《于漪知行录》前言	202
《生命的价值在讲台——戴绍英教育文集》序	204
"智慧育人探索丛书"序	207

《中国古代语文教育史》序　　　　　　　210
《课堂，与美相遇的地方》序　　　　　　214
《触摸活着的鲁迅——一名初中语文教师的
　　思与行》序　　　　　　　　　　　　216
《别开生面的阅读与写作》序　　　　　　219
《上海名师课堂　中学语文　兰保民卷》序　222
《语感教学：内容确定与实践案例》序　　225
"上海教师教育丛书·知困书系"前言　　　227
"中小学课程与教学彰显中华优秀文化
　　研究与实践"丛书序　　　　　　　　229
《每月与语文教师书》序　　　　　　　　232
《向上的力量》序　　　　　　　　　　　235
《重温教育经典——一位校长的读书札记》序　237
《文体透视——中学语文阅读指要》序　　240
《学生作文集》序　　　　　　　　　　　242
《刘洋老师教语文》序　　　　　　　　　245
《杏坛杂录》序　　　　　　　　　　　　249
《高中议论文难点突破——基于高阶思维
　　培养的"问题解决型专题写作"微型
　　课程》序　　　　　　　　　　　　　252
《爱的语文——赵群筠课堂教学实录》序　255
《我与百年廊小》序　　　　　　　　　　258
《坚守初心，筑梦而行》序　　　　　　　261
《湖畔云庭诗文谜集丛》序　　　　　　　264
《是为心声——姜晓勇校长教育书信集》序　267
《小学语文古诗赏析》序　　　　　　　　270
《高中语文学习任务群教学实践举隅》序　272
为马玉文老师新著作序　　　　　　　　　275

为陆继椿老师新著作序 278

《星天地　新天地——上海市金山区海棠小学
　　创意体验课程的探索》序 281

《赤子之心——红色戏剧剧本及创排》序 284

《探索和发现的旅程——整本书阅读之专题
　　教学》序 287

《培养真正的阅读者——整本书阅读之理论
　　基础》序 289

《走向理性与清明——整本书阅读之思辨
　　读写》序 291

《语文课上的风景——我的12堂课》序 293

《视觉健康与光环境》序 296

立德树人，推动大中小学课程思政一体化
　　建设 298

《无边欢喜：马玉文教学随笔集》序 302

《今天，我们怎样命作文题?》序 305

《壮美语文：特级教师成长之路》序 308

《成事中成人："四部四制"的探索与实践》序
　　 311

《耕耘上海——素描第一线校长、教师》序 314

学习感言 318

《慧教育——浦东名教师论教学之道》序 322

《提升区域教师学科育德意识和能力的
　　实践研究》序 327

《课例研究：基于区域课程化实践的变式
　　探究》序 330

《教师伦理学》序 334

《阅读力晋级："一周一书"启示录》序　　337
《平凡教师教育诗篇专刊》序　　340
《语文与语言——基于语言艺术的语文教育》序
　　342
《我走过的路》序　　345
《单元作文同步导引》序　　348
《给你一把金钥匙——学习语文十法》序　　350
《希望之光》序　　352
《爱心的灌溉》序　　354
《慎思笃行——数学教师研究问题的视角与
　　方法》序　　356
《古诗吟诵》序　　358
"学思书系·教师素养系列"序　　359

书信

苦战能过关　　363
沉浸酣郁，含英咀华　　366
致廖晏钟　　371
自强不息，女教师们！
　　——复石惠芸老师　　372
祝愿再创辉煌
　　——《人民教育》创刊50周年贺词　　381
关于苏教版初中语文教材通信一组（致洪宗礼）
　　383
语文与文学教育（致王尚文）　　385
语文教学应还语文以本来面目（致庄文中）　　387
求学不读书，是蹉跎岁月（致甘其勋）　　389
写字须从正楷始（致罗易）　　391

语文素养重在积累（致佟春丽）	392
"上海市教师书画篆刻作品展"前言	394
运用记忆的支撑点	395
学会整体感知	397
祝贺（致顾黄初）	399
多情的沃土（致谷定珍）	400
致基地学员二则	404

更上层楼　创造辉煌
　　——《中学语文教学参考》创刊35周年贺词　406

胆识·胸怀·爱	409

铭心的记忆　不解的情缘
　　——《语文学习》创刊30周年贺词　412

美丽的星空
　　——《儿童时代》创刊60周年贺词　414

致宋桂奇	416
致陈玲玲	419
写给青少年同学们的一封信	422
阅读推广要在落实上下功夫（致周洪波）	425

坚守与引领
　　——《中学语文教学参考》创刊40周年贺词　428

致方有林	431
思想活体放入经典之中（致陈军）	433
致敬导航者的初心与情怀	437
祝贺	440
贺信	442

和中学生交朋友

一、视角
- 看问题要有基本立足点　447
- 眼看榜样，脚下一定反行吗　450
- 切不可轻信　452
- 信神、认命无出路　455
- 与"命运"抗争　458
- 讨个公正没有错　461
- 师爱，无选择性　464
- 要切实管起来　467

二、意志
- 振奋精神往前走　470
- 灵魂岂能退却　472
- 千磨万击还坚劲　475
- 在生存中求发展　477
- 化"厌烦"为"热爱"　480
- 切不可妄自菲薄　482
- 失落与奋起　484
- 事在人为　486
- 成功属于坚忍者　489
- 梦的编织与实现　491
- 笑迎磨难　自强不息　494
- 多虑伤神　496
- 化羡慕为志气　499
- 上学哪能无用　501

三、求知
- 学会科学用脑　503
- 笨？　505
- 与"粗心"告别　507
- 走神与自控　509
- 善问者"智"　512
- 要善于梳理　515

尺水也可有波澜	517
兴趣的秘诀何在	519
绝招	522
要珍惜每个45分钟	525
分清主次，正确取舍	528
不能偏食	530
要善于抓点拎线	532
抓住记忆的支撑点	535
学得高效，玩得快乐	537
选择	540
进入高中怎样学语文	543
不是"怪"学科	545
面目要清秀	548
勤学苦练，出口成章	550
多多未必"益善"	552
勇气来自执着追求	555
冲破"高原现象"	557
方法正确，效果自佳	560
关键在于"化"	562
迎考，须镇定自若	565
虚假不得	567
心旌不宜飘荡不定	569
行进，坚定不移	571

四、人际

要主动沟通	574
要学会化解	576
心灵的召唤	578
千万不能错位	580
宽容·坦荡	583

包装与修养	585
妒：一种丑恶的感情	588
委屈·受挫·承受力	590
一字之差	592
排除"求爱信"的干扰	594
痴醉与自拔	596
破除自我封闭	598
超越自我就是生活的强者	600
减肥	602

序言

《中外名家读写趣闻》
写在前面

青少年学生学习，往往不得其门而入，很是苦恼。如果掌握了好的学习方法，情况就会不一样。比如，阅读，懂得有效的读书方法，效果就好；作文，理解为文之道，勤于练笔，进步就快。《中外名家读写趣闻》就在读与写两个方面，给大家提供了十分有益的启示。

人们常把人类丰富的知识比作一座庭院深深的皇宫。要到这座皇宫中去探宝，首先手里要有开启宫门的钥匙。走进皇宫，循着一定的途径，步步前进。因此，人们也把方法说成途径，并把学习方法比作开启知识宝库的金钥匙。学问由浅入深，又常被比方为"登堂入室"。登堂要有登堂的钥匙，入室要有入室的钥匙。循路往前走，还有崇楼杰阁，想更上一层楼开开眼界，又得有开启层层楼阁的钥匙。《中外名家读写趣闻》荟萃了许多著名诗人、学者、教育家、思想家、科学家有关读写心得的名言，把把钥匙金光灿烂，真是琳琅满目。读这本书，一定会发现其中许多说法都是"英雄所见略同"，这说明学习的确有基本途径可以遵循，但也有不少条目所说各个不同，似乎是"公说公有理，婆说婆有理"，这也不奇怪，它从另一角度告诉我们在学习中要善于"用一把钥匙开一把锁"。

学习最重要的还在于开启自己心灵门扉上的那把锁，这就是常说的"开窍"。开了窍，就会思考，善思考，并掌握创造性的学习方法。《中外名家读写趣闻》中所写的都是各家经验之谈，是至理名言。但学

沈国平等编著《中外名家读写趣闻》（四川少年儿童出版社 1988 年版）。

习时如不深入思考分析，就会感到矛盾百出，莫衷一是；运用时，如果不结合自身情况胡乱采摘，机械应用，效果可能适得其反。书中的确有许多话一眼看过去南辕北辙，很是矛盾；其实，仔细一分析，一点也不奇怪，之所以如此，乃是因人、因时、因所学不同所致。如果往深处仔细思考一下，表面虽似矛盾，运用起来反而可以相辅相成。

以读书而言，从来就有精读、泛读之分。两者要求虽然不同，但缺一不可。经典的、基本的书籍、文章应精读，力求领悟深，能举一反三；一般书泛读，则在于扩大知识面，并加强快速泛览群籍的能力。我平日读书生活中总是注意两者结合。两者不仅要求不同，读法不同，即使读书时姿势也不一样。精读时正襟危坐，全神贯注；泛读时随便翻翻，身心轻松。读书以精读为主，泛读为辅，而泛读又起着调节的作用。

以写作而言，单是风格就很不相同。唐司空图《诗品》中把诗歌的风格分为雄浑、冲淡等二十四品，后人则越分越多。记得我早年作文时，有的老师喜欢文章写得"平淡"，有的老师则喜欢"绚烂"，那时年纪小不懂，只觉得无所适从。后来，读到清末唐彪《读书作文谱》中的一段话，就有了一点认识。书中写到苏东坡给他侄子的一段话："凡文字，少小时须令气象峥嵘，采色绚烂。渐老渐熟，乃造平淡。其实不是平淡，绚烂之极也。"一个人作文，少小时应"气象峥嵘，采色绚烂"；如果少小时力求平淡，久而久之定是文笔枯槁。年长渐造平淡，则又是一番境界，苏东坡说得好，"其实不是平淡，绚烂之极也"。前后写文章的风格似乎不同，但统一在一个人的身上。又如，鲁迅先生论陶渊明的诗说："就是诗，除论客所佩服的'悠然见南山'之外，也还有'精卫衔微木，将以填沧海，刑天舞干戚，猛志固常在'之类的'金刚怒目'式。"两种不同风格的诗统一在一人身上，更表现了一个完整的陶渊明。

由此可见，学习和运用《中外名家读写趣闻》中的见解，不应是"寻章摘句"式的，而应是"融会贯通"式的。阅读与写作不能停留在嘴上空讲道理，应该结合自己的具体情况认真实践；特别是从说出到写出之间，有一个很大的飞跃，更需要勤练笔，多多实践。"他山之石，可以攻玉"，书中的至理名言，虽可以开我们心窍，但不论是阅读，还是写作，毕竟还是要走出自己创造性的学习途径来。

《教育教学实用文写作指导》序

一般说来，中师生对如何教课、如何把课教好比较重视，而对未来工作中写作的重要性很少意识到。其实，"写"是十分重要的。语言文字是表情达意的工具，它的实用功能在各行各业工作中均居于重要位置，教育教学工作中当然也不例外。在日常教育教学工作中，除了"说"之外，"写"是经常性的。教案，要写；教学实录，要写；品德评语，要写；工作总结，要写……为了切实做到不断改进教学，提高教学质量，我们主张教师要搞点科研，搞科研要调查研究、搜集材料、进行论证，更要会写。因此，在中师学习阶段，必须对学会写有充分的认识，并且须有计划有目的地进行训练，不遗余力地去掌握。

许多人都有这样的体会：自己心里似乎已经懂得的事，要准确有条理地讲出来不容易；一件事虽能讲得头头是道，可是要清楚明白地写出来更难，有时竟不知如何落笔。须知，从"懂"到"讲"是个飞跃，从"讲"到"写"又是个更大的飞跃，不有意识地做艰苦的训练，是很难完成这个过程的。由于日常生活中开口就要讲，锻炼机会多，口头表达能力比较容易步步提高。写的机会少，又怕写（当今教师怕写几乎成了通病，应大力克服），主动去锻炼的少，因而写的方面进步小，掌握难。由此可见，完成这第二个飞跃更困难，更要求我们及早立志去千锤百炼。

上海市师范教研室编《教育教学实用文写作指导》（1989年版）。

初学写作，往往一是苦于不知写什么，二是不知怎样写。前者是指言之有物，其实这"物"在日常生活中比比皆是，教育教学工作中能入文章的"物"就很多；后者则要求懂得一些写作知识，掌握一点写作技巧。《教育教学实用文写作指导》一书即是出于这种实际需要而编写的，意在为培养小学师资和帮助在职小学教师提高写作水平做出贡献。书中各个课题的提出切合小学教育教学工作的实际，言之有物；每篇有"文体介绍""写法提示""例文"和"简评"，要言不烦地介绍各种有关实用文体的基本知识和技法。倘能认真阅读，反复练习，定能取得举一反三的效果。

书中有"怎样写下水作文"一章，意思是教师要求学生写作文，首先自己也要能写。这"下水"二字实在有意思。曾记得有这样一则讽刺小品：某人进函授学校学游泳，理论考试名列榜首，朋友们得知，纷纷向他致贺，并要求他表演一番，哪知此人一"下水"，再也没有冒出水来。可见，事事都不能空谈，贵在真正能"下水"。本书的作者们确实是认认真真地下水，为学生做榜样的。从这个意义上说，中师生也能从中得到教益。

希望广大中师生通过学习，能写出合乎规格的各种各样的教育教学实用文，并从中提高认识水平和文字素养。

《教师口才修养》序

有人把语言的作用说得非常形象,说它"不是蜜,但是可以粘东西"。比方说,两个知心朋友一旦见面,倾心而谈,最后其中一个感动地说:"听君一席话,胜读十年书。"这个人确实被他朋友动人的言语"粘"住了。教师对学生"身教"外是"言教",对教师来说,掌握语言工具,特别是口头语言,有效地发挥它"粘"的作用,尤为重要。一个好教师,必须具备高超的说话能力。为此,《教师口才修养》一书的问世,其价值是不言而喻的。

编写本书的同志,都有丰富的教育工作经验,他们深知教师语言表达能力提高的重要性,立志写此书,倾注心血,介绍了许多宝贵的经验。书中说理清楚,做法切实,可说是有体有用,广大读者定能从中得益不少。比如,教师语言表达能力是多种能力的综合表现,为什么说是"综合表现"呢?"教师语言表达方式"这一节说得清楚明白,于此可见全书一斑。这一节讲述了"口语与书面语结合""独白与会话结合""有声语与态势语结合",最后归结到"各种表达形式的综合运用",阐述得头头是道,做法也切实可行。我想,教师语言综合运用最集中最好的场合应是课堂教学。仔细阅读"教师语言表达方式"一节,很好地加以灵活运用,对上好一堂课很有帮助。如果教师把一堂堂课上得情趣横生,气氛活跃,学生就会如坐春风,学校的教学质量定会大大提高。

书名《教师口才修养》,这"修养"二字意味深长。这表明本书站得高,不仅讲语言技巧训练,而且把教师语言能力的培养和提高放

吴天锡等编著《教师口才修养》(中国城市经济社会出版社 1990 年版)。

在更广更深的基础之上。早在20世纪20年代，叶圣陶写过一篇题为《说话训练》的文章，其中说："所谓善于说话，决不是世俗所称口齿伶俐，虚文缴绕的意思。要修养到一言片语都合于论理，都出于至诚，才得称为善于说话。所以这简短的标语实在含蕴得很丰富，分析开来，有精于思想、富于情感、工于表达等等的意思。这就牵涉得很广了：要精于思想，应当有种种的经验推断；要富于情感，应当有种种培养陶冶；要工于表达，应当有种种的学习准备。爽直地说，这就包括了人生的一切活动，成了所谓正当地做人的事情了。"叶老站得高，看得远，讲得十分精彩深刻，堪称不刊之论。《教师口才修养》也一样，开宗明义从"教师修养"的高度立论，书就有分量，这是最值得称道的。

希望本书的发行能促进广大教师更加重视语言修养，进一步提高语言能力，使之"粘"住学生，在教育教学中发挥更大的作用。

《外国当代儿童文学作品选评》序

扬起想象的风帆，驰骋在无垠的天空，在蓝天上画下丰富多彩的种种图画，"有的是浓艳的水粉画，有的是雅淡的水墨画，有的是朦胧的油画，有的是细腻的钢笔画，有的是粗犷的木炭画，有的是疏简的漫画……"，这是我初读段海强、彭敏两位老师《外国当代儿童文学作品选评》书稿的美好印象。这本书收集了当代21个国家62位著名儿童文学作家的72篇儿童文学作品，琳琅满目，美不胜收。加上编写者精心点评，孩子们读了这本书，定能受到美的熏陶，在思想品德、行为习惯的形成和发展上，受到良好的影响和教育。

书里充满富有教育意义的故事，奇思妙想出人意料。在此不妨略举一二。《面包房里的猫》中，琼斯太太的猫莫格，喝了掺有酵母粉的牛奶，身体膨胀起来，越胀越大，竟胀到鲸鱼那么大。整个小镇为此震惊，万分恐慌。正巧山洪暴发，洪水危及小镇安全。幸亏那只硕大无比的猫，一屁股坐在山谷间三天三夜，挡住洪水，一镇得救。莫格做了这样一件大好事，受到全镇人民的尊敬。又如另一篇童话《一个唬老虎的小男孩》，说的是一个叫沙奇的男孩，专爱唬老虎。他与老虎相遇，老虎对他大声吼叫，沙奇不仅不怕，反而吼叫得比老虎更响，声势压倒了老虎。他与老虎交谈说："只有勇敢的人才不怕老虎。"此来彼往，沙奇与老虎成了好朋友。多么出奇有趣的故事！不难想象，孩子们读来定是趣味盎然，从中受到教育。

段海强等编《外国当代儿童文学作品选评》（江苏少年儿童出版社1990年版）。

人们怎么会想象到，一只逃出动物园的狮子竟然会走进电影院看电影？请看《贝尔格莱德出了乱子》一诗：有一头狮子逃出动物园，弄得满城风雨，人人自危。人们想出种种对策。哪知狮子谁也没有伤害，而是文文静静走进电影院温温和和坐着"看那从它老家非洲拍来的电影"。真正令人绝倒！满怀乡愁的猛狮向往自由的故土，竟是如此"文文静静""温温和和"。说到乡思，不禁联想起李白"举头望明月，低头思故乡"的诗句。李白有好几首描写故乡月亮的诗，故乡朗月分外可爱，难怪他见月而思故乡。我更联想起诗人冯至的一首刻画茅屋里风雨之夜心情的十四行诗。诗中有这样几行：

> 铜炉在向往深山的矿苗，
> 瓷壶在向往江边的陶泥，
> 它们都像风雨中的飞鸟
> 各自东西。

雨猛风狂，诗人寂寞孤单，竟感受到铜炉、瓷壶都向往它们的老家，"像风雨中的飞鸟各自东西"。这同样是奇思妙想，更是绝妙好诗。诗离不开想象，儿童诗更如此。《贝尔格莱德出了乱子》想象如此奇妙，读者定会对那头狮子的行为叫绝。最后再引一下《我学写字》中的几行诗：

> 当我的笔写好了"草地"，
> 我就看见在花间忙碌的蜜蜂，
> 还有两只蝴蝶旋舞着，
> 我挥手就能把它们全兜进网中。

孩子想象力丰富，往往远胜成人。我依稀还能记起儿时读故事时脑际升起的一幅幅图画的情景。小时候读《爱的教育》中"少年笔耕"的故事时，脑子里似电影般显现一个个形象，令人感动不已。如今我重读这故事，竟是形象淡薄，心灵也不似往日那般震颤，为此我常常留恋儿时读书的乐趣。我们成年人写"草地"二字，是否也能产生上述诗句中的形象和情趣呢？很难说。如此说来，成年人，特别是家长、教师，也可以读一些儿童文学作品。

　　丹麦著名儿童文学家安徒生，把创作儿童文学作品看成是"争取未来一代"的"一个崇高的使命"。但他创作时不忘成年人，他说："我用我的一切感情和思想来写童话，但是同时我也没有忘记成年人。当我在为孩子写一篇故事的时候，我永远记住他们的父亲和母亲也会在旁边听。"为此，我在把《外国当代儿童文学作品选评》一书向孩子们介绍的同时，也郑重推荐给他们的家长、老师读读想想，以便他们在争取下一代的崇高使命中更有效地塑造儿童优美的心灵。

在"炼"字上下功夫
——《十字路口——'89上海市中学生新星作文大奖赛获奖作文评析》序

1989年1月底,《上海工业经济报》和上海市市北中学联合举办了"上海市中学生新星作文大奖赛"。这是一次教育与工业结缘的有益尝试,目的在于培养、锻炼学生的写作能力。参加比赛的是来自全市22个区县1 200名中学生,他们藻饰纷呈,写下了许多颇有文采的文章。这本获奖作文选就是这次大奖赛取得的丰硕成果。

信手拈到一个陌生的题目,立即着意构思,展纸落笔,在短短两个小时内,写下一二千字的文章确非易事。如果平时不认真锻炼,到时要想妙笔生花,是难以如愿的。

"十年磨一剑"。要使剑刃锋利,寒光逼人,削铁如泥,这绝非一日之功,而需经长期磨炼。写文章也是如此。要使自己的笔端有清泉之水汩汩往外流,须在"炼"字上狠下功夫。

首先,要打开认识的窗户,锻炼自己的眼力,学会观察,把种种纷繁的物象尽收眼底。俗话说:"巧妇难为无米之炊。"再能干的妇女,没有"米",也是做不出饭的。写作文也一样,腹中没有充分的材料,不管用怎样的方法、怎样的技巧,也写不出像样的文章。材料从何而来?阅读是重要的途径,观察生活也是同样重要的途径。眼睛是通向心灵的窗户,青年学生善于使用自己的眼睛,对所接触到的

邹孚庭、方仁工主编《十字路口——'89上海市中学生新星作文大奖赛获奖作文评析》(上海三联书店1990年版)。

景、物、人、事产生浓厚的观察兴趣，看仔细，看真切，既能探幽，又能发微，天长日久，就能积累大量的丰富的感性材料，下笔就无搜索枯肠之窘。这次入选的获奖作文反映了习作者平时观察的细致。不少记叙的文章，写的多是身边人、身边事，即使是"冬天的一瞬间"，也丰富多彩，情趣横溢。

生活情趣具有能把读者带进作者笔下艺术天地的魅力。然而，更为重要的是要有思想，用心灵审慎地过滤种种材料，用心灵思考一些问题。议论文更是如此，思考问题须有一定的深度，能接触并揭示事物的本质。立意高，又懂得一点辩证法，说理就能闪发光彩。高中一等奖《黄牌警告》一文就是如此。文章并未一味死死扣住黄牌写，而是从"亮黄牌"和"亮红牌"的辩证关系入手，说："如果没了'红牌'，那'黄牌'就形同虚设。"指出必须认清两者的关系，运用起来才能得当。动不动亮红牌是惩罚主义；该惩不惩，一味亮黄牌是姑息主义。联系到对付当今社会弊病，往往只是一味不痛不痒亮黄牌，分明是姑息养奸。这样，文章除说清道理外，又注入激情，深刻而动人。

再次，文章的构思也极为重要。写作文既要"言之有物"，还要"言之有序"。动笔之前，应做到整体构思，做到胸有全局。如何"以意运法"，如何繁简奇正，如何铺垫渲染，构成波峰波谷，如何张弛相间，展现起伏节奏，等等，均应在下笔之前通盘考虑。这次入选的有些文章，构思颇有特色，有的巧妙，有的新颖，这说明这些学生初步掌握了基本写作方法和规律。比如《我的那支笔》，可实写，可虚写，无论实写还是虚写都有各种不同角度。构思角度不同，写出的文章就会多种多样。获得高中学段一等奖的《我的那支笔》这篇是虚写，构思有独到之处。作者开宗明义提出："每次，当我提着笔摇晃着写的时候，我总疑心那支笔不是我自己的。"提得突兀，读者想知究竟。作者随后围绕这一点摆事实，讲道理，谈学作文以来多年的甘苦、体会，认识的提高和写作的进步。最后，作者才提出怎样才能算有一支"真正属于你的笔"的问题。由此我联想起唐代大文豪韩愈的《毛颖传》，找出来又饶有兴味地读了一遍。韩愈的这篇名文是为毛笔立传的，采取的是拟人手法。古时毛笔以兔毫制成，有锋颖，故借作姓名叫毛颖；作者又以古籍中有关兔子的材料为毛颖叙家世；再以秦蒙恬造笔的说法，写毛颖在统一文化中的功勋；最终，毛颖因老而发秃遭到冷落，被弃置不用。作者好似"以文为戏"，实则讽刺当时的统治者刻薄寡恩。文章写来曲折尽意，恣肆飞腾，读来不论在立意或构思方面，都能得到教益。

锦绣文章语言缀成，准确、生动的语言当然更须千锤百炼。光炼意，不炼词炼句，就会文不逮意；而炼词炼句又能使思路清晰。"意"与"文"双锤炼，意新语工，写出来的文章就有分量，就会使读者喜爱。入选的得奖作文中有的语言锋利，有的语言优美，有的通篇流畅，可见学生在这方面也是很用心思的。记得有位作家这样说过："作为音乐符号的七个音符，可以变化出无数壮丽、美妙的乐曲，那么，作为语言符号而又在数量上远远超过音符的文字，将可以给人类展示出多少智慧的组合呢！"由此可知，文字的功夫无止境，要能引笔行墨，快意累累，须多多磨砺，多多追求。

学生初涉星河，已展示了写作上的巨大潜力。祝愿得奖者和广大学生继续锻炼写作能力，写出更多的文情并茂的佳作，点缀天空，点缀生活。

《初中作文训练技巧》序

《初中作文训练技巧》凝结着作者的心血，对于是一本内容充实很实用的书。我想循着书名所标举的内容，说几句话。

首先，讲一讲"初中作文"。在语文教学中，对于初中作文教学应该十分重视，务使学生在初中阶段切实打好"写"的基础。教学上似乎有这么一条规律，即学生在一定阶段必须完成这一阶段的学习任务，如果没有完成或完成不好，以后加以补救，往往事倍功半，并会影响日后的学习。以写作而言，学生从小要练就写的幼功，幼功好，一生受用不尽。训练不到家，从小文字不通顺，往往一辈子写不好。青少年学生打好写作基础的关键，正是初中阶段有成效的作文训练。作文是综合运用语言文字的训练，既练思想，又练文笔。一般说来，学生的知识和见识到了高中、大学，就会大大地丰富和发展。如果学生在初中阶段没有打好写的基础，不懂写的"规矩"，文字不通顺、不达意，进入高中、大学，见识长足发展，文笔就会越来越不能驾驭思想，下笔时力不从心，捉襟见肘。如果写作基础扎实，写来文与思相得益彰，文章越写越精彩。初中阶段作文教学之重要于此可见。

其次，讲一讲"作文训练"。长期以来有这样一种说法：学好语文只需"多读""多写"。从学生学语文必须多多实践这一角度来说，这种说法有点道理，无可厚非。只是"只需"两字似乎把话说绝对了。无疑，学生要写好作文当然得多写，但懂不懂得写作方法大不一样。懂得方法，就会少走弯路，学起来容易，进步就快。当然，只空

徐宗琏等编著《初中作文训练技巧》（光明日报出版社1990年版）。

洞地讲方法，不去写，也无济于事。纸上谈兵从来就是笑料。以前大学里流传一个笑话：一位教授教了一辈子"小说作法"课程，但从未写过一篇小说，也无能力写小说。这件事的可笑在于纸上谈兵，并不是说写小说的原理和方法无须探求。这本书是作者多年作文教学实践的结晶，它既阐明写作原理和方法，又注重指导学生写作实践。书中举了许多实例，这些实例多是学生作文实践的成果，作者细心剖析，青少年读后定感亲切，有利于掌握书中介绍的写作原理和方法。

再次，讲一讲"训练技巧"。历来讲技艺的传授总谈到"规矩"和"巧"，往往认为规矩可循，而"巧"难传。孟子就说过："梓匠轮舆能与人规矩，不能使人巧。"这句话告诉我们掌握窍门不易，但在某种意义上说，这"巧"并非完全无法传授。这要看教者是否真正有心得体会，没有心得体会，则教者已无"巧"可言。若有心得体会，教者不会启发点拨，有"巧"也是白搭。教师要善于把"规矩"和"巧"教给学生，而学生则应通过认真学习，努力把它们学到手。本书的作者对于指导作文深有心得体会，他们能点在关键要害处，把作文的"巧"也教给学生。读者只要仔细读一读例文后的"简评"就能发现。

由此可见，《初中作文训练技巧》一书，既讲原理，又有实例，既严格要求打下扎实的作文基础，又善于启发点拨读者举一反三地解决问题，它无疑是指导青少年作文训练的好书。

最后还得指出，本书是指引作文"门径"的书，作者把读者引进了"门"，指上了"路"，可是路还是要自己去走的。

在书前说几句
——《缪斯的金钥匙》序

广西壮乡五位中青年教师在艰苦的条件下，坚持几年，编写了一套三册的中学生课外文学读物，承蒙错爱寄来了书稿，要我在书前面说几句话。在阅读书稿时，我为他们的刻苦精神所感动，情不自禁地要对语文教学说几句话。

已故著名学者王力在《王力论学新著》中说过："从狭义的概念说，中国的语言学只有八十年的历史。在此以前，中国只有语文学（Philology），没有语言学（Linguistics）。"这是从严格的科学意义研究语言学而说的。过去几十年中，我国不少语言学家以科学的方法研究语言学，取得了不小的成果，这些成果对提高我国语文教学水平的功劳是有目共睹的。但更进一步提高语文教学水平终究要看语文学的研究水平。

语文教学中语言教学固然重要，但千万不能就此忽视文学教学。近年来，人们提倡比较研究，我就稍稍将我国语文教学和我国外文教学作比较。外语不是母语，由于客观条件有异，外文教学首先重视语言教学，特别是口语教学，这没有错，事实上也收到了一定的效果。经过严格训练，许多学生能在一定的场合说流利的外语，发挥了作用。但是，在有些场合他们却显得捉襟见肘，难以应付。原因在于文化知识欠缺，文学修养差。有一位老专家外文程度很好，我问他怎么才达到这种高超水平的，他说因为读了许多外国小说。由此我领悟

张俊秋等编著《缪斯的金钥匙》（广西人民出版社1991年版）。

到：只是说一口流利的话，不一定语文水平高。北京街头不难找到说一口流利北京话的，但他不一定中文水平高；同样，伦敦街头也不难找到一口流利伦敦腔的人，但他也未必一定英文程度好。至于书面语言，如学生作文、写作基本训练不可少，但要写出文情并茂的有分量的文章，加强文学教学，课外指导学生多读文学作品，从某种意义上说，更为重要。

《缪斯的金钥匙》就是一套旨在加深中学生文学修养的课外读物。书的内容丰富多彩，选文有诗歌、散文、小说、戏剧，古今中外皆有，以现代和当代的作品为主，读本具有较强的时代感。它既给青年学生打开放眼世界的窗户，使他们开阔视野，又开启心灵的门扉，加深他们思想情操的修养。至于帮助学生提高语文水平，更是不言而喻。编者给我来信说："目前全国青少年的文化素质的确使人忧虑，中学生囿于教科书的狭小范围内，课外阅读的大多是言情与武打。改变这种现状，将青少年培养成有丰厚的文化素养、深沉的爱国热情、开阔的世界眼光、崭新的民族个性的一代，是教师们神圣的职责。"张俊秋等五位老师编写这套书，就是履行这神圣的职责，这种精神十分可贵，值得称道。

我一向主张语文教师要经常动笔，把自己的教学成果写下来。写，不单是整理文字，还是理清思想；写，能使头脑愈益清明。写作犹如登楼，积步方能登高望远。本书的作者是热情的攀登者，他们今日的成果说明已得其门而入，如此孜孜以求，来日必能更上一层楼。

《初中生 600 字作文》写在前面

《初中生 600 字作文》是一本别出心裁、独具慧眼的学生作文选本。

说它别出心裁，是指选文限字数。一般选本有的文章长，有的文章短，其根据是文章当长则长，当短则短。这是有道理的。而这个选本所有文章的篇幅均限在 600 字上下，顶多不超过 700 字，其根据是初中生作文一般篇幅多在 600 字上下，初中生应及早养成写精练的、言之有物的文章的习惯。这也是十分正确的。

说它独具慧眼，是指挑选者的见解而言。选文篇幅都限得如此短，人们会担心能选出多少好文章。这就看编选者的眼光了。本书编选者首先要求文章通顺流畅；但因文章篇幅短，很难写得一波三折，为此，编选者进而要求入选文章要写得有特色，具有一点或几点突出的地方。由于有这样的新思路，就选出了许多好文章，既包罗了记叙、说明、议论等各种文体的佳作，又反映了各类学校（包括台港澳）和国外初中生作文的总貌。

本书各种体裁的佳作给青少年学生提供了有益的借鉴，青少年可从中学得种种写作技巧。就像体育运动，基本功很重要；基本功好，技巧过得硬，就会创造出好成绩。当然，只讲基本功还不够，运动员还要有好气质。气质好，基本功扎实，就能成绩斐然。

写作文是同样道理。写作技巧固然重要，但更重要的是要有充实

鲍志伸编《初中生 600 字作文》（学林出版社 1991 年版）。

的内容。有好的内容，表达又曲折跌宕，文章就有物、有意、有情。对于这点，本书更是特别注重。

我努力把这篇前言写成 600 字短文，好使它能站在书的前面。

一点感想
——《新时期中学教师修养》序

阅读《新时期中学教师修养》书稿时，不禁浮想联翩，读着读着，少年时代学习生活中的一幕幕情景从记忆深处升起，眼前浮现出老师们的一张张笑脸。我又一次深切地体会到，自己立志从教，热爱教师工作，热爱青少年学生，最早的引路人就是我可敬可亲的中小学老师。他们一直是我心目中的光辉榜样，我对他们怀有无限敬意。

老师最使我崇敬的是他们的热爱祖国的精神，我在中小学受到的爱国主义教育，对我一生处世行事有极其重大的影响。今天，爱国主义教育又被十分鲜明地提了出来："当前中小学德育工作中，要强调爱国主义教育，要把爱国主义作为一根红线，贯串于对青少年的政治、思想和品德教育中。"我国已经进入改革开放，建设有中国特色的社会主义的新时期，这一号召具有特别重要的意义。

我读这本书稿时，一面回忆早年中小学老师对我进行爱国主义教育的情景，一面又思考着在新时期如何加深对爱国主义的认识，加强这方面的修养。往事历历在目：语文老师朗读岳飞的《满江红》，慷慨激昂，满座震惊，朗诵辛弃疾的《南乡子·登京口北固亭有怀》，悲愤填膺，潸然泪下；历史老师列数帝国主义列强"瓜分中国"罪行时，"是时俄据旅顺大连湾，德据胶州湾，英据威海卫，法据广州湾……"，简直是一声声控诉一行行泪；体育老师告诫我们要雪"东

吾用明等主编《新时期中学教师修养》（上海教育出版社1991年版）。

亚病夫"之耻；音乐老师教唱《苏武牧羊》，"苏武留胡节不辱，雪地又冰天，苦忍十九年……"，尽管曲调那么"温柔敦厚"，内心却是激动不已……老师就是这样以自己对祖国的挚爱在我们学生灵魂深处点燃热爱祖国的火焰，激发我们的爱国主义情怀。

给学生爱国主义教育最深的是中国近代史。帝国主义打开中国大门，肆意侵凌掠夺，令人痛入骨髓，不打倒帝国主义誓不为中华儿女，在历史上曾成为广大学生的心声。一部中国近代史，既是帝国主义的侵华史，又是中国人民反帝的爱国史。不幸的是，中国人民前仆后继的斗争都失败了。只有当中国共产党登上历史舞台，领导全国人民推翻三座大山，中国才获得了解放。历史向我们揭示了无可辩驳的真理：只有共产党能够救中国。我坚信这一真理。

今天，中国作为一个独立的主权国家，实行了对外开放政策。开放，加强了与世界各国的交往，促进了国内经济的飞快发展。当今交通发达，世界似乎"小"了，人们交往频密。在这种情形下，海外不断飞来"龙的传人"的呼声，激起我们的沉思和遐想。"龙"，长期以来在我心目中是封建帝王的象征。其实，历史上"龙"象征中华民族大团结。今天，我们的爱国主义扩大到世界各地华人，在爱国主义旗帜下，团结的人更广泛，包括团结所有"龙的传人"来振兴中华。我想，对新时期的爱国主义应有新的认识。作为培育学生的教师，对亲爱的祖国满腔热情满腔爱，倾注心血为祖国造就栋梁之材，是教师修养中最基本的，也是最重要的。

这本书一个鲜明的特色是以榜样说话。榜样的力量是无穷的。书中列举了许多一线优秀教师的先进事迹和出色成绩。读到这些事例，我的第一个感觉是"喜"，喜的是在新时期全国各地有那么多的优秀教师在为社会主义教育事业奋斗；第二个感觉是要"学"，对比之下，深感自己不足，必须努力学习他们献身教育的精神，学习他们的先进经验，促使自己奋力前进。人们常说，"要求学生做到的，教师首先要做到"，"身教重于言教"，这本教师修养书，牢牢把握了这一原则。

本书的另一鲜明特色是说理透辟。书中阐述了教师修养的基本原理，并分章深入探讨了教师的"思想政治修养""道德修养""文化修养""能力修养""身心修养"和"修养的途径和方法"等问题。特别值得一提的是，本书把教师修养放在"新时期"的角度来考察，因此，它不仅讲述了一般性原理，而且在许多地方有新的阐发。

最后，还想和学习本书的同志说句话：凡学习某一道理都要力求真正学懂；学了，能把道理原原本本讲出来，不一定是真懂，真正懂的标志是能做到。学这本书真正懂的标志是否可简单归结为：对教师工作一往情深，执着追求，热爱学生，并受到学生的爱戴。愿我们在德、才两方面不断加深修养，做伟大祖国信赖的好园丁。

《少年作文精华词典》
写在前面

兴趣是学习的先导,作文教学特别要注意到这一点,中小学语文教师更要善于培养少年儿童的作文兴趣。记得小时候,我写作文兴趣很浓,可算是学习生活中第一快意事。老师把作文题一写上黑板,自己立即构思,伸纸动笔,文思汩汩,完卷交上,急切盼着老师改了早日发下来。作文发下来,看到有的地方密密加圈,文后有时加上鼓励性批语,心中有说不出的欢乐。为了写好作文,平时还喜欢背诵一些美丽的句子,一有机会就套到作文中去。有一次读到"晴天一碧,万里无云"的句子,形象在心中升起,觉得美极了。后来,老师出了个关于郊游的作文题,写时就用了进去。作文发下来,两句连圈到底,幼小心灵中乐滋滋的。如今回忆,喜悦的情景仍是历历在目。亲爱的小读者,到底是什么勾起我儿时的美好回忆呢?就是大家面前这部《少年作文精华词典》。这是一本非常有趣的书,它一定能引起你们的兴趣,并从许多方面提高写作水平。

从上面的回忆中,我进一步体会到:少年儿童要写好作文,生活材料储存固然首要,但平时文字上的储存也不可少。有生活材料,作文时有东西可写,言之有"物";有文字上的储存,写作时才能笔底流畅,并使这"物"表达得更有精神。《少年作文精华词典》,正是少年儿童文字储存的一部好书,它的内容丰富多彩。这本书从中小学生的优秀作文中,选录了近3 000个精彩片段,内容反映了学校、家

朱耀成编《少年作文精华词典》(上海辞书出版社1992年版)。

庭和社会生活等各个方面。全书分"写人""写景""状物""记事""写作方法"五编,下分35大类,200余小类,3 000精彩片段依类相从,分列其间,编排得合理周到,读者运用时,查检非常方便。其实,这本书不仅可供查检用,还可供阅读用。少年儿童读者可以根据自己的需要,有计划有意识地挑选一些,常常读一点,记一点。这样,写作文时一定会顺手得多,写作水平也会提高得快一些。

我是在一年中自己最喜欢的初夏季节读到这本书稿的。我喜欢初夏,因为大自然生意盎然,生机勃勃。初夏来临,在我国是农历四月天,小时候这时最爱读司马光的《客中初夏》:"四月清和雨乍晴,南山当户转分明。更无柳絮因风起,惟有葵花向日倾。"在西方,它的来临是公历五月,稍大时爱读德国诗人歌德的《五月之歌》,诗的开头四句是:"自然多明媚,向我照耀!太阳多辉煌,原野含笑!"又是什么使我想起这两首诗的呢?也是《少年作文精华词典》,那是在我读书稿第二编"写景"中关于初夏的一段时联想起的。小作者写道:

> 初夏,成行的向日葵长得很茁壮,绽开一朵朵金黄色的花朵,迎着朝阳怒放。火红的石榴花开得多么茂盛,鲜艳的花朵散发着阵阵芳香,引来一群群蜜蜂和蝴蝶。它们边歌边舞,纵情地赞美这美丽的世界。

小作者对初夏大自然的感受似乎不亚于大诗人。仅举这出墙的一枝"红杏",可想见书中"万紫千红"的景色。

更值得一提的是我在读这本书稿时迎来了今年的"儿童节",佳节生情,读时仿佛听到"祖国花朵"的童心在书里欢快地跳动,令人陶醉。因此,《少年作文精华词典》无疑又是这样的一部书:少年儿童读它,定是倍感亲切;成人读它,定能沉醉到美丽童年的回忆中去。

十年辛苦不寻常
——《华东六省一市中学生作文比赛十年佳作精选（1981—1990）》序

人们常说：年纪大起来，往往喜欢缅怀过去。可是这些年来我并非如此。我总喜欢站在高处，望着远处，切实把握住现在，努力把面前的工作做好，难得沉湎到对往事的回忆中去——这也许是受改革开放的时代精神感染吧！但此次《青年报》同志说，他们要编一本华东六省一市中学生作文比赛获奖的《十年佳作精选》，要我在书前说几句，哪知这一下，回忆之门豁然洞开。我思绪翻腾，一直回溯到这个比赛举办的源头，回忆起比赛是怎样办起来的，又是怎样一届一届坚持下来的。往事历历在目，感想也着实不少，而一言以蔽之就是：十年辛苦不寻常。

凡事开头难，创新事更难。我们若以今天看过去，似乎办个把比赛不算什么，何难之有！岂不见今天这比赛、那竞赛比比皆是吗？可是《青年报》开始举办这个比赛是在十年前。十年前，比赛还是新鲜事，尚不多见；更何况范围大到六省一市，这样大规模的比赛当年可算得上是凤毛麟角。创办一件新事，首先要一眼看得准，再次要见机而作，拿出魄力来把握住时机全力以赴。《青年报》的同志正是这样做了。那时候，为了大力培养各种社会主义建设人才，党和国家重视教育，采取措施振兴教育，开创了教育工作的新局面。就在这教育

青年报社编《华东六省一市中学生作文比赛十年佳作精选（1981—1990）》（上海教育出版社1992年版）。

事业的春天来临之际，一向面向全国广大青少年的《青年报》，凭着他们一贯热心培育青少年成长的责任心，凭着他们特有的事业敏感度，不失时机地在1981年举办了第一届华东六省一市中学生作文比赛。具体评选工作由评选委员会主持，当时的上海市社联主席罗竹风同志担任评委会主任委员。罗竹风同志一贯热心青少年教育事业，德高望重，大家尊称他为"罗老"，由他来主持再合适不过了。评委会一开始就标举四个字："团结""公平"；来自各省市的成员一定要紧密团结，从全局着眼，通力协作，切实做到公平。由于全体成员齐心协力，真正做到"团结""公平"，这个比赛开了一个好头，并为以后的工作树立了良好的风气，打下了坚实的基础。

开头固然难，坚持更不易。大家不难看到，多年来这比赛那竞赛如雨后春笋，几乎触目皆是，可又有多少能坚持办好、办下去？并不是说凡比赛都得一届一届办下去，办不办得看社会需要；若只需要办一次就够，当然不必硬办多届。但社会需要本可以一届届办下去的，如果一下子就寿终正寝，就必有原因了。举办比赛的动机是否纯正，组织得是否合理，是能否办好的关键。多年来确有许多举办得好的比赛，收到了很好的社会效果。但也毋庸讳言，其中不少没办好，潮来潮去，如飘风之不终朝而已。还有极少数，举办比赛的动机就有问题。照理说举办比赛在于识拔真才，树"千里马"，是不是也有旨在"树伯乐"的呢？看来也有。唐代大文豪韩愈说："世有伯乐，然后有千里马；千里马常有，而伯乐不常有。"有的人举办比赛或许在于反证"伯乐常有"，少不得他本人就算一个。这种"树伯乐"的比赛，一旦"伯乐"功成名就之时，也就是比赛烟消云散之日，不用说，它只会昙花一现，只会是短命的。当然，这只是极个别的现象。《青年报》举办这个比赛则完全不同，他们是出于对社会的责任，怀着对青少年学生的满腔热忱来开展这项工作的。提高中学生的写作水平是目的之一，更重要的在于引导青年学生热爱生活，观察生活，领悟人生哲理，培育奉献精神。正由于目的明确，站在高处，因而风气正，届届办得好。尽管主持比赛的人和评选人员屡有变动，比赛还是锲而不舍地一届届办下去，并且不断有所提高。

我很喜欢读唐代大诗人杜甫《上白帝城》一诗中的两句："江城含变态，一上一回新。"我们可以设想，如果诗人杜甫登城不是"一上一回新"，那么他的登临一定是十分乏味的。由此可见，比赛如果办来办去是一张面孔，不注意时时注入新内容，要长期办下去也是不可能的。党的十一届三中全会开创了我国建设具有中国特色的社会主义的新时代，全国人民意气风发，艰苦奋斗，新人新事、新思想新道德新风尚犹如潮水般涌现，科学技术迅猛发展，信息传播神速，这些都开阔了学生视野，激发了他们的写作热情。情动于中而言溢于表，他们握起彩笔绘新图，发议论，抒胸怀。从参赛者的作品里，我们清晰地看到时代的活水在字里行间欢快地流动，他们不仅写出了城乡经济一日千里的发展，还热烈地歌颂了社会上精神文明大发扬。社会在日新月异地前进，青少年学生的脉搏与时代的脉搏一同跳动，这样他们的作品就会向读者不断送来一阵一阵清新的气息。20世纪80年代是我们祖国阔步前进的十年，我们这本《十年佳作精选》正反映了这辉煌的十年。读者一定可以从中听到这一时期广大中学生的心声，听到他们不断前进的脚步声。

"十年辛苦不寻常"，但这不寻常的辛苦带来的是喜悦，是累累丰美的果实。试看，这十年来，耕耘者不是更加成熟了吗？《青年报》一代代主持其事的年轻编辑同志，从中取得经验，成为更加经验丰富的社会活动家；许多一开始就参加评选工作的语文教师，都锻炼成写作评文的能手，他们中许多已被评为华东六省一市各中学的高级教师，在语文教学中发挥更大的作用。但最重要的成果还应是参赛中学生的成长。我们面前这本反映他们成长的《十年佳作精选》，是他们思想闪发火花的结晶，锤炼语言文字的苦心，也是他们奉献给社会，奉献给广大读者的十分珍贵的礼物。

在限制中显本领
——《高中生 700 字作文》序

《高中生 700 字作文》继《初中生 600 字作文》问世，对青少年学生来说，又是一桩喜事。它们是姐妹篇。妹妹在 1991 年脱颖而出，姐姐则锋芒显露于今日。这一双头角峥嵘、风姿绰约的姐妹花，在今天的学生作文选园地中，显示出了特有的鲜明形象。

书稿送到面前，首先映入眼帘的是"700"字样。选文虽限 700 字左右，并不是说所供挑选的作文在其写作时就限定字数，学生下笔往往有话即长，无话即短。可是，对编选者而言，则有"700"字左右的限制。这"不限"与"限"的分晓在于：不限，学生写作时能尽情挥洒，写得出好文章；限，指编选者要在一定约束中裁定，这种量体裁衣也是一种艺术。

以往我曾为《初中生 600 字作文》写了前言，指出此书有助于青少年学生及早养成在规定的时间内写出精练而言之有物的文章的好习惯，《高中生 700 字作文》无疑也有这样的良好作用，只是从"600"字到"700"字，多少在一个角度上表明了学生从初中到高中，在写作熟练程度上有所提高。

问题还得回到"限"与"不限"的关系上。对写作而言，无论字数或时间，"不限"只是相对的，而归根结底则是有限制的。学生今天课堂作文即有限制，将来进入社会写各种文字更有限制。要求写作任务及时完成，而且要完成得很好，这就要求学生今日进行写作训

金志浩编《高中生 700 字作文》（学林出版社 1992 年版）。

练须在精练、熟练方面作不懈努力。具备写熟写精的基本功，再锲而不舍地努力锻炼和实践，有朝一日就会在"限制"中获得"自由"。歌德在十四行诗《自然和艺术》一诗中最后写道：

> 谁要成大事，就必须集中全力，
> 在限制中才显出大师的本领，
> 只有规律才能够给我们自由。

诗句所喻是大事，我们不妨借以喻小，对写作训练也是有极其深刻的指导意义的。

《中学生优秀演讲稿选评》序

在中等学校里开展演讲活动，是学习语文的好方法之一。青少年学生通过演讲活动，既练了口，又练了笔，这样可以把说和写有机地结合起来。

演讲得有稿子，不是书面稿，就是腹稿，否则信口开河，言不及义，效果不会好。有一则关于陈毅元帅作报告的轶事，很有意思。一次，陈老总作报告，一本正经拿出讲稿，看着讲稿，讲得很生动，效果极好。报告后，有人一看稿子，原来是白纸，一个字也没有。那人问是怎么回事，陈老总风趣地说，我要是不拿稿子，有人会说我没有准备，信口开河，不严肃。其实，陈老总哪是信口开河，而是成竹在胸，这"成竹"就是腹稿。演讲总得心里有数，讲前周密考虑，讲时挥洒自如，效果就会比较理想。将这种演讲记录下来，加以润饰，一定是好文章。今天我们还能读到的古希腊名文，其中有的就是当时著名演说家的演讲稿。

从腹稿到会场上讲，从讲到整理成演讲稿，要经过讲出来、写出来的两次飞跃。有人尽管满腹经纶，可惜吐露不出；有人尽管口若悬河，滔滔不绝，但讲得空洞无物，最后也不可能整理出好的文章。由此可见，一篇出色的演讲稿，必须是经过很好的练口、练笔的产物。我们面前这本书，里面所选的就是中学生的优秀演讲稿。

人们往往以为只要有口才一定会讲得好，以为演讲只是练口才，

茅一辉主编《中学生优秀演讲稿选评》（同济大学出版社1992年版）。

这其实是误解。思想贫乏，内容空洞，口才再好，也打动不了听众。好的演讲能使听众动容、动心，听时津津有味，听后常起作用。这就要求演讲有充实的内容，独特的见解，有说服力，有感染力。一场精彩的演讲，对演讲者来说，思想、学识、口才三者必须具备，缺一不可。《中学生优秀演讲稿选评》就是根据上述要求而精心编印出来的。

全书一共编选了全国 15 个省市中等学校的 120 余篇优秀演讲稿，题材广泛，内容充实丰富。其特点有：

首先，很好地反映了社会生活。所选稿子有关于亚运会、抗洪救灾、禁赌、人口问题、环保问题等重要内容，时代气息和生活气息浓厚，可说是我国当今社会的一面镜子。

其次，切实结合中学生实际。书中有不少以校园生活为题材的演讲稿，如尊敬师长、学习雷锋、竞选班干部、团结同学、热爱学习生活等。中学生讲自己，写自己，分外亲切。

再次，文字优美，语言生动，风格多样。有的热情奔放，直抒胸臆；有的思维深沉，勇于探索。记叙、说明、议论，色色有之。青少年学生既可从中学到如何讲，又可学到如何写，对提高语文水平很有帮助。

特别值得一提的是，本书的思想性强。这里有中学生对祖国母亲抒发的深深的爱，有扬起风帆在人生道路上奋发前进的美好理想，有向雷锋学习开创生活的高尚情操……这些都是青年人最宝贵的东西，有了这些，就能做有道德的人，做对于社会主义祖国有益的人。

学校的演讲活动，一般来说，总是事先有准备的。先有演讲稿，然后讲。《中学生优秀演讲稿选评》一书给你提供了有用的教材，帮助你思考问题，组织文字。当然，即席演讲比赛也常举行。"即席"，也要打腹稿，平时多接触演讲稿，多积累，就会临阵不慌，发挥自如。从这个侧面讲，本书的问世，也是有意义的。

《我用拼音写日记》序

一年级小学生写日记,并结集出版,确实是件新鲜的事。从这件事中至少可获得以下几点启示。

首先,思考问题不能满足于习惯的轨道,突破常规,有时会惊奇地发现一个新天地。小学生写话、写日记通常要从三年级开始,提早到入学不久的一年级行吗?由日抄几行拼音字母的触发,联想到引导孩子用拼音字母记录想的、说的。认识上的突破,引发出一篇篇充满童稚、童趣的日记。原本一年级小学生写的训练似乎无从着手,而今有了尝试的新天地。

其次,对孩子的智力及书面表达能力可进行早期综合性开发。每天要记日记,就要学会把每天做的事及遇到的事,或者在脑子里理一理,或在口头上理一理,这就在训练写的能力的同时,练思维,练说的能力。每天要记日记,对所碰到的事就会仔细些,精心一点,这样,观察力、注意力又得到了锻炼。智力得到的开发在许多篇日记里都有生动的反映。

再次,要充分相信孩子的潜力。七八岁的一年级小学生能够把自己的喜怒哀乐记得那么具体,那么逼真,是十分不易的。起初全使用拼音字母,随着识字量的增加,汉字与拼音字母并用,且日益增多。一天写几句话,一日不多,十日许多,一年坚持下来,锻炼意志,形成习惯,既开发了孩子学习的内在潜力,又给予他知识、能力新的积攒。一年级小学生学习的内在潜力不可低估。

阮项著《我用拼音写日记》(上海科学技术文献出版社 1993 年版)。

阮项这本《我用拼音写日记》的出版，他的父母和老师是倾注心血的。但愿它成为低年级小学生的好伙伴，也成为研究小学生教育、研究子女教育的参考读物。

《深圳·珠海·澳门中学生作文选》序

《深圳·珠海·澳门中学生作文选》有如南国吹来的清风，充盈着清新的气息。它精选了三地青少年学生的习作128篇，分编为"童年趣事""师生情谊""都市风采""农村见闻""山水秀姿""科学天地""校园生活""彩色世界""人物剪影""学生论坛""少年抒怀""濠江诗草"等栏目，丰富多彩，生意盎然，一定能获得广大青少年读者的喜爱。

中学生时代是人生最宝贵的时代。青少年学生充满活力，意气风发，憧憬生活，渴求知识，正是身心长足发展的年华。在这闪光的年华里，长知识，长能力，长思想，而这一切常最为鲜明地在作文中反映出来。

青少年学生必须在中学阶段掌握写作的方法和技巧，把文章写得文从字顺，明白晓畅有条理，这样，日后思想飞跃发展时，文笔就能驾驭思想。文笔能表达思想，思想又能磨砺文笔，相得益彰，就能写出文情并茂的好作品。书中《唱给自己的歌——关于女性力量的断想》，曾获澳门第二届女作家诗歌小说比赛冠军。这首美丽的诗，歌颂了维纳斯、海伦、精卫、潘多拉、雅典娜等的伟大力量，还有"羲和一举生下十个太阳"，"拉敦娜在夜空挂起一轮明月"，"赫拉的乳汁竟能溅出满天星星"，"在她的身体上人类站立起来"的女娲。诗思新颖飞腾，令我想起《红楼梦》中所说"凡山川日月之精秀，

深圳市中学语文教学研究会等编《深圳·珠海·澳门中学生作文选》（山西人民出版社1993年版）。

只钟于女儿",更令我联想到《浮士德》最后两句诗:"永恒的女性,指引我们上升。"

  文章要言之有物。这"物"就是生活。来自生活的文章令人爱看,书中有许多这样的文章。《生活美感录》中有两则小品,写的是生活美。第一则写一个晚上作者初进滑冰场,连摔几跤,"一条红裙翩然而至",带领滑冰,滑了十多圈,多少能独行了,"她又飘然而去",通篇不着一个"美"字,而写得的确是美。作者最后写道:"黑暗中,我只看见她明亮的双眸。"多美!《今年戒烟日》写戒烟日外婆来家做客,买烟敬外婆的琐事。买烟本是寻常事,可戒烟日买烟却是新鲜事。东也买不成,西也买不成,作者一路去,一路想,越想越认识到抽烟的害处,最后决定不买了。夹叙夹议,曲曲折折,构思十分巧妙。写经济发展新貌的有好几篇。如《小巷》作者以亲身经历叙小巷16年来的变化发展,娓娓道来,令人信服。《乘车、逛商场想到的……》不仅描绘了大发展,更难能可贵的是想到了新问题。再如《我见到的一条街》貌似写"老",实是颂"新",颇为巧妙。这些文章,会使你深深感到改革开放后清新的空气扑面而来。

  我曾经对一位有成就的作家说:"你的作品中有生活,人们爱看。"他回答说:"人们爱看我的书我高兴,但我更希望人们看了我的书更爱生活。"书中青少年学生的习作虽显得稚嫩,但勃勃有生机,它们会激发人们更热爱、更向往改革开放后多姿多彩的新生活。

  《深圳·珠海·澳门中学生作文选》是三地师生合作的结晶,大家相互交流,共同提高,这一创举特别值得在此提一笔。

《中师生必读》序

满怀喜悦读完了《中师生必读》书稿。这是一本许多有经验的教师用他们的心血凝成的书,是一本内容充实而又十分有用的书。它具有以下一些鲜明的特色。

首先,发扬了中师生的志气。一个有志气的人,常常会问自己:人生的价值究竟在哪里?是金钱吗?我以为不是。是地位名誉吗?也不是。人生的真正价值在于有高尚的思想情操,实实在在为人类做贡献。贡献有大有小,凡切实作出成绩的人,都能受到人们的尊敬。前几年,常有人问我得到哪些名师的传授,我首先想到的是幼年时启蒙我认识世界的可亲可敬的老师。那几年,我一连写了几篇短文记幼学趣事,对这些老师寄以深深的爱戴之情。后来,我把这些文章收在我的散文集《学海探珠》中,作为对他们最好的纪念。近几年,我从事师范教育工作,有机会到小学听课,方知此中别有天地。接触到一些小学生,他们话语中最有权威性的一句是:"这是老师说的。"在天真无邪、不带丝毫世俗偏见的孩子心目中,老师是至高无上的。我深信,他们中不少人长大以后,也一定像我一样刻骨铭心地怀念和尊敬他们幼年时候的老师。因此,我们完全有理由说:老师确实是太阳底下最光辉的职业。《中师生必读》摆事实、讲道理,开宗明义阐明了这个观点,大大发扬了中师生的志气。

其次,丰富多彩,全面周到。书的内容翔实,包括思想修养、课程学习、技能训练、课外阅读、教育实习、教育艺术等,内容丰富多彩。说到全面周到,单以"教育实习"而言,其中"实习准备"列

步社民等主编《中师生必读》(经济日报出版社1993年版)。

10 项;"教学艺术"列 21 项,"教育艺术"列 7 项,"实习回顾"列 6 项,可说是应有尽有。这些项目把"教育实习"全过程说得条理清楚,步骤分明,书中内容的全面周到,由此可见一斑。

再次,具体明确,切实有用。书编写得有理论,有做法,最后落实到实用上。我们只需从许多小标题用了"怎样""为什么""如何""有哪些"等字眼,就能得知此中真实。仔细读这本书,就不难发现每一具体项目内都包含了老师的宝贵经验。内容实在,一看就懂,学了就用得上。

从以上三个鲜明的特色就可知道书名用"必读"是多么恰当。中师生阅读它,能为今天的学习和将来的工作打下坚实的基础。

最后顺便提一句,《中师生必读》是一本反映编写教师科研成果的书。我一向主张教师应结合教育、教学搞科学研究,经常写写文章,写写书。教育教学和科研双促进,相得益彰,能有效地提高自己的教育质量和业务水平。如果今天的中师生早有这个认识,及早做有心人,将来工作时定能以科研促教学,以教学带科研,取得丰硕成果。

《在改革大潮中》序

《在改革大潮中》是《青年报》主办的华东六省一市中学生作文比赛第 12 次比赛成果辑成的集子。从比赛创始至今，它已是第 10 个集子了。对于报社这种锲而不舍的精神，广大中学生能不为之感动？

有一种现象，人们常常对身边的事或一向参与的事习以为常，见而不深。比赛创办以来，我一直参与其间，尽过绵薄之力，分享过喜悦之情，但很长一段时间竟未能领会它十多年来所发生的深刻变化。这也许是"只缘身在此山中"的缘故吧。直到去年出版《十年佳作精选》之前，要我写篇序，我仔细回忆，才领会到变化之巨大。且不说比赛的累累硕果，只就人事而言，参加比赛的学生不少已长大成人，最早主事的人有的已垂垂老矣，退了下来，而新一代主事人风华正茂，他们各领风骚，有如浩浩长江，一浪一浪推动事业飞速前进。

然而十多年来变化最巨大最深刻的，莫过于翻天覆地的改革开放。在这波澜壮阔的历史进程中，我们建设有中国特色的社会主义事业，在世界风云变幻的情况下，经受住严峻考验，取得了举世瞩目的伟大成就。比赛主持人不失时机地为这届比赛定下了"在改革大潮中"这个主题。这是今天广大中学生能看得见、听得到、有所感受的主题。他们果真用饱蘸激情之笔，写下许多关于新人、新事、新思想和新风尚的好文章。编选的这本书就是明证。

华东六省一市是最能反映从沿海开放到全方位开放的生动丰富的伟大实践的地区，在这里形形色色的新鲜事物层出不穷。参赛的学生以青春的旋律伴随时代的鼓点，用眼观察，用耳倾听，用心感受，笔

许联华、鲍志伸选编《在改革大潮中》（上海青年报社 1993 年版）。

端流出一篇篇令人鼓舞而又发人深省的好文章。他们描绘祖国一日千里的变化，有的刻画经济建设、文化建设的方方面面。例如：教学改革、学生打工、教师炒股票、干部下海、廉政、快餐、订货会、打白条、取消票证等。他们把禁止打白条说成是"及时雨"，把传媒事业的发展说成是"空中大战"。有的构思奇巧，写坚持原则的干部给往日的老师"送红包"，打开看，原来是一张红纸，上写"恩师教诲，永铭在心，秉公办事，不染一尘"。有的思想敏锐，对奢侈浪费、贪赃枉法痛加鞭挞，并严正指出："在改革的浪潮中，中华民族的优良传统教育和走向世界的伟大志向培养，实在应该成为改革的'中流砥柱'！"观点鲜明，认识深刻。

"书当快意读易尽"，满怀喜悦一口气读完书稿，相信亲爱的读者一定会喜爱这本书。

《全国初中生作文大全》序

《全国初中生作文大全》书稿送来,承蒙作者厚爱,要我写个序。拜读书稿之后,想顾名思义地说几句。

在初中学习阶段打下扎实的作文基本功十分重要。初中阶段即所谓学龄中期,相当于少年期;少年期是儿童期向青年期过渡的一个时期。与小学生比,初中生的抽象逻辑思维能力日益发展,并逐渐占主要地位,他们学习的内容丰富了,生活领域也扩大了。根据这些特点,教师要把握时机,使初中生切实打好作文基础。教师要善于引导学生观察生活,训练思想,培养写作能力,使他们能把自己所见所闻、所感所思如实地写出来。《全日制中学语文教学大纲(修订本)》中关于写作能力,提出了"能写简单的记叙文、说明文、议论文和一般的应用文,做到思想感情健康,内容具体,中心明确,条理清楚,语句通顺"的写作要求,初中生达到以上要求,就能很好地掌握作文基本功。教学上有这么一条规律:学生在一定学习阶段必须完成这一阶段的学习任务,未完成或完成不好,日后补救,往往事倍功半,并影响今后的学习。

就写作而言,学生从小练好基本功,一生受用不尽;未练好,日后很难把文章写好。如果学生在初中阶段写作上未达到应有的要求,文字不通顺,基础未打好,进入高中、大学,以至日后进入社会,生活经验大大丰富,思想长足进步,这时,手中的笔就难以反映生活,

刘桂松、申晓蔚编著《全国初中生作文大全》(上海人民出版社1993年版)。

驾驭思想，常感力不从心，捉襟见肘。如果初中阶段练就作文基本功，就会文促思、思促文，文与思相得益彰，文章越写越好。《全国初中生作文大全》正是针对初中生作文这一主题编成的书，其意义之重要、作用之大不言而喻。

　　内容丰富和知识完备是本书的又一特色。《庄子·田子方》讲到孔子问道于老聃后对弟子颜回说："微夫子之发吾覆也，吾不知天地之大全也。"意思是说，要不是老聃启蒙，我就不会了解天地的全部奥妙了。"大全"在这里的意思就是十分全面，十分完备。后来往往把作者的全集称之"大全"；以后更把一本相当完备的书也称之"大全"，如早年的《作文法大全》《英文法大全》等书，全书往往只有几百页。以初中生作文论述而言，本书相当完备，称得上"大全"。本书内容丰富，可谓色色俱全。每一大项目下分若干小项；每项选有几篇文章，文前有写作原理和方法，文后有评述，故每项也可称"全"。因此，《全国初中生作文大全》是一本有实例、有原理、有方法的读物，定能受到广大师生的热烈欢迎。

　　书编得有体系，值得读；内容分门别类，丰富完备，可查用。可读可查，认真学习，灵活应用，必得益匪浅。

倾注真情咏浦东
——《"浦东之春"中学生优秀作文选》序

以浦东新区为题材的首届"浦东之春"中学生作文竞赛在众多的作文竞赛中，应该说是创举，令人振奋，使人欢欣。

吸引浦东新区10万名中学生拿起笔描述和讴歌浦东之春，意义非凡。浦东这块多情的土地迎来了改革开放的春天，创业者以崇高的使命感和伟大的气魄，在屈指可数的时日里，建造了一项项令国人兴奋、令世界瞩目的工程。浦东建设的新思路、浦东建设的高速度、浦东人奋发拼搏的精神，浇铸着浦东日新月异的面貌。新区的中学生是时代的幸运儿，最先目睹新区的新人新事新气象，最早谛听到新区阔步前进的脚步声。要描述、讴歌浦东，就要以敏锐的目光观察今昔巨变，观察身边事物；就要用心去感受，感受开发、开放的巨大成绩，感受当代建设者的精神风貌；就要倾注真情，心向往之，参与投入。

风华正茂的中学生正当生命的春天，精力旺盛，憧憬未来。用多彩的笔谱写站在新的起跑线上的可爱的家乡，是向社会学习，向平凡而多才智的人学习，向高尚的思想情操学习。沐浴着浦东两个文明建设春风的青年学生，眼看，耳听，心想，手写，视野会开阔，胸怀会宽广，知识会增进，精神会富有。从这个意义上来说，举办"浦东之春"作文竞赛，是对未来建设者进行生动而深刻的爱国主义教育和社会主义教育。

愿广大参赛者激情满怀，笔端流泻出一篇篇动人的佳作。

卢方等主编《"浦东之春"中学生优秀作文选》（学林出版社1994年版）。

《美的世界》写在前面

这里奉献给青少年读者的是一本关于欣赏美的书,书名是《美的世界》。

"美",常被有的人说得虚无缥缈,不可捉摸,也被有的人说得玄之又玄,高深莫测。其实并非如此。美就在我们周围,就在我们心中,即使幼小的心灵也会萌发美的感受。稍一回忆,有些往事犹历历在目。

早年的教科书插图少,彩色的更是凤毛麟角。一次,我在新发的油光纸的小学语文课本里竟见到了一幅彩色的荷花插图,是配一首小诗的。画上清清的水,绿绿的叶,衬托着几朵出水的荷花。花是那么鲜红,色彩分明,真是美极了,美得教人陶醉。那种喜悦的心情好像是沙漠中见到了绿洲。

音乐欣赏的机会远没有今天多,但和今天比,毋宁说那时中小学的音乐教育更为认真。音乐课上唱歌可说是愉快无比。记得老师曾教我们唱一首叫《苏武牧羊》的歌。那歌的曲调谈不上有多少激情,调子温柔敦厚。然而就是这种温柔敦厚的曲调竟使我们这些学生激动不已。"苏武留胡节不辱,雪地又冰天,苦忍十九年。渴饮雪,饥吞毡,牧羊北海边……"唱着唱着,热泪盈眶,激情满怀。我们受到的高尚的爱国主义和美的情操教育,深深地融在了血液里。

当然,还可以举出一些。由此可见,正如法国艺术大师罗丹所说:"美是到处都有的。对于我们的眼睛,不是缺少美,而是缺少发现。"这本书就是为了引导青少年在生活中能发现美、欣赏美而编

于漪主编《美的世界》(未来出版社 1994 年版)。

写的。

它具有知识性。书的内容涉及自然美、社会美、艺术美、道德情操美等。选文是古今中外有关的佳文美什，按比例说，今多于古，中多于外，既利于读者开阔眼界，又切合我国青少年的阅读实际。它注意在各个不同领域提供欣赏美的有关知识。

它富于趣味性。兴趣是学习的先导，兴之所至，一往情深，知识殿堂为之而开。因此，许多通俗读物，特别是通俗小说，很注意以其趣味吸引读者。但其中有些海淫海盗的书，是以低级趣味来吸引青少年，腐蚀心灵，乃至引入歧途。这本书截然不同，奉献给青少年的是"新鲜的营养，新的血液"（歌德诗句），贯串其中的是健康的审美情趣。阅读它，有如倘祥于山水之间，时而"千岩竞秀"，时而"万壑争流"，遨游于美的世界之中。

诗人冯至在他著名的《十四行集》里有这样几行诗：

> 我们的生命像那窗外的原野，
> 我们在朦胧的原野上认出来
> 一棵树、一闪湖光、它一望无际
> 藏着忘却的过去、隐约的将来。

生命是美丽的，我们要在这"美的世界"里不断努力去发现它。

往深处开掘
——《第二届"浦东之春"中学生优秀作文选》序

十分荣幸,又一次受邀参加"浦东之春"作文竞赛的评判。徜徉于一篇篇参赛作文的花径之中,不仅深感浦东"物"的变化的美景使人目不暇接,而且惊喜地发现孩子们又长大了,不少支笔深入"人"的内心世界,叙说、描绘与讴歌在浦东这块改革开放的沃土上滋生的新观念、新思想。

创业维艰,而艰难中最艰难的是人的素质的提高,人的观念的更新,人的知识的拓展。中学生在目睹浦东壮丽建设图景的同时,开始感受到人与时代同步前进的脉搏,在"人"上做文章。

文章能不能站立起来,在很大程度上取决于写的人有没有真切感受,有没有见地。高楼林立,道路拓宽,大桥跨越,电视塔高耸入云,这是建设的壮举,有真切的感受,就能笔下生风。"物"令人瞩目惊叹,而更可贵的是"人",是建设者的观念、精神、气质、风貌。这就要求写的人往深处开掘,有所感,有所思,有所悟。

要往深处开掘,须变粗疏为精细,使事物的微妙变化尽收眼底,大大咧咧看,充其量只能停留在对事物现象的描绘;须变浅想为深思,使描绘对象的本质特征能准确掌握,感悟到同龄人少想少见或未想未见的。对要写的人和事粗浅地脑子里转一转,是不可能有什么见地。参赛的作文在这方面已经有所突破,尤其是写人的文章,即使

卢方等主编《第二届"浦东之春"中学生优秀作文选》(学林出版社1995年版)。

是很小的题材，也与浦东建设的时代大脉搏呼吸与共，不牵强，不硬装。这种有益的尝试，为下一届"浦东之春"作文竞赛燃起了新的希望，开拓了更加广阔的天地。

《语文教学的人文思考与实践》序

认识红兵同志之前，已耳闻这位青年教师是同龄人中的佼佼者，后来又先后读到他在语文杂志上发表的几篇文章，深感锐气逼人。也许是出于一名老教师对语文教育事业的至诚至爱，看到新竹展枝，生机勃发，喜悦之情充盈胸际，深切感到中学语文教育充满希望之光。

积数十年的语文教学实践，对其中诸多问题上升到理论上认识、阐发，写下了《语文教学的人文思考与实践》。红兵同志嘱我写序，我有幸先读。我这个人爱比较、对照。面对一篇篇言之成理、持之有故的文章，自愧不如。回忆三十几岁时，自己教语文还未入门，许多问题近乎盲从，别说作较深层次的剖析，就是浅层次的思考也不多。虽然与所处的时代背景有关，但主要还在于自己的浅薄。一名语文教师应该教学实践与教学研究两手抓，相互促进，以求洞悉语文教学规律，全面提高语文教学质量。对这一点，当时想得极少。重教学实践，理论研究未放到应有的位置上，是我们这一代教师的很大的缺陷。吸取以往的教训，有志气有抱负的青年教师实践与研究同步，向学者型的教师努力，是时代的需要，也是教师队伍建设的一大进步。

书稿虽只是粗粗翻阅，但已在脑中留下痕迹，简言之，有以下几点。

首先是敢于探索真理的气势。语文教学中老大难问题不少，效率不高，"少、慢、差、费"的阴魂困扰着广大师生。如何走出困境，众多有志者苦苦探索，从教材编写、教学内容改革到教学方法创新、

程红兵著《语文教学的人文思考与实践》（中国铁道出版社1996年版）。

测评体系的变更，活跃了研究空气，开阔了教师的视野。既然是探索，必然有成功，有失败，有比较科学的，有不够科学的，甚或是谬误的。在探索过程中，正确往往与不成熟、不完善乃至错误结伴而行，利弊得失均有，正面效应与负面效应并存。要剖析，要分离，要取精华，就事论事难辨是非，拎到理论的高度考察，揭示事物的本质及规律，就能心明眼亮，给人以豁然开朗的感觉。本书面对全国语文教改的形势，综合教改中的种种做法，力求站在时代的高度，在社会大背景、教育大背景下进行理论上的阐述，不仅敢字当头，气势激励人，而且不少地方有真知灼见，能给人以启迪。

其次是刻苦学习、勤于积累的精神。教语文最忌囿于教课、改作业的窄小圈子里，不知外面大世界。登高才能望远，居高才能临下。要对语文教学中种种难题有清醒的认识，能作鞭辟入里的分析，须在宏观上把握，微观上勘察。要在这方面有进展，就须源头活水长流。厚积而薄发，说理就能说到点子上，剖析就能析到要害处；如果是薄积而厚发，语言就往往会横流，令人捧腹或愕然。年轻人尤其要学习，不仅读语文专业书，而且读国内外教育著作、心理学著作以及与语文有关的学科著作，腹笥充实，论述道理就板眼分明，减少主观臆断。从书稿的字里行间看，作者是向这方面努力的。

再次是勇于实践，做教文育人的有心人。语文教学既是科学，又是艺术，要对其中的许多问题认识得清晰无误，须倾注心血于教学实践，在教学实践中甘苦备尝。教学不能拘泥于一种模式，应悉心研究教学大纲，研究教材，更要研究学生，做到因文而异、因人而异，创造多姿多彩的方法，求得最佳的教学效果。一个模式，一刀切，批量生产，不可能培养出思维活跃、个性发展、语文能力很强的学生。教法须讲究，教学内容更要实实在在，这样，学生才真正受益。教育对象是活泼泼的生命体，在训练学生语文能力的同时，须紧扣语文自身的特点，对学生的人格进行塑造。书稿中的课堂实录、人格篇中的文章均作了不同程度、不同角度的反映。

祝贺红兵同志语文教学的第一部著作问世。祝愿他在今后语文教学的征程中步履更为坚实，视野更为开阔，善于博采众长，精于继承创新，在理论与实践结合的高度对语文教育事业做贡献。

《初中语文学习导引》
前言

阅读能力是十分重要的一种语文能力，阅读能力强，对文章、书籍的理解就正确、深刻，知识就会如甘甜的清泉汩汩流入心田，使人心灵丰富，视野开阔，成为有文化教养的人。

学好语文课文是提高阅读能力的门径。《初中语文学习导引》就是辅导初中学生学习语文课本中课文的助手。多位有经验的语文教师把这些课文的重点、难点解剖成若干互相联系而又富于启发性的问题，引导大家积极思维，认真训练，指点学习方法，培养自学语文的能力。

"学前絮语"简介课文撰写的来龙去脉，有关的时代背景和作者的情况，为学习该篇课文提供一些资料，学习时可增添兴趣，心中有底。

"理解探讨"是本书的核心部分。从字词辨析、难句诠释，到课文中重点、难点的剖析，到阅读思路的指点、写作技巧的探讨。讨论的问题不是面面俱到，而是注意选择角度，启发思考。探讨问题时既简要地介绍知识，更着重知识的应用，引导小读者想想练练，自我测试，帮助提高能力。

"扩展延伸"目的在于开阔视野，增长见识，并把从"理解探讨"部分初步掌握的语文基础知识和阅读技能，迁移到新的阅读材料的学习之中。如果说"理解探讨"部分问题的设计、解答是扶着

于漪主编《初中语文学习导引》（山东教育出版社1996年版）。

走的话,"扩展延伸"部分要求独立阅读的分量更重一些。走走放放,放放走走,阅读理解能力、阅读分析能力就会一步一个脚印地提高。

"学习目标"是上述三个部分内容安排的标尺。设计的思考与练习,讲述的基本知识,乃至扩展阅读的材料都是紧紧扣住学习目标进行的。

学懂、学好课文,既非轻而易举,又不是高不可攀,只要爱学、会学,不论在思想内容还是语言技巧上,都能受到深刻的教益。这本《导引》帮助你学懂、学好课文。希望初中生读者能喜欢它,让它当你们的伙伴,帮助你们在语文学习中迈步前进。

《语文教育论文选》前言

认识甘其勋同志是先读其文，后见其人。十多年来，其勋同志在国内语文报刊、教育期刊上发表的文章常闪烁着真知灼见，给人启迪。文章有锐气，观点不含糊；阐述问题总是持之有故，言之成理，透出几分书卷气，这是我阅读文章的最初印象。后来在一次研讨高中语文教学大纲的会上，听其勋同志对语文教学发表高见，结识了他。文如其人，言如其人，谦虚敦厚，朴实无华。

真正对他有所认识，是拜读了他的语文教育论文选。其勋同志厚爱，我有机会先睹书稿。一篇篇论文展现眼前，仿佛一位执着追求的语文教育工作者在倾心诉说，为学为师为人融合在理论结合实际的高度，令人钦佩。这些论文和随笔是：

一、敬业精神的结晶

忠于职守，兢兢业业，无论从事什么工作，具有这种精神的人是值得赞颂的。敬业，才会全身心地投入，认识，感受，体会，潜思，才不会停留在围城的局面，才可能深入事物的内部，识得底里，识得神气。其勋同志无论是担任第一线的教师，还是担任省教研室的教研员，都是恪尽职守，倾注心血，不用说活生生的教学教研实绩，许多发表的文章就是敬业精神的明证。如《农村中语教学改革我见》，从农村中学从事语文教学实践的实际出发，学习和理解邓小平同志

甘其勋著《语文教育论文选》（河南大学出版社1997年版）。

"教育要面向现代化、面向世界、面向未来"指示的精神,指导自己的教学改革,扎实可行。教学改革需要主客观条件,与城市中学比较,农村中学的客观条件往往比城市逊色,但执教老师的主观能动性充分发挥,常会出现异乎寻常的成果。文章中阐述的诸多教学方法不仅是经验的总结,而且启示年轻同志:只要钟情于语文教育事业,处处皆可山花烂漫。如果说教学第一线的教师直接面对学生,工作上难以有弹性的话,教研员工作弹性就大得多。如何抓点带面,如何推进面上工作的进展,具有高度责任感的同志就会充分把握工作中的弹性,往广度拓展,往深处开掘,使教学研究闪发光彩,推进语文教改的发展。如《吹尽狂沙始得金》就是在掌握第一线语文教学种种情况的基础上,根据省教学的实际,就十个方面发表看法、质地十分厚实的文章。如果平时不做调查研究,不掌握大量的第一手材料,不反复思考,提炼观点,是不可能写出如此有价值的文章的。

二、广泛学习的硕果

语文学科综合性强。知识传授,能力培养,智力发展,思想情操陶冶,所涉及的方面很多,就学科内部的复杂关系,就学科与相关学科的种种关系,可研究的课题很多。要全面提高语文教育质量,要教到每一名学生身上,只涉猎一方面或几方面不易奏效。因而,从宏观上把握,在微观上钻研、联系、比较、渗透、互补,由表及里地探索,才能取得丰硕的成果。

其勋同志的语文教育论文涉及语文的方方面面。理论探讨、教法学法研究、教材建设、教师队伍建设、教学评价,每个方面都有具体、实在的研究,都有能开阔视野、拓宽思路的文章。这些文章的形成都源于勤学不倦。就以《一个有待认真开发的领域——语文课审美教育述评》而言,其勋同志研读文章百余篇,浏览专著六七部,摘抄卡片数十张。写一篇4 000多字的文章,奉献出如此大量的辛苦,不是一片赤诚对师生,怎能做到?

要真正做到诲人不倦,诲人有实效,教育者必须首先是学而不厌。学习十分艰苦,尤其对成年人来说,简直是一条光荣的荆棘路,要有毅力,要有恒心,要有过人的勇气。在这一点上,其勋同志十分难能可贵。他不断努力地给自己"充电"。为了有新鲜的思想、新颖的做法在语文园地增添活跃的气氛,给教师、学生新的思考,他在工作之余数年如一日苦读,从古今中外教育史、教育学、心理学到教学论、课程论,从思维科学、行为科学到阅读学、学习学,从系统论、信息论到教学模式、教育评价,广泛学习,取其精要指导教学。语文教师、语文教育工作者应有相当程度的职业敏感,跟随着时代奋勇前进。敏感从何而来?源于学习,源于见多识广。学习有根底,看问题就能居高临下,就不会轻易进入误区,不会宣传谬误、混淆视听。学,当然不是贴标签,功夫在"化"。广泛学习,厚积而薄发,阐述问题就能鞭辟入里,启迪读者。其勋同志从20世纪80年代的《"比较教学"初试》到《"求同""求异"随感》到90年代的《阅读学与中学阅读教学》,留下了跟随时代前进的脚印。

再次感谢其勋同志给我学习的良机,预祝他继续攀登,精心研究,为语文教育事业做出更多贡献。

《语文素质教育新探》序

《语文素质教育新探》中学卷、小学卷即将出版问世，我作为第一名读者，有幸先读到书稿，甚感快慰。由于撰稿者都是来自中小学语文教学第一线的教师、教研员及教学行政领导，同行甘苦与共，心灵沟通，因而倍感亲切。

中小学教育是为提高民族素质和为创新能力奠基的教育，由"应试教育"转向全面提高国民素质的轨道，既是中小学教育一项战略任务，也是中小学教育的一场变革。这场变革涉及教育思想、教育政策、教育制度、教育内容、教育方式和教育管理等各个层面，这场变革必然使我国中小学教育发生深刻的变化。语文学科是中小学教育中的主要学科，变革势在必行，理所当然。许多有识之士从理论和实践结合的高度积极探索，不断进取，以求取得成效。

改革教学观念是语文教学实施素质教育的关键。本书开宗明义对这个问题展开探讨。传统教育以教学内容的稳定性和单一性为基本出发点，以知识的记忆和复现为基本目标。它的教学模式往往是教师讲，学生听，学生的学习方法往往是以模仿、操练和背诵为主要特征。在这样的教学过程中，教师多半只对教材和教案负责，而学生往往只满足于完成考卷和获得标准答案。这样的教学，教师的才干、学生的灵气大大受压抑，得不到充分的发挥，创新精神、创新能力的培养更是无从谈起。现代教育强调的是发现知识的过程，而不是简单地获得结果，强调的是创造性解决问题的方法和探究精神的形成。在教学中，学生是主动的求知者，不再是被动地被灌输知识的容器。"教

陈学法主编《语文素质教育新探》（大连出版社1999年版）。

学观念"栏内的文章对学生在学习中的地位进行了较为深入的阐述，能给读者有益的启迪。

书中汇集的论文林林总总，覆盖面很广，从阅读教学到作文教学，从教法到学法，从智力因素到非智力因素，从课内到课外，从教材编选到测试考评，从教学心理到教师自身素质的提高。这些文章都是教学实践的结晶，其中不乏真知灼见。眼下流行一种说法，认为中小学教师充其量不过能写几篇教学经验总结，至于理论，别说登堂入室了，就是探讨的边似乎也很难沾上。这种说法值得商榷。它的"好处"在于能激励教学第一线的教师、教研员认真攻读理论，但实践者并不是一定没有理论素养。实践出真知，在大量的教学实践中只要做有心人，必会积累这样那样的教学经验，由现象探究本质，由感性上升到理性，不断地去伪存真，去粗取精，认识语文教学的规律。这样的论文有时虽然只是从一个角度、一个方面展开，但由于植根于实践这肥沃的土壤，因而有血有肉，易于理解，便于借鉴。众所周知的教育家赞可夫、苏霍姆林斯基的教育理论就是植根于中小学教育实践的。高深的、见解精辟的，能揭示教育本质、揭示语文教学规律的论文，确实能振聋发聩，使人茅塞顿开，但那种搬许多外国词句，再加上一些量化的数据，缺乏中国特色气息的论文，许多教育工作者也是不敢苟同，因而，也就行之不远，缺乏生命力。

教学第一线教师、教研员、教学行政领导勇于实践、大胆探讨的精神十分可贵，值得赞扬。更为难得的是在工作非常繁忙的情况下，认真总结，整理材料，梳理思路，形成文字，与同行交流。如果没有对语文教学兢兢业业、执着追求的精神是难以做到的。就这一点来说，应该向1 500余篇参评论文的撰写者致以敬意。书中选辑的只是其中的一部分，但窥一斑可知全豹。希望该书在语文同行中找到知音。

阅读与素质教育
——《初中生阅读辞海》序

　　《初中生阅读辞海》的问世正值我国全面推进素质教育的时期，是一件十分有意义的好事。实施素质教育的根本宗旨在于提高国民素质，培养21世纪需要的创新人才。初中学生正处于长身体、长知识、长觉悟的阶段，施以良好的素质教育，他们就能健康地成长、成人，最终成为国家有用之材。

　　对学生实施素质教育，德智体美，内容极其丰富，而阅读教育是其中不可缺少的重要一块。哲学家贺麟讲得好，人是能读书著书的动物，禽兽不能，故读书是划分人与禽兽的界限，也是划分文明人与野蛮人的界限。读现代的书就是和同时代的人沟通思想，交流看法；读古人的书就能了解人类创造的文明，择其精要继承发展。读书是人类特有的神圣权利。

　　读万卷书，行万里路，既是提高语文能力的必由之路，也是做一名视野开阔、心灵丰富、志趣高尚的人的重要途径。行万里路是直接接触自然，接触社会，从生活中增长见识，吸取养料，但人不可能事事直接经验，尤其在青少年求学时代，因而，读书就显得尤为重要。用俄罗斯小说家邦达列夫的话来说："一个人打开一本书，就是在仔细观察第二生活，就像在镜子深处，寻找着自己的主角，寻找着自己思想的答案，不由自主地把别人的命运、别人的勇敢精神与自己个人的性格特点相比较，感到遗憾、怀疑、懊恼，他会笑、会哭、会同情

刘桂松主编《初中生阅读辞海》（上海人民出版社1999年版）。

和参与——这里就开始了书的影响。所有这些，按照托尔斯泰的说法就是'感情的传染'。"书对人的影响力，对人的熏陶感染的能力是何等的大啊！古今中外的书籍浩瀚如大海，人的第二生活的内容真是丰富多彩，美不胜收。选择其中精品佳作阅读，可以开阔视野，增长知识，陶冶性情。阅读好书是和人类的智者、人类的智慧交朋友，它指导你认识世界、思考人生，教育你长志气、长学问、长教养，使你品尝人生的乐趣，获得求知的欢乐。要做一名思想道德素质和科学文化素质良好的21世纪的建设者，必须牢牢把握第二生活，认真读书，充实自己。

怎样阅读才能取得好效果？其中大有文章。读得不得法，犹如水经蒸馏，淡而无味；更有甚者，食而不化，做书的奴隶，进去了却出不来。《初中生阅读辞海》为你指点迷津。告诉你阅读要义，提示你阅读方法，帮助你阅读理解，引导你阅读欣赏。通本浏览，可粗知阅读概要，脑子里有个框架；对某个方面须具体探讨，可查阅有关条目，从中得到启示。它能起帮助你提高阅读能力、阅读效果的作用。

当然，阅读要取得成效，还要有孜孜不倦、持之以恒的精神。读书好比登山，没有勇气，没有坚韧不拔的精神，不可能登上山之巅，一览无限风光。读书好比开掘矿藏，开采，挖掘，毫不懈怠，会发现真金，发现奇迹，会有所创造。希望小读者以这本工具书为伴，选择好书，品味鉴赏，吮吸各种珍贵的精神财富，塑造自己优美的心灵。

《语文课堂立体教学模式》序

孙春成老师的新作《语文课堂立体教学模式》即将付印出版，来函嘱我为之作序。鉴于孙老师数十年辛勤耕作在语文这片沃土上，兢兢业业，积极进取，令人尊敬，故而不揣浅薄，欣然应允。

如何上好语文课，如何使师生主动性积极性双调动、双发挥，如何营造课堂上语文学习的磁场，充分展现语言文字的表现力、生命力，让学生深受其益，许多教学第一线的教师悉心研究，不懈追求，希冀语文教学的理想境界得以实现。其中有些人不畏艰难，奋然前行，探求语文教学真经，积累了丰富的经验，孙老师就是此行列里的性情中人。

阅读书稿，我常为其中蕴含的探索精神所感动，择其要而言。

35年如一日，研究语文课堂教学如何立体起来，使学生的兴趣、思维获得更好的发展。他认为："'立体教学'就是指教师运用教学艺术，营造开放性的课堂教学环境，激励学生乐学；在开放性的课堂教学环境中，师生相互质疑，通过多角度、多侧面的立体探究，促进学生思维，不断产生共鸣，从而发展学生智力，培养学生的创新精神和创新能力的教学活动。"这里有两个要素给人启迪：一是营造乐学的环境，二是多角度、多侧面的立体探究。

语言文字本就具有巨大的魅力，它蕴含着人类独有的情和意，蕴含着浓郁的民族情结。教授、诗人郑敏说得好：每个汉字都是一张充

孙春成著《语文课堂立体教学模式》（广西教育出版社2001年版）。

满了感情向人们诉说生活的脸。按常理说，学生学语文应兴趣盎然，心灵感应，为何其中不少人兴味索然，甚至十分厌倦？须研究，须破解，须寻觅良策，改进现状。

语文课堂教学中多线性思维，平面展开，有的甚至是单打一，纯粹为应考而进行支离破碎的机械操练，语文丰富的吸引力荡然无存。为此，孙老师悉心探究，如何使教学多角度多侧面展开，以促进学生思维处于兴奋状态。众多教学经验证明，课由平面而立体，知识覆盖面就广，能力训练的角度就多，思想情操相应也受到熏陶，学生可多方面获得培养。这样，课的容量就比较丰厚，教学效率也随之大大提高。

为了建立"立体教学"这样的课型，孙老师从两个方面寻找支撑：一是理论，二是实践。为了探索这种艺术与科学的完美统一的课型，沉下心来，认真地学习、阅读、思考，学习教育学、心理学、信息论、系统论，研究语言艺术、造型艺术、表演艺术，教学中选择与语文教学紧密相关的灵活运用，激发学生学习兴趣，吸引学生注意力，给学生以感染。感觉得来总觉浅，须分析、比较、判断、推理，上升到理性思考，才能接触到文本的核心价值所在，学生真正体悟到语言文字的表情达意功能，受深邃的思想、高尚的情操熏陶感染。为此，要研究撬动学生思维的问题，语言是思维的直接现实，抓语言推敲，促思维发展；要研究师生互动交流、生生互动交流的机制，质疑、问答、讨论、碰撞，思维活跃，各抒己见，语言获得锻炼，智力获得发展，师生积极性得到双发挥。

为了验证认识的正确性，孙老师进行了大量的教学实践。无论在教学第一线当教师，还是在第一线当教研员，他都上课。这其实很了不起，脱离课堂，只动动嘴，时间一长，话就很难说到点子上。对这一点，我深有体会。退休以后不上课了，生命似乎已萎缩了一半。上课，每天都有新情况发生，都会冒出新思考新认识，生命活水流淌。有人怕上课，不爱上课，最好脱离课堂第一线，那是由于未沉浸其中，未体味到辛苦中蕴含的成长与甘甜。孙老师上课是有备而来，希望在各类文体教学中实现课型的转换，验证"立体教学"的科学性、可行性，查找不足，积累经验，使之不断完善。而且，这种实践并不局限在某个学年段，而是涵盖整个中小学，前后比较，上下衔接，有助于对课型的创立与改进，使课型研究一直在路上，保持了发展的内在动力。

  语文教学改革切入点很多，课堂教学中课型的改进是值得深入探讨并切实落地的要点之一，它需要厚实的理论指导与丰富的实践经验验证，孙老师的新作是此项研究的阶段性成果，希望能在改进教学中发挥积极作用，并获得语文同行的不吝指教。

《于漪文集》自序

做了一辈子教师，一辈子学做教师。

怎样的人可以做教师？韩婴《韩诗外传》中说："智如泉源，行可以为表仪者，人师也。"怎样的教师对学生有感染力、辐射力，教育效果良好？俄罗斯教育家乌申斯基强调："在教育工作中，一切都应以教师的人格为依据。因为教育的力量只能从人格的活的源泉中产生出来，任何规章制度，任何人为的机关，无论设想得如何巧妙，都不能代替教育事业中教师人格的作用。"显然，教师的人格力量是良好教育效果的重要保证。

教师的人格力量来自学术水平、教学能力与道德情操的完美统一。为了做一名合格的教师，做一名合格的语文教师，对学生今日的成长与明日的发展起积极作用，我孜孜矻矻数十载，不敢有丝毫的懈怠。道路艰辛，欢乐洋溢，意义非凡。

寻寻觅觅

我不是学中文的，非科班出身，教语文功底不够，困难不少。当时我有个奢望，就是能听教研组长一节课。这位老师功底厚实，书法、绘画都行，说话要言不烦，大家都有点畏惧他。20 世纪 50 年代，要听人家课，很不容易，不得到授课人的允许，不能贸贸然进别人的课堂。为了在语文教研组有立足之地，听老组长一节课，清晨我就到学校，打扫办公室的卫生，扫地、擦桌子、拖地板、倒痰盂，做

于漪著《于漪文集》（山东教育出版社 2001 年版）。

一名青年教师应做的为大家服务的事。一个春秋又一个春秋，奢望不过是梦想而已，终究没有变成现实。

倒是我一教课，老组长就来听我的课，心里真有点胆怯。我清晰地记得那节课我教的是高中二年级的课文《普通劳动者》。预备铃响了，他踱方步似地走进教室，在后排一个空位置上坐下，一脸严肃。课前我不知道，少不得条件反射似的紧张起来，然后，自我控制，才慢慢放松。下课了，我如释重负，长长叹了一口气。课后，他找我谈，说了语言、板书、条理等几个优点外，还郑重其事地说了一句："语文教学的大门在哪儿你还不知道，人物形象分析是这样贴标签的吗？"这句话如五雷轰顶，我一下子就蒙了。定了定神，我向他请教该怎么教，他金口难开，又不吭声了。自那以后，再没有对我说过一句如何教语文的话。

语文教学的大门究竟在哪儿？即使路漫漫其修远，我也要寻找，不仅要找到门，而且要登堂入室，深味其中的奥妙。老组长这句"金石之言"成为我在教学生涯中不懈追求的动力，我常常反躬自省："你入门了没有？'堂'在哪儿，'室'在哪儿，你清楚多少？一名对学科教学不入门不辨堂室的教师怎能称职，怎能对得起学生？"外力在教育历程中化为内驱力，夙兴夜寐一灯明，寻寻觅觅。

忆往昔，自己在中学求学时，老师是怎样教语文的，哪些课很感人，经久不忘，历历在目。声情并茂的朗读、讲解，旁征博引的议论、评析，眼神、手势、神往的表情，一幕幕在脑海中浮现，我常顿然有所悟：这就是语文！

到传统语文教育论述中寻觅。张志公先生的《传统语文教育初探》专著，朱自清、叶圣陶、吕叔湘三位先生对语文教学的众多论述，从识字教育到工具书的使用，从阅读教学到作文训练，我认真阅读，逐一推敲，从中寻觅有效的门径。

从比较中寻觅可资借鉴的做法。许多国家都有自己的母语教育，怎样通过母语教育哺育后代成长，必有自己的丰富的经验。可惜当时封闭，能看到的资料凤毛麟角，只得从外语教学中体悟一二。比较选文、语法、读写训练，总结利弊得失，朦朦胧胧有了一些自己的看法。

　　探究教学原则、教学方法，读教育学、心理学。尽管这些学术著作做大学生时也读过，但那时不懂得联系实际，自己也无多少实际可供联系，"空对空"，学得浮光掠影。带着问题学，效果大不一样。为什么要制订这些教学原则，为什么教学可采用这样或那样的方法等，不仅要知其然，而且要知其所以然。教材要研究，学生更要研究。

　　学习报章杂志上有关教学的鲜活经验。那时杂志少，文章少，只要看到，就如饥似渴地读、想。不仅语文方面的，对其他学科的也同样兴味盎然。他山之石，可以攻玉，采取拿来主义的态度，以弥补自己的贫乏。

步履维艰

　　寻觅语文教学大门的步子已经跨了出去，要走下去，绝非轻而易举，其中的艰难曲折一言难尽。

　　首先是教与学的矛盾。要在讲台上站下来，对学生真有帮助，自己就得有厚实的语文功底和较强的教学能力。如果一问三不知，蒙学生，别说有损教师的形象，起码愧对自己的良心。于是，我下决心在两个方面狠下功夫。一是扎扎实实打业务底子，从汉语拼音、语法、修辞入手，到文史哲广为涉猎；以中外文学史为经线，选读各个时期有代表性的有影响的作品，力求早日摆脱知之甚少甚浅的窘境，告别孤陋寡闻，迈向知之较多较广较深的目标。二是潜心钻研教材，取得使用教材带领学生学好语文的主动权。查检资料，独立分析，从语言文字到思想内容，从思想内容到语言文字，一篇篇课文反复推敲、研究，把文章的脉络、篇章的构成、语言的运用、作者的思路等，弄得一清如水，力求使教材如出自己之口，如出自己之心。钻研一篇教材，有时要花十小时、二十小时，甚至三十小时。那时没有什么可供抄袭的现成的教学参考书，这就促使自己非认真读书、非刻苦钻研不可。三篇、五篇、八篇、十篇、上百篇独立钻研，开始尝到了庖丁解牛的滋味。为了教，为了对得起学生，我只有逼自己学，边学边教，边教边学。时间对每个人来说是公平的，每天24小时，可这点时间怎么够用呢？教学任务重，不可能有大块时间听自己摆布，只有"挤"，除了起早、摸黑、熬夜之外，就是把边边角角的时间都用上。我不串门，不聊天，衣食住极简单，挤出时间学。看电影、看戏，水平不高的，决不去浪费时间，消磨精力。锲而不舍，逐步解决教与学的矛盾。

其次是学科任教与担任班主任的矛盾。在中学做班主任，有许多杂事缠身，计划之中的，意料之外的，用四个字来形容，那就是"没完没了"。按道理说，学生在成长过程中有这样那样的情况，班级要形成集体，树立良好的风气，确实需要班主任花气力引导、教育。要认真做，力求做得有成效，须占用相当的时间与精力，这就与学科教学发生矛盾。要洞悉中学语文的底里，提高学生语文总体素质，非有水磨的功夫不可。在施教过程中，二者似乎总在抢时间，总摆不平。实践多了，才真正悟到学科教学要出质量，十分重要的是目中有学生，对学生进行深入研究。学生世界色彩斑斓，一个人简直就是一件艺术品，各不相同。有的外向，有的内向，有的爽朗，有的含蓄，有的聪慧，有的内秀，进入他们的世界，和他们交朋友，和他们成为莫逆之交，你会了解到他们内心隐秘的一角，学习上的、生活上的、娱乐上的、家庭的、社会的、亲友的种种烦恼，有趣的大事小事，他们会向你倾心吐露，师生心心相印。此时此刻，我才真正体会到不做班主任，就不能真正品尝到、咀嚼到教师的滋味。做班主任，是在培育学生成长的第一线；教学，也是在培育学生成长的第一线。育人是大目标，教语文也就是为实现这个大目标服务的。教文育人，淡化育人大目标，学科教学充其量只是匠人的操作而已。正因为对学生知之深，彼此之间情意浓，共同语言多，教学时往往得心应手，师生亲密无间。班主任做得好，学生与你知心，大大有助于教学质量的提高；教学有质量，学生信服你，同样大大有利于做好班主任的工作。二者既相互渗透，又互相促进。如果把它们看成两码事，当作"两块皮"，那当然是矛盾重重了。

吃尽千辛万苦，好不容易找到了语文教学的门径，怎么也没想到一场急风暴雨般的灾难突然降临。于是，一盆盆脏水劈头盖脸泼来，什么"修正主义教育路线黑标兵、吹鼓手"，什么"反动学术权威"，什么"知识越多越反动，腐蚀学生"。我惊愕了，茫然不知所措。接着，我冷静下来思考，认真反思自己教学生的动机与效果，我深感自己水平不高，教得还不够。一个国家，如果文盲半文盲充斥，人的素质不行，怎么可能建设好？中学生是学习的黄金时期，耽误了就无法弥补。想到这些，心里十分坦然，教师就是要教好学生，没错！于是，在非常艰难的条件下，振作精神，继续苦干。比如6点早锻炼，5点50分我就站在操场上等学生，腹部开刀不久，跑不动，就走走跑跑，带领学生锻炼；比如周六下午为班级同学补文化，个别指导随时进行。有好心的同志问我："你还没被斗够吗？"我只能付之一笑，说什么呢？学生青春宝贵，耽误不起啊。认真教学是我的本分，培育学生健康成长是我作为教师的义务与责任，我十年如一日执着追求，默默耕耘。

"十年动乱"终于结束，粉碎"四人帮"，我们迎来了第二次解放，我与千千万万教师一样，心情的愉悦难以言表。邓小平同志"面向现代化，面向世界，面向未来"的教导，恢复高考的指示，简直使教育扭转了乾坤。为了提高语文教学质量，中学语文教改风起云涌，如火如荼，我也投身其中，借鉴别人经验，吮吸精神养料，改革不符合时代要求、不符合语文规律的认识与做法。要迈开改革的步伐也是十分不易的。首先要战胜自己，审视自己的教育观念、教学方法，辨别正误，辨别新旧，审视是否以教育方针为准绳，遵循语文固有的规律把握语文教学，是否尊重学生学习的自主权、积极性。好的、对的要坚持，陈旧的、片面的要扬弃。其次是来自外部的种种信息与做法，有时简直是新旧不分，真伪难辨，甚至出现错把腐朽当神奇的情况。我常这样幼稚地想，如果有一双火眼金睛就好了，珍珠和鱼目，一定分得一清二楚。在教学实践中，我强烈地感到教改要有主心骨，要有正确的理论指导，不能偏离育人的大目标，不能追风，不能随风飘荡，用似是而非的口号混淆视听，追求轰动效应。育人，是老老实实的事,教学生学语文,是用中华优秀文化哺育他们成长,提高他们语文总体素质,来不得半点的虚空和马虎。为此,自己必须增强自信,自强不息,一步一步往前走。

欢乐时光

生命的闪光无过于站在课堂上面对几十双充满求知渴望的眼睛,我深切感受到我因他们而存在,因他们的成长生命才有意义、才有价值。

当我和学生一起沉浸在民族优秀文化的浓郁氛围中,看不尽"衔远山,吞长江,浩浩汤汤,横无际涯"的美景,领略不尽"醉里挑灯看剑,梦回吹角连营。八百里分麾下炙,五十弦翻塞外声。沙场秋点兵"的爱国情怀,品尝不尽如"无边落木萧萧下,不尽长江滚滚来""乱石穿空,惊涛拍岸,卷起千堆雪""寻寻觅觅,冷冷清清,凄凄惨惨戚戚"等的字字珠玑,心中的民族自豪感不仅油然而生,而且是充盈胸际。吮吸民族优秀文化、民族奋发精神的乳汁,人的心胸会开阔起来,人似乎脱离卑琐,高大起来了。当师生学到写现代人崇高品格、伟大精神的作品,如《周总理,你在哪里》《一月的哀思》《春夜的沉思和回忆》时,心灵受震撼,思想受洗礼,感情被净化,我强烈地意识到带领学生学语文,绝不只是让学生学一点文字上的技能技巧,而是要在学生心田做"植根"的工作,植志向的根、理想的根、人格的根,植良好道德情操的根,植意志、毅力的根。为此,在教学中一定要做到思想内容和语言形式交融,引导学生在学语文的同时,思想情感和人格的形成受到良好的熏陶。

基于这样的认识与感受,我追求语文课的感染力和辐射力,让课文中深邃的思想、精辟的见解、丰富的情感,伴随着语言文字的咀嚼、感悟,流淌到学生心中。我追求的语文课的境界是:教师与学生和谐互动,教师崇高使命感和对教材的深刻理解碰撞,感情发生"井喷",感染学生,推动教学进程;学生自主学习充分发挥,或质疑,或评论,或挑剔,或追根究底,发表个性化的独特看法,思想闪现火花，促使教学往深处开掘，往广处延伸。如果记录下来，是一篇师生共同创作的生动的优美散文，又是一首节奏鲜明催人奋进的交响曲。每当学生以满腹经纶的姿态发表高见时，每当师生为探求真知争论得面红耳赤时，每当学生对某个问题恍然大悟时，我的欢乐难以言表。有时连续两节课的下课铃声响了，有些学生脱口而出："时间怎么那么快？"有的学生还沉浸在特定的美妙情境中，有滋有味地说："啊！简直是艺术享受。"学生学习的欢乐深深感染着我，使我陶醉其中。

修改作文看似苦差事，绞脑汁、花时间、费精力，其实，只要把每篇作文看作是一个个生气勃勃的可爱的学生在吐露心声，你就会觉得乐在其中。批改作文，是在和学生进行心灵的对话，哪怕是细微之处有优点，也要真诚地鼓励，更不用说佳作或有精彩之笔，更要满腔热忱地肯定、赞扬。至于写得不理想的，疏漏及错误较多的，也不能泼冷水，而是要热情指点，努力加温。如果学生写作能力都是上乘的，要我这个语文教师干什么呢？不会写，写得不好，是正常的。师生心灵上沟通，指导得法，这些学生的进步也是很快的。学生对作文眉批、总批的重视，就说明学生在写作上有可贵的上进心。有的学生用期盼的目光对我说："老师，你给好几个同学批语写一页多，为什么给我只写几句？多写一些吧，我会认真看的。"我对他说："刚面批过，交换意见够多了，就少写了几句。"他仍然执着地说："面批是面批，写是写，不一样。"我感动了，学生喜欢心灵的对话，我又提起笔直抒胸臆。有的学生拿着作文本神秘地对我说："这篇作文只能给你一个人看，千万不能印出来做作文讲评的材料。家里这件事只能让你一个人知道。"信任的暖流注入我的肌体，我深为感动。在浓郁的师生情、信赖感，乃至思想认识、文字运用的碰撞中，学生的作文像样了，有分量了，进步了，提高了，我品尝着其中的欢乐。

似水流年，学生离校后眨眼间就是十年、二十年，乃至三十年。重逢时朝花夕拾，欢乐从眼睛里、从心头、从朗朗笑声中、从幽默风趣的语言中奔涌而出，我被欢乐包围，有时竟自失起来。那个毛笔字写成大花脸的他，竟然变成了身高一米八几的男子汉，大学毕业已好几年,站在我面前说起往事,脸色还带有几丝羞涩;那个勤恳为同学服务的生活委员,在口粮匮乏的艰难岁月中,老师病中省下粮票给她买面包的事,一记就是三十年,而且成为她爱学生的动力;那个突患急病的她,深夜被我背送医院得到及时救治,日后成家立业,生了个女儿,还取名叫"漪"……一件件,一桩桩,如数家珍。我怎么也想不到一些极平常极细微的事,学生竟然珍藏在记忆之中,一藏就是那么多年,鲜活,生动,没有因岁月的流逝而褪色。育人的事业是那么长效,那么崇高,我脑海中不时浮现出一批批跟着我学语文、学做人的学生群像,文化在他们身上传承、发展,生命在他们身上延续、闪光,我沉醉在幸福之中。

遗憾悠悠

教了一辈子语文课,课前备课应该说是比较认真的,但教过以后总是比教之前清楚一点,教过以后,回顾反思,总发现这样那样的毛病。我深切体会到,自己的语文教学充满了遗憾,它有缺点、不足,乃至错误。正因为平时有这一点点认识,故而一辈子勤奋进取,力求不愧对学生。

由于认识能力的局限,由于知识的贫乏和视野的狭窄,当然也有客观因素的影响,许多可以做得更多更好的事,没有排除困难下决心,或没有全力以赴做好。如语文教改实验的问题,要真正探索语文教学规律,从理论的高度认识底里,确实应集中精力用一段完整的时间开展扎扎实实的科学实验。而开展实验,一须在常态下进行,这样实验的得失与经验教训才比较符合实际情况;二须实事求是,具有科学态度、科学精神,不能有凡实验必成功的假象。多次下决心想进行实验,但因工作繁忙,学校变动,未能实现,实在遗憾。又如,较长时期以来,对教法研究得多,学法研究十分薄弱。学生是学习的主人,学生怎么学语文,怎么会学语文,怎么学会语文,是涉及学生今日的成长与明日的发展至关重要的问题,自己研究得不多。"师傅领进门,修行在个人",教师的"引"是重要的,但学生怎样"修"更为重要，教师如果对学生的"修"漠然置之，对他们的"修"缺乏深刻了解、深刻认识，那教师的"引"也是很难有实效的，教师毕竟不能代替学生成长，学生对语文学有成效，须靠他们自身主观能动作用的发挥。我认为在新世纪的语文教学中，一定要坚持以学生的发展为本，提高他们的语文整体素质，在这方面，自己的超前意识不够，留下深深的遗憾。哪怕是一件件具体的事，愧疚也不少。有一位语文老师十多年前是我的学生，有次我听他的课，课后交换意见时，他有几分伤感地说："当年我多想自己的作文被印一次来讲评，三年没有印到。"我的心里咯噔一下，虽说我相当注意发现每位同学的长处，发挥他们的积极性，可是却在无意中伤了这位同学的心。细想起来，又何止他一人呢？学生世界纷繁复杂，我的眼光太不精细太不敏锐了，留下的只能是愧疚、遗憾。正如过去写的教案，留下的课堂实录，现在看来，特别是用现代教育观念来衡量，用新的课程标准来衡量，须修改、须推敲、须压缩、须开创的比比皆是。我的职责是应该做得更好，但我没有做到。究其原因，是自己的德、才、识、能的素质缺乏高度，不够完善。站不到高处，就想不到远处、深处，做起来就更加捉襟见肘，留下了串串遗憾。

今年，我从教整半个世纪，山东教育出版社的领导和同志们出于对基础教育的厚爱，对中学语文教学的厚爱，嘱我把写过的文章及出版过的一些书结成集子，以资纪念。在感谢的同时，我又深感汗颜。在教学实践中确有点点滴滴体会，然后又逐步形成一些看法、一些观念，陆续写成文章。由于都是应约稿之请，因而，绝大部分是急就章，十分粗糙，也十分肤浅，为了强调某些看法，其中又常有重复之处。从编撰、印刷、校对到出版，仅三四个月，来不及删改、润饰，只能原样奉献给同行，这又是一种遗憾。我们这一代语文教师，由于历史的原因和自身的不足，真是遗憾悠悠。也正是由于我们的不足与遗憾，年轻的语文教师就更有大展宏图的时间与空间。长江后浪推前浪，年轻的语文教师生逢新世纪，处于课程改革的洪流中，必能创造出语文教学的辉煌。

《文集》记录的是自己在教学实践中探索的脚印，普通、平常，无动人之笔，无惊人之举，只是如实地说明了一名钟情于党的教育事业、钟情于语文教学的教师曾为之倾注全部心血，奉献青春与生命。

《走近经典 高中文化读本》前言

婴儿靠优质乳汁的哺育方能健壮,青年靠精神食粮的丰富方能长足发展。阅读是获取精神养料的极其重要、极其有效的途径,以往社会如此,信息时代、网络时代也是这样。

有理想有追求的青年应十分珍视读书这一"人类特有的神圣权利"。哲学家贺麟教授对这个问题的阐述深刻而精辟,他说:"故读书是划分人与禽兽的界限,也是划分文明人与野蛮人的界限。读现代的书即所以与同时的人作精神上的沟通交谈。读古人的书即所以承受古圣先贤的精神遗产。读书即可以享受或吸取学问思想家多年的心血的结晶。所以读书是人类特有的神圣权利。"仔细咀嚼,其中蕴含不尽的哲理情思。

学生时代读教科书,读好教科书,是天经地义的事,但千万不能拘囿于此,画地为牢,把自己籍在里面,要善于抓住时间,拓展空间,广泛阅读。人的成才不可能像竖立一根竹竿一般,根部与顶端直径相仿,圆周相近,即使是"立竿见影",影子也不过是瘦瘦的一条,难成大器。人的成才要靠扎实宽厚的基础。青春年少之时,对自然科学、社会科学、文学艺术,对古代的、现代的,东方的、西方的,民族的、外来的等读物,广为涉猎,开阔视野,对认识自然、认识社会、思考人生,有百利而无一弊。当然,前提是读物是优秀的,有品位的。

于漪主编《走近经典 高中文化读本》(上海教育出版社2001年版)。

高中学生由于课业的繁重，时间贵如金，用大块大块时间去挑选读物，读大部大部的著作，大概除少数偏爱文学的同学外，就绝大多数同学而言，几乎是不可能的。因而，如何以最短的篇幅、最具代表性的作品提供给学生阅读，就成为许多长者、许多教师思考的问题。思考的焦点是让学生以最少的时间获得最大的效果。《高中文化读本》这套书就是这方面思考的产物。

这套书无严格的编排顺序，既不从文学史的角度，也不从科学史的角度，它的特点是"散"，意在让学生广为涉猎，古今中外的各类文章皆有展示；但又散而有致，只要是在人类精神历程、文化历程中卓有建树的，都择其精粹和学生读者见面，因而在"散"中闪亮着一颗颗璀璨的星星，给人以启示，给人以智慧。

好的读书状态是，目在纸上，心入书中，靠自己咀嚼、品味、感受、领悟，触类旁通，举一反三。别人讲解、剖析，最多只是点拨、引导而已。基于此，这套读本不作详尽的注释和具体的分析评论，只是作点简单的提示，提点拓展的要求，让学生读者自主阅读，遨游于美文佳作之中，享受求知的愉悦，享受认识世界、认识人生的欢乐。

阅读从来不是一个封闭系统，它是开放的，多元的，有历史的芳香，有时代的露水，这套读本不过是为同学们开启阅读的大门，步入其中，执着追求，就能触摸到人类文化的灿烂辉煌。

《少年古诗词诵读本》前言

中国是诗歌的王国,5 000年的优秀文化熔铸了不计其数的脍炙人口的优秀诗篇。许多诗流传千古,哺育了一代代人的成长,是极其珍贵的精神财富。不说别的,仅是唐诗宋词,就多如天上璀璨的繁星,闪发出迷人的光彩。

优秀的诗词像种子一样,有顽强的生命力。它们破土而出以后,和芳香的空气融合,长久地弥漫大地。今天,青少年学生学习古诗词,诵读古诗词,咀嚼、体会、感悟,心驰神往,仍然能徜徉于美妙的意境之中,嗅到它们散发的芳香。

诗词中蕴含着深厚的中华文化,可说是智慧的源泉。上自天文,下至地理,万事万物,皆入诗中。诵读诗词,对精神的升华、情感的熏陶、人格的塑造,能起无可估量的潜移默化作用。学生用这些优秀诗篇打做人的底子,打文化素养的底子,底色亮丽,在人生旅途中受用不尽。

诗词是诗人生命的火花,感情的迸发。当外物和诗人内情猛烈撞击或交融时,就形成动人的诗篇,就会产生千古绝唱。诗歌充满了诗人的智慧和灵气,所以诵读时要整体感知,要联系生活实际,联系自己的知识储存,开展想象,这样,脑中就会浮现出一幅幅生动的图景。读诗还要开动脑筋,对诗中情、诗中景、诗中意可以从不同角度去理解,不同侧面去体味,不同方位去揣摩,使自己有独特的体会和

于漪主编《少年古诗词诵读本》(东方出版中心2002年版)。

感受。

　　诗词是语言的精华,学习诗词对学习语言特别有帮助。它生动,形象,凝练,精辟,言简意丰,言简意深,言简意赅。熟读,背诵,有助于丰富语言,积淀文化。

　　这本书的每篇诗词下面都有"知识宫""智慧泉""创造室"三个方面的内容。前两个部分提供一点资料帮助小读者阅读理解,提供的资料、讲述的内容只突出重点,不面面俱到。"创造室"一栏,主要在启发小读者诵读时发挥主动性、积极性、创造性。小读者积极性的发挥,不仅可读出诗情,悟出诗意,而且能具体感受到诗词中的思想精华和情感魅力。

　　希望小读者能喜爱这本书,并能对其中的诗词熟读成诵。

《探索明天的教育》序

《探索明天的教育》是冯恩洪校长近20年来从事教育研究和教育实践的论文集、讲演集，冯校长邀我作序，故有幸先学习文稿。尽管由于德育高级教师职称的评审工作，我们早有接触，也比较熟识，但阅读文稿时，仍不时为文中活跃的思想所吸引，受到不少启发。

办教育必须有前瞻性。教育是着眼于未来的事业，任何学校都应该着力于为祖国的未来培养和造就有用之材、栋梁之材。教在今天，要想到明天，要善于用明日建设者的要求来审视和指导今日的教育教学工作。教育又是充满理想主义的事业，熔铸人类文明、民族精粹、科学创造，哺育后代成长，期盼英才辈出，花团锦簇。学校教育教学工作渗透理想色彩，着眼于未来才有可能落到实处。冯校长执着探索明天的教育，他认为"仅仅思考从今天走向明天未免沾有功利主义色彩；不仅思考从今天走向明天，而且着眼于明天的环境，思考如何从明天走向后天才称得上有战略眼光。教育是百年树人的伟业，需要它的参与者走一步，想两步"，这是很有见地的。居高才能临下，登高才能望远，心中有未来憧憬，办教育就孕育着无限的生机。

办教育对现实状况须有清醒的认识。认清取得的成绩和存在的问题，就能锐意改革，不断前进。我们这个发展中的国家，用有限的国力办世界上规模最大、学生数最多的教育，而且取得如此丰硕的成绩，确实令世人瞩目。但毋庸讳言，我们的教育理念、教育体制、教育结构、人才培养模式、教育内容和教育方法等诸多方面还存在不少问题，尤其是教育理念，如果不研究社会，不研究教育现状，就难以

冯恩洪著《探索明天的教育》（上海教育出版社2002年版）。

有突破性的进展；教育理念不更新，其他方面的改革就寸步难行。冯校长注意研究教育的现状，看到了社会主义市场经济取代了计划经济后，人才培养模式受到了严峻的挑战，苦苦追求有生命力的教育须把握两个支点，即满足社会发展需要和学生发展需要，逐渐将社会发展需要内化为受教育者个体发展的需要，使个人发展的需要升华到更高的层面。这样，培养学生"合格加特长"的目标就应时而生，呼唤学生增强自信，激发学生发挥潜能，追求卓越，在学校教育中学生的主体地位大大加强。

勇于改革、勇于实践，在书中也表现得十分突出。和冯校长接触过的人，对他的演讲才能几乎众口赞叹；其实，他不仅讲，而且做，改革的勇气一往无前。从做班主任到当校长，他几乎没有"安分"的时候，新做法、新花样层出不穷，是个"标新立异"的人。当然，改革不可能都正确，尽善尽美，因为人的认识与客观实际不可能天衣无缝，预料到的、没预料到的制约的因素不在少数。什么事情都求一次成功，完美无瑕，大概在世界上也是极其罕见的。探索的过程，改革的过程，总会伴随着种种困难、种种不周全，乃至缺点错误，但和因循守旧、故步自封比，前者有前进的动力，充满了希望。为了探索明天的教育，冯校长不仅强调自己要有一根"坚强的改革神经"，而且强调教育改革须曲高和"众"，把个人的追求变成一支队伍的目标，共同创造学校教育的辉煌。这些年来，建平中学创造的业绩正是凝聚集体智慧、坚持锐意改革结出的硕果。

明天的教育是办学者应考虑的问题，也是一个开放性的大课题，须潜心思考，努力探索，不断总结，提升认识。读一读这本书，会感到另有天地，有所发现，有所感悟，增强前进的信心与动力。

《陈文高语文人生的四个乐章》序

人生如歌，一名优秀教师就是用自己的青春、智慧和生命谱写学生成长、成人、成才的悦耳动听的交响乐。阅读步根海、张安民两位同志编写的《陈文高语文人生的四个乐章》书稿，耳边仿佛响起了陈文高老师语文教育生涯中时而激昂时而低回的动人乐曲。母语教学育人，培育学生成才，永远是欢乐的乐章。

陈文高老师是资深语文教研员，初认识他时，他还是年轻的小伙子，给我的印象是"很行"。一是思维活跃，对语文教学有自己独特的看法，不人云亦云；二是上海首批援藏教师，在西藏拉萨中学任教，经受两年高原生活的考验；三是体育运动好，竞赛方面有特长。有抱负，能吃苦，潜力大，我心中顿生敬意。

实践检验，确实不同凡响。无论在教学第一线上课，还是从事师资培训，他总是从学生实际出发，从语文教育兴利除弊的愿望出发，提出改革的措施，并付诸实践，及时总结，提高到理论上认识，取得良好的效果。比如课堂教学中师生平等问题，说起来容易，做起来难。陈老师早在20世纪70年代从一堂公开课的事先未作任何预演的"师生配合默契"中，体会到师生关系应该是"尊师又尊生""爱生也爱师"。课堂上教师千万不能自觉或不自觉地充当教学的主宰，"教"不能统治"学"，不能代替"学"，学生有权利自主学习，在学习过程中获取知识，培养能力。本书《教坛断想》中"教学的民

步根海、张安民编《陈文高语文人生的四个乐章》（上海辞书出版社2003年版）。

主"就描述了课堂上民主气氛浓、学生学得愉快学有良好效果的可喜情景。《故乡》《死海不死》《我的叔叔于勒》等教学实录也都是课堂教学中发扬民主的明证。

较长时间里,中学语文教学中对学生口语表达能力及质疑能力的培养不够重视,因而,学生语文能力的弱项明显,影响语文素养的全面提高。陈老师提出要开设口语训练课,从根本上提高口语表达的质量。为了落实这一认识,在 H 版语文初中教材的编写中,每学期专门安排视听单元和口语表达训练。这在当时全国多种语文教材中是比较罕见的。至今仍有不少语文教师认为重视口语表达的认识是前沿的,做法具有新意。将"质疑"引入语文教材,倡导质疑教学,探索质疑教学,不仅仅是教学方法的探究,更在于培养学生思辨的能力,积极引导学生善于发现问题,敢于提出问题,乐于研讨问题,提高思维品质。抓思维训练,促语言发展,学生深受其益。

担任 H 版语文教材副主编,更是全面深入思考语文教学中方方面面的问题。阅读,写作,口语表达;教法,学法;课内,课外,等等,全方位考虑,亮点频频出现。正由于陈老师在教学实践、教材编写、教研工作中积累了丰富的、成熟的经验,他培训青年教师时当然得心应手,左右逢源,有理论指导,有实际示范,能达到如此水平,是难能可贵的。

陈老师重情义,对指导过自己的老师满怀深情,永志不忘;对共同为提高学生语文素养拼搏的同事、朋友坦诚相待,友情深厚;对学生更是关怀备至,尽心培养。难怪时隔 30 多年,两位教过的学生、一位学生的女儿与陈老师在澳大利亚不期而遇时,是么么激动,那么情不自禁地畅叙往事,绘声绘色地弹奏着老师当年神采飞扬地讲课的乐曲,快板,中板,慢板,休止,停顿……欢乐洋溢于师生之间,弥散到第三代的身上。

陈文高老师 40 年教坛生涯留下了一名辛勤探索者的深深的足迹,弹奏出语文教改的美丽乐章。有幸先读书稿,是学习,也是分享教文育人的欢乐。

《语文课堂问题教学策略》序

学科教学是实施素质教育的主渠道,课堂教学是实施素质教育的主阵地。在全面推进素质教育的今天,研究学科课堂教学,探讨提高课堂教学质量的途径与方法,无疑是有现实意义的好事。孙春成老师《语文课堂问题教学策略》一书的出版正是应时而生。

早在20世纪90年代就听到孙老师勤于语文教学改革的事迹,由于地区距离甚远,我又年老多病,未能有机会亲耳聆听他语文改革的高见。现读《语文课堂问题教学策略》书稿,受到不少启发。

首先是孙老师迎难而上、执着追求的精神。中学语文教学究竟如何有效地提高质量,使受教育者在一定的学习阶段提高理解和运用祖国语言文字的能力,提高语文素养,历来不仅是语文界讨论的热点,也是社会各界关注的问题。1904年,"癸卯学制"颁布,中国现代语文教育开始,百年来不知有多少文人学者为之倾心倾力,探求其中规律,寻求语文教育真谛。于是,各种见解风起云涌,于是,评是说非比比皆是。语文教育质量的有效提高,成了百年来须攻克的大难题。孙老师作为教学第一线的语文教师能笑迎困难,坚持十数年的探索,这种执着追求的精神是难能可贵的。

其次是广为采集、潜心钻研。从书稿内容看,真正做有心人,把语文教学中的种种鲜活材料广为收集,分门别类进行研究,纳入一定的框架,进行理论上的阐述。这里,至少有两点值得赞扬:一是博采

孙春成著《语文课堂问题教学策略》(广西教育出版社2003年版)。

众长，虚心向别人学习；二是静得下心，排除外界诱惑，扎扎实实进行研究。在市场经济浪潮冲击下，能甘于寂寞，实实在在做学科研究工作，也是难能可贵的。

再次是抓住关键，寻求突破。课堂教学可研究的内容十分丰富，可研究的角度也很多。特别是改革开放以来，国外这方面的种种理论、种种做法奔涌而至，由于国外教育个性化特征鲜明，做法各异，往往使我国教师目不暇接。再说，语文教育是母语教育，民族精神是其中的魂，照搬照抄外来的东西，最终结果是丧失了自己；而丧失了自己，结局可悲。因此，借鉴外来的东西要善于筛选，吸取有价值的，拿来为我所用。从学理上说，在母语教育中要站得住脚。孙老师在诸多做法中选择了"问题教学"进行研究，意图以此为突破口，逐步实现语文教育的终极目标——达到学生会自研自学，"不需教"的理想境界。这样的选择也是用过心思的。《语文课堂问题教学策略》一书就基本理论、教学目标、教学原则、基本结构与功能，培养学生发现问题、提出问题、分析问题和解决问题的能力，策略观等诸多方面进行了详尽的论述，重在培养学生的思维能力和创造意识，有利于促进学生语文素养的发展。将语文课堂内的教学方方面面思考得如此细致，也是极其不易的。

深化语文课程改革，是篇内涵极为丰富的大文章。理论上要加强研究，实践中要加强试验，在理论和实践结合的高度认清语文教育的内在规律，扎扎实实向前迈，学生必能深受其益。孙老师数十年来朝这个方向努力，对语文教改身体力行做了许多工作，本书是他改革的力作，会给语文同行带来不少启发。

《新语文个性化写作》序

眼下,中小学生作文选可谓铺天盖地,内容繁复,编选形式多样。虽鱼龙混杂,但毕竟有优秀者,可供同龄人借鉴。而这套《新语文个性化写作》不是一般的作文选,颇具特色。那么它的价值与意义又是怎样的呢?

近年来新颁布的《语文课程标准》基于语文教育千年的积淀、百年的探索、世纪末的讨论、跨世纪的思考,从理念到目标到实施,有众多的突破,充满了改革的精神。写作教学无论是性质、地位、要求、做法,都有突破性的进展。这套丛书编写的宗旨是指导学生因生活而感受,有真情而表达,为交流而写作,符合课程改革的精神。

以往写作教学往往从文章规范的角度考虑比较多,从学习者的角度、交流的角度和全面素养提高的角度考虑得比较少,写作教学在不知不觉中形成某种套路,路越走越窄,学生自主写作的积极性受到损害。这套丛书立足于学生的发展,重视个性的发挥与张扬,通过一次次选择性的写作实践,真正引领学生走进作文世界,乐于写,敢于写,写得出,写得好。写作由苦恼而快乐,成为成长过程中不可或缺的吐露,学生就会喜爱它,钻研它,写作素养提高也就会显而易见。

写作是表达和交流的重要方式,它是为生活、为人生的,是人生存和发展的基本能力之一。写作的过程就是认识世界、认识自我的过程。不热爱生活,不关注现实,脑中空空,下笔必然干瘪枯涩。学习写作,就要学习观察分析自然与社会,表达自己对自然、对社会、对生活、对人生的感受、态度、看法,表达自己的真情实感。

郑桂华主编《新语文个性化写作》(广西教育出版社 2003 年版)。

本丛书每一册都隐含"观察与体验""想象与感悟""思考与探究""应用与交际"四个层面，分别由《习作交流》《作家手笔》《张扬个性》《迷津飞渡》四大板块组成（一、二年级除外），就是着力于引导学生在认识世界时体验、感悟，在描写世界、表现世界的同时，抒写自我，表现自我。当然，自主写作时更要注意文风的端正。思考、探究、应用、交际，都要说真话、说实话、说心里话，千万不能说假话、空话、套话。每个学生从自己的实际情况出发，写自己独特的体验、独特的看法，说自己富有个性的话，正是摒弃千篇一律、假话空话连篇的有效方法。

丛书以单元形式呈现，将"导、读、写、评"融为一体，它的优点在于激发读者写作热情、写作兴趣，给读者提供学习的榜样，从中吸取营养，领悟表达情意的技能技巧，再精选同龄人的习作进行评论，开拓思路。学有榜样，写有借鉴，积极思维，平等对话，写作中的利弊得失再也不是空洞的概念、空洞的说教，而是具体的、鲜活的，摸得着、体会得到的。读得深入，有兴味，下笔写就活水流淌。当然，阅读时同样可发挥自己的聪明才智，评是说非，不仅对作品、习作，也包括点评的文字。看得多，想得多，辨别力、判断力、赏析力就会在不经意中得到提高。眼高了，手也就会逐步跟上，写的能力相应提高。

文章千古事，得失寸心知。写作能力、写作素养的提高非一朝一夕、一蹴而就，靠的是自己不断地练习、琢磨、积累、感悟。同样的题材，由于写作的人认识能力的高低、文化积淀的深浅、视角的差异、运用语言能力的强弱，写出来的文章大相径庭。因为文章是自己的，我手写我心，是极具个性的。

希望小读者解放自己的心灵，学会用自己的眼光和心灵去感受、去体验，多读佳作，用自己的笔写自己想说的话，说得真切，说得有味道，伙伴就愿意读，就愿意与你交流。

《苹果与粉笔灰——献给老师的心灵咖啡》序

对教师而言，这本教育小品有一种奇妙的吸引力，只要翻看一下，就会有欲罢不能的感觉，真想了解其中的奥秘。

这样美妙的书名，仿佛使人看到了教师辛勤耕耘，得天下英才而育之，取得了累累硕果而兴奋不已的动人情景。

打开书阅读，你会自然而然地发现书中许多人、许多事似曾相识，有的甚至比较熟悉。尽管记述的是异国他乡的事，国情不同，文化背景有异，思维方式、生活习惯有差别，但教育是一种特殊的无与伦比的高尚事业，全世界的教师在教育学生成长的过程中，会有许多相同相似相近的认识，会有类似的种种遭遇，会有不少共同语言，这大概就是人们常说的而又十分珍贵的"心有灵犀一点通"吧。阅读这本教育小品，是在了解别的国家的教育风情，也像是在倾听别人诉说自己周边发生的事，有些简直是亲身经历过的，那种亲切的氛围增添了阅读的快乐。

书的内容由近百个小故事组成，学生的、教师的、校长的、家长的，课内的、课外的，成功的、失败的，喜悦的、困惑的，千姿百态，情趣横溢。你想了解名人，包括国家总统、著名作家求学生涯中的细节吗？你想了解在教育教学中如何迎接学生挑战欣然走出困境吗？你想了解如何摆脱琐事的繁忙挤出时间学习，自我提升，自我提高吗？凡此种种，书中均有涉猎。故事不是冗长的、累赘的、喋喋不

[美]维基·卡露娜著，陈芸、彭艳颜译《苹果与粉笔灰——献给老师的心灵咖啡》（上海人民出版社2003年版）。

休的，而是玲珑剔透的。正如莎士比亚在《哈姆莱特》剧作中说："简洁是智慧的灵魂，冗长是肤浅的藻饰。"的确，智慧总是那么晶莹明净的。

教育不仅是科学，而且是艺术。就拿上好一节课来说，看似稀松平常，实则有诸多因素的影响。教师对教育的理解与热情，对学生的热爱与呵护，文化底蕴，专业水平，教学的基本功，语言的魅力，学生的心态，环境的气氛等都关系到教学的效率和学生的成长。至于教育的极其丰富的内涵自不必说。这本教育小品对教育的方方面面提炼出不少精彩的看法，在司空见惯的现象中，洞悉问题的实质，形成重要的教育观念。其中不乏真知灼见，能醒人耳目，启人深思，催人奋进，追求卓越。故事前引述名人的话，要言不烦，起点睛作用。

书的作者希望尊敬的老师好好地享受故事带来的乐趣，我认为，我们老师本身就有丰富多彩的教育积淀，有的故事可能更为曲折，更为动人，蕴含的思想更为深刻、深邃，老师们在享受阅读乐趣的同时，握笔抒写、创造，岂不是乐上加乐？

《名家与你同行》序

记得1987年诺贝尔文学奖获得者约瑟夫·布罗茨基在获奖演说中曾沉重地说:"鄙视书,不读书,是深重的罪过。由于这一罪过,一个人将终生受到惩罚;如果这一罪过是由整个民族犯下的话,这一民族就要因此受到历史的惩罚。"阅读对人生、对民族无可比拟的重要性被他阐述得精辟透彻、入木三分,令人心灵震撼。

确实如此,在现代社会,不认真读书,不大量吸收文化养料,怎能生存?怎能发展?又怎能成为文明人?尤其是青少年求学时期,虽身处现代媒体技术的包围之中,但仍要重视阅读,抓紧时间阅读,用人类创造的精神文明开阔视野,丰富心灵,滋养道德情操,哺育自己成长,成为国家的有用之材。

阅读是人生的伴侣,开人心窍,给人智慧。但必须清醒地认识到:开卷未必有益。中学生要培养眼光,学会选择。垃圾文化当然要断然拒绝,那些粗制滥造的、水分胀足的、泡沫漂浮的,除了消磨青春,别无益处,同样要舍弃。人生苦短,中学生在打基础阶段,要读文质兼美的书,读经典,读精品,读佳品,力求用较少的时间获得较大的效果。《名家与你同行》就是编者从中学生的实际出发,精选古今中外各具特色的作品,让年轻的学生阅读、品味,既可广为涉猎,又能精读提高。

编者对名家名作作了精辟的指导,引读者步入作品佳境。阅读是一种心智锻炼。再好的作品,一扫而过,也难以收效。应充分调动自己的思维器官,咀嚼,感受,领悟。俄罗斯小说家邦达列夫曾说,一

沈惠乐、姚建庭编《名家与你同行》(上海画报出版社2003年版)。

个人打开一本书，就是在仔细观察第二生活，就像在镜子深处，寻找着自己的主角，寻找着自己思想的答案……就是"感情的传染"。这就清晰地告诉我们，阅读要身入其中，心入其中，唯有如此，才能亲尝读书的三味，深受其益。

本书的编者还摘选了少量中学生习作置于每个单元末尾，与阅读内容配伍。学生习作稚嫩，不完善处甚多，这是不言而喻的，当然无法与名家名篇匹敌。然而，这样的编排启示我们：以精品为师，学习，理解，思考，体验，从思想内容到语言形式，有自己独特的认识，增长见识，增添文化底蕴；以习作为友，探讨，交流，从中获得借鉴，增添读写的热情，激发倾吐心声的积极性。一卷在手，亦师亦友，对话，交谈，乐在其中。

如果年轻的学生同意我粗浅的看法，就从本书起程吧。与"名家"同行，聆听他们的教诲；与同龄人同行，交流看法做法。只要身入其中，潜心思考，体会一定会比我丰富得多。

《学生古诗文鉴赏辞典》序

现时有句流行的话:"千万不能做高学历的野蛮人!"既然是"学历"高,当然以书为伴,怎么又"野蛮"呢?岂不矛盾?须知:学历高只说明接受教育的程度,不说明一定有深厚的文化底蕴,良好的文化素养;以书为伴的人,也不一定就是爱好读书,胸中有笔墨风云。然而,即使如此,也不能和"野蛮"挂上钩啊!原因何在?记得哲学家贺麟教授曾这样说:"人是能读书著书的动物。故读书是划分人与禽兽的界限,也是划分文明人与野蛮人的界限。读现代的书即所以与同时的人作精神上的沟通交谈,读古人的书即所以承受古圣先贤的精神遗产。读书即可以享受或吸取学问思想家多年的心血的结晶。所以读书是人类特有的神圣权利。"(1943年秋为大学生作的《读书方法与思想方法》演讲)显然,读书至为重要,学生一定要读书,真读书,读好书,丰富精神世界,这样,才能告别野蛮,做名副其实的文明人。

我国有数千年的优秀文化传承,单是古诗文就浩瀚如沧海,璀璨如天上的繁星。诗经楚辞、秦文汉赋、唐诗宋词元曲……文章彪炳千古,蔚为壮观。好学上进的学生进入宝库探宝,虽夜以继日,兀兀穷年,也难以揽其一二。在学习领域日益拓宽、新知识层出不穷的今天,如何在有限的时间内选择精辟、精要、精彩的作品阅读,就显得尤为重要。《学生古诗文鉴赏辞典》就是应这种需要而编辑出版的。

上海辞书出版社文学鉴赏辞典编纂中心编《学生古诗文鉴赏辞典》(上海辞书出版社2004年版)。

读精选的佳品、珍品，犹如饮甘泉，食珍馐，吮吸丰富的养料，滋润精神世界。精选不是随意割舍，而是放出眼光去挑。热爱自然，经纶济世，揭发时弊，关怀民生，力除腐恶，崇尚廉明，要求变革，向往和平，纯洁爱情，真挚友谊等作品，尽量筛选，追求卓越，力求适合学生求知的实际，取得最佳效果。

阅读古诗文大大有利于鉴赏能力、审美能力的修养与提高。鉴赏能力、审美能力是人的语文素养的重要组成部分，它关系到智力的开发、情操的陶冶和价值观的形成，学生求学阶段尤须重视。《义务教育语文课程标准》中就这样指出："欣赏文学作品，能有自己的情感体验，初步领悟作品的内涵，从中获得对自然、社会、人生的有益启示。对作品的思想感情倾向，能联系文化背景作出自己的评价；对作品中感人的情境和形象，能说出自己的体验；品味作品中富于表现力的语言。"《普通高中语文课程标准（实验）》中又指出："审美教育有助于促进人的知、情、意全面发展。文学艺术的鉴赏和创作是重要的审美活动，科学技术的创造发明以及社会生活的许多方面也都贯串着审美追求。未来社会更崇尚对美的发现、追求和创造。语文具有重要的审美教育功能，高中语文课程应关注学生情感的发展，让学生受到美的熏陶，培养自觉的审美意识和高尚的审美情趣，培养审美感知和审美创造的能力。"将这两段话认真咀嚼一番，就会清醒地认识到：学生要知情意全面发展，成为现代文明人，就需广泛阅读、体验、领悟，努力提高自己的鉴赏能力、审美情趣和审美创造力。怎样才能提高？课内教师指导是一条路径，而课外自主阅读更是一条重要路径。自主阅读，自己感悟，当然重要，如果有不说话的老师——辞典加以指导，学习就更能开窍，更能活跃思维，事半而功倍。

《学生古诗文鉴赏辞典》中一篇篇鉴赏文字均出自深有研究的学者、名家及行家之手。对诗文的作者与作品、内容与形式、价值与意义、色彩与意境、构思与手法、语言与修辞等，均作了极为深入的剖析，多角度多层面揭示诗文的丰厚内涵，推敲遣词造句的表现力、生命力，其中精到、精湛之笔屡见不鲜。尤其对诗文创作的背景、有分歧的看法、形象的塑造、精辟的议论、多彩的语言，采用分析、比较、描摹、对照等诸多手法一一述说，不仅帮助读者弄清诗文的来龙去脉，品味意象、语言的精美，受熏陶感染，而且大大开拓读者的视野，培养探究的能力，增添文化底蕴。针对学生的阅读要求，该辞典还增添了"关键词"栏目，提纲挈领举其要，让读者一目了然。关键词尽管寥寥几个，但内容丰富，从作品的时代背景到作品的内容的要义，从意象的特征到作者的情怀，从写作的精妙手法到语言的独特风格，均作了要言不烦的提炼。它既似鉴赏文学的缩影，又似一扇扇窗户，循着窗户中透出的亮光步步进入，就能把握诗文的全貌。鉴赏文字读后，把关键词和相关的古诗文联系起来在脑中过电影一般过一过，就会留下更为清晰更为深刻的印象。

这本辞典可通览，对中国古诗文的概貌了然在胸；可重点查阅，解决学习中的疑难；可开展研究，对某些名句、某些意境、某些语言风格等进行深入探究，从中体味丰厚的人文和天人和谐发展的境界。但无论采用哪种方式阅读，都要情注其中。中国学子与中国优秀文化，与几千年来创建的诗文硕果有不解的民族情结，有割不断的血缘关系，阅读古诗文，就要怀着热爱的感情和探宝的执着。有了这份感情和执着追求的精神，必能获得相视而笑、莫逆于心的感受。正如宋代大词人辛弃疾《贺新郎》词所说："我见青山多妩媚，料青山见我亦如是。情与貌，略相似。"阅读达到这样的境地，就能超越时空，和古圣先贤对话，和古代诗文大师对话，他们深邃的思想、非凡的智慧、精辟的见解、广博的学识，就会随着精湛的语言文字汩汩流入你的心田。

这是一本多方有用的好书，一定能得到广大读者的喜爱。

《作文新视角》序

陈军同志新著《作文新视角》出版，我从心底为他高兴。

对于作文教学，陈军有长期而又坚实的实践，敏锐而又深刻的思考。1990年出版的第一本专著《积累·思考·表达》，2000年出版的第二本专著《材料与作文》就是明证。这本《作文新视角》在原有教学经验的基础上又有了新的发展与提高，对当前指导学生写作，活跃写作思维，加强表达效果，有十分积极的作用。

"新"，是本书的一大特点。指导学生写作文的诸多模式，不少学生已耳熟能详，无非是审题、立意、选材、结构等，本书却一扫常规说法，充满新意。首先是以专题研究的形式排列，选择不同的视角，与学生一起讨论。文章写得好，相当程度源于读得好，要选择不落俗套的、独特精彩的角度切入，当然要从阅读佳作精品中汲取养料，开阔视野，寻找借鉴。读与写之间要架起桥梁。每个专题都从某一个特定方面给学生以启发，有思考层面的，有观察生活感受生活层面的，有写作技能技巧操作层面的，等等。"新"还表现在不是由书的著作者来灌输写作知识，而是充分尊重学生写作主体的地位，运用学生本身写作的优势，激发他们写作的积极性。每个专题冠名"创造室"，鼓励学生自主创作，挥洒才情。"激活心理"，更是重视学生的写作潜能。学生通常对自己具有的潜在资质、潜在能量缺乏清醒的认识，有时还缺乏写作的自信，正如苏轼所说"不识庐山真面目，只缘身在此山中"，本书把这层面纱和帷幕撩开，使学生心灵放飞，他们的写作愉悦就会倍增，平时的阅读积累、生活积累就会源源不断

陈军著《作文新视角》（上海辞书出版社2004年版）。

地涌向笔端。

"实",是本书又一特点。用文字描写生活、抒发感情、发表议论,都是实实在在的事,来不得半点虚浮与轻飘。比如,"思维"看起来难以捉摸,如何进行训练?如何使思维有轨迹可寻?如何拓展?如何向纵深开掘?本书从写作的实际出发,扎扎实实地指出诸多方面的内容,有横向的双边联想,有纵向的深化思想,有中心开花的辐射扩展,经常这样思考问题,思维就会活跃起来,思维品质就得到锻炼。

"活",是第三个特点。新视角并不是一成不变的固定模式,它是开放性的,只要有兴趣,认真钻研,不少"创造室"里的内容都可以增添、丰富,作者提供了思路和范例,读者可以从自己的学习经验出发,补充看法,完善做法,有很大的灵活性。文章是成篇的,要讲究章法,讲究篇章结构。为了织锦成文,当然也可以先在"锦"上下功夫,在"织"上花力气,于是就有了写句子的指引,组织精美段落的安排,写句组段通顺、生动、流畅,文章楚楚动人自然就顺理成章。"作文不必成篇"显然又是一个新视角。

"新""实""活"三者不是割裂的,而是相互渗透,贯串于整本书中。

"文章千古事,得失寸心知。"这本作文指导书之所以具备上述特点,之所以言之成理,持之有故,源于陈军长期进行的语文教学实践,对学生写作上的忧乐得失了如指掌,潜心研究提高学生写作能力规律,因而贴近学生思维实际、表达实际,具有实用价值。学生读者认真阅读思考,在认识层面、思维层面、写作技能技巧层面,均能受到益处。

陈军28岁就写第一本作文专著,步履坚实,努力攀登,这第三本书又是一个境界。学生读了该书,心领神会,勤于笔耕,写作必能更上一层楼。

情真·理真·事真
——《我这样学写作》序

受赵明老师的厚爱,嘱我为《我这样学写作》写序,因而有幸先读到书稿。书稿寄来时,正值羊年将尽,人来客往,俗事丛脞,我还是迫不及待地看完。书编得别开生面,心中不胜喜悦。

在"应试作文"如潮水般涌向书肆、涌向学校、涌向家庭时,对什么是作文,应该怎样学写作,不少人已经木然,包括有些学生和教师。《我这样学写作》无疑是缕缕清风,给人以充满盎然生机的感觉。它吹开笼罩在作文教学上的云雾,启示人们辨明方向,探索正确的写作途径。

这本书展现的是中学生当中写作优秀者的典型案例,从"精彩放送"的一篇篇佳作看,思想内容、表达形式、语言运用确实千姿百态、花团锦簇,但更为可贵的在于写作者不约而同地聚焦以下几个方面:

首先是回到了作文的原点,具备了作文的本真。刘玲燕同学这样说:"写作不是我生命的全部,却是我表达生命的方式。我亲近她,不愿意带有任何的功利性的目的。"吴凡凡如是说:"我想,对于我,也是因为某一刻的某种情感,而写下属于自己的文字。每个人的文字里都是他的灵魂。"说得多么精彩!写作文不是作秀,不是乔装打扮,而是写作者真情实感的流露。文章的生命在于真实,应情真、理真、事真,力求做到"情深而不诡""义直而不回""事信而不诞",

赵明主编《我这样学写作》(开明出版社 2003 年版)。本文发表于《中学语文教学参考》2004 年第 3 期。

否则，不可能有生命活力。即使有花有叶，也不过是剪画、刻纸而已，灵气全无。《庄子·渔父》说："不精不诚，不能动人，故强哭者虽悲不哀，强怒者虽严不威。"作文源于自然，思想、情感从心头汩汩流出，有时会发出天籁般的声响，纯真、灵动、悦耳。周元同学的《坏学生自叙》就是心灵的袒露，不虚美，不隐恶，通体透亮。读文如见人，这样的学生怎不令人喜爱、令人尊重？这样的文章怎不令人深思，令人动容？清水出芙蓉，天然去雕饰。如若沾上了功利，就会作假，就会扭曲，就会异化，远离作文的本真。

其次是重视积累和写作实践的过程，一登一陟一回顾。写作上企图走捷径，一步登天是不可能的。手中有支灵动的笔，表情达意得心应手，左右逢源，是追求的目标，要实现这样的目标，须炼认识，炼眼力，炼文字功力，勤奋努力，锲而不舍，孜孜以求。书中的"成长之路""导师寄语""播种希望"从不同侧面阐明了写作能力的提高须历练，须有过程。爱读书，多读书，会读书，几乎是这些作者的共同追求，只有在文化积淀上下功夫，下笔才可能滔滔滚滚。古人说得好："读书如销铜，聚铜入炉，大鞴扇之，不销不止，极用费力。作文如铸器，铜既销矣，随模铸器，一冶即成，只要识模，全不费力。所谓劳于读书，逸于作文者此也。"大量阅读，善于阅读，不仅拓宽了知识面，而且在熏陶感染之中丰富了情感，观察了社会，品味着人生。生活中的积累同样重要。现实世界纷繁复杂，用"心"观察，用"心"发掘，用"心"体验，就会发现，就会惊喜，就会陶醉。只要练就一双慧眼，就能享受到其中的愉悦。勤于写作实践更是这些写作者走向成功的必由之路。班报、校报、随笔、杂记、诗歌、小说、童话，抓住一切机会写，表达所见所闻所思所想。对自己写的文章采取负责态度，评论利弊得失，明确努力方向，对文字推敲、语言技巧也毫不含糊。当今，急功近利思想作祟，人们往往重理想中的"结果"，轻实现理想的艰苦过程。这本书的写作者在追求目标实现的过程中，步履坚实，坚持不懈，相信可给同龄人以有益的启迪。

再次是热爱写作，痴情于文学。热爱是最好的老师。"写作本身就是快乐的，而恰恰我又是一个贪图精神享乐的人……自发创立了一个文学社,我们互相传阅着彼此的文章,我们羞涩地阅读着对方对自己最珍爱的文字的点评,我们齐心合力创办了一份展现自我的杂志……";"我的文字是风筝。我的灵魂是风……岁月不停,我的文字不会停,我的爱不会停";"写作是要有感情的……我意识到我所追求的自由就在字里行间,自由的最高境界就是要努力写出我心中所想的,在文字的天空上画出自己最美的痕迹";"我会虔诚地写下文字,不论在别人眼中,它是否优秀。写作,没有太多的色彩,它是纯粹的。也只有用心去写作,才能体味到它所带来的快乐"。写作者吐露的这些心声真一个"情"字了得!对文字、文学有必不可解之情,情深、情痴、情醉,而后才有令人动心、令人振奋、令人嘘唏的佳作。薄情寡义、冷若冰霜,写作只为应急,只为拿到一块敲门砖,当然不可能体味到其中的奥秘和欢乐。

每个中学生都想笔下生花,写出一篇篇文情并茂的漂亮文章,那就不妨读一读《我这样学写作》。静下心来仔细读,你就会感到春风拂面,细雨沾衣,美妙无比;你就会懂得写作应神于好,精于勤,成于悟;你就会感受到与写作的同龄人一起青春潮水涌动,非用文字表达难以平静……愿这本书伴随中学生同行,让更多的青少年走好写作成长之路。

《上海市中学生年度最佳作文选（2004）》序

　　《中文自修》杂志主编的《上海市中学生年度最佳作文选（2004）》出版问世，对广大中学生读者来说，是一件值得兴奋的事。

　　每个中学生都想写好作文，想提起笔来，文情思绪滔滔滚滚往外流淌，欲罢不能，那种快乐真是难以言表！然而，写好文章又绝非轻而易举的事。美文佳作是对自己、社会、人生体验与感悟的结晶，要写出文情并茂的文章，除了在多读书、广见闻方面下一番苦功外，还得切实地进行写作实践。

　　刘勰在《文心雕龙·知音》中形象而深刻地指出："凡操千曲而后晓声，观千剑而后识器；故圆照之象，务先博观。"意思是会演奏上千首曲子而后才懂得音乐，观察了上千把剑而后才会识别宝剑；所以全面观察的方法，务必先要看得多。显然，亲身大量实践，才有真切体会。而要实践得有成效，就须先"博观"。中学生"博观"的对象很多，关注社会、关注生活十分重要，还得多多读书。各类有益的读物，尤其是佳品、精品，能使人增长见识，锻炼思维，提高眼力，从中体味写作材料的丰富和语言文字运用的佳妙。同龄人的佳作也应是"博观"的一个内容。同样花季年华的年轻人，读到有同样学习生涯、同样美丽憧憬和成长困惑的好文章，会有贴近感、真切感、知

李锋主编《上海市中学生年度最佳作文选（2004）》（华东师范大学出版社 2004 年版）。

己感,在你面前展示一片亲切的新风光。

作文选表现了中学生的生活世界、知识世界和心灵世界,难说灿烂辉煌、光彩夺目,但情感的真挚、心灵的纯净、思想的闪亮、语言的灵动,会不时给你以惊喜,引起你不尽的遐想。如《家如琉璃》《苦瓜》《蚊子啊!蚊子》,写的都是学生生活世界中的小事,然而,观察的细致入微,体验的真切独特,语言的情感内涵,会给你实实在在的启迪。"家,是我心中永恒的璀璨琉璃",流出的是文字装载不下的浓浓亲情。苦瓜"那疙疙瘩瘩的表皮,在我眼里也不再是'丑女',它不知掩饰,也不作矫揉造作的打扮,落落大方,倒有点可爱",在娓娓叙述的基础上,一语道出了认识的变化、感情的演变,与此同时,这位初一年级小同学在稚气中成长的情景活脱脱地展现在眼前。

文章的耐读耐思源于内容的厚实和文字的精美,而厚实又植根于文化的积淀和视野的开阔。作文选中不少高中的佳作验证了这一点。如《顶点》一文,如果对余纯顺、彭加木科学探险"壮士一去兮不复返"的悲壮事迹一无所知,对北京大学"山鹰社"挑战生命极限的心灵不震撼,对"哥伦比亚"号上七名宇航员魂断苍穹不知晓,笔下就不可能有一个个材料、一句句话语撞击读者的心灵。其实,文章的厚实不仅是习作者认识世界的问题,更与习作者的心灵世界紧密相连。"顶点,是人生永恒的诱惑""前人将生命终止在一个个不完美的顶点,画上的绝非句号,而是大大的惊叹号""无论结果完满与否,都将创造一个新的顶点"……正是这些思想的火花,既照亮了写作的材料,使文章闪发光芒,又启人深思,去寻求人生真谛的解答。有些文章是心灵的倾诉,如《信任》,在纵横议论中表达自己对"信任"的理解、判断与渴望;《YOUNG是什么?》在貌似絮絮叨叨中倾吐对青春的思考与追求。书中发人深省、使人动情的佳作不胜枚举。

从同龄人抒写生活世界、知识世界、心灵世界的佳作中寻找知音,比较,分析,学习,借鉴,扬长,补短,眼前就会出现你写作实践的新天地。

《成语新解创意作文词典》序

议论文写作是中学生锻炼写作能力、有效提高写作质量的难点。能否就特定的事物纵横议论、言之成理、持之有故，乃至妙趣横生，当然受众多因素制约，但思辨能力的强弱，思维开阔度如何，无疑起至关重要的作用。《成语新解创意作文词典》就是应学生这种写作需求而诞生的。它以成语为原点加以生发，以作文为依据进行评述，引导学生学习、揣摩、思考、辨别、比较、对照，在阅读中体会、感悟，在借鉴中获得真知，提高写作议论文的能力。别的不说，仅就这一点而言，该书具有实用价值。

为什么要把成语作为该书的原点呢？我国历史悠久，文化源远流长，成语之丰富，真所谓"车载斗量，不可胜数"，其中许多仍为人们广泛运用。成语蕴含着丰富的民族文化信息：历史、人文、寓言、故事、哲理、智慧。在漫长的历史岁月中，从对社会上人与事的错综复杂的关系里提炼出种种真知灼见，给人以深刻的启迪。成语又大多是四字，几乎包括了汉语所有构词造句的方法，其中不少声律和谐流畅、朗朗上口，因而人们乐于运用。由于它意蕴丰厚，凝练精辟，运用时常能收到以一当十的效果。

语言本身是发展变化、与时俱进的，成语当然也不例外。随着时代的进步，有些成语的使用价值消失，只能束之高阁；有些继续闪现光彩；有些须正确解读，联系现实，赋予时代意蕴，须创造性地运

李杏保、王必辉主编《成语新解创意作文词典》（上海人民出版社 2004 年版）。

用。书的编写者悉心选择了 108 个常用成语作为创意作文的词目进行解读，从"批判""反义"等多个方面加以辨析，根据辨析内容，写下了有创意的作文，然后再对作文评点、说明，加深对该成语的理解，使原有的成语闪现出时代的光彩。

学习重在过程，阅读、咀嚼、品味，对某一成语如何思辨，正面，侧面，反面；历史，现实；本义，引申；字里，字外；褒扬，贬斥……往深度开掘，往广度延伸，读者的思辨能力因文中的思辨有迹可循就得到了锻炼。一篇不多，十篇、上百篇读下来，就摸索到思辨的角度，思辨的方法，思辨的某些规律，思维空间拓展，由狭窄而开阔，脑中不再空空如也。动起笔来，不仅各种素材奔涌而至，而且种种新颖脱俗的想法会在脑中浮现，形成观念，评是论非，议论的本领就会增强。

学习贵在举一反三，闻一知百。成语这个点是"一"，对"一"理解得透，认识得深，对"一"进行思辨，就能纵横捭阖，增添时代新意，从而写出有创意的文章。进行一番研究，从中获得的认识，学到的方法，推及其他类型的议论文写作，又会有一片新天地，让你惊喜，而这种惊喜又离不开从"一"中品尝到的甘甜。"三"也好，"百"也好，从"一"中吸取思辨养料，议论的美景终将展现。

汉语特别具有灵性，它是具象的、灵活的、富有弹性的，创造的空间特别大。成语作为固定词组，以简驭繁，包含着民族智慧，是语言中的佼佼者。希望中学生热爱祖国语言文字，从这本词典中体悟成语的表现力、生命力，提高思辨能力，写出有创意的好文章。

《文字的背后：33位中国作家敞开心扉》序

当前的基础教育课程教材改革特别强调促进学生的发展，提高学生思想道德素质和科学文化素质，特别强调要倡导学生自主、合作、探究的新的学习方式。要实现这个目标，学校教育责无旁贷，社会也须热诚关心，为此，出版一本适合学生需要、指引学生健康成长的书也就义不容辞。

《文字的背后：33位中国作家敞开心扉》是一本适应学生学习需要而编写的有阅读价值的书。它叙述了中国30多位现当代优秀作家的故事，从不同的角度和侧面反映了他们走向文学的道路，如何执着地进行文学耕耘，服务于社会的动人事迹。眼下急功近利思想作祟，学习、工作心气浮躁，急于求成，这对青少年学生认识事物、走向人生道路无形中产生负面影响。对有些事业上有成就的人，大众往往只看到功成名就的结果，对他们如何步履艰辛向前跨越，奉献青春与智慧，了解甚少。书中生动地讲述了这些作家奋发有为的故事，让青少年学生知晓艰辛的成长道路，对认识水平的提高、心灵世界的丰富大有裨益。读一读《穿越世纪的巴金》，那种"理想寻梦"的执着，数十年坚持不懈，那种"生命开花"的坦诚，"全部爱憎消耗干净"，会令人心灵震撼。它无可辩驳地告诉我们：要成就事业，须燃烧自己，有真实的人格，要热烈地爱人民，在众人的幸福里谋个人的快乐，要有一颗悲天悯人的善良的心。

陆梅著《文字的背后：33位中国作家敞开心扉》（少年儿童出版社2004年版）。

在我们这个社会主义市场经济还不成熟的社会里，对金钱的期盼，对名利的获取，有时简直是心迷眼眩，忘却了作为人必须有人的精神上的追求、文化上的需要。在这方面，青少年学生由于年龄和学习环境的局限，不可能有丰富的直接经验，大量的须从阅读作品中感悟、获得。优秀文学作品不仅能帮助学生开阔视野，增长见识，而且能启发他们认识自然，了解社会，品尝人生。人要诗意地居住在地球上，除了为生存与发展、为社会的进步与繁荣付出努力外，精神生活十分重要。而精神生活的高尚、美好，离不开优秀中外文化的滋润，离不开佳文美什的熏陶感染。《文字的背后》引导青少年学生对文学作品发生兴趣，进入作品中描绘的纷繁复杂的世界，结识作品中形形色色的人物，体味苦难，享受快乐，长此以往，这些青少年读者心会明，眼会亮，思想情感丰富起来，心灵世界充实起来。

《文字的背后》有助于青少年学生自主学习语文，提高读写能力。这些作家有不少优秀作品被选入中学语文教材，有的还不止一篇。要读好这些教材，深入理解内容的精髓和语言的精湛，不仅要热情地和这些作品对话，反复推敲语言文字的表现力和所表达的情和意，而且要主动和作者对话，了解他们各自的写作意图，了解他们是在怎样的背景下创作的，他们思想发展的轨迹如何，创作中有哪些欢乐与痛苦。作者的情况了然在胸，作品的来龙去脉一清二楚，阅读就不会再浮在表面。查阅资料，思考琢磨，品味探究，讨论交流，学习就会往纵深发展。洞悉作品底里，有自己独特的体验与感受，学习质量也就随之提高。读是吸收，写是表达，读得广泛，读得深入，心中有文化积淀，笔下就会滔滔滚滚，写出文情并茂的好文章。

有些青少年学生喜爱舞动笔杆子，拥有美丽的文学梦，这样的同学更可以读一读这本书。书中风格迥异的作家创作的历程会给你以深刻的启迪和不尽的遐想。

文学需要青少年，青少年需要优质文学。《文字的背后》搭建了一座有意义的桥，走过去，就能逐步进入文学宝库，欣赏奥妙无穷的珍宝。相信青少年会喜爱这本书，兴奋地走上这座桥。

《语文教学过程思维训练解读》序

《语文教学过程思维训练解读》是肖建民老师长期从事中学语文教学、进行语文教学研究、培训中小学语文教师的学术成果。书稿即将付印,嘱我写序,因而有了先阅读、学习的机会。

首先令我感动的是肖老师为培养学生正确理解和运用祖国语言文字的能力,全面提高学生语文素养的执着追求、孜孜矻矻的精神。语文是一个复杂的多维结构体,内涵极其丰富,外延几乎可无限制地延伸,学生要在中学阶段打下扎实的语文基础,思想、情操受到陶冶,有一定的文化素养,一定的文化积淀,绝非轻而易举的事。语文独立设科以来的百年历史中,众多有志于探索其中奥秘、探索其中规律的学者、教师,付出了艰辛的劳动,付出了心血和智慧,人们对语文和语文教学的认识和实践才有今日的高度和深度,泽被莘莘学子。肖老师步这些志士的后尘,近四十年来陋室苦读,勤于实践,用他自己的话来说,"衣带渐宽终不悔,为伊消得人憔悴",柳永《蝶恋花》中的词句就是他的写照。语文教师如果都有这种钻研精神,语文教学必能上一个台阶。

有关读写语文能力的提高,长期以来应该说积累了丰富的经验,但对语言和思维之间的关系在教学实践中往往重视不够,研究的也不多。肖老师体会到思维是认识活动的核心成分,是学生掌握知识的中心环节,研究语文必须同时研究思维,研究在语文教学过程中如何进

肖建民著《语文教学过程思维训练解读》(中国文史出版社 2005 年版)。

行思维训练。其实，20世纪世界人文科学的一次最大的革新就是语言科学的突破，语言不再是单纯的载体，而是意识、思维、心灵、情感、人格的形成者。现在许多从事语言文字工作、从事语文教学的人逐步认识到：语言是一个民族的存在及其文化的外化及物化，又反过来成为一个民族文化、思维的内在程序，它与一个民族的心灵之间有着互动的关系。心灵、心态、思维方式与语言文字互为内外，互相形成，相互激发，相互依存。基于这样的认识，研究语文教学中的思维训练十分有价值。抓语言训练，促思维能力的提高；抓思维训练，促语言能力的增强。当今社会，由于科技的飞速发展，经济和社会发展日新月异，对人的思维品质、思维素质、思维能力的要求越来越高，而思维和语言有着天然的联系，语文教学在培养学生思维品质、能力方面独具优势，在语文教学中有意识有目的引导学生进行思维训练，学生打下扎实的语文基础、思维能力，一辈子受用不尽。

究竟如何在语文教学过程中进行思维训练，本书从理论和实践结合的角度展开论述，先总论，后分述，既有轮廓概貌，又分别就思维的基本形式及其培育，在阅读教学、写作教学、听说教学及研究性学习中如何实施进行探索，既有助于提高语文同行的认识，又具体有可操作性。最后一章是语文教师的教学思维，这是画龙点睛之笔，教学质量说到底是教师的质量，教师的教学思维影响教学的全局，影响学生学习的质量，单独列一章加以阐述，可谓用心良苦。

相信这本《解读》能在语文同行中获得知音。

《我的夜光杯》序

生活丰富多彩，充满绵绵的情思，温馨的气息，读了王镫令老师的《我的夜光杯》，我更加坚信不疑。

认识王老师是从读《新民晚报》上"夜光杯"登载的文章开始的。王老师勤于笔耕，生活中看似平常的一件件小事，在别人的眼皮底下往往流逝得无影无踪，不留下半点痕迹，而他却善于捕捉，从城市到农村，从学校到新村，从娃娃到老人，从街头巷尾到名胜古迹，用敏锐的目光和多彩的笔，勾勒出人生百态。仔细品味，或喜，或忧，或忍俊不禁，或长叹深思，增添了生活的趣味，也增添了认识社会思考人生的分量。

从王老师"多彩的生活""多情的思考""多味书屋"200多篇短文中，我悟到了一个道理：教师，尤其是语文教师应是精神世界丰富多彩的人，而且能用一支灵动的笔来描绘生活，抒发真情。教师的形象恐不应是整天绷紧面部肌肉一本正经教育学生的样子，也不是一提到写文章就必须是名词术语一套又一套的所谓教育论文。教师课余完全可以有自己的精神生活，发现生活中的真善美，爱护、支持、颂扬；对污泥浊水、丑恶现象，厌恶、揭露、抨击，弘扬正气，伸张正义。手中的笔不一定都要写鸿篇巨制才有价值，哪怕是短文，只要真挚的感情、美好的感情寄寓其中，思想又鲜活灵动，就能给人以启迪、以快乐，赢得读者的共鸣。这就是生活中不可缺少的带着晶莹露水的动人的小花，色彩斑斓，多姿多彩。

从《我的夜光杯》中我还看到了王老师写文章是在享受生活，

王镫令著《我的夜光杯》（文汇出版社2005年版）。

品尝生活的甜蜜。《江边站着一个小姑娘》用特写的镜头给小姑娘塑像，几分凄苦几分愁，引发人们对教育问题深层次的思考，表露的是作者一颗善良的心、恻隐的心。而写家庭的温馨、师生的温情、对故乡川杨河的热恋、人文景观的魅力，更是议论精到，情溢纸上。纸上是文字，脑海里是生动情景的回放，不言而喻，乐在其中。把笔耕作为责任、作为欢乐的人是幸福的。

王老师的随笔、小品结集出版，嘱我写序，我遵嘱写了以上一些话，以表示对他的衷心祝贺。

新苗破土　生意盎然
——《高手作文 100 篇》序

翻阅《新读写》编辑送来的"新人物"栏目复印件，一棵棵文学新苗以其独特的风姿展现在我眼前，鲜活、可爱、清纯之气扑鼻而来，欣喜之情充盈胸际。

文学就在我们身边，它就像空气一样无所不在。人不是只有物质欲望的低等动物，而应有精神上的需求，追求善良、高尚、自由、宽容和爱满天下。追求心灵的纯净美好、道德的完善高洁，是做人的上线，也是人之所以为人的根本性标志。对此，文学担当了重要的无可替代的作用。学生时代热爱文学，亲近文学，走进文学，是对理想生活的憧憬，是对人生价值的思考，是真挚感情的倾吐，很少有功利色彩。这在当今炒作风靡，包装炫目，而文学本身却荒芜的情况下，是多么难能可贵。毛嘉伦同学说得好："我从来不会强迫自己写作，我想写作的时候，是任何人、任何事情都阻拦不了的。因为我的思想'满'了，要'溢'出来了，所以我必须写作，把思绪留住，不能让它溜走。"这是对文学真正的喜爱，不是为了某种目的而硬写硬挤、胡乱编造。吴丝丝同学更是直述自己的心声："再也不会功利地、单一地把文学作为生活的敲门砖，开始真正热烈地喜欢着我们伟大祖国的文字，并愿意为此努力一生。"

文学不是游戏，起点要高，要有大境界。所谓"高"，所谓"大境界"，不是要自己拽着头发离开地球，写些虚幻的、不着边际的泡

乐芙编《高手作文 100 篇》（上海远东出版社 2006 年版）。

沫文字,而是要站在现实世界,追求精神超越。大学者王国维说:"眼界始大,感慨遂深。"学生作品可以写自己的每一次感动,这种感动是真切的、真挚的,是思想上的爬坡。它不是囿于"小我",孤芳自赏,自我作秀;也不是卿卿我我,张家长李家短,喋喋不休;而是面对现实,关怀社会,审视心灵世界。葛圣洁同学小小年纪就敏锐地洞察到一些"同有花季般的年龄,却丧失了一份世间最珍贵的父爱或母爱,忍受着寂寞和感情上的煎熬,用自卑代替自信,用泪水代替笑容"的花季女孩们不一样的生活状况。通过两年多风雨无阻的材料收集和素材挖掘,在暑假休息时间,写下了一本反映这群"特殊群体"鲜为人知的不幸遭遇的小说——《爱是永远的——少女的呼唤》。在创作过程中,作者不仅要经受同龄人所没有的孤单和寂寞,而且还经常为主人公的悲惨遭遇而热泪盈眶。这种感情如同她的名字一样,是"圣洁"的。放眼古今中外的文学大师,哪个不具有悲天悯人的博大情怀?从恻隐之心、关爱之情起步,路子就走正了。

文学创作表现的是作者个人的特点与思考,是"我",而不是"我们""大家",是自己独特的视角,独特的体验,是自己个体的审美意识、审美品格,因而文学创作须个性化,离开了创作个性,谈文学是一种奢侈。这些热爱文学的新苗也深知这一点,他们根据自己的成长环境,自己的性格,自己的学习经验,自己的兴趣、爱好和特长,营造独具个性的作品内容、作品框架、作品语言,浏览一番,颇有"乱花渐欲迷人眼"的感觉。有的似乎洞明世事,讲述《穷国教育,出路何在》时,列举数据,慷慨激昂;有的在细心酿造自己的"蜜",或以歌者的语言吟咏,温柔甜美,或笔锋犀利,痛快淋漓地批驳;有的有山水情怀;有的从下厨"煮饭"中获得启示,"煮字"要原料配得好,煮得得法;有的仿佛已品尝人生百味,《曲终人未散》,下笔老到,言犹未尽……一篇篇看来稚气未脱的文章,是一道道鲜亮的风景线,它们蕴含着创作者的理想、情怀、追求、向往,尽管千姿百态,各有特点,但又聚焦在"少年心事当拿云",意向高远,令人欣慰。

爱好文学,当然"爱好"十分重要,但又不能仅在"爱好"上停留，做一般的欣赏客。要在爱好文学上真正有所作为，需要建设一个强大的自我。因为文学须个性化，故而必须有一个博学多闻、能思考、善判断的自我。如果孤陋寡闻，无见识，思想浅薄，就无法写出像样的作品。我们这些文学新人这方面也很有悟性，不约而同地都在读书上下功夫。读唐诗宋词，读古今中外经典作品，广为涉猎。有的喜美术，对色彩、线条、块面似乎情有独钟，特别敏感；有的喜音乐，俨然是个音乐评论家。汤玫捷同学在她的高二随笔《当古尔德遇上巴赫》中很有自己的见地。她说："很多人会觉得巴赫的作品过于平淡、理性，可是我一直觉得，巴赫是激情的。正如有一种激情是不经意的冲动和最有规律的和谐，巴赫是最能让演奏家和欣赏者突然吃惊、经常吃惊的一个极富有内涵的作曲家。"她又说："古尔德终结了一个演奏巴赫的时代。他独特的琶音演奏方法和爆发式又不失谨慎的触键方法，将巴赫作品诠释到了一个高度。古尔德的巴赫演奏对于中国古典音乐爱好者有特别的冲击，这和我国早期所有巴赫的演奏谱都来自苏联版本以及我国大多数演奏家的演奏方式都为大钢琴的传统演奏不无关系。"引述这两段话的目的意在说明无论喜爱什么（优美的而不是污浊的，高雅的而不是鄙陋的），都要用眼睛看，把握特征，纤毫不漏；要动脑子想，洞悉奥妙，不人云亦云；要善于联系推断，纵向剖析，横向比较，定位准确。读书不是"对书"，对着书，往往书是书，我是我，食而不化，终无大用。读书要走进书中，走进作者心灵世界，去比较、感受、评论、吸收。读书更需"裂变"，举一反三，举一反十，书中养料就能滋养自己成长。爱好文学的青少年既要从经典作品中吮吸思想精华、语言精粹，吮吸卓越的智慧，又可博览群书，开阔视野，"杂"得丰富，"杂"得有主心骨。

《新读写》的"新人物"栏目为破土而出的文学新苗搭建了展示才华的平台，又邀请了众多作家、老师为新苗培土、浇水，促使新苗茁壮成长。对爱好文学的青少年而言，这是一种温馨，一种幸福。社会的关怀，前辈的哺育，真情可掬，应牢记心怀。

"著名中学师生推荐书系"序

读书对人生建树的重要性,中学生均略知一二,有的理解得还比较深刻。难的是如何把认识化为行动,使书(当然是精品、佳品)成为自己的亲密伙伴,深深地爱,从中吮吸养料,滋润精神成长。

怎样才能化解艰难,养成读书的习惯?首要在真正提高认识。行动受思想指挥,认识模糊、低下,行动必然朝三暮四,摇摆不定。须知:读书是人独有的神圣权利。北大教授贺麟早在半个世纪前就语重心长地对大学新生说:"人是能读书著书的动物。故读书是划分人与禽兽的界限,也是划分文明人与野蛮人的界限。读现代的书即所以与同时的人作精神上的沟通交谈,读古人的书即所以承受古圣先贤的精神遗产。读书即可以享受或吸取学问思想家多年的心血的结晶。所以读书是人类特有的神圣权利。"认真咀嚼一番这段话,可思考的内容甚丰。人有文字,禽兽没有,文字承载文明,传久行远,恩泽后代。后代要继承文明,健康成长,进而发展创造,须臾离不开文字的杰作——书中的醍醐与琼浆。

然而,在当今生存的环境中,金钱至上,物欲横流,急功近利思潮泛滥,对中学生精神的成长构成了种种威胁。读书的意识淡薄了,读书的快乐消失了,嗜书如命的那份执着已属凤毛麟角,读书的神圣权利在不知不觉中受到冷遇。责任在谁?求学不下功夫读书的局面形成,确实有多种因素,学业负担重,题海围攻围堵,难辞其咎。即使

黄荣华主编"著名中学师生推荐书系"(东方出版中心2007年版)。

如此，中学生仍要坚定读书的信念，冲出不良气氛的包围，做一名爱书、读书、心灵充实、大脑富有的人。

有一种误解，认为做现代人，只要是电脑操作的行家里手，与键盘为友，需要什么资料，都可以搜索，可以下载，要花功夫读那么多书干什么。这不仅对"现代人"的内涵缺乏深入的探讨，而且太小看了自己。走向现代化的中国，迫切需要现代人去发展创造。现代人要具有崇高的人格和道德观念，具有深厚的自然科学、社会人文科学知识基础和自主求索、运用知识、创新发展、服务社会的观念和能力。或者说，要具有现代的文化心理素质，主体意识、进取意识和创造意识要能充分发挥。一句话，须全面提高素质。知识经济时代的到来，不是以某种能够运用的技术为基础，而是以整个知识进步为基础，因此，对人才的评价标准，主要不是看某一方面的技能运用，而是要看人才的整个知识的结构、知识的容量、知识的水平、知识积聚和更新的能力。也就是说，知识方面也需要综合素养。社会文明程度越高，对人的全面发展、道德修养、文化素养的要求越高。

全面提高素质重要的途径之一是读书。其他姑且不论，单是文学的辉煌殿堂对每一位有志青年都敞开着，只要带着入深山探宝的精神走进去，你会受到清澈的思想、精辟的见解、深邃的洞察力、文字的生命力的感染，如行走在山阴道上，山川自相映发，使人应接不暇。

读书要慎加选择，决不滥读。而今，由于利益驱动，平庸的作品乃至坏书，经包装与炒作，搅乱人的视线，以时尚、时髦诱惑年轻的读者。坏书犹如蓬勃滋生的野草，伤害庄稼，使庄稼枯死，它戕害人的思想、情感往往无影无形，令人受害而不自知。人不可能活200年，人生苦短，特别是青春年少的黄金岁月，更是应万分珍惜，不能让坏书、无益的书销蚀自己的青春。有人说得好：单靠报纸和偶然得到的流行文学，是学不会真正意义上的阅读的；读，就必须读杰作。杰作常常不像时髦读物那么适口，那么富于刺激性，但那里有心血，有智慧，有学问，有价值，你在精神上能获得财富。

"著名中学师生推荐书系"的编注者不仅深知阅读杰作对青年人生建设的重要与必要，而且躬身践行，体会成长的快乐。为此，怀着对中学生的关心与爱护，从现当代经典散文的编注入手，引领大家与作品中的一个个个性极其鲜明的作家、伟人对话、交流，沟通心灵，认识他们的思想，感受他们的文采，体悟他们洋溢时代精神的人格魅力。

　　读书要虚心。无谦虚心理，狂妄自大，就难以入门，更不用说登堂入室。书中常会有"罅缝"，可深思，可探究，绝不是拿来审问的。当今读书有种倾向，不管什么读物，先"批"字当头，否定，贬斥，美其名曰自己高明，批判性思维强。殊不知这种阅读连浅尝辄止都谈不上，又怎能从阅读中收到成长的实效？经典之作不可能迎合你的思想，你也不可能轻而易举就完全得到其中的真谛。要想真心实意地得到他们的教诲，须进入他们的思想，辛苦探寻，用力打凿，比较辨识，熔炼吸收。读书是辛苦的，而人也就是靠辛苦的陶冶而成其为人的。朱子说的"读书须一棒一条痕，一掴一掌血"的执着追求的读书精神，在现代社会仍然闪发光芒。

　　祝愿中学生朋友在学业繁重的情况下，挤时间阅读编注的这套经典丛书，集众人之精气神，打好做现代中国人的文化基石，为明日的发展蕴蓄充足的底气。

《托起一抹绿色》序

和柳泽泉同志交往已 20 余年，那是在 20 世纪 80 年代上海中等师范学校办学的鼎盛时期。

他给我印象最深的是他那支笔。虽多年从事学校行政工作，但他对语文教学情有独钟，尤其是写作教学。不仅自己有一支生花妙笔，对语文教学质量如何提高发表许多真知灼见，给同行以启发，而且倾注心血组织与指导学生认真练笔，写好作文，正确运用语言文字绘写自然景物，描写社会人生，抒写自己的心声。对祖国语言文字的热情、热爱、执着追求，犹如火种，撒播到学生的心中。学生写作的积极性高涨，参加作文竞赛，参加征文比赛，优秀作文不断涌现。柳泽泉同志把优秀作文编辑成册，一本本出版，让学生看到学习语文的成果，感受到求知的快乐。

语文教学中常见的情况是：教师要求学生阅读，要求学生习作，苦口婆心，不遗余力，可有时效果不理想，读写能力未能明显提高。原因可能不少，但教师的身教示范也是原因之一。教师工作繁忙，琐事缠身，疏于阅读，懒于动笔，几乎成为习惯。天长日久，笔就越来越沉，怕字当头了。柳泽泉同志精心实践，善于思考，勤于动笔，写作热情、写作能力辐射到学生身上，学生深受其益。师生互动，乐在其中。

柳泽泉同志把陶行知的"国家把整个的学校交给你，要你用整个的心去做整个的校长"作为自己的座右铭，全身心地投入校长工作之中，从全校师生的内在需要出发，创建学校的良好业绩。光明中

柳泽泉著《托起一抹绿色》（文汇出版社 2008 年版）。

学地处上海最繁华的地带，西方文化的吹擂，商业交易的喧嚣，金钱至上的包围，对学校教育构成严峻的挑战，尤其是德育教育的落实，十分艰辛。柳泽泉同志和学校领导、教师齐心协力，创造性地筹建德育地图，引导学生广泛地与全国各省市开展联系，进行沟通，接受教育。开展这项工作牵涉方方面面，难度可想而知。但举步以后，学生的国家意识增强，对中华文化的认同增强，心中牢记祖国，真切体会到什么是责任，认识到在青年时代应立志担当起公民的责任。

柳泽泉同志对教育事业执着追求，对语文教学倾注心血，值得尊敬；他的谦虚、诚恳的品德也是我学习的榜样。谦虚是人的美德，对教师而言，这一点尤为重要。面对个性各异的学生，要教育他们成长、成人、成才，不仅是科学，而且是艺术。自己所知有限，必须谦逊好学，不断提升育人的本领。志足意满，就会视而不见，听而不闻，堵塞进步的道路。柳泽泉同志几十年如一日，谦虚好学，在不同岗位上均作出成绩，受到同行赞誉。交友贵"诚"，教学生同样贵"诚"，柳泽泉同志待人接物、教育学生一片至诚，继承和发扬了中华文化中为人处世的优良传统，这在当前情薄诚失的状况下，更是难能可贵。

而今，他把自己用心做校长、钟情语文教学、杏坛走笔等思考与体会，结集出版，对成长中的青年教师定会有很多启发。祝愿这本《托起一抹绿色》能得到同行们的青睐、社会的重视，绿满山川。

《阅读教学田野研究》序

为了提高语文课堂教学质量，公开课、研究课的评析已成为课后必不可缺的重要环节。

最初，教师对听课有兴趣，总想从中学到一些"新招式"，以开阔思路，活跃思维，并努力拿来为我所用。课结束，拎包离去。因此，听课，济济一堂；评课，零零落落。后来，不少教师发现，评课的作用不比听几节课逊色，如果评得恰当，评在点子上，甚而高屋建瓴，往往令人有茅塞顿开、豁然贯通的快乐。于是，课结束，有些教师立即拥到前排学生原来的座位，聆听专家、同行发表高见。语文教师这种对语文教育事业的专注与探讨，值得尊敬与称赞。

课后的评估、评析不是雕虫小技，而是一部内容十分丰厚的大书。它包含了语文本体知识、本体能力的掌握与运用，包含了对中华优秀传统文化及人类进步文化的认知与理解，包含了哲学层面、心理层面的思考，包含了教育理念、教育原则、教育方法的探索与推敲。一言以蔽之，评课实质上是文、史、哲、教综合能力的展现。

评课有三"怕"：一"怕"漫无边际，不痛不痒；二"怕"指标林立，支离破碎，见"分"不见"课"；三"怕"片面褒贬，脱离教学实际。评课的目的重在分析研究，鼓励进步。站在理论与实践结合的高度对课的总体、局部乃至细部进行评说，探讨教与学的规律。课好在哪里，为什么好，不足在何处，原因何在。真诚，中肯，具体，实在。评者满怀希望，执教者心里热乎乎，前进更有动力，更有方向。不在分数上纠缠，不在名次上捣鼓。在研究解读文本、教学生

谭轶斌著《阅读教学田野研究》（上海教育出版社 2008 年版）。

学会学习上下功夫，不仅能有效地提高教学质量，且是教师在教学实践中进修、提高的重要途径。

谭轶斌老师的《阅读教学田野研究》在评析课方面有明显的突破。它不是一般意义上的评说课的是非优劣，而是探讨语文课中所遇到的各种各样的问题，如何从"事实层面""技术层面"与"价值层面"去认识，去理解，去改进，去提升。

首先，材料鲜活。近50个"教学现场"的截取几乎覆盖了中学各个学年段与各类文体的教材，通过这些"点"的剖析、探究，可了解语文教学的"面"，把教学中意识到的或尚未意识到的种种问题凸显出来，启迪执教者思考。一个人的教学不论怎样精心，总有其局限性；众多教师教学现场汇聚，一人一思路，一人一做法，眼界、思路就可大开，思考问题的深度、广度就会在不知不觉中获得提高。

其次，平等对话。一般性的评课，往往是评者讲，教者听，很少有教者解释，对评者说的意见持不同看法，而争辩、反驳更是罕见。本书采用的是观课者和执教者平等对话的方式。观者就观课所见，或提出问题，或谈某点体会，与教者共同探讨。观者有对文本的独特看法，教者可就此开展讨论，各抒己见，互相促进，互相补充。研究中有评论，评论中有研究。双方积极性高涨，智慧火花撞击，文本解读、教学实施向纵深发展，对课的认识向前大大跨越。

再次，也是本书最为闪亮的，就是观者与教者探讨的内容。针对每一个教学现场显现的实际状况，选择某一角度加以探究。探究时不是简单地评是说非，而是多维度生发的、立体的、辐射型的，读者可各取所需，从中获得借鉴。例如首篇《有人会，登临意》，标题就用了心思。辛弃疾的《水龙吟·登建康赏心亭》上阕结束句"落日楼头，断鸿声里，江南游子。把吴钩看了，阑干拍遍，无人会，登临意"，空有报国之愿，恨深愁大，即使悲愤地拍打着亭子上的阑干，可又有谁能领会他郁结心头的抱负与报国无路、壮志难酬的悲愤之情呢？因而，"无人会，登临意"，没有人理解、领会，没有人是他的知音。而今，读杜甫的《登高》，"登临意"是"有人会"，有人理解，有人领会，有人做他的知音。

怎么"会"？由此引出"经典作品圆形结构"的话题，提出对不同学习层次的学生应建构不同的学习内容，以符合学生的实际需求。讨论该问题，重点放在初中，因教学现场是初中，小学、高中仅粗略说一说。既要理解、领会，如何品读诗句、体验诗情就是学中应有之义。于是举例启思，引述学者研究成果，让读者懂得古代经典作品，离开了知人论世、知世论人，不可能深入作品之中，赏析到作品的真味。杜甫的《登高》诗看似空间意义上的登高，实则是诗人心灵的登高，以外表内，以内传外，内外胶合，老病凄苦，国难家仇，铸就了这首千古绝唱。此外，如《水的载歌载舞使鹅卵石臻于完美》《语文教师万不可与小贩为伍》等，均各有特色。一花一世界，一个场景一道风景，一番对话一份文化，一丝哲理一点教艺，娓娓道来，打开一扇扇窗，透进令人喜悦的亮光。

这本书是教学现场研究的起步，希望给第一线的语文教师带来启迪与欢乐，更希望第一线的教师积极参与教学现场的研讨，把这大众的语文教育学推上新的台阶。

《读懂中国》序

人有了脊梁骨，才能直立行走；人有了精神支柱，才会心胸开阔，志存高远，做个堂堂正正的人。国家、民族也是如此，有了坚不可摧的精神，虽历经内忧外患，仍能昂首挺立于世界民族之林，为人类社会做贡献。我们伟大的祖国就是杰出的榜样。

精神从何而来？文化。中国人的民族精神，来自源远流长、博大精深的中华文化。

鲁迅先生在《中国人失掉自信力了吗》一文中极其精辟地指出："我们从古以来，就有埋头苦干的人，有拼命硬干的人，有为民请命的人，有舍身求法的人，……虽是等于为帝王将相作家谱的所谓'正史'，也往往掩不住他们的光耀，这就是中国的脊梁。"这些"苟利国家生死以"的中国脊梁，无不是中华优秀传统文化哺育的结果。

5 000年来，我们的祖先用自己的辛劳、意志、智慧、品质创建了具有自己民族特质的中华文化，一代代薪火相承，历久不衰。这座文化宝库硕大无比，其中精粹琳琅满目，美不胜收。只要怀着进深山探宝的心情去寻觅、去阅读，浓浓的民族情思就会扑面而来，至圣先贤的深邃思想、精辟见解就会如清泉喷涌到你的心田，使你心窍顿开。

遗憾的是，中小学生对自己民族的宝藏知之甚少，对学习它、读懂它的重要性、紧迫性还缺乏真切的体会。再加上所处的文化环境纷繁复杂，外来文化、娱乐文化、低俗文化乃至垃圾文化，伴随着声、像、色的喧闹，冲击学生的视觉、听觉，搅得心烦意乱，迷失方向。

陈刚、陆惠芳主编《读懂中国》（上海远东出版社2008年版）。

青年学生缺少生活阅历与文化积淀，文化判断力差，有时良莠不分，鱼龙混杂，照单全收，甚至错把腐朽当神奇，心灵受到污染和损害。目睹这种状况，有识之士无不焦虑。民族文化是民族的根，一个没有文化根基的民族是没有希望的。一名中国学生不经历中华文化的学习、熏陶、洗礼，就会目光短浅，胸无大志，失去精神支撑，难以成为有用之材、栋梁之材。

《读懂中国》正是适应当代中小学生健康成长的迫切需要而编写出版的。中华文化经典浩瀚如海，这部读本以独特的编辑视角，科学地选取最基本最精要的呈献给读者。它深入浅出，图文并茂，生动活泼，穿梭古今，中小学生读者定会乐于亲近，欣然阅读。

中华优秀传统文化必将提升人的素质，陶冶人的品格，赋予人一种内在的大气与高贵。中小学生潜下心来阅读这部读本，坚持数年，就会惊喜地发现自己已增添了前所未有的厚度与高度，享受到茁壮成长的快乐。

"于漪新世纪教育论丛"小引

学校教育质量的关键是教师的质量。教师的德、才、识、能素质全面提升,就能目标高远,底蕴厚实,智慧喷涌,视野开阔,在教育教学工作中如鱼得水,冷暖自知。显然,在新世纪教育事业发展及教育改革推进中,教师队伍的培养是头等重要的大事。

教育工作是以人格塑造人格、以情操熏陶情操的高尚事业,任何行政命令、规章制度、传播知识的信息工具都无法替代。教师是教育理想与教育现实的转化者,是先进的教育理念与教育实践的转化者,是教育改革成败的关键因素。教师是太阳底下永恒的职业,肩负着教书育人的神圣使命。我这名在教育园地耕耘了半个多世纪的语文老教师,梦寐以求的就是青年教师新竹展枝,生气勃发,中年教师青松挺立,枝繁叶茂,顶起语文教育事业一片天,传承中华优秀文化与人类进步文化,创造基础教育领域母语教学的辉煌,恩泽莘莘学子。

基于这样的认识与愿望,近些年来我用相当精力注视和研究当代教师的成长与发展。上海市语文名师培养基地和上海市教师学研究会在教学实践和学术讨论研究中涌现出一批热爱教育事业、钟情语文教学的中青年优秀教师,大家志同道合,成立了研究当代教师的成长与发展的课题组,并决定以我这名老教师的成长为案例进行剖析,从个性中寻找有价值、能反映成长规律的共性,为教师队伍建设提供有益的思考与某些具体的做法,激励青年教师快快成长,希望教育战线早

于漪著"于漪新世纪教育论丛"(广西教育出版社 2008 年版)。

日人才辈出。

　　课题组的中青年优秀教师翻检了我新世纪以来发表的文章，收集汇总了我在多种场合的报告与讲话，归类整理，筛选研究，编辑成"于漪新世纪教育论丛"，用主题词方式呈现，分编成六册——《呐喊》《坚守》《超越》《凝望》《启智》《反思》。书中所选文章多为我近年来的教育实践体会，是反复思考所得。虽是心灵倾诉，但平平常常，无甚高见。值得谈论一二的不过是生命与使命结伴同行的对教育、对语文、对学生的赤诚与执着。

　　我总觉得教师要促进学生的成长、成人、成才，自己必须仰望天空，脚踏实地，激情似火，师爱荡漾。语文专业技能技巧必须过硬，这是优秀语文教师的底线，但如果目光短浅，视野狭窄，胸中无国家无世界的风云，缺少紧迫感和忧患意识，内驱动力就会衰退，有的甚至会把技能技巧堕落为谋私利的手段，损坏教育的形象。语文教师要脚踏实地，一步一个脚印，用勤奋与韧劲磨出一堂堂优质的课，磨出学生母语学习的喜爱之情和良好效果。千万不能炒作，花里胡哨空中飘。教育事业是爱的事业，母语是我们的精神家园，学生是我们的希望、我们的未来，只有激情满怀，鼓足生命的风帆，才能做到清醒地、勇敢地与影响青少年学生健康成长的不良现象抗争，在他们心中撒播知识的种子和做人的良种。母语教学是高难度的，渗透着人的感情与人格，培育学生成长十分艰辛，来不得半点疏忽与懈怠，需要坚忍不拔的意志和经久不衰的热情。

　　课题组的中青年优秀教师结合自己的教育教学，对上述教师成长发展中的种种因素进行深入的了解、分析、研究，形成独特的见解，并撰文作精彩的论述，编入书中。从基础教育的宏观视野，到读写能力的微观指导，立论清楚，有理有据，条分缕析，情真意切，大大增添了这套丛书的启发性和鲜明的色彩，更值得读者加以关注。对他们的辛勤劳动和不懈追求的精神，我致以诚挚的谢意。

　　祝愿这套丛书能给在语文教学第一线的青年教师增添奋然前行的些微动力。

《语文可以这样教——"于漪语文德育实训基地"教学案例》卷首寄语

人是要有精神的,精神铸就人的脊梁。

语文教学中语言文字的表现力、生命力与民族精神水乳交融、交相辉映之时,璀璨的明灯就在课堂上冉冉升起,化为情思,震撼心灵,让人在精神上获得滋养与满足。

语文课堂是一个神奇的世界,是一种追求,一种情怀,一种社会担当。师生就在这当中品尝语言魅力,吮吸琼浆,提升素养,谱写人生华章。

生命教育是学生成长的内在需求,文质兼美的课文是作者生命的倾诉,将三者艺术地完美地融合,是语文教师的责任、智慧和创造力的发挥。

运用语言文字的魅力,营造生命涌动的课堂,唤醒学生的生命意识,引领他们体悟生命的珍贵,建构生命的信念,探求生命的真谛。

生命在解读文本中飞扬,语文教学美景如画。

优秀教师是在教学第一线"炼"出来的,这方面一定要下功夫。课既要教得一清如水,又要教得激情洋溢。有时如青松挺立,有时是花团锦簇。不管采用何种方式,总要聚焦在唤醒学生学好语文的意

于漪主编《语文可以这样教——"于漪语文德育实训基地"教学案例》(东方出版中心2009年版)。

识，激励他们学有兴趣，学有所得，学有追求，学有方向。德性和智性是生命之魂，教师以自己的智慧启迪、滴灌学生德性和智性的成长，就能品尝到人间的最大幸福。

《走过高中》序

徐利老师把从教班级学生的日记结集出版，嘱我写序。我与徐利老师素不相识，但看到老师有这份爱心为学生出书，我很感动，就欣然应允了。

写作能力是一种综合能力，它反映写作者认识水平、生活经历、文化积累及驾驭语言文字的能力。学生写作能力的提高，绝非一朝一夕之事，也非纯技能技巧的机械操练所能奏效，需要的是脚踏实地，一步一个脚印地进行思想、文字双锤炼。坚持不懈地实践，学生增长见识，思维活跃，对生活中的人、事、景、物有自己的独特认识与体会，能真切感受到祖国语言文字表达情意的表现力与生命力，手中的笔就会灵动起来，思想感情就会如泉水汩汩流淌。

高中的学生与语文教师无不憧憬、无不期盼这织锦成文、气韵流畅的境界，而这种境界出现的基础在长年累月的有效阅读、精细观察、积极思考、努力积累。积累包括精辟的见解、深邃的思想、高尚的情操、生活的逻辑、事物的细节、优美精湛的语言等，从阅读经典、阅读美文佳作中吸取，从写作之源——生活中吸取。如何积累？如何训练？方法很多，途径不一，写日记就是一种有效的方法。

徐老师选择组织学生写日记为写作教学的切入口，至少有以下一些优点可供借鉴：

一是消除学生写作的紧张情绪，激发写作热情，进入"我手写我心"的状态。学生写作文，有意无意会摆出"做"的架势，一"做"就要求"完美"，一"做"就会说一些自己也不懂的话，一

徐利编《走过高中》（山东教育出版社2009年版）。

"做"就会编造。越"做"越不如意，越"做"越紧张，乃至滋生恐惧心理。不具备常态心，是不可能写出文从字顺有思想质地的好文章的。写日记就是写每天的生活，自己的，自己看到的听到的想到的，从中选一点记一记，像喝水、吃饭一样，稀松平常，无半点功利，紧张情绪不知不觉中消除，写作的热情也就随之而增添。

二是养成了动笔的良好习惯。文章是写出来的，离开了动笔写的实践，要想运笔成风，不过是梦幻而已。习惯成自然，而习惯要靠养成。养成必然有个过程，在过程中培养了观察的兴趣、思考的兴趣、辨别的能力、诉说的愿望，在过程中锻炼了意志，锻炼了恒心，逐步与散漫、随意、惰性告别。看似高中三年每天记日记是与语言文字打交道，实质上是语文素养的整体提高。养成良好的习惯，由写日记切入，促进了人的素质的提升。

三是融合了多种文体的写作，有效地提高了写作水平。书中所选学生日记不完全是生活片段，更不是简笔记点流水账，而是长短结合，整散结合，包容多种文体。叙事、写人、描景、状物、抒情、议论，有似随笔，有似小品，有似杂文，有似政论。这样的日记写作训练在记生活片段的基础上不断改进，不断提升，也不断提出新要求，如每周须写一篇结构完整的800字以上的日记。名为日记，实际上写作内容十分广泛，文字锻造也颇费斟酌，各种文体写作均获得了锻炼。写日记的初衷是有效提高学生写作水平，经过几年锲而不舍的努力得以实现，令人喜悦。

这本日记集分八个部分，每名写日记的同学都有日记展现。日记集反映了学生理解和使用语言文字能力的提高，记录了学生的成长，更是珍藏了高中求学时期师生情、同窗情的美好记忆。每篇日记后教师的点评言虽简，但肯定习作者的进步、激励更上一层楼的拳拳之心洋溢纸上，也是颇值得咀嚼回味的。

祝愿这本日记集能得到同龄人的喜爱。

《中华经典诗歌鉴赏与诵读》序

"中华经典诗歌鉴赏和诵读"是姚为洲老师为学生开设的选修课,现将讲稿结集出版,嘱我写序。为此,我将书稿阅读了一遍,有如杜甫在《上白帝城》诗中所说"一上一回新"的快乐。

中华文化博大精深,其中蕴含的精神瑰宝不计其数。就以古代诗歌而言,储存的宝藏就琳琅满目。上自天文,下至地理,万事万物,皆入诗中。做人的道理、秀美的景色、生活的艺术、高尚的情操、审美的趣味,应有尽有,对情感的熏陶、习惯的养成、精神的提升、人格的塑造,起着无可估量的潜移默化的作用。中学生要做现代文明人,阅读优秀的古代诗歌,用这些优秀诗篇打文化的底子,打做人的底子,底色亮丽,一辈子受用不尽。

古代诗歌多如天上的繁星,虽夜以继日,兀兀穷年,也难以采撷一二。在学习领域日益拓宽、新知识层出不穷的今天,学生如何在有限的时间里获得最佳的读诗效果,精选作品就显得特别重要。这本鉴赏和诵读的书给同学们提供了很好的条件。编撰者从诗海中筛选再筛选,精选了200首古诗,从周秦汉诗、魏晋南北朝诗,到元散曲、明清诗,都是佳品、精品,都是历经时间考验的最经典最脍炙人口的。窥一斑可知全豹,通过这些诗的阅读,同学们能了解古诗的特点,品尝到古诗的优美、生动、醇厚、智慧。

怎么读最有效果,也是学生最关心的问题。本书抓住了两个要

姚为洲编《中华经典诗歌鉴赏与诵读》(上海教育出版社2009年版)。

点，一鉴赏，二诵读。古人说过，"譬如日月，终古常见，而光景常新"，优秀古诗即如此，常读常新，风光无限。为了让读者寻找入口处方便，本书先在每个单元前概括介绍这个时期诗歌的发展情况、重要诗派和诗人的特点、成就与影响；诗人名字均用黑体字标明，一目了然。有了总的印象，阅读时指向清晰，理解起来就容易得多。

一首诗从内容到表现形式、从感情到语言风格，可鉴赏的角度、层面很多，但作为一本书，由于篇幅的限制，不能面面俱到，只能抓住诗的最主要的特点进行剖析、探究。编撰者精心琢磨，选择最佳点赏析。一首诗分量不多，200首聚集起来，基本上构成了赏析诗歌的全貌。认真阅读，既能把握诗歌的共性，又能初识一个个诗人风格迥异的个性，既能悦目，更能赏心。

诗歌是诗人生命的冲动、感情的倾诉，反复诵读，就能心领神会，受到强烈的感染。只是近些年来，日常语文教学中对诗歌的诵读不够重视，或重在分析，或重在死记硬背。其实，诵读本身就可检测出诵读者对诗的理解程度，对思想感情的领悟程度。本书重视了这一点，在每首诗的诵读方面作了指导，便于读者提高诵读能力，增添诵读兴趣。当然，诵读也可以根据自己的兴之所至，信口悠悠。但无论采用什么方法诵读，都应节奏分明，感情充沛，读出诗情画意，让诗中景、诗中物、诗中人、诗中情在脑中浮现，达到心灵的沟通、情感的交融。

高山流水，源远流长，相信这本诗集能赢得学生读者的喜爱，成为学习的好伙伴。

传统经验与现代意识的完美结合
——《张庆文集》序

朱家珑同志嘱我为即将出版的《张庆文集》作序，我深感惶恐。张庆老师是学富品高、在小学语文教育的实践研究和理论探索方面成绩卓著的专家，拙笔难以表述其辉煌业绩之一二，只能以学习张老师的点滴体会聊表敬佩之意。

初识张老师，始于接触江苏教育出版社的《义务教育课程标准实验教科书　语文》（一年级上册）。清晰地记得当时一打开教科书，扑面而来的是汉语独特的美，母语浓浓的情，诗情画意，充盈其间。我惊喜万分，犹如步入画廊，山欢、水笑、鸟鸣、花放，一个个文字符号向我倾诉，盼我回应。置身于汉字文化浓郁的氛围之中，美不胜收。有人说：一个象形字，就是一幅画；一个会意字，就是一段故事；一个指事字，图文并茂；一个形声字，音像具备。这一点儿都不夸张。要把这方块汉字独特的美，在启蒙儿童的教科书中表达得淋漓尽致，赢得儿童的喜爱与欢欣，编写者，特别是主编，必然具备丰富的教学经验和广博深厚的学术修养。我作如是的推想和判断。果不其然，在一次推进教材实验区课堂教学改革的会上，张老师对教材、教学发表了许多真知灼见。我有幸聆听，才知原先在教科书中的认识实在肤浅。当面聆听，再读其他几册教科书，大大开阔了我的视野，提升了我的认识。

张庆著《张庆文集》（江苏教育出版社 2009 年版）。本文发表于《七彩语文（教师论坛）》2009 年第 3 期。

在长期的教学实践中，我深切体会到编教材的难处与苦处。特别是语文教材，基础性、教育性、综合性、实践性……不管怎么编排，怎么糅合，总有千人挑，万人评，说白了就是吃力不讨好。张老师思考问题脱离了这个低层面，而是高屋建瓴，在继承与创新上下功夫，以丰厚的汉语文化为坚实的背景，以行之有效的优秀启蒙做法为基石，以现代生活需要为标杆，追求独特，大胆创新，使教材面貌焕然一新，洋溢着时代的气息。语文学习要求学生从小就应养成良好的习惯，"为学贵慎始"，其重要性不言而喻。习惯影响学习质量，乃至影响人生"底色"，强调者大有人在，教学中认真实施的也为数不少，但将习惯的培养编成课文，进入教材，这是苏教版的首创，这不能不说是编写者的胆识与良苦用心。汉语拼音字母的教学历来有不少争议，教什么，怎么教，教到什么程度，看法不一，积累的经验也不少，但如何去枯燥、添趣味、减轻负担，恐仍然是需要共同探讨并力求解决的难题。经历了求索的困顿，张老师寻寻觅觅、坚持不懈，终于找到了突破口，把绘图、诗歌、汉语拼音字母三者有机结合起来，绘制汉语拼音字母表音表形图，创作"情境图""语境歌"，大大拉近汉语拼音学习和儿童现实生活的距离，激发了儿童的学习兴趣，激活了儿童的想象天地。此项极富智慧的创新设计，一改传统拼音教材几十年不变的陈旧面貌，将抽象、枯燥的教学内容具象化、情趣化、人文化。

创新精神是这次课程改革的灵魂，张老师对《语文课程标准》的精神实质参得透、悟得深。他将传统经验与现代意识完美结合，创造出多姿多彩的学习字词句的生动新颖的教学模式，如同串识字、转转盘识字、成语歌等，无不趣味盎然，洋溢着生活的气息。这些精彩的设计源于对语文启蒙教育规律的洞悉与不懈的探索。张老师指出："让儿童理解一个词语，实际上是借助自己的生活经验和语文积淀唤回他的直觉经验——也就是图像——来跟文章中的词语（指文字符号）相匹配，从而将信息激活，对词语就理解了。没有相关的生活经验，没有图像，就很难理解。"他又明确指出："我们过去一谈到识字，就是音、形、义，往往忽略了'像'。其实，在识字教学乃至词汇教学中,'像'是至关重要的。"关于读写结合,关于练习改革,无不充满了创造的智慧。既博采众长,又显现独树一帜的见解;既重视汉语教学传统的精华,加以吸取,又勇于思考现时儿童教育的特点,把握时代的脉搏,敢于发展,敢于创新。他对小学语文课程改革一系列理论上的阐述,言简意赅,言简意深,常给人以石破天惊、一语捅破天机之感,启人深思,引人反复咀嚼,并力求在实践中得以体现,有所进步,有所发展。

张老师在深化语文课程改革的进程中,总是适时地、有针对性地发扬课程实施中的优点,针砭违背课改精神的种种极端、偏颇、浮躁的做法,拨正航向,使语文课程改革健康发展。他的语文课改的"八字方针"——务本、求实、倡简、有度,在教学层面产生了巨大的影响。这些语文教学理论与实践的科学总结与升华,植根于对儿童的满腔热情满腔爱,植根于对语文教育事业的痴迷与执着追求。他的"减法思维",他的"削去冗繁留清瘦",他的"小语姓小",他的"布云说""熏屋说",他的念好语文"七字诀",他的"'长线'贯串始终,'短线'相机渗透,大小结合",他的"走一条生活语文的道路",处处留意学生的基础,处处留意学生的积极性,处处留意学生的内心需求与潜力发挥,真正把课程改革的核心理念——"以学生为本,以促进学生发展为本"落到实处,理念清晰,操作性极强。

深厚的文化功底和丰富的学养造就了张老师编写教材、推进课程改革的辉煌。最令我感动的是张老师读书、"煮书"的孜孜矻矻与写作的勤奋、坚持。读书不是"对书",如果终日读书,学而不思,学到的东西是有限的。冯至给茅盾的杂诗第十二首中有这么两句:"愧我半生劳倦眼,为人为己两蹉跎。"这是冯先生的谦辞,他是有成就的。然而,从这两句诗中可得到启发,如果只是"对书"而不思,那就只是劳倦眼睛,收获不多。张老师读书全然是沉浸其中,细心琢磨,反复咀嚼,在"化"上狠下功夫。三读《史记》,发现问题,提出问题,再自寻解答,体现反复推敲、用心揣摩的功力。对《聊斋志异》400多篇小说进行逐字逐句的推敲,释疑解难,对思考所得一一记录。治学严谨、勤勉,是教师的楷模。元代程端礼曾引果斋先生语告诫学子："读书如销铜，聚铜入炉，大鞴扇之，不销不止，极用费力。作文如铸器，铜既销矣，随模铸器，一冶即成，只要识模，全不费力。所谓劳于读书，逸于作文者此也。"张老师读书销铜的功力深，因而，笔下多产、灵动，字句珠玑常如汩汩泉水喷涌而出。写得精彩，首先要读得深入，学得扎实，就这一点而言，特别值得青年教师高度重视，并努力学习，身体力行。

  一位印度诗人曾这样说："阅读是恒河的水，我沐浴其中，得到神秘的体验。从水中走出，我已不是原来的我，我得到了新的生命。"《张庆文集》是张老师大半生语文启蒙教育的心血结晶，是理论与实践结合的全面总结。它的出版问世必将带给广大语文教师神秘的体验，为教学生命增添巨大的动力与智慧。我为此深深地祝福！

《上海名师课堂 小学语文 卢雷卷》序

几年前,一位从事小学语文教育教研的同志郑重其事地对我说:"你什么时候去听听小学卢雷老师的课,上得不错,你听一听,看怎么样?"也许已形成本能,只要一听到青年教师课教得好,心里就激动。再说,长期教语文,有些词语很熟悉,姓名如果和某个词某个词组是谐音,一听就记住:卢雷——"如雷贯耳"。

2005年由于落实中央8号文件与《上海市学生民族精神教育指导纲要》的需要,我们开展了"民族精神教育、语文教学与教师成长"的课题研究,广泛地听中青年语文教师的课,研讨在语文课里如何紧扣知识的传授、能力的培养,融合民族精神教育,使新世纪课程改革的三个维度的教育交融,落到实处,培养学生的语文素养,促进学生的发展。有了这样的研讨机会,就与卢雷老师多次接触,听课,讨论。

2005年12月上海市教委教研室、上海市教师学研究会联合全国中学语文教学研究会和上海市中学语文教学研究会召开了"民族精神教育与语文教学"研讨会,全国16个省市教师代表参加。会上除中学教师上研讨课外,我们特邀卢雷老师上展示课,与中学教师交流。卢老师执教小学五年级的课文《开国大典》。课教得激情洋溢,学生学得主动、积极,读、说、听、写全神贯注,对课文的理解、体会常出精彩之语,令人赞叹。文中所叙大典之事与学生时隔数十年,

---

卢雷著《上海名师课堂 小学语文 卢雷卷》(上海教育出版社2009年版)。

距离很大；教师精选关键词句，采用引读、激思、聆听、描述等方法，引领学生进入文中激动人心的场景，感受，体验，述说，一张张小脸兴奋得红红的，手举得高了再高，抢着发表自己的意见，真是美景如画！卢雷老师的施教之功获得与会者的一致肯定与赞扬。

  课上到这个份上绝非一日之功。卢雷自教语文以来一直琢磨着语文应该教什么，又应该怎么教，指导学生怎么学才能取得良好效果。一课又一课，一天又一天，日复一日，月复一月，年复一年，对语文教学的真谛有所理解、有所领悟。在带领学生学习的同时，也提高了自己的业务水平和教学能力。用他自己的话来说：教《人生的开关》，数次执教，课后反思时总有意犹未尽的感觉。反复推敲，名师指点，顿觉豁然开朗。再上这篇课文，流畅通达，享受到淋漓尽致的快乐。显然，教学质量的优质来源于教者孜孜不倦的追求与全身心的投入。

  三岁孩童映八十，启蒙教育的质量高下往往影响人的一辈子。基础扎得正，打得牢固，身心健康发展，在生活的道路上就会步履坚实地向前走。为此，小学老师的言教重要，身教更重要。儿童喜爱模仿，也善于模仿，教师的一言一行对儿童都会起作用。不是正面作用，就是负面作用，不可能是零作用。比如，课文要朗读得好，声音响亮，句读分明，普通话准确，不能总叫学生听录音。又如，字要写端正，笔顺正确，结构匀称，板书美观，给学生以美的熏陶。再如，配合课文的教学，信笔根据课文内容画简笔画，勾勒必要的线条、表格或人、景、物的形象，增强直观效果，帮助学生迅速理解课文，读懂课文。凡此种种，均为小学语文教师应具备的基本功。由于较长时间的锤炼，卢雷老师具备了这些基本功：写一手漂亮的板书，信手画简笔画，朗读抑扬顿挫，生动流畅。基本功扎实，语言规范多彩，为课堂教学的有效性既提供必要的条件，又增添学生学习的吸引力。

  课堂教学是立体的，不仅师生互动交流，而且还佐以多媒体，声、光、色俱全。课堂教学实录是纸上的文字，看来是平面的，但平面中蕴含的是师生生命的跃动，聪明智慧的闪光，细品细思，可从中获得启发。卢雷老师集一些课文的课堂实录出版，提供小学同行研讨，是促进小学语文教学发展的好事。任何一节课不可能十全十美，既要充分肯定优点、特点，又要发现不足，思考如何改进。祝愿这本课堂实录获得读者的认可，发挥它在小学语文教学研究中的积极作用。

《守望杏坛》序

我与小英同志在一所学校共事十多年。尽管我早已退休,但因经常讨论研究语文教育事业与师资培养,与小英的沟通和往昔在校时几乎一般无二。小英将从教的认识与经验织锦成文,结集成书出版,嘱我写序,我由衷地乐意。

小英是一名典型的语文教师,数十年如一日孜孜矻矻,耕耘在语文教育园地,向学生奉献智慧,奉献青春。她为人朴素平淡,温文尔雅,遇事低调,从不张扬自己的成绩;真诚待人,团结同行,深得师生好评。

心中有学生,对学生满腔热情满腔爱,是小英从教生涯中的一大亮点。凡受教于她的学生,对她语文教学的认真及无微不至的关爱无不交口称赞。不说别的,在浮躁之风盛行的今日,还有多少教师能坚持一篇篇作文仔细修改,眉批总批?又有多少教师能经常对学生的习作面批面改?哪怕是高三年级大量的练习,也要一一订正,把让学生弄懂、学会落到实处,使学生真正受益。就拿一个细节来说,书中的《十分钟是金》描述了阴天、停电、离下课还有十分钟的课堂场景。针对阴天停电所造成的阴暗抑郁的教学环境与学生心情,教师抓住时机,在学生思维池水里扔下一粒石子,要求他们用一句话表达此时此刻自己的感受。顿时,池水激活,课堂生气升腾,学生七嘴八舌,妙语连珠。十分钟的解颐行动,收获不菲。看似教学技能技巧,实质是爱生浓情浇灌的智慧花朵。

当今教师必须有相当程度的职业敏感,具有当代意识,跟随着时

陈小英著《守望杏坛》(上海教育出版社 2010 年版)。

代奋力前进。这是小英从教生涯中的又一大亮点。教育的有效性来自教育的针对性。教学生学语文，绝不是墨守成规，一成不变，需要洋溢时代的气息，需要适应当代学生的内在需求。站在时代的制高点上，根据今日的育人目标、课程目标，继承与发扬经过时间检验的有价值有意义的内容与方法，剔除经不起实践检验的认识与做法，给学生以充满勃勃生气的良好的语文素养的培养。由于长时间受习惯思维的束缚，对一些文章，特别是名篇的解读，许多教师不敢越雷池一步，往往把一些违背科学的定论奉为金科玉律，框住学生的思维，抑制学生独立思考。早在20世纪90年代，小英同志就清醒地认识到这个问题，呼吁语文教学要有当代意识，撰写文章表明自己的观点。她在文中引述古希腊哲学家赫拉克里特的名言"人不能两次踏进同一条河流"，而语文教学的现状是中学语文教师几十年、几代人千百万次踏进几乎一成不变的同一条河流，并尖锐地指出：这种陈旧、滞后、与时代与社会脱节的教育现状限制乃至阻塞了语文教学最大限度发挥效能的通道。她主张语文教师的当代意识不仅应体现在文本解读、教材取舍、课堂结构等显性方面，而且作为一种观念，应无痕地渗透在与学生的每一次谈话，批改的每一篇作文，观课评课的价值判断，甚至在师生关系、师徒关系上。

她不仅撰写文章阐明观点，更是躬身实践，让学生感受思维的活跃与学习的乐趣。比如如何引领学生亲近鲁迅，是她心头一直思考、酝酿的问题。今天的中学生不喜欢鲁迅作品，进而也不喜欢鲁迅。如果语文教师不能把鲁迅的思想和精神的薪火传递到下一代手中，将愧对后人，愧对民族，愧对历史，也愧对鲁迅。站在这样的高度思考，她修正教学目标，重组教材单元，更新教学方法，以唤醒学生对鲁迅的亲近感，激发学习兴趣。小英语文教学中的时代意识在书中方方面面均有体现，这是难能可贵的。

加强人文素养、夯实文化底蕴伴随着小英语文教学的全过程，这是她教学生涯中亮色闪耀的根本原因。她不仅善教，在教学质量的不断提升中执着追求，更勤于学习，认真读书，涉猎广泛，博采约取，生活十分丰富。她紧扣专业，深入钻研，绝不浮光掠影，浅尝辄止，总有自己独特的看法。比如，审美情趣的培养与提高是语文课程标准中规定的应有之义。语文文本中美的因素大量存在，课上得情趣横溢，引导学生置身于美的内容、美的文字之中，受熏陶感染，审美价值就会落到实处。为此，语文教师必须努力提升自己的审美情趣。在《略论教师审美情趣的意义和价值》一文中，她明确指出：教师的审美情趣大体有文化底蕴、人本意识、艺术境界几个方面。并阐明：审美情趣有一个"品位"问题，检验审美情趣品位高低的一个重要标准，就是看其文化含量的密与疏、浓与淡、深与浅。审美情趣实质上是教师综合素质的外化。她认为对书的酷爱，"每一天都要用智力财富来丰富自己"，才能使自身变得更为高尚。鉴于这样的认识，她不仅有《教师的审美情趣》专著，而且爱读书，善读书，身上有书卷气。一堂堂课文化含量高，不断指引学生阅读的路径，学生耳濡目染，审美的品位、审美的追求获得提高。

　　30年教学生涯不寻常。书中汇集的心境、思考、信念、经验，折射出语文教育改革在一线教师身上的时代光影，青年教师认真读一读，定会受到语文教师工作意义与价值的深刻启迪，受益良多。

《启迪言语智慧》序

应该是缘分吧,认识娟娟老师是在闸北区教育局举办的一次说课会上。这次说课主要探讨在学科教学中如何融合民族精神教育和生命教育。娟娟教小学语文,说的课是高年级的课文《黄河颂》。她给我的第一印象是沉稳,思路清晰,语言明白,解读文本有一定深度。后来,她试教这篇课文,我去听课,她基本能把教学设计意图付诸实施,并能根据学生学习情况有所调整、变动。课后评论,她能静心听取别人意见,再作改进。这堂课后向全市公开,市委市府领导来听,教者精心,学者主动活泼,获得一致好评。

此后,她上公开课或研究课,遇到问题常电话询问或当面探讨,对她勤奋好学、执着钻研,又有了新的认识。日前,大宁国际小学徐晓唯校长与她同来,带来陈娟娟的《启迪言语智慧》书稿,嘱我写序。翻阅书稿,深感她20年辛苦不寻常,一步一个脚印往前迈,一点一滴重积累,用心从教,把心扑在学生身上,令我感动。

书同其人。书是"教学思行录",文字书写的所思所行,就是教学生涯中的活生生的影像,思导行,行促思,互为伴侣,不断提升。

"始终把学生放在心上",是为师者的第一要义。有一种习惯思维就是见书不见人。解读文本,写好备课笔记似乎已成竹在胸,上课只要力求完成原先的教学设计就行,至于对学生的研究,花的功夫恐怕就微乎其微。课不是只教在课堂上,教在课堂上就会随着教师声波的流逝而销声匿迹;课要教到学生身上,教到学生心中,成为他们智能、素质的一个部分。为此,必须潜心研究他们的基础、能力、兴

陈娟娟著《启迪言语智慧》(上海教育出版社2010年版)。

趣、爱好，研究他们的所思所想、身心需要。对他们知之准，知之深，教学的针对性才强。教学的有效性来自教学的针对性，因为减少了盲目性，去除了无用功。陈娟娟力求做到教学自始至终把学生放在心上。《启迪言语智慧》整本书，从第一章"以生为本　启迪智慧"始，至末章"革新评价　促进发展"终，章章节节在阐述语文教学的认识与做法，而章章节节又在研究童心，研究儿童学习兴趣，研究儿童质疑能力，研究儿童感受体悟，一言以蔽之，聚焦在儿童如何学语文、学好语文、获得发展，不是脱离儿童实际，飘在半空，或是只甩出一堆蛊惑人心的名词术语。

　　书中专门用了一章探讨"问题驱动　释放疑惑"，这是语文教学中值得重视的问题，也是陈娟娟课堂教学中的亮点之一。学源于思，思源于疑。疑是思之始，学之端。要学得知识，就得思考，而面对所学的内容产生疑问则是思考的开端。疑是刺激学生积极思维的诱因，激发学习的动力。教学要生动活泼，教有成效，就须十分重视激发学生的求知欲。求知欲从某种意义上来说，就是解疑欲，解惑欲。可惜在我们的语文教学中，对传授知识十分重视，学生的思维训练，生疑、质疑、辨疑、析疑的能力培养，未放到应有的位置。语言训练与思维训练应放到同等位置。如果只注意语言的表层训练，不注意启发学生积极思维，读，就会有口无心，说与写就会言不及义，语言当然也就不可能真正理解与正确应用。陈娟娟教学经常以问题驱动，激发学生发现问题，提出问题，并引导学生从他们的学习经验和生活经验出发对问题进行辨析，寻找解决疑难的途径与方法。为此，课堂上学生们发言踊跃，虎虎有生气。她曾遗憾地对我说："有次同行来听课，说学生可打 100 分，问题又多又好，我只能打 80 分，有点招架不住，这才是三年级的学生啊！"我倒觉得不应遗憾，而是应该高兴。因为培养已初见成效，学生初步懂得了阅读的门径，独立思考，产生疑问，进而寻求释疑的办法。这正是自学能力培养的起始。打下这个基础，学生的学习就不会囿于教师预设的框框，不敢越雷池一步，而会有所突破，寻求更多的求知精彩。

　　思维是教师的必要基本功，一名不会思考、不善思考的教师只能是人云亦云，对语文教学中的复杂现象总是理不出头绪，辨别不清正误优劣。在现时代从教语文，更是要头脑清醒，辨别力、判断力强。因为蛊惑人的口号很多，漂亮的名词术语一大串，弄得不好，就会跟风追风，随波逐流。教师从教要有定力。小学语文教师从事的是小学语文的教育，是非专业方向的基础教育，是给学生打语言文字基础和做人基础的教育，是引导他们学会学习、学会求知的教育，不是琐细研究、赏析文本的教育，更不是字字推敲、精心应试的教育。面对各种各样外来的信息，须前思后想，比较利弊得失，从学生的实际出发，紧扣语文课程的性质、功能作出正确的判断，并付诸实施，作一点改革的试验，逐步形成自己教学的个性。在这方面，陈娟娟也做了有益的尝试。先思后行，先行后思，边思边行，在思行互伴中获得进步与发展，探索小学语文教学的规律。

希望《启迪言语智慧》成为娟娟老师教学的新起点，希望更多的小学语文教师在思与行上下功夫，努力提升教育思想，创造教学新业绩。

《上海名师课堂 中学语文　黄荣华卷》序

也许是缘分吧，一个偶然的机会，市教研室语文教研员组织几位中青年语文教师说课、上课，研究学科教学德育问题，邀我参加，我有幸认识了朝气蓬勃的黄荣华老师。当时他给我印象比较深的是解读课文有自己独特的看法，不流于一般的程式；有深度，不在文章表面飘浮。

在有16个省市教师参加的"全国民族精神教育与语文课堂教学研讨会"上，黄荣华执教了《愚溪诗序》这一课。这堂展示课内容厚实，信息量大。就"愚"和"智"的问题进行探讨、辩论，学生侃侃而谈，教师借助多媒体手段旁征博引，助推深入认识，在强化语言和思维训练的同时，民族精神、优秀文化渗透到学生的心中。听课老师说："有收获，学到了东西。"而我却泼了一点儿冷水："那是复旦附中的学生，一般学校的学生理解不了。"我最怕有些教师听了课后乱搬乱套，脱离本校与本班学生的实际。

教学中以学生为本，以促进学生的发展为本，言之易，行之难。近几年来，名师培训基地与语文学科德育实训基地学员们在探讨教学业务时，黄荣华思考与发言的主旋律往往聚焦在这个单元、这篇课文、这节课学生学到了什么、有何收益上。在个别交谈、讨论课例时，"这节课究竟教给学生什么"，"学生是否真的受到启发"，"教学中把这一点忽略了，对学生来说，太可惜了"，这一类话常不绝于

黄荣华著《上海名师课堂　中学语文　黄荣华卷》（上海教育出版社2010年版）。

口。乍看，是教学内容的确定与否，教学目标的能否实现，教学方法是否被恰当地探究与质疑，背后则是对学生的尊重与关爱。温家宝总理要求教师应成为"挚爱的化身"。教师要懂得爱，对学生有挚爱深情，学生就可在成长过程中真正享受到被培养的幸福与欢乐，增长爱心、善心，增长责任意识与奋斗精神。这种爱不在华丽的辞藻，不在丰富的表情，而是朴素实在的关心，播撒在教学的全过程中。没有爱就没有教育，没有道德，没有一切，当然，也就不可能成为一名优秀教师。我从黄荣华的一系列语言中对此有所领悟。

然而，使我真正感动的是他的"行"。

从教20余年，为使学生在语文学习中切实受益，乃至终身受益，他不断思考、实践、反思，不断探索、寻觅、改进，既敢于自我否定，又敢于自我肯定，执着追求，奋力前行。在纷繁复杂的语文教学认识与实践的重重包围中，根据所教学生内心学习需求，确定了语文课堂教学的落脚点。以语言文字为切入口，读懂文字背后的"生命意识"与"文化意义"，有效提高学生语文素养，促进学生文化生命的成长。

教师能否走向成熟，能否成为优秀教师，除了勤奋，十分重要的是要有想法，有追求，有锲而不舍、开拓进取的精神。不动脑筋的"勤奋"就好比把许多"零"加在一起，结果仍然是"零"，难脱机械操作工的窠臼。近10年来，黄荣华的语文教学在"生命意识"与"文化意义"的思考与实践方面做了许多探讨与研究，并在学生身上收到良好的效果。有位学生家长在一次会议上情不自禁地对我说："你知道黄荣华老师吗？学生喜欢他的课，学到许多东西，我女儿大有进步。"学有所得，学有兴趣，学生以及家长怎能不欢欣？

作家的使命，就是用笔勾勒出民族的灵魂。好的作家作品，必然是从生活体验进入生命体验。课本中精选的经典作品、美文佳作，必然是作者生命的倾诉，生命折射出的光辉。"言以足志，文以足言"，课堂上带领学生阅读文本，也就是引导学生触摸文章的灵魂，触摸文章背后作者的灵魂；与此同时，咀嚼、对照、感受、体验，实际上也就是触摸读者自己的灵魂。阅读文学作品若达到这样的境界，学生不仅对语言文字的表现力能深入理解，而且对生命内涵、意义价值的认识在潜移默化中也获得提升。

我们讲弘扬中华民族的民族精神时，对中华文化的认同是极其重要的前提。我们的语文就是中华文化的宝库，是世界上罕见的宝库。仅就语言而言，词汇之丰富，表义之细微，表达之深入，真是纤毫皆能分辨。我们几乎没有什么思想不能用汉语言文字来表达的。语言是个巨大的宝库，它本身就是文化。教学生学语文，实质上是传承文化，以"文""化"人。文化即人生，是人类群体的人生，是人类全部物质成就与精神成就的总结。我们讲中华文化，就是讲中华民族群体的人生，历代彪炳千秋的作品无不是人生的记录与思考。语文课程要求学生学习的精品、佳品，多为精神方面的成就。课堂教学不仅仅是"诉说"，讲述一个个昨天的故事，而且要领悟语言文字的灵性，参透文字背后的道理，理解并感受文字背后的文化。这就是说，教师对文本的解读不仅是文字的推敲，还应包括文化价值观念、审美价值观念，还得做些哲学方面的思考。带领学生阅读文本，要尊重他们的主体意识，唤醒他们的情感潜能、智慧潜能，让他们在优秀文化的滋养中获得健康的发展。

理念转化为生动的实践，须寻找合适的途径、有效的方法。黄荣华老师的课根据不同的课型来设计不同的教法。如基础课根据多种文体的特点，根据不同课文的个性，采用相应的方法。有的侧重于生命意识的教育，有的侧重于文化意义的教育。二者内涵均极其丰富，又根据文章特点与学生现实需要，突出某一重点，让学生的思想得以碰撞，内心受到震撼。有些内容通过拓展的形式进行，或延伸，或扩展，或深究，或综合，让学生的知识、能力、思维、情感有所锻炼与提升。有的则通过选修课、研究课进行，开阔视野，增长见识，如汉字文化的传授，学生从中可获得较为系统的认识。读是途径，写也是途径，以读促写，读写结合，让学生在动笔的实践中加深认识，切实感悟。尤其值得重视的是"单元贯通学习"的设计。具体做法此处不赘言，只说其特色，至少有对学生高中三年的语文学习整体规划，目标明确，过程清晰，这就是培养，而不是烂泥萝卜洗一段吃一段，走到哪里是哪里；尊重学生的学习主体作用，自主学习与教师指导结合，读与写结合，把语言文字训练与思想、情感、文化的提升融合在一起；一步一个脚印，扎扎实实，不浮光掠影；切磋琢磨，互相激励，培养合作精神与宽容心态等。三年虽弹指一挥间，但只要受到精心培育，具备了正确使用语言文字的能力，有一定的文化积淀，在优秀中华文化的熏陶中成长，学生将终身受益。

黄荣华老师选取了语文教学中的部分课堂实录结集出版，与同行分享他的认识与做法，达到吸纳诤言进一步提高的目的，我甚为赞同，特作短序以表对钟爱语文、不懈追求的黄老师的祝贺与敬意。

真知灼见，启人深思
——《范守纲作文评说》序

新春伊始，暖意伴着东风传送。范守纲老师兴致勃勃造访，述及已将30年研究语文教育的论文整理，准备结集出版。《范守纲作文评说》先行付梓，嘱我作序。我力所不能及，为了答谢盛情，也为了分享成果的喜悦，就勉力为之。

认识范老师已有二三十年之久，那时他在《语文学习》编辑部工作。20世纪七八十年代，语文教学专业杂志稀少，《语文学习》可谓一枝独秀，是中学语文教师心目中的良师益友，有些学校几乎语文教师人手一册。因而，语文教师对这本杂志的编辑同志不仅比较熟悉，而且心怀敬意。是他们及时提供全国语文教学进展信息、讨论的热点问题、教学改革导向性意见以及有实际参考价值的教学资料等，第一线教学的语文教师确实从中受益。范老师是语文教师出身，编读相得，如鱼得水，此次结集的《范守纲作文评说》是范老师关注中学语文教学的研究成果，可从一个侧面看到作文教学30年前进步伐的痕迹。

以往语文教师说到"范守纲"，就会自然而然地和写作教学联系起来，觉得范老师在这方面做了相当多的研究工作，且持续不断，有广泛的影响。写作教学是中学语文教学十分重要的部分，写作能力的强弱往往是一个人综合能力的反映。学生作文不仅对他们语言文字使用的能力有要求，更在于他们的知识视野、思想认识水平和生活积

范守纲著《范守纲作文评说》（华东师范大学出版社2010年版）。

累。由于写文章是综合能力的反映，需要积累、磨炼的过程，难以急于求成，故而成为语文教学的难题之一。如何引导中学生在有限的语文学习时间里写有兴趣、写有进步、写有快乐、写有成就感，一直是语文教师追求的目标。在教学实践中困惑不少，佳径难觅。范老师深知其中情况，先后对中学生写作心理、中学生写作动情点、中学生作文创新意识的引发和培养等作了一系列研究，撰文表明自己的理解和认识，其中不乏真知灼见，启人深思。

比如关于写作要不要动情的问题，刘勰在《文心雕龙·知音》中就精辟地指出："夫缀文者情动而辞发。"白居易曾言："诗者，根情，苗言，华声，实义。"写诗作文，感人心者，莫先乎情。文章无真情浇灌，只在文字技巧上兜圈子，生命已缺失，中学生习作道理相通。而今，学生习作常苦于应付，为文而文，无话找话。情感稀薄，哪来佳作？范老师就此现象在《文以情动人》《追寻写作动情点》等文中作了具体生动的剖析，强调须引导学生投入生活的激流，培养和丰富他们的感情，指导他们写作时学会凝聚感情，进而喷发感情。这些论述抓住本质，结合实际，对语文教学有启发作用。

《评说》对案例作评点，所选均为学生习作，颇具特色。范老师多年追踪、观察中学生作文实践，收集整理各类典型作文精心"评说"，概括全面，有一定的研究深度，又留存了较为难得的中学生作文的历史资料。在写作研究方面，题型的剖析也是亮点。范老师对作文题型的演变、发展作了较长时间的研究，形成了带有规律性的认识，这对语文教师开阔写作教学视野，结合学生实际指导，有一定的实用价值。

中学语文培养学生理解和使用祖国语言文字的能力，往往影响学生一辈子，有识之士知其重要，投入精力研究，促进质量提高。范老师是作文研究的专家，近年来又主编上海初中语文教材。读者细读《评说》，不仅会受到责任感的感染，而且在作文教学诸多方面可获得有益的启示，这是可以预期的。

《实践反思　同伴互助　专业引领——"三步实践课"校本研修模式的探索》序

新世纪第一次全国教育工作会议和《国家中长期教育改革和发展规划纲要（2010—2020年）》吹响了建设人力资源强国的进军号。强国先强教、强教先强师的思想已逐步深入人心。今后一个时期我国教育事业改革发展的工作方针是：优先发展，育人为本，改革创新，促进公平，提高质量。育人为本是教育工作的根本要求，提高质量是教育改革发展的核心任务。胡锦涛总书记说："必须重视教育质量，树立以提高质量为核心的教育发展观，坚持规模和质量的统一，注重教育内涵发展。鼓励学校办出特色、办出水平和出名师、育英才，建立以提高教育质量为导向的管理制度和工作机制。"

教育质量是学校的生命，金山区廊下小学深知其重要性，三年前就提出"以教师的发展促进学校的发展"的办学理念，进行教师队伍专业化的培养。在教师教育实践中，又根据上海二期课程改革的要求，深入剖析校情、教情与学情，开展了"'三步实践课'校本研修模式的探索"的课题研究，以真问题带动真教研，努力把教学、科研、进修三者融合起来，促进教师专业化发展，提高课堂教学质量。

学校校长是教师专业成长的第一责任人，负有教师教育的重任。

上海市金山区廊下小学编《实践反思　同伴互助　专业引领——"三步实践课"校本研修模式的探索》（上海社会科学院出版社2011年版）。

根据教师的德、才、识、能的具体情况，思考学生学习的内在需求，选择适切的方式加强研修的针对性、实效性，是校长课程领导力也是课程执行力的具体展现，是教育智慧的一种检验、教育艺术的一种检验。廊下小学选择"三步实践课"探索校本研修的模式就是很有意义的尝试。它的特点在于以教研组或备课组为实体，围绕课堂教学内容及教学方法进行研讨，具体，实在，不泛泛而谈不着边际。而这种同伴互助建立在教师个体独立钻研的基础之上，增添了互动的实效。独立钻研教材，读懂教材的价值与意义，根据被教育对象的基础与接受能力，选择或创造有效、有趣、有吸引力感染力的教学方法施教，是教师专业发展的最最重要的基础。这个基础靠自觉阅读、深思，打下宽厚的科学文化底子；靠自觉实践，在教学实践中锤炼，不断总结，不断反思，逐步认识和把握教育规律。俗话说：基础不牢，地动山摇。教师专业成长一定要打好基础，过好独立钻研这一关。要过这一关不能静止不变，而是要持续不断，锲而不舍，努力提升独立钻研的能力、独立钻研的质量，使自己走向成熟，走向优秀。只有教师个体对教材、对教学独立钻研的能力强，有独有的感受与体会，组里的研讨、互助才会思维活跃，思想碰撞，精彩纷呈。

"三步实践课"的课题探索还可贵在学校全员参与，每位老师都是实践者，都从中受到教益。每位老师既对自己的教学实践评头品足，提升理性认识，又对同伴的教学实践思考、评析，吸取教育养料滋养自己成长。如此坚持下去，必促进学校内涵发展，提高教育质量。

这项校本研修模式的探索，在大量具体生动实践的基础上，形成了许多案例、教案与经验，形成了对校本研修模式的理性认识，建构了该模式的操作体系。而今，把这些结集出版，不仅展现了教学、科研、进修三位一体的阶段成果，更表达了廊下小学教师钟情"二期课改"、专注专业发展的拳拳之心，为此，不揣浅陋作序，以表敬意与祝贺。

《我教儿子学作文》序

孩子学作文时，总会碰到三难三困惑。一是孩子本身觉得写文章高不可攀，难。什么才可写进作文？什么叫形象？风景怎么会有情呢？一连串问题，困惑难以解决。二是家长难。孩子写作文这个坎怎么跨才顺当，写作中碰到困难怎样指导才真有帮助？三是语文老师难，千人千面，百人百样，学生初学作文，领悟能力就有差异，怎样指导，学生才有兴趣？怎样指导，学生才会明显进步？怎样指导，整个班级写作能力才会有大面积提高？可见，在学语文的过程中，写好作文是大家碰到的难题。而今，著名作家肖复兴的《我教儿子学作文》一书再出版，为化解这道难题提供了有力的帮助。

这本书初版时就因为适合孩子、家长和老师的需要，受到大家的欢迎，天津的一位家长说，她把这本书都翻烂了，从中觅宝、模仿，孩子真有了进步。而今，增添材料，重新编辑出版，同时是为了化解孩子学作文阶段的困难，逐步消除写作文过程中的种种困惑，与初版相比，只是指导更明确，材料更丰富。根据我长期从事作文教学的经验，我认为这本书最大的特点是具体扎实，父爱荡漾。

具体扎实表现在效果显著，过程清晰，操作性强。肖铁在学习作文的最初阶段就得到父亲良好的指导，一个一个台阶上，而今已长大成人，攻读博士，出版长篇小说、散文、小说集十余部，并有作品被翻译成德文介绍到国外，曾获得第八届冰心图书奖。这充分证明了"三岁孩子映八十"。起步正确，童子功扎实，在人生征途中会受益不尽。指导的过程清晰，一步一个脚印。"知之者不如好之者，好之

肖复兴著《我教儿子学作文》（广东教育出版社 2011 年版）。

者不如乐之者"，针对孩子对作文的畏难情绪，把激发兴趣放在首位。一个典型例子是：肖铁入学前，从动物园玩完回家，肖复兴拿着录音机对儿子说："你用一两句话形容一下你印象最深的动物，随便说，想怎么说就怎么说！"肖铁觉得这游戏挺好玩，便对着录音机信口开河："白熊，我知道你为什么这么白，是北极的冰雪把你染的……"肖复兴告诉儿子："这就是作文。"肖铁眨眨眼，不难嘛，把写作文和日常生活尤其是玩联系起来，把难化解为轻松，孩子作文就不以为苦。生活中充满好奇，用眼看，用耳听，用心想，作文时各种有趣的材料就会前推后挤拥到笔下。从弯下腰来扶他蹒跚走几步，到拉几把，到独立行走时重点点拨，提升认识，在写作文道路上一步步登攀。功夫不负勤奋人，经过扎实训练，肖铁不仅能熟练地运用祖国语言文字表情达意，而且能积极创作，作品中闪发创造的光芒。

作文是学习综合素质的反映，包括语文知识，语文能力，认识水平。学习与生活经历、智力发展水平等有密切的联系，故而提高作文水平十分不易。作文虽无定法，然而，综合可以分解，也有方法可循。《我教儿子学作文》在以兴趣这把钥匙引孩子步入作文之门的同时，辅之以行之有效的方法。一抓"导"，二抓"改"。写作时的方法指导，不是概念术语一大堆，而是取写作规律中的某一点，进行简明通俗的讲解，让孩子把写作文的某一个道理搞清楚，想明白，入耳入心。再配以孩子的具体习作，以道理练习作，再以习作证明道理的正确性，二者结合，读者就可从中受到启发。每次讲道理不求多，不空谈，目的明确，操作性强。再怎么指导孩子，由于年龄、认识、语言能力的稚嫩，写出来的文章总是毛坯，不是缺这少那，就是疙疙瘩瘩，故而，必须在修改上下功夫。修改什么，为什么改，要清楚明白。修改不仅是修文字，实际上是修对事物的认识，修思想的模糊。作文该怎么写，不该怎么写，怎么写才合适，正反对照，反反复复，孩子就在不知不觉中提高了对生活的认识，提高对语言文字表现力的理解、领悟，作文能力获得了培养与提高。

可怜天下父母心，书中记述的是教孩子如何写作文，如何写好作文，渗透在字里行间，都是父爱荡漾，浓郁的亲子之情，令人感动。

培育孩子成长既是科学，也是学术，十分不易，要想写作能力一蹴而就，立竿见影，是不切实际的幻想。肖复兴以甘当孺子牛的态度、锲而不舍的精神悉心指导，精雕细刻，用爱滋润孩子心灵，促进了孩子茁壮成长，孩子在写作上更是能独立自由地展翅翱翔。这一点对家长和老师来说，就能从中深受其益。

祝愿这本书能起连锁反应，让更多的父母与子女续写新的篇章。

《陶行知箴言》序

陶行知先生是伟大的人民教育家，他的普及教育的"基石"思想、"爱满天下"的博大胸怀、"千教万教教人求真，千学万学学做真人"的真知灼见、"捧着一颗心来，不带半根草去"的献身精神，长期以来一直光照教育领域，给予教育工作者办好教育的不竭动力，给予广大教师丰富的精神哺育。

我是学教育的，毕业论文以对陶行知先生"生活教育"的学习与研究为主题。那是中华人民共和国成立初期，学校的图书资料比较匮乏，自己的书更少，要作一点较为深入的学习与研究，困难不小。即使如此，只要接触到陶先生教育思想的核心，我就被深深感动。"生活即教育"，阐述了教育与实际生活的相互关系，反对教育脱离生活；"社会即学校"，阐述了生活教育理论的基本内容与范围，主张把学校的教育延伸到大自然、大社会中，使社会和学校合一，使广大劳动群众都有受教育的机会；"教学做合一"是生活教育理论的教育方法论的基础，"教学做是一件事"，"要在做上教，在做上学"。这些充满智慧、充满理想色彩的语言，启发我深思教育的真谛，深思教师肩负的重任，深思教育学生求知、做人的途径与方法。陶行知先生为社会、为教育、为民众的献身精神永远是我们广大教师的光辉榜样。

《陶行知箴言》的编者叶良骏同志是陶行知先生创建的行知中学（育才学校）的早期毕业生，是陶门的再传弟子。她在上海市陶行知纪念馆工作时，每年我都要带领新考入学校的师范生到纪念馆参观凭

叶良骏编《陶行知箴言》（上海教育出版社2011年版）。

吊，聆听她讲述陶行知的教育思想和光辉业绩。她对陶先生的崇敬、虔诚，对陶先生的做人做事如数家珍，对陶先生的爱国思想、崇高精神由衷礼赞，常使我们师生感动不已，深受教育。虽说这些讲述距今已20多年，但那满怀激情的生动语言仍常在耳畔回响。听说，她还不辞辛劳，奔波全国各地，宣讲陶行知先生教育思想和爱国精神，撒播敬陶、学陶、爱陶的种子。这种执着的精神可敬可佩。

叶良骏同志不仅作报告宣讲陶行知先生的业绩与精神，而且先后编写了《陶行知教育思想论述》《陶行知的故事》《惟有傻瓜　能救中华——陶行知诗文故事选》等书，向教师、青少年宣传教育之道、做人之道。今值陶行知先生诞辰120周年，她又编写了《陶行知箴言》以表缅怀纪念的赤诚。这本编选的箴言不局限在谈教育的层面，涉及政治、文化、艺术、做人等诸多方面。从这些箴言中，我们可感受到陶行知先生对苦难中的祖国和人民炽热的爱，感受到他对当时社会的深重忧思，对科学建国的高瞻远瞩，对自由平等的向往，对教育立国的大声疾呼，对旧教育及考试制度的深恶痛绝，对改造乡村的亲身实践，对青年对孩子的了解、爱护……从这些箴言中，我们深深感受到这位"中国性、平民性很丰富的"堂堂正正的中国人捧出的滴血之心。

阅读这本书，能提升思想，净化感情。以陶行知先生爱憎分明的伟大一生为光辉榜样，面对纷繁复杂的社会现象，能"必先养皑皑冰雪之心志"，有"推己及人的恕道和大公无私的容量"，坚守做人之道，坚守教育之道，爱岗敬业，为中华民族的伟大复兴奉献力量。

叶良骏同志又为师陶、学陶、研陶做了一件很有意义的事，为此，不揣浅陋，作短序以表敬意。

上海复旦中学校本教材序

这是上海市复旦中学的一组发展性校本教材，它们是《寻梦复旦园》《辨"砖"识"屋"》《掌中求索》和《跟着环球游画看世界》。这组教材聚焦于文化主题，综合性特点鲜明。内容简明扼要，文情并茂，富有趣味性，学生阅读学习，不仅开阔视野，学到知识，而且能受到优秀文化的熏陶。

翻开《寻梦复旦园》，爱国气息扑面而来，我情不自禁地想起教李大钊的名文《艰难的国运和雄健的国民》的情景，爱国情怀充盈胸际。近代以来，我国饱受帝国主义侵凌、宰割，但多难兴邦，不少志士仁人奋然而起，振兴中华。兴国首先要有各种人才，培养人才首先必须兴办教育。复旦中学成立与发展的百年历史，正是鲜明的写照与缩影。篇篇回忆性文章倾注深情，娓娓道来，如数家珍。这是复旦中学独有的优秀文化，宝贵的精神财富。自家的历史能令师生倍感亲切。19世纪俄罗斯伟大思想家赫尔岑认为："充分地理解过去，我们可以弄清楚现状；深刻认识过去的意义，我们可以提示未来的意义；向后看，就是向前进。"复旦学子了解复旦的过去，理解复旦前辈的创业精神、奋斗精神，就能具体地意识到自己肩负的责任，勤奋学习，奋然前行。

《辨"砖"识"屋"》是通俗的史料解析入门书，可作中国史、外国史教学的延伸与补充。在历史教学中，有个阶段往往重观点轻史料，这本教材把史料与史学著作比作"砖"与"屋"，就是一种十分形象的提醒。砖不结实，怎能造出坚固的房屋？豆腐渣工程一推就倒

"文化主题轴综合课程系列教材"（复旦大学出版社2011年版）。

就是明证。一个史家，如果不在史料上考究一番，不认真辨真伪就舞文弄墨，写出来的史书就不是信史。如北齐魏收写出的《魏书》，就被后人称为"秽史"。中学时代学一点史料学初步知识，打一点历史文化的地基，对启迪思维、崇尚科学十分有益。

如果说《辨"砖"识"屋"》有比方意味，那么《掌中求索》书名倒反映真实，它真的教你在手掌中求索。TI 图形计算器只有一巴掌大，被人称为"掌上电脑""掌上实验室"，一器在手，的确可以"运科技实验于掌"。这给人们随时随地进行科学探索带来很大的方便。本课程的设计就是以 TI 图形计算器为桥梁，实现数理化跨学科学习，培养学生综合学习能力，根据时代需求，充满时代气息。

《跟着环球游画看世界》则给学生以艺术享受。这本图文并茂的教材是行万里路的实践成果。作者行经五大洲 53 个国家和地区，写下几十万字文字资料，画下几百幅钢笔淡彩写生画，扎实的旅行实践、生动的艺术文化实践，支撑了这门课程的研发，这种执着追求的精神难能可贵。古人有所谓"卧游"，足不出户，通过美好的画图享受大自然的美景，这实在是条件不具备不得已求快乐的一种方法。而今杨老师行万里路不仅画出美景风情，还介绍世界各地风土人情，开阔国际视野。显然，这门课程能增进学生世界知识，培养艺术修养，学生在开阔视野的同时，必能获得审美的愉悦。

文化是一个民族的精神和灵魂。没有文化，人就没有精神追求，就空虚。文化决定着全民的素质。复旦中学以文化为主题轴开发校本综合课程，是有远见的举措。课程开发具有适切性、开放性特点，祝愿以此为起步，创造更多的精彩。

《人，活在价值体系中》序

古今中外有个永恒性探讨的问题：人活着为什么？人生的意义与价值何在？对这个问题，许多智者、贤者作了精辟而深邃的剖析，开启人们智慧，促使人们深入思考。对这个问题，许多志士仁人不仅认识与探寻，精神上追求，而且躬身践行，为国为民赤诚奉献，谱写了生命的精彩，创造了卓越的人生。这给我们留下了宝贵的精神财富，哺育青少年一代代健康成长。

其实，人生在世就活在一个价值取向当中。价值观不但用来衡量物的价值，也用来衡量人生的价值。每个人对人、事、理的价值判断，就是价值观。人在青春年少之时立志走好人生的路途，憧憬美好的未来，就是进行价值取向的选择，树立怎样的人生观、价值观。价值观是衡量人生有无意义的标尺，对于个人来说，价值观决定了人生的内涵，决定了人生的境界；对于社会而言，决定了文明的程度。

在当今社会，我们究竟应该选择和信奉怎样的价值取向？这个问题关系到所有的人。党和政府要回答，全社会要回答，每个公民要回答，青少年当然也要回答。价值取向正确、先进，社会就能进步，就能和谐发展；反之，就会乱象丛生，人心涣散，就会后患无穷。对于青少年而言，更是影响一辈子的生活道路，是能否成长、成人、成才的问题。选择必须头脑清醒，有是非黑白的判断力，万不可掉以轻心。

于漪、程红兵主编《人，活在价值体系中》（上海书店出版社2012年版）。

上海市委书记俞正声在中共上海市委九届十六次全会上讲话时强调:"文化是整个经济社会发展的灵魂,而价值取向就是文化的灵魂。"这两个"灵魂"的判断道破了社会进步的本质所在。众所周知,价值取向左右着人的精神追求、生活道路,起着行为取向、评价标准、评价原则、评价尺度的重要作用。正因如此,为了加强社会主义核心价值体系建设,推动上海文化大发展大繁荣,首先要抓价值观建设。全会提出大力倡导"公正""包容""责任""诚信"的价值取向,并以党和政府的诚信引领、践行。倡导这个价值取向,不仅会惠及全社会,革故鼎新,除弊兴利,弘扬正气,创造良好风尚,而且对青少年价值观的形成与树立作了方向性的指引,意义重大。

青少年选择价值取向时须认识到"公正""包容""责任""诚信"四大价值取向的倡导是社会发展的历史必然。

社会的发展是一个有规律的自然历史过程,它是统一性和多样性的辩证统一,曲折性和前进性的辩证统一。在这一过程中,无论是经济基础,还是上层建筑,都会出现各种各样的问题、困难、深层次的障碍;人们的价值取向、价值主张与态度也必然多元多样。此时此刻,作清醒的理性思考,以先进文化支撑、引领,倡导统一的价值追求,能凝聚精神力量,破解难题,推动社会持续进步。诗云:"潮平两岸阔,风正一帆悬。"航向正了,就能乘风破浪向前行。

上海正处于创新驱动、转型发展的关键时刻,新情况新问题层出不穷,错综复杂的矛盾须剖析、疏解,化弊为利,更需要精神力量的支撑和引领。真正的国际大城市不光具有经济实力,更具有精神力量和文化感召力。倡导四大价值取向顺应上海历史发展的必然趋势,迈出了充满创意的步伐。

选择时还须认识到,四大价值取向的倡导是人们美好期望的内在需求。

经济建设成就辉煌,物质生活大提高,生活方便令人瞩目。但是,社会的进步不可能只靠物质文明一条腿走路,一条腿支撑,还必须有精神文明的滋养、先进文化的引领、人的素质的提高,它才健康,才充满活力,才能奋然前行。而今,无止境地追求物欲,对人的腐蚀力超强一等。人总是有物欲的，因为要生存要发展。但无止境地追求，人就物化了；人一物化，什么伤天害理的事都做得出来，因为这些人已经把良心交给了魔鬼，极端的利己主义，"人不为己，天诛地灭"是他们的信条。社会上出现的金钱至上、个人第一的思想，导致责任缺失，道德失范，做人的底线被践踏，错误的价值追求混淆视听，乱人耳目，不少人困惑，迷茫，无所适从，无所依归。精神上失魂落魄，人为的沟沟坎坎大大影响社会的和谐、进步。人是有精神需求的，期盼城市有精神支柱支撑，期盼心有依归，行有准则，思有追求，期盼有良好的社会风气，弘扬高尚，造福人民。四大价值取向的倡导正点到了要害之处，适应人民美好期盼的内在需求，它涵盖了社会公德、职业道德、家庭美德和个人品德建设，具有鲜明的时代特色、实践特色。

青少年对应该选择的价值取向心中有准绳，就不会被乌烟瘴气所蒙蔽，更不会随着污泥浊水流淌。灵魂的伟大，与其说在于攀登多么高，跋涉得多么远，不如说在于自身的如何做到纯净与坚守。怎样才能纯净，才能坚守？本书提供了许多发人深思的范例。从小打下良好的精神品质根基，就能挺直自己的脊梁骨，做一名堂堂正正的人，有理想，讲诚信，能担当，为事业添彩，为别人造福。这样，人生就不是一个空壳，一个没有任何意义的抽象符号，而是实在的、丰富的、动人的、亮丽的。

愿我们青少年吮吸中华优秀文化的琼浆，作出正确的价值判断，在立志、立人的道路上执着前行，创造人生的辉煌。

《我的爱弥儿》序

陈美老师的教育随笔《我的爱弥儿》即将出版，嘱我写序，我欣然应允。

写序，对我这名老教师而言，是一种学习。学习在教育岗位第一线的教师面对新时代教育的挑战，如何用忠诚与智慧创造教书育人的业绩，如何自觉地在教育实践中锻炼成长的生动的经验。阅读陈美老师这本教育随笔，我品尝到学习的快乐。从事教育工作的人往往有这样的习惯思维：教育随笔总是记述教育学生的点点滴滴，大事小事，所思所想。殊不知教育者自身的自我教育至关重要。没有后者的闪发光彩，前者也就相应暗淡。这本书稿的内容二者紧密结合，相得益彰。

70多篇的随笔长长短短，曲折委婉。目之所及，心之所思，皆成文章，而"情"又溢于纸上，轻轻地叩击读者的心扉。

首先是浓浓的人情。随笔笔端流淌的是人间真情。有夫妇间的举案齐眉，情深意笃；有对父亲顽强坚韧的崇敬与感念，有悉心呵护女儿的舐犊深情；有对学生的满腔热情满腔爱，有对学科教学的沉醉痴迷；有对同事、友人的至诚至爱，有对徒弟的慰藉和勉励……本校的、外校的，本地的、外地的，走到哪儿，爱的暖流就悄然而至。在当今社会，做到这一点十分可贵。人有情感世界，同情、感动、尚善、仁爱，是应有之性，因为人有一颗柔软的心，这方寸之地注满了赤诚与善良。然而，种种诱惑污染了情感、污染了心，金钱至上、功利第一、道德失范使得不少人情感世界成了盐碱地，已经不懂得

陈美著《我的爱弥儿》（江苏教育出版社2012年版）。

什么叫真正的爱，不懂得为什么要仁而爱人，也不会感动，不会同情，不会爱了。这是人的悲剧。教育事业是爱的事业，没有爱就没有教育，教师具有"爱满天下"的情怀，才能真正做到在学生心中撒播阳光。

其次是挥洒的才情。随笔所写无什么惊天动地之举，都是一名教师在家庭、学校、生活、工作中所遇到的普通而平凡的人和事，但就是这些普通而平凡的人和事笔端常闪异彩。或思想受到启迪，或情感泛起涟漪，或情不自禁地对照比较，读这些文字深感不是劳倦眼睛，而是精神上有所收获，尤其是有些细节，会在脑中留下深刻印象。才情从何而来？绝非只是天分，对陈美而言，更多的是刻苦，是理想的执着追求。一名从江苏启东农村学校走出来的中师毕业生，不仅完成了从中专到硕士研究生的学历要求，而且在20多年的从教生涯中与学习为伴，磕磕绊绊前行，"每一步都是风景"。教学，教学，教学生学，其实，教师要教学生学会、会学，本身更要认真学、坚持学。教得好首先是学得好。学的内容、学的方面很多，学的途径也多种多样，但读书尤为重要。教师须有文化底蕴，本身是文化人，就能以优秀的文化滋养学生的心灵。在随笔中，中外名人名事名言信手拈来，为自己所思所想所作所为支撑，正是平日勤苦学习的表露。语文教师尤其要珍视读书这人类特有的神圣权利，养成阅读的良好习惯，否则无法摆脱思想枯竭、语言干瘪无味的困境。

再次是良好的心情。教师工作有很大压力，尤其是责任感强、有所追求的教师更是觉得重任在肩，总觉得工作做得不完美，对学生有愧疚，不是学校领导加压，而是自我加压。长年累月如此，身心健康就会受到影响。教育工作不是百米冲刺，拼搏一下就出成绩，而是万米赛跑，乃至是马拉松赛跑，要有韧劲，要坚持不懈。因而，教师须有自我调适的本领，不断自我修复，保持良好的心态，始终精神饱满地迎接挑战。随笔中不少文章表达了作者心情的良好。有的是直说，如何自我放松，如何忙中求乐，游览、诵诗、购物、盘发……有的是借学生、借同事、借朋友、借古人、借今人之口之事娓娓道来，"求放心，致良知"，再忙碌，再困难，也是"青山绿树多"。教师心情良好，脸上泛起的笑发自肺腑，会神奇地产生传感效应，让学生身心在无障碍情况下感受到舒适与温暖。

祝愿《我的爱弥儿》幸运诞生，更祝愿她是新的出发点，激励她的作者在教育征程中继续跋涉，积极探索，创造教书育人新辉煌。

《中小学文学课程导论》序

《中小学文学课程导论》即将出版,胡根林老师嘱我写序。捧读书稿,多年前他博士论文答辩的情景不呼而出,鲜活地浮现在眼前。胡老师思维敏捷,语言活泼,钟情于自己的专业研究,在阐述观点时不仅铿锵有力,而且有时激动得脸上泛起一阵阵红晕。"好个执着追求!"这位年轻人给我留下良好的印象。此后,在报刊上尤其在语文刊物上常读到他的文章,深感这位老师勤奋、刻苦,对当下语文教学纷繁的现象,有自己独特的思考与见地。此次专著出版,正是他在语文课程方面探索与思考的必然结果,有水到渠成的效果。

"文学教学的终极意义在于学生因此能有机会获得一种文学的生活,一种诗性智慧。"书的"题记"耐人寻味。众所周知,学生求学相当程度是以书为精神的导师、生活的伙伴,从书中吮吸知识、吮吸智慧、吮吸精神养料,以滋养自己成长。但须知:"书富如入海,百货皆有之。人之精力,不能兼收尽取,但得其所欲求者尔。"苏轼告知我们,人的精力有限,不可能穷尽书籍,要选取自己最需要的来读。学生所学课程甚多,但语文课程中的文学作品应该是他们的"所欲"。

审美教育有助于促进人的知、情、意全面发展。文学作品的鉴赏是重要的审美活动。语文具有重要的审美教育功能,应关注学生情感的发展,让学生受到美的熏陶,培养自觉的审美意识和高尚的审美情

胡根林著《中小学文学课程导论》(语文出版社 2013 年版)。

趣。审美,简言之就是情感的评价。人的感觉、感情、联想、想象、理解等都是人的情感因素,人以自己的情感评价周围的生活,评价作品中的人和事、景和物,就会产生各种情感体验,如悲与喜、美与丑、崇高与卑微等,这就是审美所获得的体验。文学教学对学生审美体验的激发与培育,起着至关重要的作用。

亲近文学,阅读文学作品,感悟、体验,就能获得"一种文学的生活,一种诗性智慧"。文学的最高价值是对人类心灵的安抚。学生有了"文学的生活",会不断增长"诗性智慧",心灵找到精神家园。有无这种学习体验和经历,人的情感滋润、想象力的丰富程度有明显差异。例如同样看到诗人冯至《十四行集》中这样几行有名的诗句:

> 我们的生命像那窗外的原野,
> 我们在朦胧的原野上认出来
> 一棵树、一闪湖光、它一望无际
> 藏着忘却的过去、隐约的将来。

接触文学少的不是看不懂,就是认为不知所云,而有审美体验的会感到生命是美丽的,要在这美的世界里不断地努力去发现它。文学本就是情感的艺术形态,阅读时有情感上的沟通、交流、共鸣,文字就活了起来,让你想得很多很多。

文学教学对学生丰富心灵、发展智力、感悟语言文字魅力的熏陶作用不言而喻,但语文教学中对它的认识与实践有明显差距。除了20世纪50年代汉语与文学分编教材列为中学语文教学内容之外,较长时期语文只讲记叙文、说明文、议论文等实用文体,即使是小说也当作记叙文教,讲记叙文六要素,尤其是小学与初中阶段,高中略好一些。对于文学作品,是否对学生进行文学教学,要视任课老师的教学理念、文学素养而定,既无明确的需要,又无恰当的检测,效果可想而知。有一个阶段特别强调"语文课不能上成文学课",说"语文课就是教语文,教语言文字"。语文学科究竟具有怎样的性质,担当哪些功能，包括教材观、教法观、学生观、质量观、评价观等均未在学理上进行深入探讨，往往公说公有理，婆说婆有理。理论上的模糊必然导致实践中的盲目，语文教学中出现种种乱象也就不足为奇了。当今，文学教育虽逐步恢复了它在语文教学中的应有地位，但由于以往的几度折腾，文学和文章混同、文学阅读和文章阅读混淆，也就成了家常便饭，不以为意。

教学的有效性虽受众多因素的制约，但教学理念的正确，课程、学科的准确定位，无疑十分重要。指导思想清晰，实践才会有理有序。《中小学文学课程导论》的出版正是适应澄清语文教学中对文学、文章认识模糊的需要，提高从教老师的认识自觉，增强文学教育的实践能力，恩泽莘莘学子。该著作既从理论高度为该课程定位进行阐述，又从语文教学实际情状出发，从课程层面与教材层面进行研究；既以批判的眼光辨识种种错讹，又提出建设性的意见帮助读者思考，阅读、写作、活动均加以涵盖，显现了理论引领和实用价值的有机结合。

《中小学文学课程导论》定能引起课程研究专家和广大语文教师的关注，激发深入探讨的热情，促进语文教学改革的发展。

追求母语教学的高境界
——《发现语文之美》序

杨斌老师新著《发现语文之美》即将出版,寄来书稿,嘱我写序,我深感荣幸。

杨斌老师对语文教育规律的探索和坚持不懈的执着追求,在课堂教学实践与文字诉求两方面同时着力,相互促进,相得益彰,结出累累硕果,令人尊敬。

母语教学是世界难题,如何有效地提高母语教学质量,往往众说纷纭。屈折形文字有其传授的特点,汉语言文字更有自身独特的优势、特色及难度,非西方文字所能比拟。当今,有些人的脑子里认为什么都是洋人的好,从理念到操作,模仿、移植,乃至抄袭,对语文教学而言,大概无济于真正提高质量,提高学生理解与运用语言文字的能力,提高学生的语文素养。

提高语文教学质量确实有诸多途径、诸多方法,且仁者见仁,智者见智,但有一点必须遵循,即必须遵循语文学科的本质特征。如果只见"技"不见"义",或人为地把"技""义"剥离,终非教学的上策。任何教学均具有教育性,丢失了教育性的教学,轻则苍白无力,落入重技轻人的窠臼,重则失魂落魄,难以实现教书育人的目标。语文教学中教育元素极其丰富,美之发现与鉴赏当然也是其中应有之义。

汉语之美美不胜收。鲁迅先生说:"意美以感心,一也;音美以

杨斌著《发现语文之美》(东北师范大学出版社 2013 年版)。

感耳，二也；形美以感目，三也。"语文教学每节课都在与音美、形美、意美的汉语文字结伴，教师只要胸怀育人理念，目光敏锐，就会自觉地引领学生在语言文字中徜徉，在咀嚼、品味过程中发现美、领悟美、赏析美。

曾记得教育家苏霍姆林斯基这样说："美是道德纯洁、精神丰富和体魄健全的强大源泉。"他又说："美是一种心灵的体操——它使我们的精神正直、心地纯洁、情感和信念端正。"显然，崇尚美、欣赏美会使人变得高尚、优美起来。教学中带领学生学会找到美，评判美，给学生以熏陶感染，正是教师义不容辞的责任。

语文教材中所选诗文，一般来说，均文质兼美，蕴含着极其丰富的美育资源。打开课本，语言美、自然美、人性美、逻辑美、风格美等有时会扑面而来。如何运用这些优质资源，对学生施以良好的审美教育，关键在教师首先有一双慧眼，对诗文的遣词造句、谋篇布局的表象有穿透力，识得作者的匠心别具，从而精准地把握住诗文的真谛。讲求语文之美，绝不是贴标签外加，更不是故作姿态拔高，而是把文字表述与情意内涵融为一体，春风化雨，滋润学生心灵，力求做到"清水出芙蓉，天然去雕饰"的教学高境界。

杨斌老师为此高境界而艰苦跋涉，从理念提升到躬行实践，从阅读到写作，不断探索，尽心尽力。今日将长期探索的做法、经验结集出版，必能对语文同行有所启迪，对语文教学改革起助推作用，意义非凡。

《岁月留痕——教育新闻的采访与写作》序

资深教育记者金正扬同志将教育新闻的采访与写作的有关文章集成《岁月留痕》出版,嘱我写序,我深感荣幸。一睹文稿,我就情不自禁地回忆起初见他的岁月。往事并不如烟,留下的痕迹是那么清晰。

那是30多年前的事。也许是幸运之神特别青睐,1978年12月,我被评为首批特级教师。我清醒地认识到比我优秀的教师多得很,只是际遇造访,自己一定要清醒定位,努力奋斗,让偶然性为必然性开拓道路,不断缩短"实"与"名"的差距。为此,上海教育出版社甘雪娟同志遵从教育部门领导意见,多次来学校找我,要我把教学经验整理出书,宣传推广。我自知只是经验碎片,难以担当重任,故一再婉言辞谢。一天,《上海教育》两名记者来听课,一位是徐金海,一位就是金正扬,听课后又说到写书一事,他们说由他们来写,我只要口说就行。看来再无法推脱,协商做了这样的安排:每周六下午我讲半天,两位记者带录音机来录,他们随时提问,我现场回答。这件事竟然坚持了一个学期。听我讲述时,不仅录音,金正扬同志总是认真做笔记。与此同时,他们还不断听我的课,开座谈会,听取以往的、在校的学生的意见。初识金正扬,他给我的印象是年轻、认真、一丝不苟,对交付的任务积极负责。

金正扬著《岁月留痕——教育新闻的采访与写作》(上海社会科学院出版社2013年版)。

从那以后，由于教育事业的改革发展和对语文教学规律的探索与研究，我们常来常往，成了好朋友。《岁月留痕》中所叙许多人和事，我均亲见亲闻，倍感亲切。在30多年的交往中，金正扬同志的执着追求、深入实践、勤奋开拓一直给我以深刻的教育。

在人生旅途上，能够最终领略美妙风景的必然是那些强烈渴望登顶并不懈跋涉的追寻者。是心灵的渴望，开阔了求索的视野；是心灵的飞翔，催进了奋进的脚步；是心灵的富有，孕育了人生的奇迹。一个人要创造人生的辉煌，首先要让心灵辉煌起来。金正扬同志深知其中奥秘，一辈子为此而追求。尽管童年岁月艰苦，少年生活十分拮据，心中埋下的梦想种子却不断在孕育，那就是对写作、对记者这一崇高职业的不懈追求。在每一个人生转折点上，都努力与笔杆子为伴，从稚嫩的校报记者到连队"文书"，从三尺讲台的锻炼到特殊环境中思想、文字的敲打，持之以恒地寻梦、追梦，最终梦想成真，成了一名真正的记者。人生在世，认准了高尚的目标，就应执着追求。执着是什么？是人生的境界，是一步步引导人迈向成功的阶梯。人在前行时，总会遇到坎坷，总会碰到意料之外的艰难困苦，"执着"犹如小草一样，不惧千斤磐石的重压，仍然顽强地亮出自己的生命底色。金正扬同志数十年执着追求，顽强拼搏，造就了他当记者的丰硕的文字成果。

无论从事什么职业，高高在上，脱离实际，说的话必然落不了地，写的文章乃文字游戏，于事无益。当记者深入实际至为重要。深入实际，腿勤、口勤，亲见亲历，才能从教育第一线获得鲜活的、生动的报道资源。为写而写，官样文章，难以引起读者的共鸣。教育新闻、教育报道，要写得吸引人、启迪人、震撼人的心灵十分不易，它没有爆炸新闻吸人眼球，没有惊天动地之举敲击人心，它是谦和中显正气，平凡中寓伟大，柔性中见刚强，天理人情孕育其中，爱的暖流潜滋暗长。它的动人靠的是深邃的思想、精辟的见解、奉献的精神、崇高的境界。要写到这个份儿上，靠拍脑袋、靠文字排列组合显然不行，得沉到教育实践中，眼看、耳闻、感受、体验，占有办学、育人等第一手资料，提炼、锤打，去粗取精，去伪存真，由此及彼，由表及里，方能形成报道佳作。金正扬同志当记者、做编辑，信奉深入实际的真经，跑基层，听课，开座谈会，调查研究，倾听来自各方面的意见，已形成习惯。因此，他的报道、他的教育评论总是时效性强、针对性强，带着教育生活的露水，受到读者的青睐。

如把语文课上得有味的问题，金正扬同志早在30多年前就发表教育评论，至今仍是须直面的认真克服的难题。评论文章的形成不是主观臆断，而是来自较多的听课实践，较多的对师生教学的观察领悟。课上得有味，学生学习积极性就高涨，就主动。"有味"既不是故作高深，也不是庸俗贫嘴，而是遵循学生认知规律，彰显语言文字个性，激发学生学习语文的兴趣，指导他们有效的学习方法，关注他们个性的发展。显然，深入实践不是一般的方法问题，而是一种素质，一种责任。心寄托在教育事业上，脚就会立即跟上，不辞辛苦，不怕艰苦，跑出思想，跑出精神。

当一名记者不仅要勤奋，而且要别具眼光，开拓创新。勤奋不只是拼时间、拼精力，更重要的是用脑子。不动脑筋的"勤奋"就好比把许多"零"加起来，其结果仍是"零"。金正扬同志的勤奋是与开拓创新结合在一起的，不断拓展报道新领域、编辑新方向。从结集的文章来看，不仅采访了一些重量级的教育人物，同时也将普教的中学、小学、幼教，城区的、农村的方方面面的人与事均囊括其中。基础教育几十年改革的踪迹可从中辨识。20世纪90年代初，《邓小平文选》第三卷出版，在组织学习之时，《教育参考》杂志立即组织编写学习邓小平教育思想专刊，对推动学习起了积极作用。又如，他从报刊社领导岗位退下来后，创办《语言文字周报·双语周刊》，办得有声有色，深得小读者欢迎。特别是世博会期间，开展了"世博心语日记本"的传递活动，凝聚人心，充满创意。金正扬同志的勤奋不仅表现在业务的开拓，而且在如何采访、如何写稿上下功夫，这大概与从小爱好写作的渊源密不可分。

《岁月留痕》汇聚作者数十年教育新闻采访与写作的心血与智慧，是职业生涯的美好展示，更是对后来者的无声启迪，一定会受到读者的喜爱。

在探索写作奥妙中前进

《文学少年：追逐青春梦想》这本中学生作文大赛中获奖的优秀作文集与众不同的独特之处在：展示一篇篇优秀作文之前，冠以《从中学生作文尖子观照"90后""00后"的社会价值观》大文章，作为阅读整体集子的指引。

一般来说，出版作文集总是从写作内容的选择、写作方法的运用，语言的准确、生动与否作一番评说，进而指导如何提高观察力、如何锻炼思维力、如何发展想象力，指导怎样重视有效的积累，怎样有效地掌握写作技巧等。然而，引领这本作文集的大文章未走作文评析的惯常道路，而是聚焦"社会价值观"方面加以评论，因为文章作者认为作文是一面直观的镜子，从中可了解中学生的生活态度、价值取向和思想道德状况。选择这个角度剖析，超越了就文论文的窠臼，摆脱了"技术至上""唯工具论"的桎梏，把文和人紧密联系在一起，写文与做人、评文与育人紧密联系在一起。

由此我联想到最近出版的《民国学生这样写作文》一书。该书翻印自中华民国十一年（1922年）上海中央编译局出版的《全国高小国文成绩新文库（甲编）》。原著由蔡元培先生亲自鉴定。所选文章，均由中央图书局向全国各地高小学校征求而来，该编共414篇。这本作文集，令人深思的地方很多，就以选文章的标准而言，也使人耳目一新。

原书"例言"说："文字以思想为主。思想无论新旧，凡有发挥特见，足供讨论者，其文必具真精神；否则，纵有结构，仍属模糊影

王厥轩编著《文学少年：追逐青春梦想》（上海交通大学出版社2013年版）。

响。编者披蓁采兰，觉异香芳郁，美不胜收。而其真精神者，不论文字之语体、文言，罔不与人以一种快感；违是，则有不快之感。故本编惟精神思想是取，绝不作新旧文学之歧视。"显然，选文的关键词是"以思想为主""必具真精神""惟精神思想是取"。思想、精神，是文章的灵魂，是写作者对人世间人、事、物的真认识、真评判、真向往、真追求，不是人云亦云的拼凑，不是文字排列组合的游戏。文章失去了精神，就等于患了"软骨病"，站立不起来，那还有什么价值？由于所选文章具真精神，虽然它们蒙上了厚厚的历史风霜，但超越时空的风韵犹在，阅读时会感到鲜活的生命气息扑面而来，童心的活泼、敦厚、真挚可掬。

就这一点而言，应试作文的机械训练应该汗颜，应该自责，脱离了人的培养，一门心思谋"分"，是对真作文的亵渎。

这些学生的作文，内容可分为19个类别。有理论、论史、说经、论事、杂说、辨释、答述、感言、杂记、戏拟等，文字或理明词达，曲尽其意；或意气充沛，酣畅淋漓；或纵横捭阖，畅所欲言，高小学生能写如此气韵文章，实在令人感慨。究其原因，是这些学生书读得多，认真阅读，广泛阅读，深入阅读，不断积累，具备了一定的文史底蕴。胸中有书，有文化积淀，下笔行文就能舒畅，就能神采飞扬。

民国初期，五四新风初开，学生作文不可能没有旧规陈制的痕迹，学生的视野与今日的学子相比，当然大相径庭。然而，作文求真精神、重视阅读积累，是写好作文的黄金法则，不仅可以借鉴，而且要从自己的实际情况出发，身体力行，做出成效。

获奖的优秀习作者尤其要在阅读上下功夫。由于功利思想的泛滥，求学不读书，只在题海中浮沉已是见怪不怪的荒唐。不要说做人的涵养、学养受到难以弥补的损害，就是写出来的文章也会缺少朝气、锐气、美气、才气，文如其人嘛！古人把读与写的关系说得十分形象："读书如销铜，聚铜入炉，大鞴扇之，不销不止，极用费力。作文如铸器，铜既销矣，随模铸器，一冶既成，只要识模，全不费力。所谓劳于读书，逸于作文者此也。"读书，读经典，读佳作，能孕育"精神思想"，体验语言文字的表现力、生命力，在追逐青春梦想的途中，发挥潜力，展翅飞翔。

  这本作文集中的每篇作文都有较为具体的评点，意图给习作者以指导，给阅读者以借鉴，可见编者用心之良苦。对作文进行评点，历来是学生欣喜之事，就文谈心，心灵交流，学生既有写作获得成就之感，又可以从中受到启发，为进一步提高找到台阶。当然，既然是交流，学生自主思考，自主评点，也可对评点文字进行补充、扩展，乃至更正，如此读写结合，师生两个积极性发挥，在探索写作奥秘中又前进了一步。

  青春是无价宝，文学少年在追逐青春梦想的途中一路辛苦一路欢，一路芳香一路歌。

《提升精神与智慧力量——优秀教师的觉醒之路》序

《国家中长期教育改革和发展规划纲要（2010—2020年）》中对加强教师队伍建设作了这样的阐述："建设高素质教师队伍。教育大计，教师为本。有好的教师，才有好的教育。""严格教师资质，提升教师素质，努力造就一支师德高尚、业务精湛、结构合理、充满活力的高素质专业化教师队伍。"教师队伍的建设确实十分重要。就一所学校而言，它的教育质量说到底就是教师的质量。当今社会之所以择校之风盛行，屡禁不止，尽管其原因有很多，但最根本的原因是"择师"，择优质师资。因此，要办人民满意的教育，必须花大力气培养优质师资，让广大教师在岗位上享受到优质的培育，促使他们在专业化道路上得到长足发展。

培养优质师资主要是政府部门的大事，但经常阅读有关教师提升的读物，也能从中获得启发，汲取精神养分。孙宗良老师编著的《提升精神与智慧力量——优秀教师的觉醒之路》一书就是因此而诞生的。书中并未着力展现宏大的教育理论、深奥的教育学术研究，而是紧扣教师习以为常又容易无意识地进入误区的观念进行论述，以求提升思想，增添智慧，品尝到专业发展的快乐。

教育重在传承。中外思想家、教育家对教育工作的论著林林总总，丰富多彩，在有限的时间大量阅读，抓住精要，实非易事。书中采用了先录教育名言的方法，引导读者与先哲先贤见面，倾听他们对

孙宗良编著《提升精神与智慧力量——优秀教师的觉醒之路》（江苏凤凰科学技术出版社2014年版）。

教育的真知灼见。这也是一种阅读学习的方法，举其要而咀嚼、思考。当然，对其中特别有兴趣、特别受启发的，可再选原著整本学习。

著名哲学家贺麟生前曾说："人是能读书著书的动物。故读书是划分人与禽兽的界限，也是划分文明人与野蛮人的界限。读现代的书即所以与同时的人作精神上的沟通交谈，读古人的书即所以承受古圣先贤的精神遗产。读书即可以享受或吸取学问思想家多年的心血和结晶。所以读书是人类特有的神圣权利。"独立阅读自有精彩，而合作阅读又可互相交流，降低难度。书中安排"精要点击"，意在娓娓道说一己的学习心得，进行与读者的合作交流。这种交流不以求全、求深取胜，而是突出某些要点，以期在较高层次上达成共识。在阅读、学习的基础上，从理论和实践两个角度逐一阐述教师发展的20种基本要义，既讲道理，又举实例，以实例印证道理，给人以深刻印象。

今日谈教师专业发展常常重教育教学的技能技巧，精神的提升往往被忽略或被架空。殊不知优秀教师的成长最为关键的是自己内心的深度觉醒。当把自己日常的平凡工作与国家的千秋大业、老百姓的幸福生活紧密联系在一起的时候，就会深度领悟到教育学生成长、成人、成才的价值与意义；就会坚持精神振奋，有强劲的内驱动力；就会刻苦钻研业务，深入探求教育教学规律，有效提高教育教学质量；就会坚守教育者的尊严，拒绝功利牵引，不被名利俘虏，做堂堂正正、德才兼备的人。本书直面教育现场，从职业理想谈起，涉及教育信念、专业追求、文化视野、创新思维、实践精神等，在这些方面为教师增添正能量，增添向前迈步的动力，促进教师更好地发展。

教师这个职业非比寻常，她从事的是以人育人的工作。一名优秀教师能恩泽莘莘学子；一名学生遇到高度负责的优秀教师是一辈子的福分。教师的职业特点，决定了你无论是自觉的还是不自觉的，都会影响青少年儿童的成长。显性的、隐性的，正面的、负面的，短暂的、长期的，学生成长的路上都会留下教师工作的痕迹，包括教师为人、为学、为师的痕迹。为此，教师必须自律、自强，努力提升自己，成为师德高尚、业务精湛、跟随时代前进的、充满活力的学生人生道路上的引路人。

　　《提升精神与智慧力量——优秀教师的觉醒之路》助你思考、对照、发展、成长，助你走向优秀，追求卓越。希望老师们喜欢这个朋友。

《语文教学艺术新论》序

"语文教学艺术论"是黄麟生教授为广西师范大学语文课程教学论专业研究生班开设的一门主修课,深受大家喜爱。今讲稿整理成书,冠以"新"字,意在突出新课改,引进语文教学实践的新信息。书即将出版,嘱我作序,我深感荣幸。

黄教授为人正直,勤奋好学,十分钟爱语文教育事业。他不仅在教育理论上执着追求,而且常深入教学第一线,听课、调研、交流、指导,令教学第一线的语文教师倍感亲切。爱屋及乌,由于对语文教育事业的敬重与热爱,推及对从事这个事业的教师也倾注了深厚的情谊。他在全国有许多语文教师朋友,我也是其中之一。

且不说他多次来沪听课、指导、参加教学研讨,单就应他盛情之邀赴桂林讲学,就在我生命历程中镌刻下极其美好的记忆。已是20多年前的事了,专业讲座、师生思想交流,碰撞的火花似乎还有温度,而更使人难忘的是师大莘莘学子席地而坐听报告的场景。这是一道多么美丽的风景线!操场边几盏探照灯照明,学生吃完晚饭鱼贯而入,那么安静,那么有序。报告开始后场上再也无人走动,全神贯注,时不时传出一点笑声。这哪里是什么听报告,分明是未来教师对教育理想、教育境界的憧憬与追求。我被深深地感动了,这就是教育的力量。我在前行的路上,心中又添了一把火,这把火是黄教授用心点燃的。

而今,功利思想泛滥,浮躁之风盛行,教育领域已难以出现这样的景致,但总有许多坚守教育理想的老师仍心系教书育人大业,辛勤

黄麟生著《语文教学艺术新论》(广西师范大学出版社 2014 年版)。

耕耘在这多情的土地上。用文字传播经验，就是有效方法之一，启人心智，助人奋起，尽心尽力铺就教学的锦绣。

教学是科学，也是艺术。科学求其真，准确无误，符合语文学习的认知规律；艺术求其美，求其新，用富有创造性的教学方法激发学生学习兴趣，指导学生深入文本体验、感受思想的光彩、情操的优美、形象的鲜活、语言的灵动，享受到如入山阴道中美景应接不暇的快乐。黄教授深知其中奥秘，悉心研究教学艺术，力求语文教学不仅根深叶茂，而且情趣盎然，有吸引力、感染力、辐射力。研究既重视教师教的维度，也重视学生学的维度；既探讨阅读、写作、口语交际、综合性学习等语文课程构成的艺术元素、途径、方法，又就课堂教学常规艺术与调控艺术深入剖析，指点迷津，还为语文教师如何走进语文教学艺术殿堂出谋划策，内容丰富，阐述精到，给人以深深的启迪。

早在 20 世纪 40 年代，学者罗常培先生就精辟地指出："语言文字是一个民族文化的结晶，这个民族过去的文化靠着它来流传，未来的文化也仗着它来推进。"这些年来，由于西语之风的劲吹与应试教育的指挥，语文教学面临严峻的挑战，有两股力的干扰尤甚：一是对技术顶礼膜拜，文化缺失；二是急功近利，教学快餐化。

文化缺失会导致课堂教学异化。课堂教学一旦失去文化，剩下的只可能是知识的位移、技能的训练与应试的准备，只可能在技术层面、工具层面、模式层面徘徊。殊不知语言文字是有温度的，亲切、喜悦、热烈、辛辣、冷峻等人情冷暖寄寓其中；殊不知语言文字是有力度的，在特定的情境下，可深入文本作者的内心世界，可感受语言文字装载的深厚的中华文化，触摸到民族智慧、民族情结、民族精神和民族力量。语言文字的美更是不言而喻，形美以感目，音美以感耳，意美以感心，线条灵动多变，疏密有趣，语文教学讲究艺术，必然要以文化为支撑，杜绝教学中失魂落魄的弊病。

语文学习靠积累，思想积累、情感积累、生活积累、语言积累、文化积累等，立竿见影是痴人说梦，要花时间精力阅读、写作，扎实提高语文能力、语文素养，杜绝快餐式语文的诱惑。

美学家朱光潜在谈人生的艺术化时有句名言:"慢慢走,欣赏啊!"语文教学、语文学习是要静下心来细细品味、悉心欣赏的,浮躁气氛下的"慢"是一帖清醒剂,黄教授的《语文教学艺术新论》正是清醒剂,助教师与学生回归语文教学本原,懂得"我从哪里出发"。

祝愿这本论著在语文教学界有广泛的知音。

《教育的姿态》前言

在从教 60 周年之际，中学语文教育的志同道合者盛情邀我出一套关于教育视点的书，其中包括我写的以及研究我教育教学思想的中青年语文教师的著述。出版事宜均联系好，我突患肺炎住进医院，已无力整理近些年来所写文章，只能把原先授课但未公开发表的课堂实录集成一册，名为《涌动生命的课堂》，作为"教育视点丛书"的一本。对此，我心中常怀歉意，因为丛书中缺少了反映我教育视点的若干论述。时隔一两年，出版社领导还托人给我捎话，希望我能出一本个人关于教育教学的论述。今日集成的教育论稿也算是偿还歉意的实际行动，放下背负的惴惴不安的心情。

我虽已进入耄耋之年，但仍怀有一颗青春年少之时易于激动的心。看到祖国建设事业蓬勃发展，教育、科技等方面取得重大成就，我会情不自禁地热血沸腾，作为中华民族一员的自豪感充盈胸际；读到许多平凡的教师坚守教育第一线、创造不平凡育人事迹的报道，我总感动不已。他们是教师队伍中的佼佼者，他们那种对学生的挚爱深情，那种千方百计克服困难向学生心中播撒知识种子的艰苦卓绝的精神，令我十分敬佩。人的高大与卑微，大概不以身高计，不以学历计，不以名声计，也不以职务高低或荣誉多少来考量，而是看脊梁骨是否挺得直，精神上是否晶莹透亮，是否有仁爱之心，是否有舍我其谁的勇气与毅力。生活中绝大部分人是普通的人，平凡的人，叱咤风云的高大人物毕竟是极少数。在普通的人群中，有相当数量的人虽默默无闻，但守正、诚信、敬业、任劳任怨，无非分之想，也无熏心的

于漪著《教育的姿态》（山西教育出版社 2014 年版）。

利欲。在各行各业中，他们从事的是扎扎实实的地基工作，添砖加瓦的工作，推动着祖国建设事业向前发展。基础教育领域中这种人更是普遍存在，他们是教育大厦的建设者，默默地耕耘着，奉献着精力与智慧。我们可以发现，几乎每一位教师身上都有不少教育故事，生动、鲜活、动人，有些真是既扣人心弦，又给人以深深的启迪。

然而，毋庸讳言，教育领域也会有乱象，令人揪心，有些做法看似新颖，却剥夺了孩子自由成长的权利，乃至扼杀孩子的好奇心、求知欲望、美好梦想、创造意识和勇敢精神，令人不得不产生锥心的忧思与疼痛。社会转型时期，国内、国际教育方面的种种诉求、冲击、机遇与挑战，应是意料之中的事。从事教育的人当然不可能料事如神，但还是可以做到有点思想准备，有所为，有所不为，牢牢守住教育的底线，坚守培育儿童、促青少年成长与成人的神圣使命，坚守教育者不媚俗、不向权钱卑躬屈膝的尊严。

干教育是良心活儿，一个成人的所作所为影响着未成年人的人生走向和对生命价值的认知，决策者略有偏颇，就可能影响到几代人。"文化大革命"时期对文化教育的摧残，至今在人的素质、社会价值与是非判断、追求方面留有印记。人是不能将良心交给魔鬼的，钱、权、色这些魔鬼大肆作祟，金钱至上的崇拜、个人私利膨胀的欲火、急功近利的钻营，以各种脸谱、各种花招淋漓尽致地表演，最受伤害的是儿童、青少年。在人生起步之始，就将做大官、做大款的扭曲价值追求植入少年儿童的生命之中，加之无穷无尽的思想负担、学业负担、生存竞争负担，让他们被学习、被努力、被懂事、被优秀，使他们的生命背负上了不能承受之重。心灵的纯真晶莹、求知的快乐有趣、家庭的热爱亲情、伙伴的仗义关切、生命能量的聚集与释放，就在成龙成凤的追求目标和育分不育人、求学不读书的氛围中，有意无意地被消解，着实令人痛心。

人生是无法打草稿的。稿子可以涂改，实在不行，可以撕掉重来。人生没有第二次，人为形成的缺憾，有时一辈子都弥补不上。因此，教育者，包括家长，对孩子的生命都应怀有敬畏之心，以高度负责的精神珍惜他们的生命，遵循他们成长的规律，并施以良好的教育，促使他们健康成长，活出人生的精彩。学生没有欢乐的童年，会造成一辈子的遗憾；青少年时代没有心灵的放飞，没有思想的驰骋，不能纵情编织家国情怀的美好的学生梦想，不仅影响今后生活的道路，还会影响人生的高度和厚度。我们不知说了多少遍要以学生为本，以学生发展为本，但要把这个理念变成行动的指南，落实到学校教育、家庭教育、社会教育中去，还有许许多多沟沟坎坎、许许多多明的暗的障碍。直面教育现场，作为一名老教师，我不断讲述、呼喊，竭诚地期望大家能振奋精神，群策群力，消除污染教育的雾霾，让学生在蓝天白云、阳光普照下快乐成长，茁壮成长。

身卑无甚高论，奉献的是教师一颗赤诚的心，求教于教育同行。

《笑迎人生》序

读小妹于涟《笑迎人生》书稿，目睹她人生旅途中一幕幕场景以文字的形式鲜活地再现，悲喜交集之情油然而生。她经受的苦难，我感同身受，怜惜悲悯；她从种种磨难中坚强地走出来，精神振奋，敬业乐业，在平凡中创造精彩，我感到无限的欣慰。

人生的道路从来不平坦，弯弯曲曲，起起伏伏，遭遇坎坷乃至灾难，也是司空见惯。直面人生现场，关键在以怎样的态度来对待。态度不同，效果迥异。如果怨天尤人，萎靡退缩，只能与窝囊为伴，活得惨淡无光。面对困境，心中充满希望，充满阳光，就会自信倍增，用智慧和力量排除前行的障碍，获得生活的欢乐。涟妹乐观坦然地接受艰苦生活的严峻考验，在泰顺革命老区的熔炉里熔铸了整整10年，铸就了山水情、乡土情、赤子情，铸就了精熟的业务和吃苦耐劳的精神。阳光的心态赢得了丰富的精神成长，为日后继续前行奠定了坚实的基础。

阳光心态从何而来？用涟妹自己的话来说："人生的航船不会一帆风顺，顺境也好，逆境也罢，笑着面对，做好该做的事，朝着理想的彼岸前行。"乐观来自心中有"理想的彼岸"，有追求的目标。民国初期，一些贫穷的知识分子，穿着破旧长衫站在天宇之下英气袭人，形象高大，那是由于他们忧国忧民，谋求的是拯救处于水火之中的人民，造福苍生。理想、信仰熔炼出他们的铮铮傲骨。生活在今日伟大时代的有知识的人更应树立人生的目标，并为之孜孜不倦地追求。这种目标不拘囿于个人的私利，要融入社会的进步、国家的强盛

于涟著《笑迎人生》（浙江大学出版社2014年版）。

之中。须知：家是最小国，国是千万家，人生追求有家国情怀，人就有根有魂，乐于奉献。美国未来学家阿尔文·托夫勒于20世纪90年代写了本《力量转移》，认为力量有三种基本形式：暴力、财富和知识，而前两者惊人程度地依靠知识，在世界范围内颇有影响。但评论者说托夫勒忘记了还有一种力量，甚至是一种贯串所有现代力量的力量，那就是信仰。人有了信仰，就有了挺直的脊梁骨，就有了永不停息的内驱动力。涟妹正因为有"理想的彼岸"的人生目标，在医防实践第一线，在教学、科研、从政的不同岗位均能恪尽职守，用心用情用力，不断创造业绩，赢得大家的认可与肯定。

人的一生都在建设，没有建设的人生是虚度岁月，十分可悲。所谓建设，就要真干、实干，千万不能口吐莲花，做说的"巨人"行的"矮子"。干得好，干得有成效，首先是学得好，根据工作需要、修养需要，认认真真读书，切切实实学习。有两种状况须警惕，一是不重视学习，除工作之外就是休闲，基本是混日子，业务做人都难有长进；二是学习只为了给别人看，炫耀自己博古通今，装门面，华而不实。学习要与自己工作质量的提升、自己修身立身紧密联系，滋养精神成长。涟妹工作性质不断变化，新任务新要求层出不穷，能担当下来，还能够胜任，勤奋刻苦学习起十分重要的作用。有一年我赴杭州参加会议，曾到她家探望，亲见她一面听许国璋英语，一面在紧张地洗衣服。时间是挤出来的，对于勤学习的人来说，总是挤得出时间读书学习，增长见识，丰富心灵；对懒于学习的人来说，总是明日复明日，明日何其多。

学习也好，工作也好，均不能三天打鱼，两天晒网，要坚持，要有韧劲，年轻人容易五分钟热度，沸点以后迅即冷却，热情也烟消云散。其实，世界上从没有一蹴而就的事，要做好任何一件事，都要尽心又尽力，更何况人一辈子要做许多事。做好一件事不易，要一辈子做好事，做对别人对社会有益的事，当然是难上加难。其中制胜的法宝，就是坚持再坚持，有韧劲，压不垮，拉不断，哪怕是遭遇突如其来的灾难，也要保持良好的心态，也要学会"熬"。现在的年轻人太脆弱，有的简直像玻璃制品，一点都不能碰，怎能立足于社会，立足于群体之中？涟妹数十年立足于本岗位，从外行到入门，到内行；再扩展业务，再起步再行走，再进了厅堂，无不靠意志与毅力，意志与毅力绝非天赋，而是靠在现实生活中摸爬滚打锻炼出来的。人，总是要有点精神，向着理想的境界奋勇前行。

涟妹身上这些优秀的精神因子有母亲良好基因的传承，有兄姐的影响，更有她自身的不懈修炼。母亲是半文盲，但善良、宽厚，万分勤劳节俭，克己奉人，菩萨心肠，给我们以良好的做人教育。兄弟姐妹的成长靠国家的培养，靠社会的恩泽，因而只有竭尽毕生精力才能报效一二。涟妹在自身特殊环境里成长更有其特殊的历练，《笑迎人生》写下人生的足迹，既非自我叹息，更非自我欣赏，而是希望晚辈能从中获得一点启迪，走好人生这条路。有人说得好，人的一辈子，就像去西天取经，免不了碰到好多妖魔鬼怪，走在路上经受苦难的我们，谁也不知道结局。也许，当孙悟空走到终点，才知道一路留下的故事比真经还真。

其中道理供涟妹与晚辈们深味。

《语文的尊严》前言

我渴望我们的学生一捧起语文书,就能升腾起对母语的挚爱深情;一捧起中国经典作品,就有强烈的阅读愿望,精读深思,感受其中蕴含的民族精神、民族情结、民族智慧、民族思维方式,享受精神的愉悦。

我渴望我们的语文教师用智慧和心血铺就的一节节语文课充满勃勃生机,有时代活水流淌。在语言文字弹奏的交响曲中,用丰富的内涵、深邃的思想、优美的情操,源源不断拨动学生心弦,使他们如入宝山之中,有风光无限、目不暇接之感,有进入母语宝库探宝而欲罢不能的冲动。

我渴望学生学习语文有理性的思考。汉字特别具有灵性,是具象的、灵活的、富有弹性的,创造的空间大。理解汉字是民族的灵魂,是民族生命的百科全书。一个方块字就是一片天地,就是一部历史,就是祖先的回忆与希望寄托之所在。在数千年历史长河中与语文形成骨肉亲情,我们要珍惜、要传承。

我渴望学生学习语文真切地懂得:语言的背后是文化的深层编码,是一个民族的集体意识。一个个汉字的故事中无不蕴含着中华文化的基因,哲学智慧、伦理道德、风俗习惯、审美意识,稍加触摸,就会感受到它的博大精深、无穷魅力。热爱语文,在习得语文能力的同时,孜孜不倦地把蕴藏的文化基因植入自己的血脉,促进灵魂发育,精神成长。

我渴望从事教育的部门真正重视母语教育对人的发展的价值与意

于漪著《语文的尊严》(山西教育出版社 2014 年版)。

义。多一点尊重与敬畏，少一点急功与近利，更不能让它沦落为应试工具，方能遏制青少年学生语文能力退化的趋势。各国政府对母语使用及国民语言能力的提升无不重视。例如，美国2002年通过的《不让一个孩子掉队》的法案用长达45页的篇幅讨论了"语言教学"问题。美国对120个大公司调查显示，写作水平是获取高额报酬最重要的因素之一。再如，1994年法国国民议会和参议院通过的《法语使用法》、2005年俄罗斯总统签署的《俄罗斯联邦国家语言法》均对本民族语言的使用以及国民的语言文字应用提出了具体要求。母语教育的质量关系学生智力的发展、素养的提高，关系日后公民的素质、社会的文明程度，切不可掉以轻心。记得德国纳粹头子、人类大灾星希特勒曾这样说，"要消灭一个民族，首先瓦解它的文化；要瓦解它的文化，首先消灭承载它的语言；要消灭这种语言，首先从他们的学校下手"。这样的场景令人触目惊心，能不警钟长鸣？

"中学生思辨读本"丛书序

余党绪老师的"中学生思辨读本"丛书即将出版,嘱我写序。有幸先期阅读,于深受启发的同时,敬意油然而生。在当下急功近利之风劲吹的日子里,能静下心来坚持十多年研究中学阅读教学,并作切实的改进,使学生实实在在受益,很是难能可贵。

阅读是一种心智锻炼。读现代人的书,可与同时代的人作精神上的沟通交谈;读古人的书,可继承古圣先贤的精神遗产。读书可以享受或吸取学问家思想家多年的心血的结晶,是青年学生获得真正教养的最重要的途径之一。阅读的量与质直接影响他们心灵发育的状况。有人如此判断:一个人的阅读史就是他的心灵发育史。此话寓意深刻,一点不假。然而,由于较长时间应试教育的作祟,育分不育人、求学不读书的现象比比皆是。说的是素质教育,行的是应试教育,对分数顶礼膜拜;说的是阅读重要,行的是题海战术,对考点奉若神明。在功利氛围浓重的情况下,要破解阅读教学中难题,是要有点勇气、执着精神和仁爱之心的。

首先是勇于直面学生阅读状况的现实。尽管上海市语文课程标准规定,三年高中课外阅读量不少于300万字,事实上与此相差甚远,有些只读片段,只做题目,不读书。教材阅读量又有控制,每册仅六七万字。阅读贫困,何来文化积淀,何来视野,何来识见,何来语文素养?阅读量不足显而易见,阅读的质、阅读的方式也令人担忧:低

余党绪编著"中学生思辨读本"丛书(上海教育出版社2015年版)。

水平重复，在文字表面跳荡的"浅阅读"，从应考派生出来的机械化阅读模式等，对学生心灵的滋养不仅无益，而且在有意无意间产生负面影响。余党绪老师对此了然于胸，从思辨性阅读入手，改进阅读教学，破解高中阶段阅读低效的难题，冲破阅读定式，打开阅读教学的新局面。

说说方便，做起来绝非轻而易举。需要时日、精力与智慧，没有数十年如一日的孜孜以求的执着精神，是难以见到成效的。

中学阶段是人的价值观、思维方式与人格形成的关键时期，读什么，怎么读，影响他们价值取向的选择，思维力的锻炼与发展，思想、道德、性格、气质、知识、能力向上向善的逐步形成与完善。因此，从学生成长的内在需求出发，余党绪老师以思辨性阅读为抓手，从四个方面着力。

一是阅读杂文佳品。杂文是作者思想根基与文化底色的生动反映，文字特色鲜明，尺幅能起波澜，千字可兴风雨，学生坚持阅读其中作品，内心在受到思想穿透力冲击的同时，思维方式获得锻炼，还享受到激浊扬清、正本清源的快乐。二是阅读经典。经典是历久弥新的人类精神世界的精华，自然的魅力、社会的奥秘、生命的密码、人生的智慧均蕴含于其字里行间，能从不同角度、不同层面给人以无限的遐想和不尽的启迪，组织学生切实读几本经典，不是附庸风雅，不是装门面，而是静下心来，以读促写，以写促读，来回数遍，从中吸取养料，滋养心灵。中学阶段以此作人生的奠基，认识社会，思考人生，追求高尚，憧憬理想，终身受到教益。三是阅读"万字时文"。徘徊于精巧的"心灵鸡汤"式美文的阅读，学生写作不仅容易模式化，更容易视野狭窄，胸中无时代风云激荡，无多彩文化赏析、滋润。精选"万字时文"组织学生阅读，上百万字的佳文进入学生的眼帘，进入学生的心田，文化视野得到大大开阔，思维力获得发展，理解和运用语言文字能力于潜移默化中获得提升。四是阅读古典诗歌。优秀的古典诗歌不仅是炼字炼句的高标，更抒写生命的本真、人性的本色。引领学生进入此瑰丽的宝库，他们会从驰骋的想象、充沛的感情、鲜明的形象、深邃的思想和音乐般的语言中，感受到优美、动人、鼓舞、力量。诗,像种子一样,有一股顽强的爆发力,好的诗歌破土而出之后,会和芳香的空气融合,长久地弥漫大地。余党绪老师组织学生读诗,不仅披文以入情,而且引导学生由情而入"理",以"理"的观照,突破"情"个体的局限。思辨性地阅读古典诗歌,别有一番生命感受与心灵体验。

四卷阅读作品,单是选择就需花费大量精力。博览才能做到约取,其中的筛选、剔除,要有眼力,有识见,不仅作品本身要反复比较、多方衡量,更为重要的是关注中学生健康成长在情感、态度、价值观等方面内在需要这把标尺。既尊重今日学习的现实,又瞻望明日长足发展的需要,铺几块扎扎实实的基石,让学生今日走得稳当,明日更能大步前行。这种十几年坚持不懈的阅读实践,作为支撑的是教师对学生生命成长的热切期盼,对莘莘学子的仁爱之心。

这种阅读教学的改进一扫我说你做的陈腐气,而是师生互动,思想碰撞,心灵交流。比如杂文卷文后评点就是教师和学生一起学习、探究、争议的产物;经典名著阅读指导的撰写,让学生分享阅读的智慧,分享教师的人生;时文阅读中学生俨然是主角,他们写摘要,写读后感,写评点,还要写5 000字的"时文综述",逻辑思维得到大大锻炼,对文章宏观把握与掌控的能力得到大大提升,文后附的"读点"就是师生共同阅读的感悟和创造。至于诗歌卷思辨性阅读指导则是教师和工作室学员的共同创造,学生要读,提高阅读的量和质;青年教师更要读,率先垂范,做"腹有诗书气自华"的人。

古今中外的佳作珍品具有巨大的魔力,亲近它,热爱它,人会改变自己,心灵会辉煌起来,语言会高雅起来。不说别的,单读一读这四卷书,就可感受到一届届学生在专心阅读,用心思考,精心表达,一个个鲜活的生命在进步,在成长,一扫人间低俗之气,带给人们无限的希望。

希望以书为伴的美丽风景线能辐射到更多的学校、更多的学生之中。

三尺讲台系国运
一生秉烛铸民魂
——《卓越教师第一课
——于漪谈教师素养》序

2014年教师节,习近平主席在北京师范大学讲话结束时满怀深情地说:"'三寸粉笔,三尺讲台系国运;一颗丹心,一生秉烛铸民魂。'今天的学生就是未来实现中华民族伟大复兴中国梦的主力军,广大教师就是打造这支中华民族'梦之队'的筑梦人。希望全国广大教师把全部精力和满腔真情献给教育事业,在教书育人的工作中不断创造新业绩。"

听了这番话,我们教师无不为之动容。平凡的工作与国家前途命运紧密相连,与国民素质高低呼吸与共,培养学生成长、成人、成才的责任大如天。

筑梦人首先自己就要有梦,有美丽的教育梦,有辉煌的中国梦。我是语文老师,我还有语文梦;你是数学老师,你还有数学梦。我的梦想是做一个语文好老师,让每个学生都热爱我们形美、音美、意美的语言文字;都懂得汉字承载着中国人的文化基因,是中华文化的血肉载体,要认真学,认真写,得心应手地用它来表情达意,表现中国人的文化气质、文化风度;都喜爱读书,读精品,读佳品,用中华优秀传统文化和人类先进文化滋养心灵,完善人格,增强学识,成为有中国心的现代文明人。明知这个目标很高,但一辈子为实现它而追

于漪著《卓越教师第一课——于漪谈教师素养》(东北师范大学出版社2015年版)。

求。许许多多各个学科的老师也都有各自的追求、各自的梦想。习主席似乎十分了解我们的心思,他说:"好老师没有统一的模式,可以各有千秋、各显身手,但有一些共同的、必不可少的特质。第一,做好老师,要有理想信念。"这一下子就说到了教师提升素养的根本。

正确的理想信念是教书育人、播种未来的指路明灯。一个浑浑噩噩、马虎应付的人不可能教出志存高远、为国家做奉献的优秀人才。在社会急剧转型过程中,价值多元、文化多元给教育带来很大的挑战,金钱至上、功利盛行、自我膨胀等给学校、给教师、给学生带来不小的冲击。此时此刻,人如果太实际了,为物质生活所累,就会没有超越职业训练的志向、旨趣和想象力,弄得不好,就容易沉沦。为此,树立理想信念尤为重要。人有了脊梁骨才能直立行走,人有了理想信念,就有了精神支柱,心灵就辉煌起来,持久不断努力,就能成为堂堂正正的人。

教师担负着塑造灵魂、塑造生命、塑造人的极其重要的工作,要取得良好的效果,加强自身修养必不可少。《道德经》中说:"知人者智,自知者明。胜人者有力,自胜者强。"关键在自胜。远大的目标是内驱的动力,孜孜矻矻,执着追求,破解教育生涯中一个个难题,攻克教学实践中一个个难关,德、才、识、能全面锻炼,教师就与学生一起成长。

"一个人遇到好老师是人生的幸运,一个学校拥有好老师是学校的光荣,一个民族源源不断涌现出一批又一批好老师则是民族的希望。"让我们立志成为好老师,赋人生以系国运、铸民魂的意义,用丹心与智慧创造教育的精彩。

拔节成长的佳音
——"中学语文教师成长进阶丛书"序

满怀期待读完了《头五年,一路奔跑》《十年了,停下来思考》《十五年,从独立到独到》《二十年后,叩问语文之道》四本书稿,欣喜之情不断在胸中升腾。这几位在语文教学征程中不畏艰难辛苦跋涉的中青年作者,用多情的文字吐露自己从教的心声。或高亢,或低回,或沉思,或自责,我听到了拔节成长的佳音,举目眺望,语文教育前景充满希望。

四本著述记述的是教师发展的不同阶段,尽管出自五位作者之手,但从解困到寻路到提升到问道,拾级而上,成长进阶的特色显明,给人以具体、翔实的启示。四本著述不仅各具发展阶段的特色,而且具有教学的个性色彩,彼此之间难以替代。在工厂生产标准化的模式浸染教育领域后,语文课堂教学还有点个性色彩实为难能可贵。

且不具体评说教学中的一二三四,单是其中蕴含的精神成长的因素就弥足咀嚼、思考、学习、借鉴。

首先是语文的情怀。一个没有语文情怀的教师要教学生学好语文几乎是不可能的。语文学科多少年来一直是一个被折腾的学科,只要认识几个字、会说中国话的人都可以对它说三道四。各种各样的思潮,历史的、外来的、现代的、后现代的,从不同角度不同层面加以冲击;正确的、谬误的、片面的、极端的,纠结纠缠,弄得人晕头转

张秋玲、于漪主编"中学语文教师成长进阶丛书"(教育科学出版社 2015 年版)。

向，裹足难前。在语文教学生态环境很不理想的情况下，要坚守语文的尊严，是要有点博大情怀的。比如，对语言文字是民族文化之魂确有深刻的理解，并对之满腔热情满腔爱；清醒地认识到语文教育在培养学生成为"社会人"的过程中发挥着特殊的功能，特别是在他们的终身发展中能起打精神底子的作用，因而，一心一意扑在教学中，担当起提高他们语文素养的重任。四本著述中常或隐或显地蕴含着如此的情怀。李颖哲、王迪在他们书的前言中作了这样的自白：每一天都在"自我追问中度过，所有的挣扎与蜕变都似海浪拍打着内心的海滩，而在浪涛中留下的，在岩石上不曾死去的，是我们的理想"。入职之初，有这份理想、这份情怀，就会有旺盛的内驱动力，"一路奔跑"，编织"我"的教学故事。

其次是真实的自我。在语文教学领域，各种各样的名词术语、标语口号，名目繁多的教学模式，常弄得人目不暇接。有些语文教师被他信力左右，人云亦云，追风跟风，自信力消解，丢失了自我。著述的几位教师全不如此，对于语文是什么？我在做什么，我应该做什么，我到底要做什么？不仅认真想，深入想，而且把思维成果付诸实践，并收到效果。"我"是语文教学的主人，我思我想我行动，展现的是真实的自我，而不是贴标签的、各种做法的拼凑。黄玉慧的《向文本更深处漫溯》中追求的文本解读就是"独立"与"独到"。"独立"已不易，"独到"更难。不仅主体意识强，更要在独立思考、深入钻研、广泛联系、筛选信息、选择视角上下功夫，形成一套有效的阅读方法和思维方法。我的教学我做主。吴欣歆在高中年级的一节展示课，硬是用25分钟让学生阅读自学。心平气和，排除与会听课教师的争议，因为她坚信："高中生的阅读应该这样，有较长时间的阅读思考，才可能发出自己的声音。"教课，尤其是公开课、展示课，不是表演，不是巡回演出，而是引领学生实实在在学语文，学有所得，学有所悟，学有提高。轰动效应，嘉年华，那是市场经济中的推销拍卖。

再次是执着的追求。人的成长是一辈子的事。教育从来不是一个结果，而是一个生命展开的过程，它永远面向未来，不会结束。因而，教师要和学生一起，展开生命，不断成长。著述的教师深知自我成长的重要性与必要性，在专业发展上孜孜不倦地追求。追求的过程是苦乐相伴，支撑它的是"做人师"的理想信念和锲而不舍的韧劲、毅力。吴欣歆在《十年了，停下来思考》中说得好："这十年，没少跌跟头。摔倒，爬起，再摔倒，再爬起……跟跟跄跄，磕磕绊绊，居然丝毫不觉得痛苦，也许这就是传说中的'成长痛'？"化蛹成蝶的过程是成长拔节的过程，"痛"使你眼前一亮，豁然开朗。一节课建构、否定、再重建、再否定，甚至构想被推翻，达17次之多，终于弄明白"自己得有想法"，"从众人的评判中走了出来"。十年教学，十年思过，十年思变，又十年思进，上下求索，体现的是教师的敬业精神，奉献的是对学生的仁爱之心。

最重要的是学习的力量。李卫东经历了一个个发展阶段，教了上万节的语文课，"反思、行动、成长"，不仅说出了"我怎样教的"，而且道出了"我为什么这样教"，努力探讨语文教学规律，不断叩问语文之道，达到了在规律中获得相当自由的境界，著述中课例的展示、阐释、分析就是明证。之所以能达到如此的境界，除了上述作者具有语文情怀、教学个性、执着追求的精神外，十分重要的是他坚持"自修"，自觉学习，阅读写作。他在《我的自修课：在行走和叩问的路上》这样启示我们："教出语文课的味道来，作为语文教师首先要浑身散发出语文味儿，一个浑身散发着文化味儿、书卷气的语文教师站在讲台上，他（她）就是'语文'。""语文教师阅读、写作的质量，很大程度决定着他（她）语文教学的质量。"我一直认为教得好首先是学得好，学习无源头活水长流，教学就难摆脱捉襟见肘之困，更别说信手拈来、左右逢源。当前，教师缺失的恐怕不是教学的技能技巧，而是文化积淀、学科素养。语文教师要有拼命吸取的本领与素质，犹如树木，把根须伸展到泥土中，吸取氮、磷、钾，直到微量元素。只有自己知识富有，言传身教，才能不断激发学生旺盛的求知欲。要视野开阔，广为涉猎，更要扎扎实实读几本经典，在才、学、识上打底子，尤其是"识"，要有文化判断力、教育判断力，也就是具有批判性思维，不轻易被各种假象所忽悠。真正的读书是增加人生的分量的。

　　拔节成长令人欣喜，也令人尊敬。但须知，语文的生命在于它是文化的存在，彰显的是文化的价值和人的发展，故而攀登永无止境。也许若干年后再来审视，会为今日的稚嫩、偏激、片面乃至疏漏、错误而哑然失笑，而遗憾自责。这是新的成长的凯歌，你们又拔节了，乐曲悦耳动听。教师就是如此尽心尽力赋予自己的生命以意义和价值的。这也是学生的期待，家长的期待和社会的期待。

让孩子的心灵辉煌起来
——《中国校园文学(第一辑)角斗士》序

我希望这套丛书能够在中学生中产生影响,为什么呢?因为孩子们对文学的关注实在是太少了。孩子的成长如果离开了文学,他的心灵能得到多少滋养?

文学的价值就在于滋养孩子的心灵。在成长的过程中,孩子们有很多梦想、很多憧憬、很多追求,也有很多内心的失落与张皇。思想也好,情感也罢,都有很多说不清道不明的东西,这个时候,如果能够沉浸于文学,潜心于文学,甚至钻研文学,他的成长就多了一份营养。

这套丛书的理念很好。关注叙事类作品,尤其是小说,这应该成为丛书的特色。文学是研究人的,"文学是人学",归根结底是对人的关怀,对人的研究。这在叙事类作品中表现最明显。文学是一个虚拟的世界,但它的原型还是现实生活。在成长路上,孩子们应该既在生活之中,又能超越于生活之外;要入世,还要有点出世精神。有成就的人,都是以出世的精神做入世的工作,没有出世的精神,根本就不可能超越现实的局限;有了出世的精神,那种潇洒,那种不在乎,他才能够执着地追求,才会有所成就。为什么我特别推崇小说这种体式呢?因为它可以虚构,可以想象,不受某个场景、某个时间、某个条件的限制,突破现实与物质,突破僵化的思维。现实的、未来的、

于漪、余党绪主编《中国校园文学(第一辑) 角斗士》(学林出版社2015年版)。

过去的，纵向的，一一写出来，再加上横向的贯通，这就有了虚拟的社会性。孩子们在这个虚拟的世界里，能得到近乎全面的成长信息和启迪，得到成长的智慧。

叙事类作品也能充分显示文学语言的特点。文学语言倾注了作者的认知方式和思维方式。汪曾祺有汪曾祺的语言系统，老舍有老舍的，巴金有巴金的，不一样。文学语言并不是语言本身，它是作者个性的思维方式和认知方式的表现，他的世界观、情感和对社会的认识都是不一样的。我们读一本小说，看一出戏剧，其实看到的是作家对世界的思考，对人生的探索。在这里，语言就借着作家的智慧和人格展现出了自己的魅力。

现在的孩子很苦。他们身在生活当中，而心未必在生活之中。你让他们写学生生活，写自己的同学，写自己的老师，他往往写不出来。因为生活对他已经成了一种模式，教师对他也成了一种模式，教育对他也成了一种模式。他们的生活几乎就是考试，就是字词句篇。以前我们讨论的还是"知识点"，现在已经不是"知识点"，而是"得分点"了。这是教育的悲哀！大家都去追逐这个"得分点"，孩子就给糟蹋掉了。教育不应该追求一个抽象的结果，教育应该是生命展开的过程。可现在一切都是为了一个结果，这个结果就是分数。分数等于人吗？分数能等于人吗？如果分数等于人，包括牛顿在内，世界上那些大师没一个能出得来；如果分数等于人，世上哪还有钱锺书？孩子的生命本来是丰富多彩的，可各种各样的因素干扰了孩子生命展开过程当中本该拥有的那种多姿多彩。

现在的孩子接触文学太少了。回顾我自己，我之所以做了语文老师，和当初热爱文学、喜欢看小说有很大关系。那时候书很少，借到一本书第二天就要还，只能看通宵。到高中毕业的时候，托尔斯泰的著作我基本都看过了，《安娜·卡列尼娜》《复活》《战争与和平》，到了废寝忘食的地步。要让人丰富起来，不能只靠教科书，不能只靠没完没了的作业，还是要靠方方面面的滋养。

文学，就是其中最不能缺少的部分。

希望这套丛书有一点导向性，就是要破解急功近利这个阻碍学生健康成长的难题。哪怕作用有限，也要尝试。文学就是对抗急功近利的，这就是丛书的意义和价值。它不光是将孩子们的作品收集起来发表，这不是目的。我们要让孩子们体会到在精神成长的过程之中，哪些东西对他才是最重要的，能让他发展他的好奇心、想象力和批判力，如果能起到这样的作用，这套丛书就有了生命力。

发现和培植文学新星，探索学生的文学活动，为孩子的成长服务，为那些有梦想、有憧憬、热爱文学的学生的成长探索一些路径和方式，是一件功德无量的好事。

要让孩子们健康成长，一定首先要让他们的心灵辉煌起来。心灵辉煌了，就有了理想追求。所有的文学，都是追求美好生活的，都是追求美好人生的。不管是写实的，还是幻想的，都是这样。雨果写了人类的那么多苦难，托尔斯泰写了人类的那么多堕落，目的还是要追求人类的美好，追求生活的幸福。在文学的世界里，在大自然中，在艺术的世界里，孩子们的心灵才能辉煌起来。

让孩子们的心灵辉煌起来，希望《中国校园文学》在这方面有所作为。

初试锋芒赞

19世纪70年代普法战争之事,初中学生学习都德短篇小说《最后一课》时均略有知晓。教学时因不作具体阐述,学生印象往往是抽象的、模糊的、概念化的。而今,席时雍、丁坚容两位八年级学生创作《光明与黑暗之书》,用文学的笔触把这场战争刻画得波澜迭起、惊心动魄,一个个人物形态各异,历历如在眼前。中学生伙伴阅读该作品,不仅可满足好奇心,更能步入时间隧道,观看历史风云,倾听王朝瞬息变幻的声响,思考人生的追求,谴责战争的罪恶。两位作者仅十四五岁,小小年纪有如此的文学爱好、文学潜能、文笔功夫,令人欣喜,值得称赞。

该小说构思巧妙,以简驭繁,用双线勾勒的方法,把普鲁士和法兰西两国统治者为了称霸欧洲而进行的这次战争描述得一清二楚。最初,法国皇帝拿破仑三世在1870年7月19日向普鲁士发动侵略战争。9月1日,在色当决战中,法军大败,拿破仑三世投降。从此,普鲁士军队又成为侵略军,向法国巴黎推进,几乎占领整个法国,烧

本文是作者为《中国校园文学(第二辑) 光明与黑暗之书》(学林出版社2016年版)所写的专稿。校园文学社团是学生通过阅读、写作和社会实践活动陶冶情操、开阔视野、锻炼能力的重要阵地,且在一定程度上反映了语文教学的基本生态。作者在长达半个多世纪的语文教学生涯中,一直十分重视校园文学社团的建设,在校内利用课余时间为学生文学社团作指导、开讲座等,在全国语文教学界全力支持校园文学联合会的专业活动。进入21世纪以来,受应试压力和功利办学的影响,校园文学景观与20世纪八九十年代相比日显冷清萧条,作者对此很焦急。在"中国校园文学"第一辑、第二辑出版之际,作者欣然命笔,撰写文章,为校园文学的勃兴添火助力。2016年,中国写作学会中小学文学社指导中心成立大会暨第19届文学社年会在组织过程中遇到困难,经过作者多方协调,最终促成于12月2日至4日在上海顺利召开。

杀抢掠，迫使法国签订了丧权辱国的条约。双线并行，讲述战争始末。一条线是法国士兵弗朗索瓦的所见所行，另一条线是普鲁士禁卫军海因里昂的战争经历。不同国别、不同立场、不同视角，讲述同一场战争，联系紧密，或铺垫，或呼应，或推进，或发展，言之有序，纹丝不乱。

构思的巧妙还表现在让死者的遗物说话。一边是"一个战争牺牲品的最后的笔迹——日记9篇"，一边是"一个为战争殉葬之人的日记"，写在一沓浸满鲜血残破不全的信纸上，也是9篇。日记，记历史的真实，从发动战争、集结军队开始，到袭击、交锋，到色当决战，到进入巴黎，一件件，一桩桩，书写着战争的惨烈、生命的消失。日记，记思想的纠结，人性与兽性的搏斗，自身的，他人的，猥琐的，疯狂的，战争中的人性展现，兽性发作，真实地伴着血与火记录留痕。用日记的形式讲述战争故事，更有真实感，更能吸引人、感动人。用两则日记开篇，引出"一段悲怆、令人惋惜的往事"，也由此"勾勒了一段罪恶、黑暗的回忆"，布局也是有特色的。

色当决战的场面，敌对双方均作了详细描绘。败方多着力写个人迫不得已杀敌人后的罪恶感，写目睹法兰西官兵在这"屠宰场"被炮弹、屠刀屠杀的惨状，写自己负伤、拼死搏斗与逃亡的艰难与绝望；大获全胜方用相当笔墨写诱敌深入全歼敌军计谋的步步实现，地形、人员、武器、厮杀、声响、色彩，全方位刻画，有点有面，深刻地揭示了屠杀者的兽性。与逃亡者的拼搏也充满血腥。章有章法，对战争场面做主次详略的处理，既错综其势，又贯通其意。

人物刻画也不乏佳笔。对金发碧眼的年轻小伙子霍尔特，没有一句语言描写，仅胸口中枪后的死亡姿态就勾画出鲜明的形象。拿破仑三世与铁血宰相俾斯麦战前因"动员"而出场，对肖像均作了相当生动的渲染，但对动员的话语稍加品味，就可发现，一是空空洞洞，虚张声势；一是实实在在，成竹在胸。写人，要须眉毕现，引人入胜，力求"面目精神，跳跃纸上"。

文学是语言的艺术。叙事、写人、绘景、状物，无不需要精当的文字。两位作者在遣词造句上也是花过心思的，不仅能用恰当的词句把意思准确地表达出来，而且注重辞采，追求用词组句在表达情意时的一点变化。

"后记"中"失乐园""伊甸园"的安排几乎是"神来之笔"，一地狱一天堂，寄寓了爱憎与期望。想象是人们追忆形象的机能，是一种创造性的能力，作品末尾展开想象的翅膀，贯通古今来思考，来表述，貌似荒诞，实则寄托了人世间的美梦，让光明驱走黑暗。

两位小作者写小说，虽初试锋芒，但闪亮之处比比皆是，同龄人认真阅读，思考、咀嚼、品味，定能感受到文字的魅力、文学的芬芳。

"'青青子衿'传统文化书系"序

文化是民族的血脉,是人的精神家园。

一颗没有精神家园的心灵,就会浮游飘荡,既不可能潜心思考自己生命的意义与价值,也不可能对他人有真挚的情感关切,更不可能对社会有发自肺腑的责任感。

中华传统优秀文化源远流长,积淀着中华民族最深层的精神追求,代表着中华民族独特的精神标志,为中华民族生生不息、发展壮大提供了丰厚滋养。她哺育了一代代中华优秀儿女,支撑他们成为中国的脊梁。

成长中的青少年认真汲取其中的精华和道德精髓,就会长智慧,明方向,增力量,懂得自己根在何处,魂在何方。经典活在时间的深处;价值追求,在文字海洋奔腾。"'青青子衿'传统文化书系"助您发现其中蕴含的优秀文化基因,探寻当下时代的使命,让您有渴饮琼浆的快乐,醍醐灌顶的惊喜。

于漪主编""青青子衿'传统文化书系"(山西教育出版社2016年版)。

《于漪知行录》前言

行是知之始,知是行之成。

教育是实践的事业,倾心投入教育实践,反思是非正误、利弊得失,进行梳理、思考,从中获得一些认识,悟得一点道理,记录下来备用。再实践时又以某些认识与经验为指导,验证其正确性与有效性。于是,根据实践中的学情、教情、校情,对认识与经验修正、改进、提升,乃至扬弃,力求"知"逐步接近学科教学规律、学生认知规律。实践,认识,再实践,再认识……在循环往复中,端正自己的人生态度,提高自己的专业素养。

个人的实践与认识,由于种种主客观条件的限制,必然是井底之蛙,视野狭窄,理性思考的深度、厚度远远不够,与教育事业对教师专业要求相距甚大,为此,必须潜心学习,向书本学习,向专家学习,向同行学习,向学生学习,向社会上各行各业有卓越贡献的人学习。学习一是照镜子,二是择善而从,力求身体力行。读书是自己精神成长、心灵优化的需要,不是装门面,不是对着书,疲劳双眼,而是真心实意从观点到材料认真阅读,反复思考,对照分析。读到经典、佳作的精彩、深邃之处,有醍醐灌顶之妙,在乐不可支、思想升腾的同时,又深感自己的无知、浅薄。此时此刻,记点心得,以励前行。

向人与事学习,更是要有眼光与胸怀。既学认识相同相似的,更学意见相左的,甚至对立的,而后者更能促进深入学习,促进积极思考、严密思考,更接近认识事物的本质。学习时不能短视,不能一叶

于漪著《于漪知行录》(山西教育出版社 2016 年版)。

遮目。要看全局，看整体，看基本面，看长远；要善于发现，细于识别，勇于批判、扬弃、超越。一颗狭小的心有浩浩荡荡的学子，有多情的土地、伟大的祖国，胸怀就会无限宽广，无处不是学习的机会，无处没有智慧的闪光。当然，看到不合理的、污泥浊水的，会焦虑，会愤慨，会烧心。林林总总的看法、认识、体会，流入笔端，锲而不舍，竟然集成了一本小册子。有说的，有做的，知而行，行了又生新知，故而冠名为"知行录"。

许多"知"仍很肤浅，无甚高论；"行"就更不易。嘴上说说不费力，脚踏实地干，干出质量，干出效果，不仅要有持久的内驱动力，而且要有科学态度、奉献精神。有人说，世界上最远的距离，不是天涯，也不是海角，而是说和做的距离。正确的认识要付诸实践是要花大力气的。出版知行录，追求知行合一的境界，既是求教于同行，更是鞭策自己永不懈怠，奋然前行。

《生命的价值在讲台
——戴绍英教育文集》序

转眼间,戴绍英老师驾鹤西去已十载,她的三尺讲台教课的情景,她的音容笑貌仍恍若在眼前。为纪念她的教育业绩,为纪念她这位为师者的榜样,她的学生与同事葛起裕老师以及她的家属搜集与整理了她生前的种种教育教学资料,结集出版,嘱我写序。我不仅珍视这次阅读书稿得以学习的机会,更是以自己笨拙的文字表达对这位老同学的怀念与敬意。

也许是缘分吧,我与戴绍英同窗同寝室一年,朝夕相处,情同姐妹。那是抗战胜利前一年的事。1944年夏,我初中毕业,父亲突患肺病故世,家境贫寒,难以继续求学。就在即将辍学之际,江苏省立教育学院附属师范学校赴我家乡招考新生,我有幸考取,赴苏州学校学习。新生分班,戴绍英和我分在同一班级。学生全住宿,她和我,还有另一名女同学缪林,分在同一间宿舍。三人求学同出同进,几乎形影不离。

戴绍英比我长一两岁,犹如姐姐,给我最深的印象是稳重、认真、乐于助人。进师范求学,几乎都是贫家子弟,不仅不要缴学费,而且吃饭、住宿均不要钱。在日本侵略者统治的沦陷区,还能有求学的机会已是上上大吉。尽管对师范生供食宿,但生活水平之差难以保障青少年长身体的需求。吃的是霉米,风一吹,似乎就能化掉;咸菜是碗中之常,不要说什么荤菜、营养,一桶放了点酱油的水就算是汤

上海市教育学会小学语文教学专业委员会编《生命的价值在讲台——戴绍英教育文集》(上海社会科学院出版社2016年版)。

了，上面一点油花都没有。热水供应是极有限的，都得抢早，否则就一无所有。学生有时表达不满，就拿筷子敲碗敲桌子，与乱叫声混杂成一片。吃不饱是常事，半饥饿是常态。吃饭的地方，所谓饭堂，只有一些破方桌，没有凳子，大家都站着吃。进饭堂的第一要事是抢着盛粥盛饭。我这个人拖拉，从起床到梳洗到饭堂，戴绍英总不时地催促我，有时还帮我盛好粥饭，"责备"我几句。因为我有过不止一次的教训，等我磨磨蹭蹭进饭堂，粥桶饭桶已底朝天。至今我想不起来为什么磨蹭，早晨总想多睡一会儿，懒；中午与晚上好像总有什么事羁绊，拖拖拉拉。由于她的不断催促、提醒，乃至"责备"，逐步改掉了这个坏习惯。至于晚上捎带我泡热水，更是常事。乐于助人已是她的习惯，每想到那时的生活细节，我心怀感激的同时，也自愧自责，我稀里糊涂，太不懂事了。

她的心静，无论听课、做作业，总是专心致志，一丝不苟。我贪玩，作业赶紧完成，好玩，好看闲书。上课我也不大守规矩，教师教得好，我就听课；教得不怎么样，我就偷看闲书。我是个小说迷，只要能借到一本小说书，那就可废寝忘食。教师眼睛可厉害呢，我偷看小说时，教师瞪我几眼，或提高嗓子看着我讲课，准是发现了，于是，我立刻正襟危坐。课后在寝室里谈到这类事，她常笑一笑说："何苦呢？"她话不多，但总在点子上，令人深思。

抗日战争胜利后，我返家乡，学校怎样变动我不知晓，也不关心，音信也就断了，再见到她已是20世纪80年代。先见到的是她的名字。《上海教育》1982年第6期报道了新评上语文特级教师戴绍英的教学经验，我读了喜出望外，就是那个戴绍英，一点不错，就是那个一丝不苟的人。以后在上海市人代会上见面，她仍是那么沉稳，不多言语。由于各自工作十分繁忙，又由于教育学年段的差异，也就很少交往。后来，葛起裕老师告诉我她已故世多年的消息，我很伤心。此次将她的文稿、教案结集出版，是对逝者的极好纪念。

她的认真刻苦我有极深的印象，但此次读她的教案，看她写的板书，写的字，不得不由衷地赞叹，我了解得太肤浅了。那一笔一画的字犹如刻出来的一般，周周正正，凛然挺直，透射出一股正气，和她的为人、处世、为学一般无二。低年级的小学老师担负着为儿童开蒙的重任，一笔一画，一言一行，一举一动，对儿童都起着榜样的作用。言教，身教，而身教更重于言教。她深悟其中道理，处处不忘示范，写字教学、阅读教学、班主任工作，无不堪称模范。为此，获得学生爱戴，同行称道，家长信任、敬重，均是顺理成章的事。

戴绍英老师之所以能在低学段教学中作出卓越的成绩，归根结底是把心贴在学生身上，对学生满腔热情满腔爱。有教无类，爱每一个学生，呵护每一个学生健康成长。教育事业是爱的事业，没有爱就没有教育。每一个学生都是家庭的宝贝、国家的宝贝，都要真心实意地培养，全心全意地热爱。一个个班级，一个个育人的成功事例，充分说明她对学生的爱是无私的，是大爱、仁爱。陶行知先生的"爱满天下"在她的身上得到生动的、具体的、感人的反映。

她教学上的一丝不苟，教学中创造的业绩，源于她敬业精神的支撑。基础教育教的是知识的"核"，是最不会老化的，小学低学段的教育更是基础的基础，基础打得正，扎得牢固，一辈子受益不尽。三岁孩童映八十，她深知其中的意义，因而，全身心投入，追求教学的完美，追求培育学生良好习惯的完美，勤勤恳恳地学，恭恭敬敬地教，为学生的成长、成人浇注心血。哪怕是朗读一篇课文，怎样才能字正腔圆，怎样才能中规中矩，怎样才能给学生示范，不仅自己反复琢磨，反复演练，挑灯夜战，而且虚心向别人请教，以求完美。这种责任担当、这种对工作的敬重敬畏，令人深为感动。

同窗一载是短暂的，但她对我的真情关照，她在工作中树立的为人、为学、为师的标杆，永远是我学习的榜样。在她仙逝十周年之际，我这名老同学不仅向她献上自己的悼念与敬仰，更要践行她彰显的精神与品质，在当今教师队伍中，尤其是青年教师中传承、光大。

"智慧育人探索丛书"序

教师节前夕,上海市第二师范附属小学蒯峰梅等三位学校领导来访,兴奋地告诉我她们学校有八位老师将自己的教学经验梳理、筛选、提升,作一点理性思考,并诉之于文字,准备出版,邀我为该丛书作序。我被老师们积极向上的热情所感染,欣然应允。

"智慧育人探索丛书"内容丰富,有学校管理的经验,有学校德育及班主任的经验,有语文、数学、英语、体育等学科教学的经验,有个人的发展,有团队的成长,林林总总,各具特色。尽管视角不同,认识有异,但基本聚焦在"智慧"这个关键词上,探索如何智慧管理学校,如何创建智慧课堂,如何做智慧的班主任等。这确实是值得探讨、用心尝试、力求取得实效的教育课题。

有人说,智慧这个元素,如撒在汤里的盐,看不见,摸不着,但品得出来。没有盐的汤,淡而无味,缺乏智慧的教育,也是如此。事实就是这样,基础教育是关乎人德智体美全面发展的事,关乎大脑全面成长的事,理应生气蓬勃,精彩纷呈。二师附小办学追求的就是智慧教育的境界,管理者追求智慧育人,执教者追求智慧育人,努力践行关注每一个学生,成就每一个学生,引导他们乐学、会学、学好,激发他们的内在潜能,更好地健康、快乐、幸福地成长。丛书正是各位作者老师从各自教育教学的实际经验出发,表达自己的愿望与理想。简言之,有几点颇有启发。

教育智慧蕴含的最重要的维度是人——学生和教师。管理也好,教育教学也好,学生应是思考问题、处理问题的第一立场。一切教育

蒯峰梅主编"智慧育人探索丛书"(同济大学出版社2016年版)。

活动、教学行为，都在于体贴人、吸引人、感召人、启迪人，使受教育者内心需求有所满足，感受到求知、成长的快乐。见分不见人，只见知识不见人，是缺乏智慧的表现。

好的课堂教学实际上是充满智慧的探险。以智慧唤醒心灵，激发兴奋点，开发探究点，向知识宝库觅宝，思想碰撞，对话交流，生意盎然。课堂教学其实在演绎教师的智慧，既要自己发出启蒙之声、心魂之声，照亮课堂，又要激励每个学生发声、表达所思所想，有时众声喧哗也是一道美丽的风景线。关键在不断活跃学生思维，引领他们动脑筋，学会发现，学会质疑，试着分析与解决力所能及的问题。有位哲人说，思想是条机灵活泼的鱼儿，井水、江水、海水，它都可以畅游；逆流、顺流、激流，它都可以奋进。对它来说，没有什么界限，也没有什么禁区。智慧课堂就是让学生的思维、思想变得像鱼儿那么活泼，那么自在，那么快乐。

智慧不是一种方法，而是一种能力，在一定条件下就会表现出来。智慧本身需要以一定的知识为基础。教师进行智慧教学当然要博闻强记，以不断丰富自己的知识为基础。有一定的学科素养与文化底蕴，教学时就能触类旁通，举一反三，闪发智慧的光芒。智慧之光要常在，还须锻炼自己的思维，特别是多向思维，从不同方向、不同角度思考，可对有些知识重组，可从已有的知识中寻找出新意，让学生兴奋，有新奇感、探究欲。哪怕是教识字，不仅是字形、字音、字义，其中还有民族文化的启蒙，民族文化的传承，滋润学生的心灵，学生感受到春风化雨之甘甜。

智慧育人，教师要有仁爱情怀。一个学生一个样，性格、习惯、脾气、爱好、智力、情商、家庭情况、成长条件等不可能一个样，差异是客观存在的。教师要做到真心实意热爱每一个，确实要锤炼自己的感情，有大爱、仁爱的宽广胸怀。要懂得：差异是和谐的基础，多样是丰富的前提。音符有阶梯，才能组合成优美的旋律；色彩多种多样，才能编织成绚丽与斑斓。有敏锐的目光，发现每一个学生身上的优点、特点，爱护，培育，聚焦，让他们在集体中闪发光芒。以仁爱之心铸就的育人，不仅是知识的传授、能力的训练、智力的发展，有智慧之光，而且透露出师生生命的敞亮，生命的锻造，生命的成长。

营造智慧育人的气氛，探索智慧课堂，学校管理者积极带头，通盘设计，并坚持不懈地一步步推进，力求落到实处，结出硕果。这种对事业执着追求的精神是值得赞颂的。

希望这套丛书能得到小学同行的青睐，交流认识与思想，也祝愿丛书的作者继续尽心实践、研究，取得更多的进步，更大的提升。

《中国古代语文教育史》序

许书明教授新作《中国古代语文教育史》即将出版，来电嘱我写序。我本一草根教师，一辈子在教学第一线耕耘，对语文教育史研究甚少甚微，作序无疑是挑千钧重担，极不相称。然而，对中学语文教师而言，该书问世，无疑是学习的好材料，能从中得益提升；加之许教授的邀写盛情，就不揣唐突，谈一点鄙陋之见，求教于语文教育方家与语文教育同行。

研究中国古代语文教育史的意义与价值，许教授在该书导论中已阐述得清楚明白，我十分赞同，在此赘言几句当今语文教学中的乱花已经迷人眼的现状，不过是更为强调此项研究的重要性与必要性。语文学科的改革与实践在基础教育设置的诸学科中，从认识到做法大概是最为活跃的，提法林林总总，实施琳琅满目，其中不乏符合学科教育规律与学生认知规律的启人深思的经验，但冷静思考梳理，就可发现在喧嚣声中良莠并存，鱼龙混杂，干扰学生语文能力、语文素养的切实提高。简言之，有两种状况特别值得关注，并应对之持清醒的态度。

一是割断历史。一讲到语文，只认定独立设科以来的百年史，百年前的全是糟粕，不屑一顾，甚而认为不是语文，没有语文。平心而论，我们的现代语文，除了特定的年代、特定的政治运动对语文学科的目的任务干扰乃至冲击外，中小学语文的理念与做法，基本是沿用独立设科时的指导思想，从大纲制定、教材编写、练习设计到考试评价，尽管有种种调整与变动，但航向并无质的变化。光绪二十九年十

许书明、徐海梅编著《中国古代语文教育史》（科学出版社2016年版）。

一月（1904年1月）颁布"癸卯学制"，我国语文课程独立设科自此开始。当时新学堂的学制、课程以至教材，大都从东西方先进国家引进，但语言文字独立设科，须我们自己探索建设，因而，中国文学一科应运而生。《学务纲要》中明确规定："其中国文学一科，并宜随时试课论说文字，及教以浅显书信、记事、文法以资官私实用。但取理明词达而止……"又明确："中小学堂于中国文辞，止贵明通。"显然，这个学科的目的任务是把握文辞的训练，达到实用的目的。关键词有两个：一是训练，二是实用。在当时向西方科学顶礼膜拜的环境中，许多学科尤其是理科，从国外直接引进，中国语文当然不可能直接引进，但重视"现代性诉求"，受西方技术至上的思想影响，完全不足为怪。比如叶圣陶曾明确地说："一般人就以为国文教学只需继承从前的传统好了，无须乎另起炉灶。这种认识极不正确，从此出发，就一切都错。"又说："国文教学固然要重视精神训练，但尤其要重视技术训练，即重视了解文字和运用文字的能力训练。""……把精神训练的一切责任都担在自己肩膀上，实在是不必的。"语文教学为寻求一条提高质量的途径，几十年来，一直在语文知识结构、语文能力训练方面作系列化、序列化、科学化、线性化的不懈探索，然而，效果不理想。1978年3月16日吕叔湘在《人民日报》上对语文教育的责难就是明证。

　　语言文字具有实用功能，语文能力的提升须经过一定程度的训练，本无可厚非。问题在不能把它推到极端，成为语文教育的全部。把技术至上推到极致的是标准化试题引入高考与应试教育的全覆盖。那些公开课、示范课、研究课等，因改革需要，或媒体需要，不过是点缀、表演，语文教学的常态是课内课外知识点操练、考试点操练，因考而教，分数至上，已形成教师的习惯性思维，形成教师的有意教学行为与无意教学行为。这不能不说是悲哀。

　　语文为何物？语文教育究竟做什么？有识之士，有使命感的语文教师，不断在叩问，不断在寻觅，面对强大的应试潮流，面对理性工具的强大气流，步履维艰。

　　发展是不能割断历史的，那是血肉相连的命脉，一个国家一个民族的语言文字更是如此。中国古代语文尽管未独立设科，尽管是文史哲不分家，但其中对语言文字的学习与掌握还是积累了丰富的经验，是割不断甩不掉的。中国现代语文还是从中国传统教育脱胎而来，了解其中的利弊得失，有益于今天走好健康发展的路。可惜的是相当数量从事语文教育的人对古代语文教育不了解、不研究、不知觉，影响对问题系统的全面的思考。这块短板确实应该补上。

二是误解曲解，割裂剥离。新世纪语文课程改革，回溯古代语文教育历史，参照与借鉴东西方语言文字教育的理念与做法，从本国语文学科实际出发，形成了语文课程设置的一些新思考新做法。新课程标准不可能十全十美，一定是在实践检验中不断调整、不断修正、不断完善。然而，现实情况是在实施过程中磕磕绊绊，七折八扣。为考而教，为分而战，当然不必述说，就是在理解上也大相径庭。角度不同，衡量的标尺各异，在实践中呈现出来的就乱人耳目。尽管做法纷呈，但误解内涵、割裂剥离是常见形态。语言是人类最重要的交际工具，意识、思想是通过语言来表达的，早在19世纪马克思和恩格斯在《德意志意识形态》中就指出："语言是思想的直接现实。"语言是人类独有的工具。这一工具和装载的思想、文化不可分割。语言符号因意义而存在，离开意义，符号就不成为符号。20世纪80年代世界人文科学的一次最大的革新就是语言科学的突破。语文不再是单纯的符号系统，它有丰富的文化心理特征。而汉语言文字更是有深厚的文化历史积淀，既有工具性，又有人文性。二者是一个统一体的不可分割的两个侧面。没有人文，就没有语言这个工具；舍弃人文，就无法掌握语言这个工具。工具性与人文性的统一，是语文学科的本质特征。

道理本清楚明白，但教学实践只教语言文字，讲求实用有之；脱离文本，架空讲文本内容，还美其名曰强调人文有之。究其原因，均在"割裂""剥离"上下了功夫。哲人黑格尔曾经以洋葱头比喻文化，他说，剥掉一层皮，就是剥掉一层肉，所有的皮剥掉了，肉也就没有了。语言文字的工具性和人文性何尝不是如此？语言文字的"体"和人文的"魂"要融为一体，魂要附体，体中要有魂，硬剥离开来，语言文字成为僵死的符号，魂也无处安身。社会发展，时代进步，学科育人核心素养越来越明确，只是"训练"与"实用"大概远不能适应要求。至于脱离语言文字，空讲内容，无限拓展、延伸，不是对人文的误解，就是故作高深，哪还是什么语文课？教学是老老实实的事，尊重文本、尊重学生是底线，来不得半点虚浮与甩卖。被市场经济裹挟，用营销的手段推波，是万万行不得的。

学术是有尊严的。中小学语文教育不可能像高等教育专业课程学术要求高大上，但它毕竟是学科，是课程，有发展脉络，有理论支持，同样也是有尊严的，不可只凭主观臆断。语文教育是母语教育，任何国家对母语教育，特别是发达国家绝不掉以轻心。语文能力、语文素养是人生存、发展的基础，跟随人的一辈子，它的高低优劣对人的成长成才至关重要。学好语文，是学生的权利；教好语文，是教师的责任和义务。为此，教师须弄清楚中国语文是什么，它担负着怎样的使命，它的源头在哪里，主流支流是什么，哪些经验可传承，哪些陈腐的负面的糟粕要扬弃，发展的走势如何，独立设科前后如何衔接、融通，而非此消彼长，彼消此长，二元对立……凡此种种，《中国古代语文教育史》均作了比较深入的研究，并博采众家研究之长，提炼出自己的真知灼见，以飨广大语文教师。

大学教授，能眼睛向下，切实研究中小学教师提高教学素养之需，我这名耄耋之年的草根教师，由衷地奉上敬仰之意与感激之情。

《课堂,与美相遇的地方》序

读李德芹老师《课堂,与美相遇的地方》书稿,很为她的忠于职守、对高中语文教学的不懈追求所感动。教师不是先知先觉,但对所从事的事业、所教的学科必须"知",必须"觉"。"我在做什么?我应该做什么?我离目标还有多远?怎样做会更好些,更接近目标?……"诸如此类的问题,有事业心的教师会自觉地想,经常地想,在教育实践中促进自己精神的成长,提升自己的专业素养。

李德芹的心中有一盏灯,这盏灯引领她教学的步履往前行,追求语文教学的美好。用她自己的话来说,是追求实现语文醇美的教学理想。醇美语文,体现出民族语文的醇厚之美、语文本体的醇味之美、语文学习的醇真之美、课堂和谐交融的醇和之美。好的语文课应如甘醇的美酒,醇厚甘美,韵味浓郁,让人品后回味无穷。当前,在不少语文课沦落为工具,为喧嚣、失魂落魄、刷题获分的怪物时,能对语文学科的本质属性与语文课堂应展现的美丽风景作一些独立思考,应该说是难能可贵的。人总是活在现实生活之中,有理想的人总能超越现实,想得更深一点,看得更远一点。理想是精神支柱,树立了理想,心灵就容易辉煌;心灵辉煌,前进就有了动力,就会不停息地前进。

在醇美语文教学理想指引下,李德芹老师对语文课堂教学做了一系列的改革尝试。教学模式探索、教学问题设计、教学专题开发、教

李德芹著《课堂,与美相遇的地方》(华东师范大学出版社2016年版)。

学环境构建，多方涉及，力求寻觅一条通往醇美语文的途径。在探索中有两点很可贵。

一是重视学情，以学生发展为本。每做一点改革或改进，先做一点调查研究，倾听学生意见，把握学生学语文内在需求的脉搏，力求使实践少一点盲目性，多一点科学性。这原本是常识，但许多人做不到。说的是以学生为本，行的是以"我"的主观意志、主观愿望为本。正由于如此，教学效果不够理想或不理想，也就不足为怪了。教师习惯于表述自己的看法、意见、判断，这无可厚非，如果这些看法、意见、判断，建立在倾听的基础之上，就接地气，就有活力，认同值就高。"倾听"是教师重要的素质，源于谦虚、尊重与宽容。

二是读书学习，努力提升自己的专业素养。博采众长，善于借鉴，走自己教学的路，既是一种谦虚好学的态度，更是一种熔炼教学优质资源的本领。不重视读书、学习，故步自封，当然教学上会裹足不前。教得好首先是学得好。学，不能照单全收，要思考、辨别，取其精华，拿来为我所用。学，还须放在一定的时代背景下考量，弄清楚该思想、该做法的来龙去脉、利弊得失。彼时彼地与此时此地，既有相通相似之处，更有区别与差异，提升认识，熔炼做法，择善而从，形成自己教学独有的特色应是追求的目标。

醇美语文的教学理想已扬帆起航，祝愿李德芹老师振奋精神，努力探索，潜心研究，精心实践，总结经验教训，不断取得新的进展、新的进步，享受追求梦想实现的快乐。

《触摸活着的鲁迅
——一名初中语文教师的思与行》序

《触摸活着的鲁迅———一名初中语文教师的思与行》即将付印出版,张贤臣同志嘱我为之写序,我欣然应允,感谢他给我这样的机会。他在工作繁忙之际,仍能坚持教学实践研究,并能将研究所得用文字表述,著书立说,是我意料之中的事。在上海市语文德育实训基地研修期间,张贤臣的谦虚好学、积极进取、扎实开拓,大家不仅有目共睹,而且交口称赞。

人的价值与贡献并不以学历高低、职务高下、荣誉多寡来衡量,而是看有无一颗赤诚之心爱岗敬业,孜孜以求,面对现实难题,勇于破解,以利他人的成长与发展。这是一种勇气,一种智慧,更是文化判断力和社会责任感的生动展现。张贤臣选择当今初中语文教学中鲁迅作品阅读的难题进行较为深入的研究,也显现了这方面具有的初心。

现实的问题总要在现实中解决,不能避开眼前说天边。在政治多极化、经济全球化、信息网络化的今天,文化大潮汹涌澎湃,价值多元评价比比皆是,对鲁迅其人其文的非议、践踏、谩骂、攻击,也就不足为怪。在社会急剧转型时期,出于各种各样的目的与利益需求,各式思想、各色人等急于登台表述,扮演与众不同、引领潮流的先锋。影响波及教育,就出现了告别鲁迅、拒绝鲁迅的喊叫。鲁迅作

张贤臣著《触摸活着的鲁迅———一名初中语文教师的思与行》(上海教育出版社 2017 年版)。

品,中学生要不要学?要学,怎样帮助他们学?语文学习绝不只是学习字、词、句、篇的理解与运用,更是以"文""化"人的问题。文化对学生有巨大的穿透力,犹如水击石,或冲刷,或细镂,锲而不舍,石头就被雕塑成令人叹为观止的千姿百态。青春年少之时,多阅读经典作品,就能滋养心灵、提升品位,精神世界获得成长。张贤臣深知学生打精神底子的重要,20年的教学生涯中对鲁迅作品教学的难题潜心研究,努力实践,形成自己的一些独特看法与做法,有益于学生亲近鲁迅,感受其思想精髓与语言魅力,初识人生的况味。

鲁迅从神坛上走下来,回归到人的原点,这是一种进步。但是,切不可忘记伟大的作家拥有上下求索的强烈追求,有大胸怀、大情怀,把整个世界装在心里,何况是鲁迅这样的"民族魂"?记得《约翰·克利斯朵夫》的扉页有如下的题记:"真正的光明绝不是永没有黑暗的时间,只是永不被黑暗所掩蔽罢了。真正的英雄绝不是永没有卑下的情操,只是永不被卑下的情操所屈服罢了。"阅读鲁迅其人其文,须珍视其重量,千万不能失重。

经典是民族精神的记忆,是民族文化最显著的印记。经典最本质的特征是触及、思考、表达一个民族生存和发展的最基本问题。它活在时间深处,但能经受得住时间的考验而历久弥新,具有强烈的现实意义。鲁迅一生努力,以他独特、灵活、犀利的文学武器,真实而深刻地反映了中国半个多世纪的历史进程。尤其是对人性的发现与批判,揭示冷峻的真相,传播爱与怜悯,展示灵魂的求索,令人心灵震撼,启人深思:如何立人举事,如何挺起脊梁骨。如果人的精神世界沦陷,就站立不起来,只能在地上打滚或爬行。指导学生阅读这样的经典作品,从初中生的心理需求、认知特点出发,选用恰当的方法,拨动他们的心弦,无疑会促进他们的精神成长,留下深深的痕迹。

鲁迅经典作品语言精彩纷呈,独树一帜,对学生的教育作用不可小视。鲁迅是语言大师,他的文学语言以口语为基础,融入古语、外来语、方言,将现代汉语的表意、抒情功能发挥到极致,极具个性,又极具创造性,色彩鲜明,画面感强。要指导学生咀嚼、推敲、品味,让他们能切实领略现代汉语的风采,领悟现代汉语所表达的高度和所具有的力量。要学生能亲近作品，读懂语言，不是轻而易举、一蹴而就的。读经典本身就是思想爬坡，伴随着的是难和累，但每上一个高度，都能有收获。张贤臣选择这样一件费力的事情开展研究，不仅"思"，而且"行"，坚持不懈，摸索前进，显然，支撑他的是育学生成长、成人的高度责任感。

怎样教学生？怎样才是教书育人？怎样才是真正把以学生为本、以学生发展为本落到实处？每名学科教师必须有自己的思考、自己的育人蓝图，而不是围着考试转，跟着教育"时尚"飘。张贤臣同志接教学地气的研究是一种提醒，是一种榜样。研究并非终结，而是正在进行中，希望更多的语文教师同行重视教学研究，发挥自己的聪明才智，开辟研究项目，创造教学的精彩，恩泽莘莘学子。

《别开生面的阅读与写作》序

广东从化朱华勇先生来电,嘱我为张超老师的新著《别开生面的阅读与写作》作序。朱先生是我尊敬的人,一辈子钟情于祖国的语言文字,用《乡村语文报》的平台培养了众多的学子,使他们受益终身。朱先生推荐的新著必有充实的内容、独特的见解,作者必为语文教学的高手。尽管我已是耄耋之年,思路滞塞,文字衰败,但为了赞赏和弘扬教师读写的功力,不揣鄙陋,欣然应允。

《别开生面的阅读与写作》的价值与意义,张超老师在后记《读写人生》中已阐述得清楚明白,再唠叨几句就有叠床架屋之嫌。著作的后记给我甚多启发,简言其中一二,与语文教师同行共勉。

1949年前老百姓称教师是"读书人""先生",读书是教师的标志,因读书明理而受到尊敬,称为"先生"。奇怪的是当今的教师以读书为精神成长的少而又少,语文教师也不例外。拘囿于教学参考书与电脑下载资料,徘徊于为考而教的刷题浪潮,求知阅读的意识与愿望日益淡薄,教书不读书、少读书成为教学生涯中的痼疾,不下功夫治愈,影响教师的学术素养、专业素养,影响教育质量的提升。前年我们曾在全市中小学教师中采样做调查研究,样本还是比较大的,六成以上的教师每人纸质图书年阅读量低于4本,八成以上的教师每天阅读时间低于1小时,与许多国家和地区比,差距很大。比如,以色列人年图书阅读量为65本左右,是我们的14倍还多,一比较,不得

张超著《别开生面的阅读与写作》(中国人民大学出版社2017年版)。

不令人担忧、揪心。

　　教师知识长流水，才可能较好地对学生心灵进行灌溉。教得好首先是学得好，读书是最好的学习。张超老师以自身阅读的亲身经历，体会到"阅读是吸纳、积累，是语文学习的生命之源，在人生成长、文化积淀、素养形成等方面有基础意义"，这虽不是"至理名言"，但这种认识、这种经验有比较普遍的意义。要身体力行地做到，既要养成每日阅读的习惯，又要锲而不舍地坚持，还要精选与博览，更要深入其中，学会吸取精华，滋养心灵成长。习惯的养成，既靠兴趣，又靠理性。接触佳作，如入山阴道中，美景目不暇接，兴趣会油然而生；读书与做事一样，不可能一切从兴趣出发，须思考其必要性和重要性，"三日不读书，面目可憎"，理性为习惯形成助力。习惯一旦养成，以书为伴，就成为生活、生命中的常态，乐在其中。读书的成效绝非一蹴而就，须坚持不懈，日积月累。许多事的成败关键就在于能否坚持，坚持是意志力的表现，读书要达到明做人之理、明报效国家之理的高度，须坚韧不拔地努力。阅读并不都是随便翻翻，休闲逸情。兴之所至，可广泛阅读，开阔视野，增长见识，但总要精选几本经典，认真啃嚼。经典活在时间的深处，其智慧结晶哺育了一代代人，成为立身处世的良好基因。故而，读书要真正读进去，吮吸其中精华，修身养性，增长人生的厚度。读书不是装点门面，而是照镜子，吸取至圣先贤的思想精髓，又与同时代的人沟通、交流，择善而从。汉代目录学家刘向说："书犹药也，善读之可以医愚。"我以此为座右铭，不断以书来治自己的愚昧、愚蠢、愚笨。

　　教师，尤其是语文教师，应该有一支灵动的笔，表达自己的教学得失、育人经验，探究教育教学的规律。正如张超老师所说，"写作是输出、创造，是在阅读基础上的发展提高，对思维认识的深化、语文能力的提高作用巨大，一个真正语文素养较高的人，应该是有较强的驾驭运用语言文字能力的人"。确实如此，语文教师要不断提升自己的专业能力和教学能力，书面表达的尝试与训练必不可少。人的认识一般说来常常是碎片化、浅表化的，要用文字清晰地表述出来，就得分析、综合、判断正误，梳理提升。思维的过程实质上是由此及彼、由表及里、去粗取精、去伪存真的过程，这对自己提高理性思考的能力、认识教育教学本质的能力、理解汉语言文字本真的魅力有极其重要的作用。教师能用文字正确表达、经常表达，不仅做到文从字顺，而且说理能鞭辟入里，描述能神采飞扬，教学生写作，就不会空洞说教，心虚神慌。因为自己在写作中甘苦备尝，指导时就会成竹在胸，具体生动，讲到关节点，点在要害处，学生的写作欲就会被唤醒，写作的积极性就会被激发。

  人是用语言来表达欲望的。《春秋穀梁传·僖公二十二年》有："人之所以为人者，言也。人而不能言，何以为人？"我们的老祖宗早就发现"言"是人的特性，将言语视为"人"与"非人"的根本区别。德国哲学家海德格尔也有类似的判断："唯有言说使人成为人的生命存在。作为言说者的人是人。"显然，言语与生命同在。在生命历程中对人、事、景、物发表自己的看法、见解，应该是顺理成章的事。见诸文字，即是文章及著作。动笔，才能体会文章不是无情物，其中奥妙无穷，美妙无比。不动笔，难以有这种精神上的享受。把动笔看作沉重的负担，往往因对写作的价值意义缺乏深层次的理解，再加上习惯惰性，文思越来越枯竭，"怕"字当头了。其实，每个教师都有丰富的写作资源，学生的千差万别，教学的千变万化，育人方法的千种万种，只要做有心人，思考，思考，再思考，必有所得，诉之于文字，久而久之，笔下就会行云流水，汩汩滔滔。

  张超老师在阅读与写作方面为我们做出了榜样，我作为一名草根老教师，向他致以深深的敬意。

《上海名师课堂 中学语文 兰保民卷》序

兰保民老师将出版语文课堂教学专集，嘱我作序，我欣然应允。

早在第一次见面时，他就给我留下了极好的印象：朴实、沉稳，注意倾听，身上有书卷气。此后数年，在首届上海名师培养基地与语文德育实训基地的诸多活动中，他无不专心致志，积极投入，深入思考，屡有独特见解提出，给人启迪，使同伴受益。他是北京师范大学的研究生，有扎实的语文功底、较广的文化视野、相当的教学能力，但从不以此自喜自傲，而是谦虚谨慎，勤奋好学，具备了成为卓越教师的第一重要品质。

较长时间以来，教师的思考与行动都在"教"与"考"的圈子里转，往往忽略或没有意识到自身学习的重要作用。教得好，首先是学得好；不重视学，不主动积极地学，肯定教不好。教海无涯学为舟，学生发挥学习的主动性、积极性，会问出上自天文、下至地理的各种各样问题，对学科知识能力会有各种各样奇思妙想的追求。教学如大海，无边无际，不学习，不开阔视野，不精研专业，不在学术和文化积累上下功夫，自己怎可能发展、成长？自己不发展，不成长，墨守成规，抱残守缺，怎能满足学生学习的内在需求？怎能激发学生旺盛的求知欲？"自己一桶水，教给学生一杯水"的时代已经远去，企图把求学时代获得的一桶水用一辈子，无论如何也适应不了时代发展对教育教学的要求。教师学习必须长流水，日有长进，月有长进，

兰保民著《上海名师课堂 中学语文 兰保民卷》（上海教育出版社2017年版）。

年有长进,才可能跟随时代持续前进。舍弃学习这条"舟",孤陋寡闻,怎可能在教海中破浪前进?

现在是"万般皆下品,唯有考分高",只要反复训练、机械训练出获高分的学生,其他如提高阅读素养,提高表达能力,提高教研、科研能力,改进教学内容、教学方法等,一概油盐不进。如果分数能反映学生的语文应用能力,反映学生的语文综合素养,那当然是好事,然而,可悲的是高分低能,语文水平不佳已是不争的事实。高一、高二年级语文按规定被挤压到每周三节课,明智的校长增加到四节课,一到高三年级,课暴涨,少则七节,多的每周十节,用于对应考试内容、考试题型反复操练。这种母语教学的"变态"大概在世界上也罕见。造成这种状况的原因十分复杂,但教师的认识进入误区不能不说是原因之一。有的教师认为"考"就是要拼命训练,与"教"和"学"割裂开来,殊不知学得好就能教得好,教得好就能考得好。这个"好"就是对语言文字理解、领悟、运用的真本领,是以有认识水平、思维能力、生活源泉、文化积累为支撑的。这个"好"是从根上抓,不是表面文章在形式上排列组合。

兰保民的课在"教得好"上下功夫,备课首先对文本怀有敬畏之心,静下心来认认真真读懂作者写这篇作品的真意,读的时候,多问几个为什么,想得一清二楚,解答得有理有据,不主观臆断,不蒙混过关,不人云亦云,不搞教学参考书搬家、网上下载;备课、教课同样对学生有敬畏之心,了解、研究学生的语文基础、学习兴趣、性格特点、学习追求所在。知之真切,教材处理就成竹在胸,删枝叶,强主干,制订切合实际的教学目标,并卓有成效地实现。集子里收录的一些课堂实录生动地显现了他钻研的功力、教学的智慧。他上课时神采飞扬,构建的教学磁场中语言、思想、情感、思维常亮点纷呈,参与者全神贯注,听者动容,畅游在祖国语言文字编织成的锦绣之中,共同享受语文美的幸福。

这种认真、执着、毫不懈怠、常富有创意的工作,植根于教育自觉,植根于内心的深度觉醒。中国人有很强的历史使命感,世界上具有这种"天降大任"使命感的民族不多。兰保民的成长过程,受中华优秀传统文化的熏陶感染，教书育人的使命感很强，有担当意识。且不说教育教学工作，即使额外加的种种任务，如申请课题报告的起草，编写书籍的框架搭建，学员稿件的批阅、修改等，他均勇于担当，再苦再累也毫无怨言。在当今功利思潮横行、熙熙攘攘利来利去的情况下，这种担当意识、奉献精神尤其显得可贵。

在语文教学现状与走向众说纷纭的今朝，希望有志的教师继续振奋精神，加强学习，深入钻研，既有破解难题之勇，又有破解难题之艺，群策群力，恩泽莘莘学子。

《语感教学：内容确定与实践案例》序

陈红波老师主编的《语感教学：内容确定与实践案例》即将付印出版，嘱我为之作序。对语感及语感教学，我缺乏研究，难以发表有价值的意见。由于陈老师的邀写盛情，也由于给了我一个拜读学习的机会，我就欣然应允了。表述是艰难的，不妥与浅薄之处，请方家与同行校正。

近些年来，语感在教学中受到前所未有的重视。理论研究者与实践探索者初心皆在于寻找新的角度来突破语文教学质量徘徊不前的困境。经过20余年的不懈探讨，沟通交流，认识大大发展，实践也积累不少经验。在此基础上开展教育科学课题研究，对提升理性思考、明确努力方向、改进与丰富具体做法是十分有意义的。

语感，一般被理解为对语言文字敏锐的感觉，是人的直觉反应，主观色彩很浓。至于它的本质属性、形成原因、如何培养等，由于不甚了了，故而说不清道不明。对其进行研究，并付诸教学实践，对有些问题确实须取得共识。如语感的培养不只是技能技巧，文字学家段玉裁在王念孙《广雅疏证》序中指出："圣人之制字，有义而后有音，有音而后有形。学者之考字，因形以得其音，因音以得其义。"如若忽视汉字多音多形多义，忽视排列的匠心安排，就会形成阅读中的若干隔阂。须知：语言文字从诞生开始，它就具有表情达意功能，宣扬某种思想，表达某个观点，渲染某种情感，有较强的社会性和群

陈红波编著《语感教学：内容确定与实践案例》（华东师范大学出版社2017年版）。

体性。如若忽略，易堕入技能技巧的机械训练。汉字的形、音、义是文化的选择。字词理解有很大的空间，汉字表达充满魅力。沉潜到语言深处，可发现静态语言背后的动力与活力。这些认识有助于研究与实践语感教学的深入思考。

《语感教学：内容确定与实践案例》这本项目研究成果，既重视这些年来语感研究与语感教学研究所取得的进展，又根据现状提出发展的建议。综述所取得的成绩，既清晰地梳理各家之言，又简要剖析可取与不足，实事求是。语感教学的内容如何确定确实是一种颇费心思的探索，把词、句、篇与语法、修辞、逻辑、仿写、语境等多个角度编排起来写也是一种尝试，意图从认知、理解、运用等多方面揭示语感培养的方法与途径。语感是主体对作为客体的语言所产生的直接感受和对语言形式、语言意义进行再加工的心理行为能力，是人们把握语言的基本形式。它的最基本特征是直觉性，培养语感能力需要加强直觉思维训练。直觉思维是以知识经验为基础的，是逻辑思维高度压缩、简化、自动化的结果。实践探索，对此可以深化认识，并积累有益的经验。该课题研究成果留下了不少思考、追寻和实践的空间，不拘泥于一己之见，这是值得赞扬的宽广心态。

祝愿以此为新的起点，深入研究，悉心培养，创造语感教学新成果，为切实提高语文教学质量做贡献，恩泽莘莘学子。

"上海教师教育丛书·知困书系"前言

钱学森曾对一位中学教师语重心长地说:"培养年轻人是一个国家进步的基础,不要小看你的工作,你是在塑造年轻人的灵魂。"

教育是有灵魂的。

教育的灵魂就是培育学生心中的太阳。这颗太阳闪耀着爱国主义的光辉,闪耀着勤奋好学、自强、自信、自律、责任担当的光芒。要学生能孕育成自己心中的太阳,教师就要满腔热忱地悉心教育,精心引导,用自己心中的阳光照亮他们的心灵。

许多教师,心无旁骛,甘守三尺讲台,积累了丰富的教书育人经验;许多教师坚守正道,追求真理,立足我国国情,放眼观察世界,既不妄自菲薄,也不人云亦云,捍卫执教者的尊严。这令人十分尊敬。然而,教育又具有鲜明的时代特征,教育对象生活在科技迅猛发展、社会变化迅速、价值多元、文化多样的大潮中,思想、行为、性格、习惯、兴趣、爱好等无不打上时代的印记。教育中新情况新问题层出不穷,热点、难点问题比比皆是,如何面对,如何破解,如何切实提高? 教师从教的初心要增强,经验要发展,思想要提升,视野要开阔,方法要创新,简言之,精神要成长。具体地说,理想信念、道德情操、学识业务、仁爱之心与时俱进,跃上新台阶,展现新气象。为此,教师之间学习交流,相互切磋,尤为重要。

鉴于现实需要,上海市师资培训中心与上海教育出版社商讨,出

于漪主编"上海教师教育丛书·知困书系"(上海教育出版社 2017 年版)。

一套有关教育教学经验交流的书，嘱咐我们首先尝试。在上述单位热情关怀与具体指导下，我们团队尝试以当下教育教学常遇到的问题为导向，从理性思考与实践做法方面作一点分析、解剖，不求完美地回答问题，只求能活跃思维、深入思考、开阔思路。释放生命活力，寻求立德树人的有效途径与方法，创建优质的教育，恩泽莘莘学子，才是每位教师成长的理想境界。教师在成就了学生的同时，也成就了自身。

基础教育从事的是国民素质教育，是在为未来公民的思想道德素质、科学文化素质、身心健康发展奠基，它的质量的优劣关系到国家的前途、民族的命运、家家户户的幸福。基础教育的教师肩挑千钧重担，责任大于天，生命的意义与价值寄寓其中。国外也是如此认识。英国惠灵顿公爵在滑铁卢战役中打败不可一世的拿破仑，曾留下这样一句名言："当我在伊顿公学的操场上练习奔跑的时候，滑铁卢战役的胜负，其实就已经决定了。"可见基础教育对人一生的成长与发展起着怎样的作用，产生多么长远的影响。

这套书不过是守着教育的本分、教育的常识说话，无甚高论，目的在抛砖引玉，恳请教育方家与同行不吝指正。

"中小学课程与教学彰显中华优秀文化研究与实践"丛书序

"中小学课程与教学彰显中华优秀文化研究与实践"丛书作为上海市教育科学研究重点项目的成果结集出版,是件有意义的事。该项目研究的当下价值与意义,书的起始已作简要阐述,给人以急需、紧迫之感,此处不再赘言。从整体而言,将研究成果诉诸文字出版,对广大中小学校重视并有效进行中华优秀传统文化教育必能产生积极的指导作用与推动作用。

项目研究很接地气,不仅目标明确,路径清晰,态度本真,方法灵动,而且比较扎实,不少举措都有创意。例如,彰显中华优秀传统文化的研究与实践,范围定在"中小学课程与教学"的层面,对中华优秀传统文化教育现状的调研,以教师与学生为对象,本是顺理成章的做法。而今,调查不拘囿于此,还以社会公众为调研对象,把对传统文化的认知、态度与需求放在社会背景中来考量,把教育内部师生的认知、价值判断等与社会公众有关状况比较、参照,以数据为依据,从而获得的认识更为客观,更为全面。但又不迷信数据,现状调查中提出的供讨论的问题,有的就颇有见解。如"传统文化教育内容的筛选虽可参考,但不必局限于了解和认同情况",就没有把"认知程度""认同程度"和"教育价值"之间作简单的对等。因为项目调研者深知,被调研对象并不都了解中华优秀传统文化中的精粹;并

上海市教育委员会教学研究室组编"中小学课程与教学彰显中华优秀文化研究与实践"丛书(华东师范大学出版社 2017 年版)。

不都切实感受到人生需要信仰驱动,社会需要共识引领,国家需要价值导航;并不都深刻认识中华文化中一些优秀的价值基因跨越时空,焕发生命力,为当代核心价值观输送了厚重的力量,崇尚和传承中华优秀文化与树立和践行社会主义核心价值观一脉相承。由于尊重事实,深入思考,提出的问题就实事求是,给人以启发。

对教材的调研分析,同样做得十分扎实。以影响较大、使用范围较广的人民教育出版社的小学、初中、高中语文教科书23册为研究对象,从学习水平层次、传统文化内容要素和呈现方式三个维度展开,取得的翔实数据,一扫大致推测、"毛估估"的弊病。特别是"价值取向"类传统文化内容比较薄弱,学习水平无论是认知、态度还是行为,无要求的比例均比较高。这些分析研究不仅为语文教科书的编选、设计、调整、改进,提供了有价值的参考,而且给教学实践者以非常有益的启发。文化对学生有巨大的穿透力,犹如水击石,或冲刷,或细镂,锲而不舍,石头就会变成令人叹为观止的奇形异态。彰显中华优秀传统文化,就是要让学生耳濡目染,从中吮吸精神养料,不断提升思想,陶冶情操,认识社会,感悟人生,塑造优美的心灵。如果执教者缺乏文化自觉,缺乏优秀文化薪火传承的担当,对再好的文化内容也会视而不见,更别说让它们闪发育人的光辉。

在课程与教学中如何彰显中华优秀传统文化,项目组不仅在理论上做了科学的探讨,在实践中也做了具体实在的研究。以基础课语文、政治、体育、艺术等学科为样板,按照家国情怀、社会关爱、人格修养三大模块对学科知识内容进行梳理和归类,不仅对相关内容进行了结构化的呈现,而且各学段均组织了课堂教学实践案例,给广大教师以如何钻研教材、萃取学科精华、彰显优秀文化、滋养生命之魂的启示,把理念落到实处。与此同时,又面对校本课程应景而变与随意随性的状况,研究并形成了中华优秀传统文化教育校本课程建设与实施指南,并广采学校第一线内涵丰富、特色鲜明、弘扬优秀传统文化光彩的校本课程为案例,让这些课程的优质资源发挥广泛的参照、借鉴、辐射的作用。

一个民族、一个国家的精神追求，是最持久、最深层的力量。青少年学生学习中华优秀文化，就是要在多样性文化并存的环境中，注意修己立人，焕发生命的活力，焕发对美好理想永不停息的追求。为此，此项研究成果问世，意义可见一斑，从中可悟出不少道理。

《每月与语文教师书》序

初春,谈永康老师来电述说即将出版新作《每月与语文教师书》,邀我写序。为语文教学第一线教师的作品写序,我还有些微经验,为教研员的作品写,却是头一遭,有点为难。谈老师是位好学又想干实事的人,更何况嘱写的盛情难却,只好勉为其难了。

一说到教研员,我就会情不自禁地想到我的恩师上海市教育局语文教研员杨质彬同志。那已是半个多世纪前的事。20世纪60年代初,为了改变学生被动学习、课堂教学质量不理想状况,各学科进行教学改革。在区教师红专学院召开的高中语文教改座谈会上,我这名非科班出身的年轻教师,不知高低深浅,谈了许多意见。会结束后,这位年近50,操着四川口音普通话的女教师走到我面前对我说:"于漪同志,以后我来听你的课,事前不通知,什么时候来就什么时候听,你和平常上课一样,不要专门准备。"也许是缘分,也许是凑巧,我不认识她,区教研员告知,我才知晓。那时专业会很少,这个会本应教研组长参加,老组长身体欠佳不愿参加,嘱我这名副组长代替。会后,果不其然,她来听课了,一周来两三次,总是走进教室上课时才看到她坐在最后排的凳子上,一听就是一学期。有时听了课就走,有时把我教的两个班级作文簿搬到校长室翻阅,有时与我交谈。交谈许多次,从不对我的课评头论足,而是提出各种各样的问题让我思考,寻求解答。如:"文中这个问题你为什么这样阐述呢?想达到怎样的目的?学生能理解吗?换个角度行不行?哪个更好些?""学生提的这个问题能醒人耳目,你想过吗?他为什么能提出这样的问

谈永康著《每月与语文教师书》(语文出版社2017年版)。

题？基础是什么？后续该怎样？怎样引导才能激发旺盛的求知欲，激发对语文学习的热爱与追求？"又如："作文眉批、总批除了就字词论字词、就文论文外，你还考虑过其他功能吗？怎样的批改才能入学生目、入学生心，心里热乎乎的？"全是问题，全是思考，为什么，为什么，润物无声地引导你往语文专业里钻，启发你怎么教学生，怎么善待、呵护学生。语文教师不是先知先觉，但绝不能不"知"不"觉"，做操作工，他必须"知"必须"觉"，必须深刻认识所从事专业的价值与意义，必须清醒地领悟到肩挑教育学生的责任与担当，扎扎实实钻研教书育人的规律。

集中听课半年，持续启发诱导，我的教育思想与教学技能有了明显进展，至今我的脑子里仍装满有关教文育人的诸多问题，可以告慰她的是我没有做思想的懒汉。因为一名不重视思考、不善于思考的教师，不可能成为合格的教师，更别说优秀教师了。尤其使我难忘的是她的温文尔雅、真诚待人、平等商量的风范，如春风化雨，温暖我这名极其普通极不成熟的青年教师的心。即使 1965 年让我上全市数百人听的公开课时，事先，她仍然慢条斯理提两个问题促我思考，从不指手画脚把她的意志强加于我，我深深感到人格受到尊重，更要发奋努力。"文革"中，她去了高校，后参加《汉语大词典》的编撰。1978 年我被评上特级教师，本想感谢她的培育之恩，谁知她思想上早已"隐退"，半句不提过往之事，更别说居功了。此时此刻，我对"人梯"的高尚无私顿然有所领悟，我们的语文教育事业太需要德才兼备的"人梯"，也太需要"人梯精神"了。

教研员是我国基础教育教师队伍中特有的教学研究人员，其他国家包括发达国家在内，也罕见这样的设置。这支队伍该发挥怎样的作用，这里不作理论上的探讨，只是觉得国家对教师队伍建设寄予无限期望，颇值得反复深思。习近平主席曾说："一个人遇到好老师是人生的幸运，一个学校拥有好老师是学校的光荣，一个民族源源不断涌现出一批又一批好老师则是民族的希望。"一线教师如此，教研员又何尝不是如此呢？我这名天赋不高基础一般的青年教师机缘巧合遇到了杨质彬这样的好教研员，真是人生的幸运。她点燃了我为语文教育理想奋然前行的明灯，她的音容笑貌、语言动作不仅镌刻在心，更成为我攻坚克难的内在动力。一想到她，我就精神焕发，信心百倍。那时，教研员人数极少，区里一个学科仅一名，市里也如此。今日随着教育事业的大发展，教研员队伍已多少倍增加，只要积聚力量，当在促进教师专业发展中发挥更大的作用。

读谈永康老师《每月与语文教师书》书稿，深感他意识到自己肩挑的重任：采用每月给教学第一线教师写一封信的方式，交流思想，沟通看法，认识当下，憧憬未来，为教研活动的开展增添了新的活力。其中不少议题值得深入探讨，在思想层面、技能技巧层面，获得更多的提升。比如，实践共同体的构建，除了佐藤学讲的外，我们有没有自己的想法、认识和举措？怎样才是符合国情、教情、学情的？短期目标是什么？长期追求是什么？"共同体"是一二三四标准化，还是"万紫千红才是春"？教研员在实践共同体之中，还是之外、之上？实践出真知，上课时与学生心灵交流，思想碰撞，天天有新情况、新思考，惊喜、丰富、有趣，思维王国色彩斑斓。又比如，对语文教学中种种问题的分析与解答，可否让参与者多谈一点自己的想法、看法、做法？深入探讨这个问题是怎么形成的，主客观因素有哪些，什么是症结所在，就问题论问题效果如何，怎样才能标本兼治，怎样才能排除消极因素的干扰，等等。在教学研究的过程中，教师逐渐重视思考、学会思考、善于思考，形成爱动脑筋的习惯，可能比讲述几个方法更有价值与意义。当然，还要视参与者具体情况而定。教师专业发展确实有共同的规律，但各有特点，各有所长，一个人有独特的一个样，百花争艳，也是我们追求的目标。

书中的一封封信，从小学语文教学实情出发，有观点、有材料、有方法、有期待，启人思考，催人奋进，希望受到同行们的欢迎。

《向上的力量》序

为引导广大未成年人培育和践行社会主义核心价值观，发挥优秀校园原创作品愉悦身心、净化心灵、启迪心智的作用，杨浦区德育室在全区范围内开展了中小学生"社会主义核心价值观"读本征稿活动。中小学生积极参加，历时三个学期，在自己学习、体验、践行的基础上，创作了许多童谣、诗歌、故事、剧本，现择优结集出版，是令人兴奋的好事。

好就好在让我们未成年人初步知晓：人，一辈子都活在价值取向当中。价值观不但用来衡量物的价值，也用来衡量人生的价值。每个人对人、事、理的价值判断，就是价值观。人在青春年少之时要立志走好人生的道路，憧憬美好的未来，实际上就是进行价值取向的选择。选择正确的价值取向，就能心明眼亮，界定是非，辨别良莠，丰富人生的内涵，创造生命的精彩。

好就好在让我们未成年人清楚地知道：社会主义核心价值观标定了我们国家与民族的未来航向。中国梦的一个重要内容是中国人民和中华民族的价值体系和价值追求。在物质文明迅速发展的同时，一定要唱响精神之歌的主旋律。人生需要信仰驱动，社会需要共识引领，国家需要价值导航。二十四字的社会主义核心价值观涉及国家、社会、公民三个层面，勾画的正是当代中国的兴国之魂、社会和谐的发展准绳、人生实现理想的基石。这个价值理想与精神图景的锻造，有着昨天的思考、今天的探求与明天的希冀，应分外珍视。

好就好在让我们未成年人具体地体会到：社会主义核心价值观的

冯芸、窦忠霞主编《向上的力量》（复旦大学出版社2017年版）。

感召力和向心力，不是背诵名词术语，不是空谈概念，空说道理，而是要认认真真实践，特别是个人层面的价值实践，是社会主义核心价值观落地生根的前提。"核心价值"是社会众人"约定"的，它庇荫每一个人，因而，每一个人都应遵从，都应该有责任担当。从小信奉、践行社会主义核心价值观，通过讲、写、做等途径加深理解，提高认识，形成习惯，美化心灵，就能健康成长。其中，"做"尤为重要。就如工农新村小学陈娜小朋友在《讲诚信》中所说"……说话算数，不能反悔。假大空话，不出我嘴……"，做、践行最为可贵。

这本读本给未成年人的健康成长提供了正能量，但与培育、践行深厚的内涵相比，距离还远，要靠中小学生继续践行，继续创作，方能让感人的事例不断涌现，好作品踊跃呈现。我们衷心期待着！

《重温教育经典——
一位校长的读书札记》序

  杨浦高级中学向玉青校长新著《重温教育经典——一位校长的读书札记》[1]即将付印出版,嘱我为之作序,我有幸先读书稿,学习体悟,甚为感谢。

  读书对于人生的价值与意义,古往今来不知多少仁人志士、学者专家进行过精辟深邃的论述,令人头脑清醒,镌刻在心。且不说圣贤之言,即使近现代学者、教授的箴言也使人醍醐灌顶。北京大学教授、哲学家贺麟先生给大学新生作《读书方法与思想方法》演讲时说:"人是能读书著书的动物。故读书是划分人与禽兽的界限,也是划分文明人与野蛮人的界限。读现代的书即所以与同时的人作精神上的沟通交谈,读古人的书即所以承受古圣先贤的精神遗产。读书即可以享受或吸取学问思想家多年的心血的结晶。所以读书是人类特有的神圣权利。"把读书提升到"人类特有"的"神圣权利"的高度,前所罕见,有石破天惊之效。

  然而,事物的发展并非总顺理成章。往往认识是一回事,行动又是另一回事。说的是读书怎样怎样重要,而做的时候却由于种种原因跨不出步子,有说的"巨人"、行的"矮子"之嫌。知行本应合一,行是知之始,知是行之成。现实情况是行与知之间的距离看似咫尺,实则天涯。有人调侃地说:"世界上最远的距离不是天涯,也不是海角,而是'说'和'做'的距离。"由此可见,从有认识、认识正确

---

[1] 向玉青著《重温教育经典——一位校长的读书札记》(复旦大学出版社2017年版)。

到身体力行是多么不易。我国国民读书状况不理想，近年来的统计都是年人均读4本多一点，不到5本，与以色列年人均读书60多本差距很大。学校教师读书状况也不乐观。前年我们市教师学研究会对基础教育教师阅读情况曾做抽样调查，覆盖面涉及各区县，汇总起来，年人均阅读量也不超过5本。这确实需要深思。教师的学识、视野、功力，离开了佳作名著精神养料的滋养，难以有实质性的成长与提升，只能在教学技能技巧上游移、飘荡。

在当前社会快速发展变化、价值多元、文化多样的复杂情况下，选择读怎样的书须认真推敲。经典书籍毫无疑义是首选。经典活在时间的深处，价值追求在文字海洋里奔腾。读经典，能打精神底子，增生命自觉。从事教育工作、带领教师队伍前行的人认真读书，钟情教育经典，从中吮吸思想精华，指导教育实践，不仅是自我修养，更是责任担当。

向玉青校长深知其中底里，一贯重视读书学习。在当前教育工作艰巨复杂的情况下，学校要能健康持续地发展，校长更须有定力，有正确的教育理念支撑，辨明是非优劣，指导教育实践，有效地推进教育质量全面提高。向校长的《重温教育经典——一位校长的读书札记》正具体地体现了这种认识的深刻性及亲力亲为。办学者要懂教育，何谓懂教育？就是有教育眼光，有教育"专业"特有的眼光。教育眼光具有道德的重量与学识的能量，教育经典对此能助阅读者获得深刻的启迪，明方向，善思考，增智慧，重创新。在繁重的工作压力下，向校长能挤出时间阅读一百数十本古今中外教育经典，实属难能可贵。表面看是读书，在背后支撑的是敬业精神与持之以恒的毅力。读书笔记注意把教育方方面面的卓越见解古今贯通，中外互证，使观点更为鲜明，更为突出。联系当今教育实际，有生动事例，有谬误匡正，醒人耳目，促人深思。由于自身物理专业的优势，讲到中外物理界的人与事，更是从容不迫，娓娓道来，似乎引人进入现场，眼观耳听，沟通交流。本书还有一个特点，即凡引述的话语均一一注明其来源，说明出自何人何书何时在何出版社出版，或在何杂志刊登，句句有交代，这大概是学理科的严谨求实作风的表现。我这个粗粗拉拉的人面对如此精细，颇觉汗颜。

祝愿这本书出版后，能结识更多的读书知己，继承传统教育中的思想精华，在时代风云中发展创新，群策群力，谱写立德树人教育新篇章。

《文体透视——
中学语文阅读指要》序

王友老师书稿《文体透视——中学语文阅读指要》拟出版，邀我写序，我有机会先拜读书稿，甚为高兴。

与王友相识是在上海市语文学科德育实训基地。两年多来，共同研究"价值多元背景下中小学语文学科德育建设的实证研究"课题；共同探讨在教学实践中教书与育人为何自然融会，同文异教，各展神采；共同交流阅读经典佳作的心得体会。无论是二三十人的场景，还是百人以上的听课，这位青年教师总是从容淡定，谦和安静，在这个自我膨胀、张扬炒作的年代，无疑是一道美丽的风景，在他身上总不时透露出一点书卷气。

静下心来阅读可能已成为他的习惯。每次学员集中活动，只要一进会议室，总可以看到他翻阅书报杂志，翻检资料；只要发言，总有点引经据典的东西醒人耳目。语文教师，尤其是高中语文教师爱好阅读，与书结缘，应该是常识之举，更应是天作之合。高中语文教师直面教育现场，出于维护尊严，也不能降格为知识点的传声筒，工具训练大运动量的操盘手。高中语文教师肩负着传承和弘扬中华优秀文化与人类进步文化的重任，他本身就是文化人，至少也应该是名对文化有追求的人。教学中要言之有物，言之有文，言之有情趣，对学生学习有点吸引力、感染力，就得钟情阅读，不断从书中装载的思想、情感、意志、品格获得滋养。哲学家贺麟早在 1943 年秋天为大学新生

王友著《文体透视——中学语文阅读指要》（上海教育出版社 2017 年版）。

作演讲时就指出："读现代的书即所以与同时的人作精神上的沟通交谈，读古人的书即所以承受古圣先贤的精神遗产。读书即可以享受或吸取学问思想家多年的心血的结晶。"他又说，"一个人需要培养其精神，犹为花木需要土壤、空气、雨水、日光的培养，方能生长一样"。由此可见，读书，无论是学生还是教师，都是成长中的要义。

读书要清醒，不能滥读，不能用来虚张声势，装门面。要真心实意渴望从它那儿得到教诲。阅读，思考，比较，对照，辨识，聚焦，用脑打磨，用心熔炼，实实在在受益。朱熹曾这样要求："读书须一棒一条痕，一掴一掌血。"读书就要有为此较真的精神。较真，方能有真效果，真价值；持之以恒地阅读，积累，人的境界就会高起来，眼力也会强起来，手中也就会有一支灵动的笔。

王友这本书稿的形成，既有他多年教学中研读文本经验的积累，又与他学习某些经典、某些文论、某些作品关系密切。后者的学习提升，有助于消除理论上的盲点，有助于对问题的研究作较为全面的、系统的思考，有助于克服剖析问题碎片化倾向。"文体的内涵及文体透视的意义"这一章显然是阅读有关经典并认真进行梳理后再摘其要连缀成文。在各种文体的阅读与鉴赏前面，冠以这一章，可起引领的作用，阅读时有"章"可循。

"阅读指要"能根据文体不同特点，提炼出阅读时须把握的要素，指点阅读途径、阅读方法；"阅读训练"仍然围绕这些要素展开，强化理解；"经典解读"从某个角度深入剖析拓展思维空间。安排有一定层次，可收到阅读的效果。

青年教师试笔写书，值得鼓励，也值得提倡。勤于笔耕，能促进教学实践的深入，促进教学思维的积极，促进教学行为的创新；勤于笔耕，能促进阅读的自觉，促进视野的开阔，促进文化判断力的提升。在笔耕中成长，在笔耕中走向成熟，成为优秀语文教师，恩泽莘莘学子。

祝愿王友老师继续努力，播撒勤奋与智慧，一路风景一路歌！

《学生作文集》序

这是一本非比寻常的作文集。它不是着力研究初中学生写作的技能技巧，更不是摆龙门阵推销应试获高分的"刀法""笔法"秘诀，而是一批批花季妙龄的少男少女用自己满带感情的稚嫩的笔对自己求学的亲爱家园做全景式的扫描，吐露对人生道路上真善美的追求与向往，对校园生活欢乐多彩的热爱与点赞，内心诉说，情感浪花，在字里行间涌动，生机蓬勃，给人以深深的感染。

学生写作常有无米之炊之苦，提起笔来枯肠搜索，也找不到好素材，更别说遣词造句的灵动。殊不知，生活是写作的源泉，取之不尽，用之不竭。写文章，也就是写生活；学写文章的学生，要在生活这一关上认真下功夫，关心，了解，发现，寻觅，感受，就会获得丰富的写作素材。有人说，学校生活那么平淡，那么刻板，上课、下课、刷题、测试，有什么好写的。其实不然。即使平淡，也会出现高音符；即使刻板，也会微澜频现。更何况当今在教育综合改革的大潮中，许多办学者由于理念先进，措施有力，学校里新人新事不断涌现，呈现一片新气象，而公办的建平实验学校更是翘楚于这个行列，令人瞩目。处于如此活跃的环境之中，学生见闻精彩纷呈，笔下素材蜂拥而至，当然也就顺理成章。

也许学校领导改革的初心并不聚焦在语文教学质量尤其是作文教学质量的提高，而是站在时代的制高点，从学校的实际出发，思考办学的理想追求，确立学校独特的"魂"和"体"，并采取一系列改革措施，使魂入体，体载魂，魂体相生，营造积极向上的氛围，引领师

本文为作者为上海市浦东新区建平实验学校学生作文集而写。

生和谐发展，共同成长。从中，我们可获得的启发是：

　　提高学科教学质量，提高学生写作热情与写作能力，不能局囿于就事论事，受工具理性的支配，见物不见人，见分不见人，要有大视野，大格局，优化环境，创造条件，激发教的积极性和学习的主动性。人的成长除了内在动力，还需环境培育，而良好环境的培育又能为内在动力添薪加火，促使潜能发挥，更奋发向前。建平实验学校以"建德建业，惟实惟新"核心价值为支撑，大力创建文明校园，把学校建设成师生成长的沃土，风调雨顺，阳光灿烂，花红柳绿，生机勃勃。就以校园环境而言，无不精心设计。喷泉中的钻石苹果，九曲亭台，花墙，走廊，池塘，小桥，教学楼里里外外一面面墙，不管上面有无文字，都在诉说着对莘莘学子的友好、温情与无穷的期待。这些景物与学生为伴，朝夕相处，心灵感应，学生拿起笔描绘美丽校园，自然就会倾注其中，兴味盎然，文思绵延不断。

　　文明校园的创建不仅在物的美化、景的宜人令人赏心悦目、惬意舒适，更重要的在于培育弘扬人文精神。对处于成长关键期学生生命的尊重、关切、呵护与价值引领，对教师教书育人职业担当的理解，珍视、扶持、培养，群策群力，同唱一首歌，音调和谐、铿锵，辛苦中透露的是温馨与幸福。文字反映生活的现实，作文集里的"真善少年""仁爱教师"乃至"智慧家长"正是生动的写照。读一篇篇学生吐露的心声，你会深切感受到生活的小主人真多，他们有梦想，有追求，会热爱，懂感恩，在教师用心呵护、以文化育人的和风细雨中，他们努力"探索真知、追求真理、学做真人、活出真我"，向着"真善少年"目标，满怀自信地进发。诸多的德业课程、色彩斑斓的种种校外活动，创造了他们无限发展的空间，温馨教室是他们的成长基地，未来的课堂激励他们想象的翅膀大胆飞翔。家长不是旁观者，不是甩手派，而是积极参与其中，贡献智慧，为学校立德树人事业护航。

　　小小作文，反映的是学校育人大文章，但作为写作教学的忠于职守，它未忘记自己的职责。学生作文要言之有物，言之有序，言之有文，除了丰富自己的生活外，十分重要的是与书为伴。阅读是生活的伴侣，求学年代更是要以书为亲爱的伴侣，勤读书，读好书，拓展视野，增长见识，以中华优秀传统文化与世界先进文化滋养自己的心灵，促使自己健康成长。作文集首章冠以"书香建实"是很有见地的。学校绝不是只读教科书的场所，要以文化育人，就需延伸、扩展，提倡广为阅读；一名学生要茁壮成长，非有科学、文化孕育不可，广为阅读是积累知识、认识社会、认识人生、提升素养的十分重要的途径。学校弥漫书香气，是学生的幸福；教师身上有书卷气，是学生的榜样；学生读什么，怎么读，还得靠精心指导，培养学生养成与书相伴的好习惯非一朝一夕的事。

作文集每章有卷首语，每篇有指导老师的点评，给写作者与阅读者以指点，使得一篇篇作文的价值得以充分发挥。

语文魅力何在？作文集告诉我们，写文章，绝不是字、词、句的排列组合，而是学写文，学做人。语文学科与其他学科最重要的区别在于它始终是指向人的，与人的思维、情感、品质、能力密切相关。语文就是人生，伴随人一辈子。语言文字来自人生，而不是来自书斋。诗人、教授郑敏说："每个汉字都是一张充满了感情向人们诉说生活的脸。"用它连缀成文，表达情意，怎不魅力无穷？作文集以《魅力语文》为题，大概寄寓不少深意吧。

2017 年 8 月

《刘洋老师教语文》序

阅读刘洋老师《刘洋老师教语文》书稿,我这名耄耋之年的老教育工作者常被文中奔腾的青春热血所感动。这不是由于他在语文教学中有什么横空出世的奇招妙招,令人赞叹;也不是由于他异想天开,深不可测,令人头晕目眩,而是一名有理想有抱负的年轻教师在自己所从事的专业领域满怀热情地投入青春与智慧,不懈地探索语文学科教学的规律,探求教书育人的真谛,奋然而前行。

这本课例、随感、论文集启人深思的亮点不少,择其要而言,有三点对当前正在成长中的青年教师十分有意义。

学生立场

21世纪课程教育改革的战略核心是以学生为本,以学生的发展为本。教育,就其本质而言,就是三个字:培养人。我们的教育就是要培养有中国心的素质良好的现代文明人。然而,较长时间以来,由于应试教育甚嚣尘上,工具理性大行其道,因而,教育领域重技轻德、重育分轻育人的现象比比皆是。尽管党的教育方针十分明确,尽管一再强调立德树人是教育的根本任务,但全面贯彻,在教育教学中落到实处,困难、障碍仍然不少。殊不知,"学生"不是一个空洞的抽象的概念,而是一个个具体的鲜活的生命体,他们有共性,更有各自不同的个性,性格、爱好、基础、习惯等各有特点,要敬畏每一个生命,进入他们的世界,了解、认识、体验,从他们成长的内心需求

刘洋著《刘洋老师教语文》(东北师范大学出版社2017年版)。

出发，施以适时适切的良好教育，他们就能充分自信地茁壮成长。不树立学生第一的立场，只在教学技能技巧上着力，不可能取得育人的真正效果。翻阅刘洋老师的文章，不管阐述什么教学问题，都把学生放在中心位置，喜怒哀乐共存。教师不只是教书先生，是以书教人，教书与育人有机结合，刘洋老师向此目标努力追求，这是难能可贵的。

探索精神

一名年青学子步入教坛，对自己的岗位从不熟悉到熟悉，需要探索；从幼稚到成熟，需要探索；从初露头角到步入高原，需要探索；从突破高原羁绊到攀登高峰，仍然需要探索；即使登上高峰，还是需要探索。探索无止境，我们永远在路上，更何况登高峰谈何容易。故而教师成长必须与探索精神为伴，探索精神是教师尤其是青年教师必须培养并具备的优良品质。

探索精神的核心是"思"，关键是"行"。教师工作从理念到实践都要用脑子思，认真思考，勤于思考，善于思考。"心之官"是"思"，心的功能是思考、思考、再思考，不人云亦云，不随大流盲从。这篇课文教什么，怎么教，为什么这么教，怎样才能激发学生的求知欲，怎样才能提升他们自主学习的积极性和自主学习的能力；这篇课文在单元中的价值与地位，知识传授、能力培养把握到哪个层面最能切合学生的实际；这个单元在整册教材中又处于怎样的位置，根据学情，对教材内容又该做怎样的主次详略的处理……凡此种种，从个别到一般，从一般到个别，从整体到局部到细部，从细部到局部到整体，均应独立思考，反反复复思考。想清楚了，才说得明白；经过独立思考获得的认识、体会，讲起来才具体、生动、贴切，易使学生引得共鸣。懒于思索，惰于探索，靠教学参考书、电脑下载搬家，脑子被别人的所思所想占据如马蹄杂沓，课堂教学怎可能灵动，怎可能闪烁光彩？

刘洋老师的语文教学行为，无论是知识传授、能力培养，无论是作业批改、学习动机与学习习惯的探讨与规范,无论是课内教学、课外拓展,都是以"思"贯串其中。反反复复考虑目的、内容、途径、方法,反反复复剖析利弊得失,不断调整已有的做法,不断修正、提升自己的认识,增强师生的心灵沟通,提高教书育人的质量。尤为可贵的在于不仅"思",而且把思考所得落实到行动上,指导自己的教育教学实践,发扬长处,修正不足,弥补短板。故而,阅读他的书稿,一件件实实在在的事犹如展现在眼前,你仿佛听到他欢乐前进的脚步声。

学而不厌

教得好首先是学得好。疏于学习,满足于已有的知识储存,面对科技飞速发展,新信息、新事物如潮涌的时代,怎样才能把课上得风生水起,对学生有吸引力、感染力?学历水平不等于岗位水平。学历水平是职前接受教育的程度,学历越高,对日后的发展提供了越深越广的条件,而岗位水平的优秀、优异、卓越,一定是在教育熔炉中熔炼,在教育教学实践中跌打滚爬的结果。而这种实践、熔炼,必然与"学"紧密相连。一堂课成功,几堂课受到首肯、点赞,不等于你已经是洞悉与驾驭学科教学规律的行家里手,洞悉学生成长规律的专业人才。你的公开课、优质课能常态化吗?每堂课学生都精神振奋,潜能施展,亮点频频?每堂课都有耐人咀嚼的东西,各个层面的学生都能获得培养,语文素养提升,留下美好的记忆?教学是科学,也是艺术,其中许多奥妙我们知之甚浅甚少,绝非一时的短、平、快就能奏效。需要静下心来,边干边学,边学边干,从教学外围逐步入门,再进而登堂,再进而入室,探得底细。能否登堂入室,洞悉规律,"学"是最重要的品质。当前,"学"的障碍一是自我感觉良好,二是缺乏韧性,难以坚持。前者往往是井蛙看天,不知天外有天,楼外有楼。文化积淀不深,学科素养不扎实,教起来就不可能得心应手,左右逢源。韧劲在于培养,在于锻炼,精神成长,专业提升,皆不是一朝一夕的事。读书、学习,"一丝而累,以至于寸,累寸不已,遂成丈匹",坚持,形成习惯,人的气质、品格,就会大大提升。

刘洋老师重视学习,读文化经典,读教育经典,吸取思想结晶,滋养心灵和教艺;向同行学习,向前辈学习,开阔视野,活跃思维,促使自己成长。以开放的心态向书本、向专家、向同行、向社会虚心求教,择善而从,是青年教师拔节成长的极其重要的途径。

刘洋老师的教育信条是:生命激励生命。祝愿他继续积极向上,在教育熔炉中熔炼生命的完美,引领学生勤奋学习,全面发展,创造有意义的人生,实现生命的价值。

2017 年 10 月

《杏坛杂录》序

蒙徐志强老师厚爱,嘱我为其新作《杏坛杂录》作序。我们虽素昧平生,但天下教师是一家,从教生涯中总有诸多事情心有灵犀一点通。更何况他曾在我家乡镇江的学校多年执教语文,颇有建树,这就更增添了几许缘分。为此,不揣浅陋,欣然应允,也算是对他这位终生从教的优秀语文老师献上一份敬意吧。

拜读书稿,很受启发。不仅在于徐老师用一支灵动的笔把不同地域、不同年代、不同学校、不同家庭、不同人物的教育情境具体、生动、鲜活地描绘出来,使人有如见其人、如闻其声、如临其境的感觉,更在于叙写的这些正面的、负面的,出于公心的、出于私欲的,令人欣慰的、使人扼腕的林林总总事态中,提示的教育之道、为人之道、为师之道、为学之道、为家长之道,唤人警醒,唤醒善良人性的发扬,唤醒对教育事业的忠诚。

教育是干什么的?三个字:培养人。中国教育干什么?培养有中国心的现代文明人。教育,教世态人事,育生命自觉,把学生培养成为德智体美劳全面发展的社会主义祖国建设者和接班人。教育,必须以学生为本,以学生的发展为本,这已经是常识,已被古今中外无数事实所证明。然而,在是非颠倒、黑白混淆的年代,文化、教育均在被横扫之列,育人的价值被扭曲,学校里各种荒唐事层出不穷,也就不足为怪。时光流逝,教育迎来了春天,正当蓬勃发展之时,应试教育如紧箍咒一般套到了师生的头上。育分不育人,求学不读书,整天刷题刷题,学生在题海中浮沉,积极性主动性创造性受到极大的抑

徐志强著《杏坛杂录》(湖北科学技术出版社2017年版)。

制,不少教师也退化为各类练习题考题的操盘手,教学的吸引力、感染力、灵气被消减。为此,徐老师在多篇文章中呼吁,要尊重各个层面的学生,因各自情况而施以良好的教育,使他们健康成长。拳拳之心,感人至深。

为考而教,为考而练,为考而学,"工具理性""技能至上"的笼罩下,重术轻人必然大行其道,重智轻德成为教育常态。传授知识、训练能力本没有错,问题在"过度"。把应试、机械训练奉为瑰宝,并非真正的智育,激发学生的求知欲,问题在丢掉了育人的根本,抽掉了学科知识背后支撑的文化的深层编码。每个教学行为只为了获得分数,为了功利,为了实用价值。正如马克斯·韦伯所说:"现代人采取新的理性标准,用工具理性代替价值理性,终极目标、价值不重要,更重要的是设定一个具体的功利的目标,采用最合理有效的方式。"功利至上,还有什么"理性"可言?习近平主席说,教师工作是塑造灵魂、塑造生命、塑造新人的工作。塑造灵魂,当然要以德为先,立德树人是教师肩负的刚性责任,是执教的准绳,离开了这个准绳,教育质量会百病丛生。《美国校园凶杀案的思考》文中揭露了事实真相,令人震惊,无视德育教育形成的恶果昭然纸上。徐老师在诸多文章中痛心疾首地述说、剖析、呼吁,反复强调要教育学生明理,明做人之理、明服务社会、报效国家之理,充分反映了他的职业操守、仁爱之心和爱国情怀。

要有效地教育学生成长、成人、成才,须学校、家庭、社会形成合力,共同营造学生身心健康发展的良好的教育生态环境。徐老师文集中对学校担任各种任务的角色、对家庭长辈施以种种的家庭教育,均作了细致深入的分析,扬正、贬邪、纠偏,入情入理,入木三分。读一读,想一想,作为镜鉴照一照,很有意思,也很有收益,大大有助于长善救失,提升综合素养。对任何人来说,生命都只有一次,都是单程票,不可能来回跑,在儿童花蕾年代,在青少年青葱岁月,为师、为家长、为社会公民者,都要敬畏他们的生命,对他们的精神成长尽心尽力施以良好的养料,而不是极端自私、见钱眼开的乃至诲淫诲盗的毒汁。这不是教育方式方法的问题,其实质是教育思想、教育理念是否正确、到位，再进一步说，有无道德，有无良心。有恻隐之心，有道德良知，就不会把未成年人当作谋功利、谋钱财的工具。

文集中最得意之笔是对语文教学的思考与实践的描述与倾诉，或欣喜或忧虑，或振奋或慨叹，絮絮叨叨，情与意在字里行间游走、激荡，撞击同行的心灵，引发多样的共鸣。语言文字是民族文化的根，每一个汉字都是一张充满了感情向人们诉说生活的脸，一名语文教师如果对汉语言文字缺乏挚爱深情，是不可能真正步入语文教学的殿堂的。语文教师不仅向青少年学生传授理解与运用语言文字的技能技巧，更在通过语言文字的推敲、咀嚼、品味、鉴赏，向他们传递中华优秀传统文化、人类先进文明，撒播做人的良种，滋养他们的人文精神和家国情怀。在这一点上，徐老师真是用心、用情，千方百计不断改进教学，激发学生对语言的热爱，对文学的钟情。这种古道热肠令人崇敬！打铁还须本身硬，课堂里要有时代活水流淌，教师得有点文化底蕴，有点教学真本领。为此，徐老师一再强调读书的重要，并现身说法自己读书之乐，给同行以启迪与感染。老师读书的重要性自古以来文人志士不知强调了多少遍，但真正有所领悟并身体力行的，并不是浩浩荡荡之势，实在使人焦急。西汉目录学家刘向曾说，"书犹药也，善读之可以医愚"。此乃净言，教师要告别愚蠢、愚昧，非认认真真读点书，尤其是经典，从中吸取智慧的结晶，开阔视野，增长见识，活跃思维，感悟人生。语文教师具有相当的学术素养，乃学生成长之大幸，教育的大幸。

再次感谢徐老师给我以学习的机会，嘤鸣求友，同声相求，也是我这名耄耋老教师的乐事。

2017 年 10 月 30 日

《高中议论文难点突破——基于高阶思维培养的"问题解决型专题写作"微型课程》序

白丽等五位老师历经五年研究与开发的实践成果《高中议论文难点突破——基于高阶思维培养的"问题解决型专题写作"微型课程》即将付印出版,嘱我写序。我为他们高涨的课改热情与执着追求的精神感动,欣然应允。高中议论文写作教学是棘手的难题,如何破解,颇费周章,绝非大而化之空说些写作方法就能奏效。阅读书稿,学习体会,对我而言,也是一桩乐事。

令我感动的首先是五位老师沉潜到学生的写作之中,对议论文练写过程中出现的问题进行排查、分析、归类,梳理出审题障碍、结构障碍、论据障碍、分析障碍、逻辑障碍、语言障碍等几个方面的问题,开展研究,寻觅破解良法。这种从学生议论文写作中的真实问题出发进行教学研究,是真教学研究,一扫从主观臆断出发,空对空的弊病。在确定哪些是真问题时,突破了遣词造句的表层与写作方法的惯例,深入到思维层面,为扫除种种障碍打开一条道路。人是"有思维能力的动物",人人都会想,都会思维,然而,思维不只是随心所欲,东想西想,有意义的思维应是连贯有序的,因果分明,前后呼应。因而,该怎样思维,须得到一定的训练。语言是思维的外壳,抓

白丽编著《高中议论文难点突破——基于高阶思维培养的"问题解决型专题写作"微型课程》(华东师范大学出版社 2018 年版)。

思维训练，促语言表达，是有效之举。这项研究的定向建立在对语言文字本质属性整体把握的基础之上，科学可行。

其次是面对问题，细加分析，各个击破。不可能一下子扫除障碍，要深入把准各个障碍的性质、特点、来龙去脉，有针对性地一个个破解，方能取得教学的实效。为此，又把几个方面的主问题，剖析成若干个小专题，进行探讨，犹如搭建一个个台阶，帮助学生拾级而上，由个别到部分到整体，一步一个脚印，扎扎实实获得思维与语言的训练。在各个击破的过程中，有两点特别值得赞扬。一是"病例发现"全部来自学生的议论文习作。找学生作文中病例不过是举手之劳，但要诊断出什么病，又具有典型意义，经得起咀嚼、推敲，能给人以启发的，就不是轻而易举的了，得下一番硬功夫才行。这比排查毛病更为用心用力用智慧。正因为功夫下得深，诊病要言不烦，直指要害。二是对症开药方，从理论与实际结合的高度进行医疗。道理简明，事例充分，正误比较，思维训练落到实处。思维是因人而异的，它不是可以针对所有问题任意开关的一种机器设备。不同的人因不同的事物会以各不相同的方式来表明相应的意义，诉说的都是自己独特的故事。故而，具体问题须具体分析，指导学生把各种具体事物引起的联想、想象加以排列，分清主次轻重，决定取舍，联结起来，作合乎逻辑的编组，连贯推理，使观点获得有力的支撑。白丽等五位老师深知其中奥秘，故能作适时适度的指导。学生全过程参与，与老师一起发现问题，分析症结所在，寻求克服障碍的良方。这样处理，不仅展现了师生互动的场景，更可贵在使学生写作潜力获得发挥，有的学生数易作文稿，品尝到提升思维质量、扫除写作障碍的欢乐。这项历时五年研究、五年实践形成的高中写作微型课程，聚焦真实问题，破解教学难点，有体系，成序列，有过程，讲方法，一定程度上弥补了现行教材中写作教学方面的不足，有现实意义与实用价值。

语文教学第一线的教师能静下心来踏踏实实做教学研究，认认真真开发微型课程，完全是出于教育自觉；而教育自觉又源于对学生的仁爱之心与对语文专业的学术追求。学生议论文写作中的障碍就是教师心中的块垒，非设法搬移、化解不可。把学生的身上事当作教师自己的心上事,这种仁而爱人的情怀令人尊敬。在研究中,哪怕是一点细节,也能反映出对学生的尊重与爱护。作为病例,隐去姓名;作为可借鉴的,标明姓名。师爱就是如此无微不至。议论文写作中提升逻辑思维是块硬骨头,它不是具体事物,看不见,摸不着,只有在语言文字的运用中寻觅其踪迹,加以辨识,佐以有针对性的训练,方能逐步取得成效。五位老师迎难而上,探索追求,既表现了教学改革的勇气,也反映了对专业提升的不懈追求。打铁还须自身硬,要教出学生写作的真本领,教师自己就得深入底里,把握其中精髓、要义,在学术上更胜一筹。这方面,对我而言,也是具有启迪意义的。

原本被邀作序,阅读书稿,深受启迪,只得以肤浅体会代序。祝愿阅读该书的师生能从中获得更多的启发与借鉴。

《爱的语文——赵群筠课堂教学实录》序

读赵群筠同志的书稿,我这名耄耋之年的老教师不断地被感动着,这,就是语文。清华大学教授、诗人郑敏说得好:"每个汉字都是一张充满了感情向人们诉说生活的脸。"语文就是人生,伴随人的一辈子。语文课堂的诗意,语文教学巨大的吸引力、感染力也源于此。

赵群筠同志的语文教学不拘囿于一般固定的教学模式,彰显的是语言文字表述生活的表现力与生命力,交流的是一名名求学者带着生活的体验与感悟,推敲语言文字传达情意的功能,品尝它们此情此景中蕴含的神采与奥妙。课堂中,听不到名词、术语大串联,看不到装腔作势的烂表演,而是语言的交汇、情意的沟通,文本中人、景、物的生存状态、发展变化在语言文字有温度的引领下,悄悄潜入学生心中,学生又以自己有限的生活经历,借助语言文字开展无限的想象,捕捉文中生活的真实、艺术的表达。这是一种敞开内心世界的人与文的沟通,此情此景与彼情彼景的贯通,心灵与心灵的碰撞,独特的理解、语言的不凡犹如火花在课堂里闪烁发光。

这不得不归功于执教者的精妙设计。语文教学相当大的难处就在于学生与文本之间的"隔",学生经常情况是在文本外围转,这个字词,那个句子,摆弄摆弄,能"如闻其声""如历其境"已很不错了,真正步入文本之中,特别是经典诗文之中,"身历其境",眼观、

赵群筠著《爱的语文——赵群筠课堂教学实录》(中国人民大学出版社2018年版)。

耳听、手抚、呼吸与共、心灵感应，确非易事。而只有真正消除这种"隔"，学生进入文本之中，才能真正体悟到文本的精神价值、思想情感，语文运用双丰收，享受语文素养提升的快乐。赵群筠同志以生活体验、生活感悟为金钥匙，打开学生的心扉，拆除文本的壁垒，由此观彼、由彼量此、由表及里、由里衡表，贯通思考咀嚼，创造教学的精彩。

这种"打开"有三个显著特点。一是尊重学生，从学生熟知的生活细节入手，引发学生对文本中生活的好奇与追寻。钥匙插入"孔"中看似平常事，但转动后是锁的开启。二是教学措施开放式。不拘泥于教学某一程式、问题的某个标准答案，而是让学生充分表达，知无不言，言无不尽，适时适度地启发、点拨；学生是学习的主人，邀请家长、作家、译者共同参与，从不同视角进行探讨，拓宽学生思维的广度，开阔学生的视野，增添阅读的厚度。以课内阅读带动课外阅读，或单篇，或整本书，既提升对文本阅读的深入理解，更是培养对阅读的不懈追求。三是动用多种教学工具增添教学的直观性、形象性，激发学生学习的兴趣。语文教学并不是板着面孔上课，感情的细流在课堂里蜿蜒流淌，或轻轻的喜悦，或淡淡的哀愁，或弘毅的憧憬，或顿然的释怀，在语言文字的徜徉中，学生的心灵世界潜滋暗长。

精妙的教学设计源于对语文专业的钟爱与对学生的仁爱之心。摆脱了把上课只当作知识传授、机械操练工具理性的桎梏，而是当成与学生的美好"约会"。因而，充分准备，浸润于文本的深处，钻研，深挖，独立思考，斟酌推敲，把握文本的价值所在，寻觅贴近的方法施教。因而，万分期待，期待莘莘学子打开心扉，进入语言文字铸就的宝山，探宝，觅宝，捧宝而归，感受他们的喜悦，分享他们求知的幸福。语言文字是直指人心的，语文教学本应不拘一格，重在创造，因时因人而异。但不管教学模式怎样创新，都应目中有人，对学生语文素养的全面培育有仁爱之心；都应胸中有书，对语言文字呈现的价值、功能准确地把握。赵群筠同志深知其中奥秘，不懈地为此而努力。

本书还有一个启人深思的亮点，即课的观察者的评说及受教学生的上课感言。虽是星星点点，但要言不烦，助读者领会课全貌的精神所在。

我这名耄耋老人无法进入洋溢着生活气息的生命涌动的课堂学习、感受，只能就书稿所述表达一点粗浅看法，请语文同行不吝指正。

《我与百年廊小》序

朱保良同志是一位令人十分尊敬的农村小学校长。一所极其偏远不为人知的衰败的百年老校，在他十数年的精心治理下，元气恢复，生机蓬勃，创新发展，努力攀登，步入上海教育先进行列，进入全国教育系统先进集体排头兵队伍。对他办学所取得的优异成绩，我肃然起敬，倍加赞赏；然而，更使我仰慕敬重的是他的赤子之心、人格魅力、专业追求和奉献精神。这些精神元素注入学校工作，熏陶全校师生，构成教育磁场，群策群力，在改革开放新时代创造百年老校新精彩。

朱保良校长办学治校，既把握纵横交错，又推行内外结合，突出重点，带动一般，目标高悬，节节推进，以科学有序赢取实效，以艺术张扬增添色彩。

敬畏历史，寻根探源。朱校长首先做的事是不忘本来。要让百年老校发出新枝，郁郁葱葱，繁花似锦，先要把老校的根根底底弄清楚，弄清楚根在哪里，魂在何处，价值意义何在。"根"与"魂"是根本性、稳定性的东西，经过筛选能不断连续和传承下来的东西。忽视或丢失学校的历史文化，血脉是不通畅的，精神家园是坍塌的，价值取向会出现乱象。朱校长深知其中要义，花大力气做深入细致的调查研究，奔波行走，查阅文献资料，访问校友，访问学校创始人后裔，获得丰富的史料，了解了捐巨资兴办学校、扩大规模的感人事迹，而创办公学的初心更是令人崇敬——"开启智慧，报效社会"。办学理念就是要开启学生智慧，觉悟人生，报效国家社会，改变贫穷

朱保良著《我与百年廊小》（上海社会科学院出版社2018年版）。

落后状况。"不忘初心,方得始终"。百年老校,历尽沧桑,爱国兴校的传统要继承,要发展。如何更贴近学生,适合学生,在新的历史起点上学校确立了"开启智慧,润泽生命"的办学理念。办学为了启智,为了让每一个生命更充实,更好地为国家为社会服务。传承不是照搬,而是要把握根本性的东西,根据育人需要、时代特点,进行创新性的发展。

教育文化、校园文化除了时代性的发展变化,还有它的地域性差异。朱校长治校不仅回顾历史,找准时间纵线上的坐标,而且环视本土的民风民俗,寻找滋养学校成长的精神沃土。其中尤为突出的是革命前辈投身革命给后辈以深刻的教育。"方正做人,踏实做事"是校友革命者的人生信条,也是他一家人信奉的价值观,朱校长将此吸纳,以"方方正正做人,踏踏实实做事"作为校风。他认为:"校风是一所学校的精神和灵魂。将校友的家风作为校风,旨在让孩子们学习革命前辈不畏艰险、无私奉献、坚韧不拔的民族气节,也是对中华传统美德的传承。"这种纵横交错、时空聚焦的思考与举措,把时间深处的育人价值明灯高高升起,闪发出时代的光辉。

教师队伍建设是办好学校提高教育质量的重中之重。朱校长深谙其中之道,采用了"以教师的发展,促进学生和学校的发展"的策略。面对骨干教师外流、教育教学观念比较落后、尖子学生流失的困境,朱校长未采取管、卡、堵的强硬措施,而是体谅教师住房、交通不方便等难处,大力开展校本研修,提升教师专业发展水平,增强学校的吸引力与凝聚力。精心设计校本研修模式,把教学、教研、进修三者融合起来,把实践反思、同伴互助、专业引领结合起来,用送出去、请进来,内外结合的方法,提升培养的质量和效度。选派部分教师赴市内、区内兄弟学校学习,请专家来学校指导,形成课题,实践探究,反复研修,坚持数年,各个层面教师均获得提高,课堂教学质量提升在学生身上有显著反映。在研修过程中,完善内容,完善制度,一步一个脚印,边行边改边提升,寄寓了朱校长对队伍建设的良苦用心,也为远郊农村小学校本培训提供了一种行之有效的经验。

校园文化是金山区廊下小学亮丽的品牌,凡亲临学校的领导、专家、教师、学生，无不为之赞叹。它的亮丽不仅在于树木葱茏，亭台楼阁，布局典雅，更在于它丰厚的人文内涵，贯通历史与当下，激励传承与发展。学校是学生求知成长的场所，他们德性的熏陶、智性的发展、体质的增强、审美的鉴赏与校园文化的丰厚或贫瘠、典雅或低俗紧密相连。耳濡目染，熏陶润泽，学校环境起着潜移默化的育人作用。朱校长的校园文化创建是把与学校有关的一切优质教育资源调动起来，精心组合，让学生置身其中，倾听历史诉说，感受榜样召唤，享受民俗文化，展开双翅翱翔。历史与地域融合，传承与创新并行。在这样的环境中，"开心果""智多星"就不是空洞的口号，而是智慧开启、生命受到润泽的必然表现。

朱保良校长在廊下小学带领全校师生创造的百年老校新气象、新作为、新经验，绝非偶然。他三十五年磨一剑，凡事亲力亲为，率先垂范，体验甘苦，充满了人文关怀；抱着一颗感恩的心，虔诚地传承先辈爱国济民的人生价值，赋予时代元素，恩泽莘莘学子；谦虚好学，自觉锻炼，博采众长，追寻教育愿景的实现。二十年辗转多所学校、多种岗位，增长见识，积累经验，积蓄力量，为办好廊下小学打下了厚实的基础。厚积而薄发，是人的成长之道，也是教育发展之道。一位农民的儿子在共产党领导的中国特色的社会主义的盛世，成长为有理想有作为的卓越小学校长，创建着百年老校的新辉煌，可喜可贺，更值得敬佩。中国的农村教育太需要这样的具有赤子胸怀、乡土情结、专业追求，真抓实干的教育家。

我这名耄耋之年的老教师，为朱校长的教育生涯文录做短序，以表敬佩之意。

2018年2月6日

《坚守初心,筑梦而行》序

上海市长宁区江苏路第五小学孟水莲校长送来《坚守初心,筑梦而行》书稿,嘱我为之作序。我既感谢她的信任,也由于她曾经就读于师范学校,我又曾担任过中等师范学校的校长,有师范教育的情结,故而不揣浅陋,欣然应允。

孟校长从事小学教育有28年之久的丰富经历,其间角色多次转换,工作单位多次变动,使她几乎获得了全方位的锻炼,适应了各具特点的环境,从而视野拓展,办学能力提升,积累了不少行之有效的提高学校教育质量的经验,受到同行的肯定与点赞,这本即将出版的著作全景式地展示了她小学教育生涯的历程,一件件,一桩桩,具体,实在,从中能听到她清晰的前进的脚步声。

我虽长期从事基础教育,对其中育人规律略知一二,但毕竟未深入到小学中从事教育教学实践,对办学的甜酸苦辣缺乏真切体验,对儿童认知特点、成长规律缺乏深刻认识,故而从不敢对办学成果、办学经验妄加评论。但读孟校长的书稿后,有几点想法不由自主地涌上心头。

一是身份定位。不管在学校担任中层干部、副校长、党支书,还是校长,始终以教师自居,28年坚持做英语教师,为学生上英语课。校长本就是教师队伍的排头兵,教师队伍中的一员。教师是一辈子的身份,因工作需要担任行政职务是一阵子。校长坚持上课,在教学第

孟水莲著《坚守初心,筑梦而行》(华东师范大学出版社2018年版)。

一线实践，且不说去关注课程改革前沿的信息，把握课程改革的脉搏，思考在学科教学中如何落实立德树人的刚性责任，单是在课堂里与学生直接接触，直接交流，就能从一个个鲜活的生命中获得许多具体的、生动的、稚嫩的所思所想所做，感受他们成长的喜悦，寻觅他们德智发展的规律。教学有源头活水，不仅与教师共同语言多，而且办学治校就更有话语权。这个道理不深奥，大家都懂，但身体力行就不容易，孟校长坚持做，是教育理想支撑的表现。

二是抓铁留痕。纵观孟校长多岗位多学校的教育生涯在文字上的表述，获得最强烈的印象是"与时俱进""抓铁留痕"。在不同的学校，根据当时教育改革的重点、难点、目标、要求，从学校的实际情况出发，制定工作方略，组织全校师生员工实施，提升教育学生健康成长的正能量，恩泽莘莘学子。办学校最忌思想凝固，不思开拓进取，墨守成规，原地打转。科技迅猛发展，社会飞速进步，多元价值并存，多样文化并现，对教育提出了严峻的挑战，教育孩子成长、成人的难度大大增添。如何既坚守教育的本真，又认清时代需求，提升思想，学习本领，与时俱进，是校长与教师必须思考又必须认真解决的问题。由于坚守初心，孟校长不断从中吸取内驱力，因而能与时俱进，筑梦前行，且创造了扎扎实实的业绩。例如，要让孩子们从小知道自己的根在何处，着力抓他们诵读经典，以"教化""文化""濡化"三化为指导思想，调动全校资源，架构全校实施网络，用中华优秀传统文化滋养他们的心灵，助他们打好生命的底色。与此同时，又注重开拓学生视野，走向国际视野，从感知到探索，进行国际理解教育课程的行动研究。中国立场，国际视野，这是培养当代中国学生的要务。抓铁留痕，抓实在，抓效果，一步一步往前迈。

三是和谐发展。认识相同，步伐才会一致，认同度越高，步伐才会越整齐。杂音少，旁枝逸叶少，学校就会一片和谐景象，师生身居其中，享受从教与求学的快乐。孟校长在管理学校的过程中，善于调动教师、学生、家长的积极性，充分利用各个方面的智慧，群策群力，对准音调，让和谐教育交响曲深入人心，并见之于行动。当前，一校三区的办学也是如此。尽管碰到不少前所未有的新问题，仍然是心有定力，既充分发挥优良传统的优势，又用"公平""卓越"教育发展的基本政策导向，进一步发挥学校教育、家庭教育、社区教育联合奋斗的作用，促进学校质量再上新台阶。学校教育能不能和谐发展，关键在校长要目中有人，尊重师生每一个鲜活的生命，善于发现每位教师身上的优点与特长，大力凝聚教育正能量，照亮学校前进的征程。孟校长"礼贤下士"，充分发挥教师的才干与潜能，因而，学校办得有声有色，万紫千红。

  上述肤浅之言不能道出孟校长办学宝贵经验之一二，该书出版后阅读，必将获得深刻的启发。

2018 年 4 月

《湖畔云庭诗文谜集丛》序

朱乾坤老师送来他即将出版的《湖畔云庭诗文谜集丛》书稿，嘱我写序。我与朱老师是中学语文教学同行，长期从事课堂教学实践，相识数十年，情谊深厚，故而不揣浅陋欣然命笔。

长期以来，朱老师给我的印象是温文尔雅，兢兢业业，钟爱诗文，笔耕不辍。尤工写作教学，对学生习作的指导与评改，细致入微，鞭辟入里，深得学生欢心。他与我谈及师生心心相印、欢愉气氛洋溢时，也会眉飞色舞，一改平日夫子谦谦君子形象，令我忍俊不禁。

众所周知，每个民族都有两个基因：一个是血缘上的基因，一个是精神上的基因。前者表现为生命体的延续与传承，后者表现为文化的传承与发展。朱老师一辈子执教语文，着力传承中华优秀传统文化与人类进步文化，滋养学生心灵，助力学生精神成长。学生都是好样的，成长、成人、成才，服务社会，报效国家。正如他在《人伦关系歌八首》（七）中所说："我如园丁生似花，师生自古是一家。一生心血化肥水，喜爱桃李满中华。"中华优秀文化是中华民族的血脉，博大精深，以文化人，是教师肩挑的刚性责任，让学生在成长的过程中就找到自己的精神家园。从教生涯中，朱老师为此执着追求，不敢有丝毫懈怠。

而今，退休赋闲，对中华文化的万般情意丝毫未减，仍日日劳作，悦目愉心，以诗、文、谜等形式传播中华文化。真情实感永远是

朱乾坤著《湖畔云庭诗文谜集丛》（中国书籍出版社2020年版）。

诗、文的命脉所在。《湖畔云庭诗文谜集丛》取材十分广泛，纵向，远自上古传说，近涉眼前瞬见；横向，以自己为圆心，辐射到社会的方方面面。无论是怎样的题材，无论遇事诉说，即景抒情，忆归唱和，也总是吐真言、抒真情，无半点空幻虚妄。该丛书三"集"——云庭诗草、云庭文汇、云庭谜钟，所写内容均紧贴日常生活，但给人以美好、丰富、憧憬理想境界的感觉。中国的诗文，尤其是古诗词就是那么富有魅力，孩童在成长的过程中，接受经典佳什，不仅受悲悯之心、家国情怀的熏陶，而且初尝与诗文为伴，日常生活就会富有诗意，给小生活带来大格局。如"海上生明月，天涯共此时"，诵读，想象，人在室内，就能感受波光粼粼皓月千里的豪迈。朱老师深知其中奥秘，每日与诗文为伴，与物交流，与友交心，大至精神的高标、人格的丰碑、历史的沧桑、人性的丰富，小至一草一木的荣枯、生活趣味的真纯，皆尽收笔底，为小生活营造大格局。不追求深奥惊人之高，只追求通俗浅显，推陈出新，创造诗意氛围，享受诗意人生。

赋诗作文还得讲究一点趣味。大家之作有情趣、理趣、智趣、雅趣、俗趣、谐趣等多种形态，生动活泼、新鲜别致、诙谐幽默、话语机锋等，犹如盐糖溶于水，增添品味，堪为我们的榜样。朱老师这本集子，或咏物、或绘景、或叙事、或写人，也常趣味横生，出人意料，给人惊喜。就拿"云庭谜钟"而言，谜面全部因时而制，内容与日常生活紧密贴近，以我国农历二十四个节气，与国定及国际性主要节假日为题材。谜面由混搭的打油诗组成，别开生面，俗趣、谐趣交相辉映。谜底乃精心设计，针对交流对象，皆为有关节假日的祝语或养生提示。朱老师不甘落后，与时俱进，与谜友有交流，全用信息工具。谜底揭晓的互动，你来我往，网络语言频出，谁能想到背后操刀的竟是进入耄耋之年的老人——人生充满多种趣味的朱老师。

教师最大的成功就是学生成人成才以后还会想到你，还会记得他成长中的一些美好岁月。朱乾坤老师八秩大庆之喜，学生筹划出版诗文谜集作为贺礼，这种挚爱深情在今日物欲膨胀、功利至上的环境下显得尤为珍贵与难得。朱老师获得如此无价的心灵抚慰，是从教人生的极大成功，我这名同行为集子作序，也分享到莘莘学子的深情厚谊。为此，搁笔前，先道一声：十分感谢。

2018 年 4 月

《是为心声——姜晓勇校长教育书信集》序

尚德实验学校姜晓勇校长给学校教师、家长、学生的书信将结集出版,托人邀我为之作序。学校自创始之日起迄今已十五年,十五年来,姜校长一直坚持以书信沟通思想,交换看法,创造学校和谐氛围,实属不易,也值得提倡。为此,不揣浅薄,欣然应允。

认识姜校长是十几年前的事。那时学校初创,市青年语文教师写作竞赛颁奖会在那儿举行,我有幸进入这所新建的学校观光。姜校长热情地接待了我们,还领我们参观教学楼、办公楼、场馆,特别是每面墙壁上挂的许多幅名人书画、走廊上摆置的众多的仿古瓷器,给人以别具一格的感觉,感受到现代建筑的豪华与古代文化气息的融合。后来,虽无缘进入学校深入学习、了解,但也常听到这所学校的开拓、发展,教育质量不断上升的好消息,令人欣喜。这所大型的民办学校管理得井井有条,攻坚克难,持续创造教育新业绩,其中必有正确的理念指导和适应时代需求、符合学生身心成长规律的教育经验。此次阅读姜校长书信集,以一斑窥全豹,也可识得办学奥秘之一二。

学校本应是学生学习共同体,学生在教师教导下德智体美劳全面发展,健康成长;教师带领学生学习、成长的过程中,自己的德、才、识、能获得锻炼,专业素养得以成长;校长领导全校师生在教育领域耕耘、开发、积累、创造,以学习为支撑,思想得到提炼,洞察

姜晓勇著《是为心声——姜晓勇校长教育书信集》(上海教育出版社2018年版)。

力、领导力提升、增强。尽管各自岗位不同，但都离不开"学"，而"学"的质量如何，大家能不能和衷共济，潜力发挥，智慧奔放，关键的关键在校长。一名校长就是一所学校，校长的理想追求、道德情操、学术素养、人文关怀决定学校的底色，左右教育的质量。姜校长深知其中奥妙，从理论与实践结合的高度，认真思考了许多问题，采用了诸多行之有效的方法创建学校文化，以书信传情就是其中一种，释放着教育文化的正能量。

姜校长认为学校学习共同体之间的思想是需要经常沟通的，沟通就易取得共识；有了共识，步调容易一致；步调一致，教育质量就有保证。再说，写信可以委婉曲直，有时比当面言说更亲切温暖，犹如家人谈家事，效果更佳。基于这种认识，十五年如一日不辞辛劳坚持书写，且不说它们在治理学校中发挥了怎样的作用，就人文关怀而言，也形成了尚德实验学校一道亮丽的风景线。

书信没有空话、大话，而是装载着校长的教育理念、人生阅历、读书感悟，娓娓道来，内容广泛，古今中外，历史、现实、未来均有所涉及，视读信的不同对象而确立交流重点，激励向上、向善、向美的内驱动力与饱满的热情。教育理念的传播与落实，就学校而言是树魂立根的问题，直接关系到办学的方向、办学的价值取向、办学的质量。一般来说，教师忙于日常的班级管理、学科教学任务，具体的、实在的、专业的工作花费精力多，不太习惯也不太善于站在教育制高点上，整体性全局性地思考一些问题，因而，适时地有人点拨、引领，思想就会爬坡，有时有豁然开朗的感觉。教育行为受教育理念支配，教育理念正确、清晰，有前瞻性，教育行为就更有底气，更自觉，更有效果。2015年12月17日，姜校长致各位学部校长、学科主任、年级主任和各位师长的《尚德教育革命要适应经济转型中的中国》的信，阐述学校必须改革的时代呼唤、育人担当，指出了改革的主攻方向与追求目标，言之凿凿，情意切切，这种教育理念与思想的沟通比只是行政上布置任务、要求一通，要入心得多。读信者不仅用眼看，还可以反复咀嚼，消化吸收。学校的事情总是要商量着办，独木不成林，更何况培育学生成长、成人、成才，其艰巨性、复杂性可说是前所未有。在多元价值、多元文化并存、激荡、交错、交融的环境下，教育从未遇到过如此严峻、如此复杂的挑战，因而冷静思考、沉着应对就更为重要。《让每个孩子都受到良好的教育》这封书信中对"良好的教育"内涵的探讨就十分有意义。究竟什么是真正的良好的教育，视角不同，主观愿望不同，思想水平有差异，对内涵的界定就会迥然有别。与同学、师长、家长进行认识上的沟通，有利于确立共同的目标。

  书信集有两个特点也能给人以启发。一是以遇到问题时自己的感悟力为切入口写信。感悟来自生活，来自工作，来自读书，实实在在，对读信人有吸引力。入信后沿波溯源，不断激发思考，容易引起共鸣。二是直面问题不回避。事业发展总会遇到各种各样的困难，发生各种各样的问题。学校也是如此，办得很好的学校也会有这样那样的问题，正视这些问题，剖析来龙去脉，寻找对策，妥善处理，就能有新进展、新气象。书信中对有些学生的学习动力问题、习惯问题、自控能力问题等，苦心婆心地沟通、交流，晓之以理，动之以情，导之以行，蕴含着校长教育使命的责任担当和对莘莘学子的仁爱之心。

  书信内容十分丰富，涉及到建校、兴校的方方面面，言之成理，持之有效，其中不乏真知灼见，醒人耳目。我无力道其详，只能简言几句以表敬意。

2018 年 7 月 10 日

《小学语文古诗赏析》序

读到《小学语文古诗赏析》书稿，情不自禁想起了三十多年前第一次教初中娃娃读诗的情景。因培养青年语文骨干教师的需要，教育局领导要我脱掉高中语文教学任务，从初一起点班教起。我第一次接触这么多刚从小学升到初中的娃娃，个个活泼有趣，可爱得很。面对这些正在茁壮成长的幼苗，我这名语文教师首先想到的是要用中华优秀传统文化中的古诗词打学生人生的底色，以诗词中灵动的山水美景、人生美德、语言美声滋养学生心灵成长。我曾多次阐述也努力试着实践：在语文教学中，精选一二百首古诗词让中小学生吟读、背诵、品味、鉴赏，打精神底子，别说对语言的敏感、语文能力的提升，就是人的气质也会不一样。苏轼在《和董传留别》诗中早就说过："粗缯大布裹生涯，腹有诗书气自华。"

我对诵读中华古诗词之事作过调查研究，篇目一选再选，历经数年，最后还是不了了之。而今，人们对中华优秀传统文化是民族精神的根的认识有了很大的提高，离开了对中华优秀传统文化的传承与发展，不知本来，数典忘祖，文化自信岂非成了空中楼阁？于是，教育领域开始从娃娃抓起。语文统编本教材大大增加了古诗文的分量，引领学生在母语文化里学习、感知、浸润、体悟、思考、审美，提升文化素养，逐步形成健全的人格。

儿童时期学习、背诵一点古诗，信口悠悠，是一种自我得意、一种自我陶醉。教育家陈鹤琴先生说，幼稚期是人生最重要的时期，什么习惯、语言、技能、思想、态度，都在此时打基础，如不稳固，健

储竞主编《小学语文古诗赏析》（华东师范大学出版社 2018 年版）。

全人格就不易建造。因此，小学阶段读诗、背诗，养成学习兴趣，养成良好习惯，放飞想象，憧憬美好，对日后继续学习、走好人生正道打下坚实的基础，一辈子受益良多。

  学生要学得好，离不开教师的好指导。《小学语文古诗赏析》这本书就是应指导需要而编写的。俗话说：打铁要靠自身硬。工业设计大师艾斯林格有句十分有趣的话，他说，一个师傅从来没有打过拳，怎么能教好学生？确实如此，没有打拳的实践，比画比画都不像，更不用说教到点子上了。事理是相通的，要带领学生兴奋地遨游于古诗词的文化氛围中，教师不仅思想认识要有高度，而且对中华优秀古诗词要有一种深厚的情怀，民族情结、民族睿智、民族思维方式、民族精神精粹、民族语言神韵寄寓其中，与我们骨肉相亲，血肉相连，不离不弃。有了情怀，一首首古诗不再是躺在纸上的一个个字，而是一幅幅画，一个个故事，一段段人生，立体的、彩色的，有声，有色，有形，向你诉说山川的美好，社会的百态，人生的艰辛，开拓你的视野，激发你的良知，培育你的悲天悯人之心。这是人生的觉醒，也是读诗结出的硕果，你会真切地感受到自己精神在成长，感受到成长的快乐与幸福。

  有了情怀，还需在具体指导上有真本领。这本赏析书设计了诸多栏目，可以助你一臂之力，有的栏目设计有新意，如"疑难回答"。尽管孩子很小，不一定问出很有质量的问题，但童心闪亮，有时候的问题令成人始料未及，很有意思。这个栏目标志着教师始终把学生放在心中，并从小培养他们质疑的习惯。又如"诗心寻觅"，学生年龄小，不一定能理解与把握诗中的要义，但作为教师，确实应该探究一下它的价值取向。古诗词构筑起我们中国人的集体意识，让中华儿女的精神空间取得了最大公约数。再如"精彩回望"，注重前后勾连，并向广度延伸，是读书的一种好方法。其他一些栏目，或重在开拓视野，或激发欣赏兴趣，各具特色。

  用书关键在"活"，既信书，又可拓展、创造，希望这本赏析小书能得到小学语文教师的青睐。

2018 年 7 月 24 日

《高中语文学习任务群教学实践举隅》序

交通大学附属中学张林老师写就了《高中语文学习任务群教学实践举隅》,即将出版,邀我作序。"学习任务群"是《普通高中语文课程标准(2017年版)》提出的新概念、新举措,如何在教学实践中组织实施,取得良好效果,须费一番心思。而今能有阅读张老师书稿之幸,正是难得的学习机会,故而欣然应允。

《普通高中语文课程标准(2017年版)》明显的突破是凝练了语文学科核心素养,改变了长期以来把语文与某一学科直接对应的思考,将语文的本质观从学科层面进一步推进到课程层面,促使语文这门学习祖国语言文字的综合性、实践性课程发挥培养人的重要功能。

语文学科"语言建构与运用""思维发展与提升""审美鉴赏与创造""文化传承与理解"核心素养的培育,意在为全体学生的终身学习和全面而有个性的发展奠定基础,与此同时,也为传承和发展中华优秀文化、增强民族凝聚力和创造力发挥积极作用,目标明确。对于如何落到实处、怎样培养,课程标准提出了"学习任务群"的概念与举措,设置了十八个学习任务群,分布在必修、选择性必修、选修三类课程中,循序渐进。不同的学习任务群承担着不同的学习任务,但都聚焦语文核心素养,是课程内容的重要载体,学生学习的重要路径。

与以往的单篇教学或单元教学比较,学习任务群的设置,可说是

张林著《高中语文学习任务群教学实践举隅》(上海交通大学出版社 2018年版)。

全新的创举。如何组织设施，对教师而言充满了挑战。因为它不仅是教学内容的增添与变化，更是教学理念的更新，教学方式、学习方式的革新。张林老师本着改革的满腔热忱与育人的责任担当，不畏艰难，勇于实践，积极探索。师生均取得了不少的收获，可喜可贺。从诉之于文字的书稿来看，至少有以下几点能给人以启发。

一是从理念到实践都是以学生的语文实践为主线，一改长期以来课堂教学以教师为"主角"、学生为"听众""观众"的状态。我们不知说了多少遍以学生为主体，但教着教着不知不觉就转了向，以教师的语言文字实践为主了。语言文字的理解、运用，离开了自己的读、写、说、思考、体验，再熟知多少规则，也难以形成实实在在的能力，难以形成良好的语文素养。只有身入其中，心入其中，认真地不懈地进行实践，方能收到良好效果。书中所举八个学习任务群教学实例，学生学习主体的位置十分显明，无论是个人的学习行为，还是小组合作的活动，均是以自己的读、写、听、说、观察、思考的语文实践为学习方式。这是要大力提倡并应努力付诸实施的。

二是真读书，真思考。读书，读整本书，读经典，是学习语文的分内之事。读，才能知晓作者、作品的来龙去脉；读，才能真正体味思想的精湛与语言的神奇；读，才能享受古今中外圣贤之人智慧结晶的精神哺育与博大胸怀、高尚情操的熏陶感染。这些年来，由于应试教育刷题操练的强势干扰，读书幸福似乎已远离我们而去。此次学习任务群在教学中组织设施，让阅读教学回归语文学习的本源，是语文之幸，也是师生之幸。书中以《红楼梦》为整本书阅读对象的教学举例，与以往《香菱学诗》单篇教学相比，阅读的深度、宽度，思维方式和品质的锻炼，对作品语言和构思精妙的领悟，对作者创作意图的理解与感受，均有相当程度的提升，学生开始品尝到整本书阅读的丰富、奥秘、快乐。在整本书的阅读中，教师适时地穿针引线帮助学生不断往深处开掘。

三是教学方式的多样性，着力于语文核心素养的综合性培养。必修课的学习任务群体现高中阶段对每个学生基本的共同的语文素养要求，而选择性必修的学习任务群是在此基础上的拓展、延伸、提高和深化，包括选修，为的是满足学生对不同发展方向、不同发展水平语文素养的要求。本书绝大部分教学实例是必修的学习任务群，但由于教学内容的差别，目的要求的不同，张林老师采用了多种多样的教学方式，调动学生进行语文实践的积极性和主动性，让学生生发好奇心、新鲜感，享有获得新知的惊异、快乐和满足。学习任务群内容广泛，包括各种语文实践的话题与情境、语体与文体，古今"实用类""文学类""论述类"语篇类型均有所见，乃至当今语言文字的新现象与跨媒介阅读与交流的新特点。这些实践将课内外打通，语言文字读、写、听、说的运用与观察、记忆、想象、思维判断等融为一体，情感、态度、价值取向的熏陶寄寓其中。这种主体的多功能的综合性培养，摆脱了直线思维的局囿，持久地进行锻炼，学生一定受益良多。

对于学习任务群的益处，还可以说出一些，这里不再赘言。学习任务群的实践，不仅学生得益，组织实施者教师同样在语文专业方面获得有效的提升。希望这本书能给同行一点启迪，在语文课改道路上群策群力，共同前行。

2018 年 10 月

为马玉文老师新著作序

马玉文老师即将出版语文课堂教学专著,来电嘱我写序。我在欣然应允之时,一件细小的事突然鲜活地浮现在眼前。

那已是八、九年以前的事。市语文德育实训基地与市教研室共同举办"民族精神教育与语文课堂教学研讨会",会上开6节课,马玉文的《〈新序〉二则》是其中一节。他个子虽长得高,但常面带调皮,像个大男孩,大家都叫他"小马"。平时穿着随意,不考究。研讨会规模大,有16个城市的教师参加,故而提醒他上课要穿整齐点,最好穿正装。课上下来后,他委屈地说:"真不自在,别扭。"原来衣服是借的。由此,我又联想起另一件事。学科德育实训基地举办"我和中国梦——筑梦人的前行路"主题论坛,他担任主持人。会前我急着找他,不见人影,打领带去了!学员好友刚带来,借给他的。

生活上简单朴素、马虎随意,在今日崇尚物质财富、炫耀名牌身份的世风下,对一名尚未步入中年的教师来说,实属难能可贵。然而更可贵的是他钟情于中学语文教学,执着追求其中的奥秘,年年月月,毫不懈怠。就如他在《器识为先:让教师充满魅力》这本小书的"后记"中所说:"'写'不是我的长项,但'作'是我的最爱。""这本小书并不是一个纯理论性的东西,不是翻翻资料就能够交差的东西。它是一个瞄准实践、源于实践而又高于实践的作品,它来自实践深处,是对我本人成功经验的梳理,也是对历史教训的总结,更是对一段心路历程的清理。"一名从教15年的教师在教学生涯中不断探索、不断实践、不断总结、不断明确前进的方向,怀揣热情,充满真

马玉文著《上海名师课堂 中学语文 马玉文卷》(上海教育出版社2018年版)。

诚，伴随着冷静的思考，这种教育自觉、学科教学自觉，很值得称赞。

中学语文教学的生态环境很不理想。在应试思维、应试举措全覆盖的情况下，各种评是说非、各种标牌炒作此起彼伏，执教老师没有一点定力，没有一点深层思考，脑子里就会如马蹄杂沓，乱麻一把，莫衷一是。马玉文老师在市语文名师基地、市语文德育实训基地学习讨论或教学实践时，从不跟教学时尚风，也不轻易随声附和别人的意见。他的特点是独立思考，喜爱独立思考，也比较善于独立思考。

独立思考是一种教学自信的表现。当今，教育教学信息如潮涌，要查阅什么资料，借鉴什么教学设计，只要键盘一敲，都会如期而至。若不加节制，就会方便了工作，弱化了思维能力。更为可怕的是，不知不觉做了思想的"矮子"，教学业务深深浅浅、是是非非，任凭别人说短道长。在信教参、信专家评论、信《一课一练》、信教学时尚，为他信力所左右时，很难涌现出优秀的教师。独立思考绝不是胡思乱想，要语出惊人，而是要以认真学习、广为采撷、深入比较、判断推理作支撑。马玉文老师认真研读文本，反反复复推敲，不仅以各种材料佐证自己的看法，而且特别能看到别的老师授课的优点，从中获取养料，助自己教学成长、成熟。为此，面对刮来的阵阵时风，他能保持深深的警惕，力求维护语文学科的尊严。语文课要"货真价实"，既要醉心于语言，又不丢失文化的熏陶；既要倡导"实"，又不忘"美"的学问。

独立思考的结果常给他的课带来两种气象：一是简洁明亮，主干清晰；二是不落窠臼，带有新意。语文学科综合性强，功能多样，稍不留意，或过分追求"完美"，就把课上"糊"了，繁枝茂叶，主干反倒隐隐约约，教学目标难以落实。马玉文功夫下在深入钻研教材上，沿波溯源，识得其中精髓，着力强主干，删枝叶，主次详略巧安排，勇于割爱。简洁就是智慧，简洁能让课堂明亮起来。众所周知，教学任务不可能一次完成，但每一次的具体任务必须一清如水，不能雾里看花，让学生处于若明若暗之中。教学绝不是"寄人篱下，而窃其余唾"，跟着别人亦步亦趋，而是要"脱弃陈骸，自标灵采"。

语文课模式众多，文本解读也有多种套路，认真了解、研究，方是应有之义，但更重要的是目中有人，从学生学情出发，从自己阅读感受、理性思考出发，抓住教学的核心价值精心设计，教出新意，给学生以新鲜感。这方面，马玉文也作了诸多努力，有的课给人以别开生面的感觉，学生不仅学有兴趣，而且感奋，激发了旺盛的求知欲。

马玉文老师在10多年教学实践中进步、提升，初步形成了具有个性特色的教学风格，与他认真读书、坚持吮吸精神养料密切相关。清人李沂在《秋星阁诗话》中说得好："读书非为诗也，而学诗不可不读书，诗须识高，而非读书则识不高；诗须力厚，而非读书则力不厚；诗须学富，而非读书则学不富。"教学与写诗道理相通。祝愿他以这本课堂教学专著为新的起点，继续修身养气，砥砺前行，识见日益高，力量日益厚，学问日益富，以智慧与忠诚创造语文教学的精彩。

为陆继椿老师新著作序

陆继椿老师近年来针对中学生文学漫步的需要,选择"五四"以来的名家名作进行阅读评说,在报刊上辟"阅读一得"专栏发表。现为进一步推动阅读活动的开展,从专栏所载之文择其要结集出版,嘱我作序。

我与陆老师相识已 30 余年。20 世纪 80 年代初,他就醉心于编写初中语文教材,先在本校学生中使用,后又扩展到外校、外省市使用,形成教材改革中一道美丽的风景线。这套教材的编排是以写作教学为主线的,但陆老师是读书人,深知读是写的基础,写得顺当,写得言之有物、言之有情、言之有文,相当程度是由于爱读、会读、多读,既重视精读,又注意博览。读、写两手抓,理解、运用共生共进,引领学生提升语文能力,提高语文素养。数十载春夏秋冬的语文教学生涯,仍执着于引领学生阅读、写作,希望学生从中深受其益,真是不改初心,令人尊敬。

有关读书的重要性,古往今来不知有多少精辟的言语告喻世人,特别是能够用来激励成长中的青少年学生的,用俯拾皆是来形容毫不为过。然而在当下,对这些至理名言又有多少人入耳入心呢?又有多少人化为行动,身体力行呢?成人的状况不乐观,青少年学生呢?人的青少年时期原本是求知欲旺盛,阅读精品、上品的黄金时期,但由于应试功利的强烈干扰,求学不读书、在题海中浮沉已是司空见惯。不少学生有阅读兴趣,苦于时间紧张,精力不济,力不从心,无可奈何!当下,高考、中考都在进行改革探索,但愿学生能有自主支配的

陆继椿著《特级教师的三十堂现代文阅读课》(上海人民出版社 2018 年版)。

时间，阅读曙光在前。

　　要着力培养中学生的阅读饥饿感。没有阅读饥饿感，难以有发自内心的喜爱，更不用说形成阅读的习惯。人有饥饿感，必然会积极主动地操劳饮食。三日不吃饭，不饮水，身体运转就大成问题，生命存活就受到严重威胁。故而，无须多费口舌，"民以食为天"就成为大家的共识。心灵本就有饥饿感，幼稚、蒙昧、无知、贫乏、卑微，需要养料滋养，才能发育、成长。阅读就是滋养心灵、促进精神成长的必需。离开了经典、文学佳作等的营养输送，心灵的干枯、萎缩、卑琐、狭隘，乃至被污泥浊水污染就不言而喻。在物质受到顶礼膜拜的"气候"下，人们对物质享受、身体健康极为重视，而对心灵发育、精神成长常不闻不问，不以为意，有的甚至认为虚幻，看不到实利，故而鄙视书、不读书也就不足为怪了。殊不知人的尊严、人的价值绝不在如动物般的饱食终日，而在精神世界的闪光。人要摆脱无知、贫乏、卑微、狭隘、迷茫，追求正心、诚意、高尚、智慧、仁爱，须臾离不开优秀文化经典、名著佳作的滋养。读书读的是天地人事，读自然、读社会、读人生，增长见识，认识世界，活跃思维，体悟人生百味。读书培育的是生命自觉。丰富多彩的读物给人打开一扇扇窗，让人进入其中，了解事物奥秘，结交多种朋友，判别是非善恶，追寻人生真谛。通过养眼，实现养心，久而久之，阅读者的格调、气质就会高雅起来，高贵起来，"腹有诗书气自华"，为人做事就会有一番气象。反之，闭目塞听，不思精神进取，孤陋寡闻且不说，面目也可憎。"三日不读书面目可憎"，黄庭坚这句话对书于人的功能、作用剖析得可谓生动又深刻，启人深省。

　　文学作品的阅读，对青少年学生而言，更是生活的必需，人生的必需。文学是人学，人心之学。文学是人类文明的高峰，是高于生活之上的智性思考。文学作品样式多样，小说、诗歌、散文、戏剧等，不管何种样式，都离不开对生活的观照、对世事的洞察、对人情的眷念、对生命的尊敬、对哲理的感悟、对真善美的追寻，认真阅读，体悟语言的精妙、作者的匠心，会享受到成长的快乐。陆老师对每篇作品的来龙去脉、价值取向、结构特色、语言魅力均作了精要的评说，中学生阅读附录的作品，既可有寻路之便，又可联系生活实际、阅读积累，开展想象，质疑问难，深入底里，获得真知，提升阅读能力，与陆老师交流，分享读书的欢快。

祝愿中学生读者增强阅读饥饿感，多读书，读好书，吮吸琼浆醍醐，做心灵丰富、精神轩昂的人。

《星天地　新天地——上海市金山区海棠小学创意体验课程的探索》序

　　为了每个孩子能有欢乐的童年，为了他们的终身发展，海棠小学十余年来坚持教育改革探索，力争走一条具有乡土底色又有时代风尚的办学道路。十多年来，师生共同实践，共同奋斗，奉献智慧，奉献力量，结出多彩的果实，令人欣喜。今日付梓出版的《星天地　新天地》就是改革探索的具体成果的展示。

　　教育改革，特别是课程改革，是当今办学校的应有之义。但改什么，革什么，怎么改，怎么革，哪些是不能改不能革的，哪些是短板、缺失，必须弥补、必须加强的，都必须想清楚，而不是盲从盲动，其中有育人的大学问。比如育人不育分，影响学生身心健康发展的落后教育观念、陈腐的做法必须改革；促进儿童茁壮成长的教育内容、教育方式要加强。说说容易，做起来并不简单，认识层面、实践层面均有不少问题值得研究。海棠小学校长钱欢欣编著的《星天地　新天地》用众多实例阐释改革的初衷与取得的效果，能给人以启迪与借鉴。

　　校本课程设置，顶层设计很重要。如若指导思想不明确、不正确，就会跟风、追风，甚而丢失了自己，加重了学生的负担。此种事

钱欢欣编著《星天地　新天地——上海市金山区海棠小学创意体验课程的探索》（上海教育出版社 2019 年版）。

例并不少见。一讲课程设置就智育加码，为了表明自己"先进"，忙于引进，未深入研究其内涵、价值、程度，就搬运过来，脱离本土学生实际，依葫芦画瓢，师生不堪其苦。海棠小学20多门课程设置的准绳十分明确，就是贯彻党的教育方针，把学生培养成为德智体美劳全面发展的社会主义建设者和接班人。从当下情况来看，"德"和"劳"比较薄弱，因而，课程设置以德育为核心，以提升学生的劳动技能为着眼点。教育的有效性来自教育的针对性，对学情深入了解，设置相应的课程就具有价值与意义。

"星天地"课程的设置反映了创新的意识与大胆的尝试。课程是开放性的，不是学校闭门造车，而是放到社会大背景下，与一些现代职业挂钩，打通学校与社会，打通课程与生活，让学生从小学开始，根据自身理解、模仿、动手操作等，接触社会有关方面，了解有关的现代职业状况，开阔视野，激发兴趣，引导学生对今后的发展有美好的憧憬。

课程开发注重实践，既动脑，又动手，不仅带领学生做中学，而且在做中学的过程中培养学生寻根究底、追求新知、追求完美的良好习惯。"学生心语"里许多内容均有所表露。学生实践过程中，知情意均在自我体验中获得了培养，而且享受有所成就的欢乐。之所以出现如此良好的运转，一是课程有适切性，因学生年龄差异、接受能力差异而安排，既力所能及，又趣味盎然；二是课程较为丰富多彩，有传统文化、传统手工艺，有地方非遗艺术，有科技、金融，有公益、服务，有消防、安全等，汇总交流，师生获益良多。

"星天地"课程开发取得成效，在于学校有了家长和社会的支持，因而顺畅地整合多方面资源恩泽莘莘学子。这一点能否做到，关键在于家庭、社会与学校三者要取得共识。立德树人是教育的根本任务，学校当全力以赴，家庭教育须当仁不让，社会情境育人也是义不容辞。学校不断宣传，主动沟通，在课程活动中推进认识的提升，久而久之，教育形成合力，学生成长的环境就会大大改善。

"星天地"课程的开发对教师队伍专业素养的提高也起到极好的作用。就学校而言，教育质量说到底就是教师质量，故而努力提升教师的德、才、识、能是学校工作的重中之重。教师与学生一起发展，一起获得精神的成长，教育天地才越来越宽广。读书学习，同行交流，必不可少，而此类课程开发，以任务带动，逼得教师独立思考、自主设计，从理论到实践寻求有力的支撑，辨别正误、优劣，在教育实践中思维、见识、业务、能力经受全面锻炼，得到切切实实的提高。

《星天地 新天地》这本书内容框架清晰，以20个职业所对应的场馆和课程全景式展示为主体，配以图片和视频，让人如临其境，希望获得同行们的认可与喜爱。

2019 年 1 月 10 日

《赤子之心——红色戏剧剧本及创排》序

作家叶良骏先生创作的《赤子之心》等红色戏剧剧本将结集出版，嘱我写序。对我而言，是一次学习的好机会，就不揣浅陋应允下来。

教育的大事莫过于按照教育方针培养学生德智体美劳全面发展，成为中国特色社会主义事业的建设者和接班人。担当此历史重任的，学校教育当然是责无旁贷，但教育后代成长、成人、成才是全社会的事，家庭、社会，不管有意识还是无意识，均起着十分重要的作用。在当今价值多元并存、文化多样激荡的极其复杂的环境下，青少年学生的价值观、人生观的形成碰到从未有过的严峻挑战。因而，学校、家庭、社会必须出于公心，形成正能量的合力，在他们心中播撒做人的良种，保护他们健康成长，领他们走一条人生的正确道路。

基于这样的认识，作为社会力量，叶良骏创作红色剧本的初心令我敬佩。她一直认为戏剧教育是一种独特而全面的育人形式，对青少年的人格培养、能力提升以及构筑向上向前的校园文化，有不可替代的作用。为此，她满怀热情地与教育部门联手开展"戏剧进校园"的活动，让戏剧之光点燃学生青春的梦想。这个举措的可贵之处，不是就戏剧论戏剧，写几个剧本，排几出戏，在表演的技能技巧上热闹一番，而是慎选内容，精心组织，用红色文化点燃学生心中理想的明

叶良骏著《赤子之心——红色戏剧剧本及创排》（华东师范大学出版社2021年版）。

灯，在艺术育人上下功夫。

高中阶段的学生应该心中升腾起一盏理想的明灯，照亮前行的路程，增强自觉学习的动力，憧憬创造人生的意义与价值。红色文化就是点燃理想明灯的火种，就是促使他们心灵成长的滋养剂。叶良骏深知红色基因对成长中的生命的必要与重要，克服种种困难，创作《东方之舟》《赤子之心》《黎明之前》《天下之利》等红色戏剧，用艺术语言把一个个震撼心灵、启人深思的革命故事植入学生的心田。上海有丰富的红色文化，是我们中国共产党的诞生地，发生过许多重要历史事件，众多英雄、烈士、大家、名家在这里留下了惊天动地的伟绩和民族精神、民族魂。从这些巨大的精神宝库中选择精粹，引领学生接触、了解、学习、体验，帮助他们回望过去，不忘本来，珍惜现在，立志健康成长，创造更加美好的未来。这种教育摆脱了从概念到概念的空洞说教，而是生动、具体、形象，学生易入耳入心。

这本集子的特点是它不仅仅是剧本展现，也是创作者、表演者、学生工作人员吐露心声的集锦。剧本搬上舞台，纸上的文字转换成舞台上的立体图景，人物活动、矛盾冲突、场景氛围均要活灵活现，其中艰辛难以言表。四年四部戏，400多名高中生参与创排、演出，而这些高中生又基本上是对戏剧一窍不通的"白丁"，在短时间内要把他们变成爱戏、懂戏、表演戏的人，主创人员、导演、舞美、老师等要倾注多少心血，克服多少想象不到的困难呀！正是社会上这些文化人对学生的成长无比关爱和无私帮助，让演出获得成功。不仅参演的学生受到了从未有过的锻炼，获得了成长的喜悦，就连观赏的一万名学生也受到了红色文化的浸染与戏剧艺术的熏陶，留下了难忘的印象，共享成长的快乐。

红色戏剧进校园的活动有三点特别值得称赞。一是这些创作原创历史剧的演职人员全部是高中学生，这些学生又是从许多所学校里海选出来的，舞台上演得像模像样，舞台后的支持工作做得一丝不苟，学生成长的自主权、积极性得到了充分的发挥。二是核心价值定位准确。演英雄就要努力走进角色内心世界学英雄。从参观纪念馆、寻访红色遗址、走访烈士故居、采访知情老人、诵读革命诗文等系列活动中，体验、感悟、思考，在心灵受到撞击、受到洗礼的同时，年轻学生的精神领域逐渐树立起追求理想的丰碑。三是在戏剧实践的集体中，学生的思想、情感、知识、能力、为人、处事，方方面面都受到了检验，得到了锻炼，对幼稚、粗糙、偏激、自我等有了新的认识，学习摆正个人与集体的位置，增强了团队精神，在挫折中获得了成长。

戏剧育人收到实效，作为一名老教师，我心存感激。祝愿学生都能持之以恒地传播红色戏剧文化，让革命先烈、革命前辈宏伟的理想、高尚的人格、博大的情怀，为祖国为人民无私奉献的精神，照亮莘莘学子的人生路，激励他们奋然而前行。

2019 年 3 月 10 日

《探索和发现的旅程——整本书阅读之专题教学》序

整本书阅读之专题教学是落实《普通高中语文课程标准（2017年版）》必须面对又必须妥善破解的新问题。整本书阅读在培养学生语文核心素养中的重要性与必要性已逐步取得任教语文教师的共识，至于怎样组织实施整本书阅读的学习任务，有多种多样的方式。常见的有项目式学习、主题情境教学、混合式学习、专题教学等方式。李煜晖老师所著的《探索和发现的旅程——整本书阅读之专题教学》就是以专题教学方式进行学生整本书阅读与研讨的指导，不仅要教会学生读书，还要教会学生做点研究，真正提高语文能力、语文素养。

这本专著的一大特点是，它是以作者十余年探索整本书专题教学的经历为基础而展开论述的。实践出真知，追求教学理想的目标是美好的，而行走的路径不可避免曲曲折折，在经验与教训同行的过程中，不断探索，提升认识，不断发现，别有洞天。读书、实践的收获，形成了论述的底气，给人以实实在在可资借鉴的启迪。

一般来说，阅读某种教学方式的介绍与倡导，读者急于了解的是如何操作，效果怎样。本书并未针对读者心理作如此安排，而是先进行"基本问题的讨论"。某种教学方式的倡导必有现实背景的孕育，必牵涉到对种种概念的理解与界定，必关系到某些原则的制定、主要

李煜晖著《探索和发现的旅程——整本书阅读之专题教学》（上海教育出版社 2019 年版）。

特点的把控与适用的范围等，这些基本问题如说不清、道不明，学理上糊成一片，实践起来就会走形，甚至出现"千疮百孔"。作者深知其中底里，故用相当笔墨辨识。比如，针对当前对"专题"的不同理解，作明确的界定："语文专题教学以'专题'为统领，围绕语文学科特定研究领域下的核心阅读材料，指导学生建构并解决研究问题、撰写完成研究论文等学习成果的教学方式。单个专题是基于教学方式变革重构而成的语文课程基本单位。"准确地把握概念内涵，任务实施时就能顺理成章。

本书在阐述教学准备、教学实施、教学评价等问题时，改革的理念与做法贯串其中，力求学生在整本书阅读中深受其益。特别强调学生在整本书阅读的专题学习中需要经过"阅读—发现—选题—研究—写作—反思"这样一个完整的活动链条，一步一个脚印往前走。阅读和发现两个环节是建构专题，选题和研究是探索专题，写作和反思则是表达主题，佐以评价的维度、内容、主体、标准的描述，这种教学方式的形态与效果就清晰如在眼前。

教学旅程中的探索与发现永无止境，盼望一花引出百花开。

2019 年 5 月

《培养真正的阅读者——整本书阅读之理论基础》序

较长时间以来,语文教学受应试教育的强势干扰,学生的时间空间被各种各样的刷题训练与超前补课所占领,求学不读书几乎已成常态。教学围绕知识点、考试点转,碎片化的学习难以避免,因而,在语文教学实践中,要坚持并推广整本书的阅读,简直是一种奢侈。

而今,《普通高中语文课程标准(2017年版)》正式颁布,用"学习任务群"的形式重构了高中语文课程的内容系统,"整本书阅读与研讨"位列18个学习任务群之首,这是阅读教学本质的回归。培养学生语文核心素养,首先要让学生爱读书、会读书、会读整本书,成为真正的阅读者。由于多年来对这方面的不重视乃至缺失,如何指导学生善读整本书,对相当数量的教师而言,无疑是一种挑战。面对新问题、新挑战,排忧解难成为急需。吴欣歆教授的《培养真正的阅读者——整本书阅读之理论基础》就是应教学之急需而诞生的。

吴教授以其对语文课程与教学论的研究为学理支撑,以语文课堂教学实践的改进与教师语文专业水平的提升为追求,阐述指导整本书阅读的方方面面,以求学生通过一定数量的整本书的阅读实践,收成为"真正的阅读者"之实效。

本书开宗明义,解读整本书阅读的课标。方向明确,目标清晰,

吴欣歆著《培养真正的阅读者——整本书阅读之理论基础》(上海教育出版社2019年版)。

全局在胸，选择合适的途径与方法付诸实践。梳理与总结"整本书阅读"的国际经验、传统模式与当代探索，有利于比较对照、开阔视野、活跃思维；从学习领域、生涯规划、核心素养的视角审视整本书阅读的价值，有利于思考的深入与全面。至于整本书阅读的策略建构、指导方案、教学设计、评价方式，更是阐述得具体、实在、有理、有据，操作性强。

在阅读策略建构时，吴教授特别强调要处理好学生自然阅读与教师指导的关系，充分尊重学生作为读者的权利，在学生需要帮助的时候提供真实的帮助，在学生寻求指导的时候提供有效的指导。在阅读全过程指导中，提出教师最好以"资深读者"的身份向学生示范，与学生交流，分享"资深读者"的阅读视角和策略，指导隐含在阅读活动设计中、阅读收获交流中。此等颇有见地的语言在书中常有出现，引人深思。书中搜集了一定数量的教学案例、文献资料，介绍了整本书阅读的种种组织形式和教学探索，能给语文教学同行以不少的启迪。

希望在"整本书阅读与研讨"的初始阶段，本书能帮助教学第一线的语文教师破解一点难题，发挥聪明才智，创造教学佳绩。

2019 年 5 月

《走向理性与清明
——整本书阅读之
思辨读写》序

这是一本探讨提供语文阅读教学质量的专著，聚焦于批判性思维在整本书阅读训练中的特殊价值。观点鲜明，材料翔实，效果显著，有极好的启迪作用与可供借鉴的功能。

本书研讨的基础厚实，十余年的批判性思维理论上的探索，十余年相当数量语文阅读实践的比照、改进、突破，在理论与实践结合的高度，不断反思，不断论证；不断判断，不断提升，以"思辨读写"为核心，让中学生阅读真正"走向理性和清明"。

要真正提高学生读写质量、语文素养，为师者须有意识地搞点实验、做点研究。学生读写质量不如意，这是客观存在，不能视而不见。有了问题意识，立足于理想追求，就会寻觅改革的突破口、改革的路径与方法。余党绪老师对整本书阅读之思辨读写的实施，并非先作判断，先下结论，更非一蹴而就，而是有个艰苦跋涉的历程。他从阅读教学的现状出发，寻觅改进途径，在教学实践中作了长文阅读、群文阅读、专题阅读、经典精读等种种尝试，并认真地进行理性思考，剖析利弊得失，最后得出的发展趋势是"聚焦思维"。这种执着追求的敬业精神与实事求是的科学态度十分可贵，值得称颂。

选什么为研究的突破口，既不是空穴来风，又不能追逐时尚，外面一阵风，屋里一场雨，总要站在语文教育育时代新人的制高点上审

余党绪著《走向理性与清明——整本书阅读之思辨读写》（上海教育出版社 2019 年版）。

时度势，做一点历史性的战略性的思考，长善救失，扬长避短，以期全面提升质量。影响阅读教学质量的理论林林总总，传统做法且不说，单是西方文论，涌入我国教育、文化领域的就十分纷繁。有注重作者创作心理研究的，如表现主义、象征主义等；有注重作品本位研究的，如结构主义，现象学作品本体论等；有注重读者阐释接受研究的，如阐释学、接受美学等；还有注重社会文化批判方面的，如新历史主义、生态文化研究等。进行文本解读，尤其是整本书的阅读，有意识或无意识，或多或少总会受这些思想的影响，因而，思考、辨别，放出眼光挑选，择善而用，创造发展，不可或缺。

余党绪老师认为高中阶段是人的价值观、思维方式和人格形成的关键时期。从人的认知方式和思维特点看，高中阶段是理性精神和批判性思维、抽象思维和逻辑思维、判断力形成的关键时期，而较长时间以来，对这方面的教学远远不够重视，形成缺失。为此，他不遗余力地把"批判性思维"引入语文教学，探索"思辨读写"。在有针对性的选择、实施过程中，理性思考相随，深入、调整、改进，学生受益良多。

本书阐述批判性阅读的基本内涵、策略与方法。从思辨的内容、过程和思辨过程中需要处理的基础关系入手，借助大量的教学案例，阐述"思辨读写"的基本原理、方法与技巧。仔细阅读研讨，必能从中获得理性思维的养料。

2019年5月

《语文课上的风景
——我的 12 堂课》序

景洪春老师即将出版课堂教学专辑，嘱我作序；我乐见其成，欣然受命。我已经是年过九十的耄耋老人了，常常感叹"甚矣吾衰矣"，可心里还是感到十分的不甘。所以，每当看到优秀的中青年教师在语文教学田野里有成长、有收获，就感到很欣慰，并由衷地为他们高兴。教育是薪火相传的事业，是障碍接力跑。在教育教学现场，看到那么多年轻同志接过接力棒，克服困难、跨越障碍、努力探索、勇敢往前冲的那股生龙活虎的精气神儿，我就感到很受鼓舞，就禁不住要为他们喝彩，加油！

我与景洪春老师相识，是出于一个很偶然的机缘。记得十几年前的一天，徐汇区教育局举办学术月活动，邀请我参加，活动期间，与沈韬副局长交流对教师专业现状的看法，沈副局长提到了高安路第一小学的景老师，说她不仅上课很认真，还对语文教学有思考、有想法。我当时就暗暗记下了这个名字。能上好课的中小学语文教师当然有很多，但要有理性思考，不人云亦云，不盲从所谓的权威，而是能够从"教"与"学"两头发力，认认真真地读书学习，扎扎实实地上好每一堂课，从实践中生成语文教学的智慧，就难能可贵，尤其是对于小学语文教师来说，更是如此。后来有机会见到了景洪春老师，高挑的个头，一张娃娃脸，说话做事干净利索，讲课评课、讨论问题往往能够一针见血，直中要害，确实是小学语文教师中难得的"干

景洪春著《语文课上的风景——我的 12 堂课》（广西师范大学出版社 2019 年版）。

才"。当时我正主持上海市语文学科德育实训基地的教师培训工作，便邀请她担任小学段的指导教师。

在工作中接触，景洪春老师的虚心好学给我留下了深刻的印象。我们基地要求学员读书，她作为指导教师，总是带头做读书交流。我总认为，教得好首先要学得好。作为教师，尤其是一名语文教师，不喜欢读书，不愿意向同行学习经验智慧，要想上好课，谈何容易！但这恰恰是当前一个很严重的问题。我们2014年曾经针对教师的读书学习，在全市范围内做过一个大样本的调研，结果不容乐观。不少教师迫于工作压力，或者受琐事干扰，除课本、教参外，平时实际上不重视读书。试想这种情况下，要说对学科教学有什么思考和想法，又怎么可能？所以景洪春老师的这本教学专辑，在这一点上，对每位教师，尤其是青年教师来说，很有启发和借鉴意义。

这本专辑里的12堂课，每堂课都聚焦小学语文课堂的一些重要问题，力争呈现景老师自己对这些问题的探索心得。她的这些问题和思考又是从哪里来的呢？除了日常教学的实践积累，很重要的一条途径，就是读书学习。比如说，识字教学在小学阶段很重要，怎样才能教得既扎实，又厚实，不仅让孩子们学得轻松、有趣，还能在他们心中播下中华优秀传统文化的良种？这就需要教师有一定的文字学修养。景洪春老师不仅老老实实阅读了唐兰先生的《中国文字学》，还潜心阅读了修辞学、写作学等方面的专著，这为她在小学课堂上做一个明明白白的语文教师，奠定了很好的基础。因为，无论是识字教学、阅读教学，还是写作教学，教师教得明白，学生才能"学有所得"；教师"教有方向"，学生才能"学有方向"。专辑中的五篇读书笔记，虽然只是她日常阅读的"冰山之一角"，但也算为有志于探索通向小学语文教学"自由王国"之路的慧心人标示了一个前进的路标。

有探讨的态度和研究的精神，也是景洪春老师的一个重要特点。这不仅体现在她的日常工作中，也体现在这本教学专辑里。

这本专辑所收录的每堂课，都有一个明确的主题。景老师着力呈现的是，对于这些问题，备课时我是怎么想的？课上完后我又有哪些思考？对于这样的课，同行和专家又是怎么看的？因此，每一个课例，有带着鲜活露水的课堂教学实践，有执教者个人纵向发展的理性思考，有他人对这一堂课的观点和看法。既感性，可观察，又理性，有深度；既有历时性的个人思考轨迹，又有不同主体的多元声音。可见景老师并不是把这些课当作样板课、示范课，而是通过这些课来引发探讨一些问题。这种探讨的态度和研究的精神是非常可贵的。上课怎么可能按照一种模式呢？谁又敢说自己上的课是最好的，可以当作样板呢？这是不可以的。关键是要引发更多的思考和更深入的研究。

英国哲学家罗素曾经说过："须知参差多态，乃是幸福的本源。"我们的语文课堂，本来就应该参差多态，本来就应该百花齐放。一堂课一个样子，不同教师有不同的风格，梅兰竹菊，各擅胜场，才能构成我们语文教学的幸福的百花园。从2014年起，景洪春老师的角色发生了变化，从高安路第一小学调到闵行区教育学院担任教研员，负责一个区域的小学语文教研工作，掌握着整个区域小学语文教师的"专业生杀大权"。她能够正确认识教研员这一角色的职责、定位以及这一工作的独特意义和价值，能够依然继续保持这种虚心好学的探讨态度和研究精神，而没有将自己视为一尊，有意无意地以"教霸"自居，没有那种"我花开后百花杀"的"霸气"，这是十分令人尊敬的。

是为序。

2019年7月

《视觉健康与光环境》序

"生态校园丛书"《视觉健康与光环境》分册即将付梓出版,该书作者蔡建奇邀我为之作序,我欣然应允。

蔡建奇是一名科技工作者、青年才俊,在勤奋钻研本专业的同时,还挤出时间关注我国儿童和青少年视觉健康的状况,收集文献材料,进行调查研究,从科学的视角对视力的诸多问题进行剖析,并指出改进的良方,给读者实实在在的启发。在当今世界纷繁复杂的环境下,中小学生能否德智体美劳全面发展,能否身心健康成长,学校当然肩负教育的重任,但家庭、社会也同样担负着育人的千钧重担,三者形成合力方能取得成效。为此,凡是社会上各行各业做了促进中小学生健康成长的事,我这个终身从事基础教育的老教师总是心存感激,尽管我对视觉健康与光环境的科学原理知之甚少甚浅,但仍不揣粗陋,姑且说几句。

保护视力的重要性,可以说是妇孺皆知。教育部门更是一而再、再而三地发文强调降低青少年近视率是工作重点,学校数十年来坚持教学生做眼保健操,不可说不重视。然而,近些年来,学生近视呈现高发、低龄化趋势是不争的事实,令人揪心。形成这种趋势,原因是多方面的,但认识肤浅、偏激,防与治均不到位的现象屡见不鲜。如有的认为视力好不好是个人的小事,天生的,遗传所致,没有办法。视力强弱对个人而言,也是大事,它不但影响人的身体健康,对人的心理、情绪、思维品质也均有影响,对人的学习、工作、生活均起十分重要的作用。儿童与青少年的成长离不开观察自然、观察社会,不

蔡建奇著《视觉健康与光环境》(中国标准出版社 2019 年版)。

管是读书，获取间接经验，还是参加实践，获取大自然与人类社会的直接经验，都必须要有好的视力。观察，实际上是眼睛的采访，视力强或弱，影响到观察的广度、精度、深度、差异度，直接关系到认知的水平，收获的大小，怎能说是小事呢？青少年儿童是我国新长征途中建设的主力军、生力军，他们的视觉健康不仅是关乎他们身心健康的大事，而且是一个关系国家和民族未来的大问题。建设中国特色社会主义，许多部门都需要视力极好的人作奉献。站在国家大业的高度来认识，我们就不会对此问题掉以轻心，更应增强责任意识。

近视有先天遗传，但后天防治更为重要。这些年来，我们确实在"防"，在"治"，花了大量的精力，但有两点仍然不够到位。一是工作常停留在"常识"层面，很少以科学的高度来研究、来实施。如何科学用眼、科学护眼，对眼科学要做认真的探讨、认真的研究，学生读写光环境的营造与配置同样要做点科学探讨。凭经验，凭主观臆断，缺少扎扎实实的科学依据，防治的质量就可想而知。前面说的眼保健操，每个动作起什么作用，做到哪个份上才起作用，不少老师、学生讲不出个一二三四。于是，做操就往往流于形式，收不到预期的效果。我们太需要眼科学常识的普及，学生、家长、教师眼科学普及知识水平提高，防治质量必大大提升。二是碰到事情，碰到问题，就把视觉健康置之脑后。对手机的迷恋，对分数的崇拜，对各种培训各种补课无穷无尽的加码，使得视力过度运用，视觉健康怎不受到损害？这些情况出现，"防治"就被架空，学生、家长、教师、社会培训部门都有不可推卸的责任。

儿童与青少年是家庭的宝贝，国家的财富，面对他们近视高发的问题，读点科学防治的书，切实把防治工作做到位，呵护好孩子的眼睛，让他们拥有一个光明的未来，这是功德无量的事。

2019 年 8 月 18 日

立德树人，推动大中小学课程思政一体化建设

翁铁慧同志所著的《大中小学课程思政一体化建设：整体构架与实践路径研究》即将出版。这部专著致力于推动大中小学课程思政一体化从实践创新向理论建构和学科发展迈进，是思想政治教育研究领域的一部力作和思想政治教育学科的最新成果。

作为一名基层教师，由于理论水平、学术素养、视野境界所限，难以对这部专著的现实意义与历史意义进行切中肯綮的评价，但自己是上海市大中小学课程思政一体化建设过程的亲历者、参与者，也是深受教育者，故在此谈一点学习感悟，与读者分享。

一、以创新精神落实立德树人根本任务

"培养什么人、怎样培养人、为谁培养人"，是教育的根本问题，也是这部专著出发的起点。

浇花浇根，育人育心。育人育才是国家、民族万古亘青的话题，是教育的根本大事。中国历来有重德的优良传统，育人以德为先、以德为重。德是人的精神核心。从小在心灵中埋下真善美的种子，才能

翁铁慧著《大中小学课程思政一体化建设：整体构架与实践路径研究》（人民出版社 2020 年版）。

在长大后担当起为国奉献、为民造福的重任。

教育就是要"滴灌生命之魂"。大中小学课程思政一体化建设，就是要培养有中国心的现代文明人，让每个学生扎牢民族精神之根，铸就爱国主义之魂。

德是一个历史范畴，每个时代有不同的内涵与重点。面对伟大的新时代与世界百年未有之大变局，要使立德树人的根本任务有效地落到实处，"大中小学课程思政一体化建设"本身就是充满创新性的重要举措。

2010年发布的《国家中长期教育改革和发展规划纲要（2010—2020年）》提出将"构建大中小学有效衔接的德育体系"作为我国中长期教育改革发展的重要目标和任务。2011年，教育部启动"整体规划大中小学德育课程项目"，开启了整体规划大中小学课程思政研究的新阶段。

课程思政就是要将立德树人的根本任务贯串于课程建设、课程实施和课程资源开发等各个环节、各个方面，充分发挥课程和教学的德育价值和德育作用，实现全员育人、全程育人、全方位育人。这是一项极其庞大又极其重要、极其复杂的系统工程，必然会碰到前所未有的新问题、新挑战，只有创新思维、创新做法，方能高屋建瓴，把握全局，破解难题。

为此，这部专著在原有德育工作、思政课程积累的有效理论资源、思想资源、经验资源的基础上，精心地进行了创造性转化、创新性发展，设计了大中小学课程思政一体化建设的整体构架，筹划了大中小学课程思政一体化建设的实践路径，体现了改革创新的时代精神。

同时，这部专著研究模式的创新也给人以极大的启迪。专著秉持辩证思维、立体思维，既以系统研究方法为主体，同时开展块面集成式研究，内容设计纵横交错、系统综合，既有大学、高中、初中、小学四个学段的纵向集成研究，又有以六门学科为重点的横向课程研究。以一体化的方式研究课程思政一体化，这是一项创举，有利于在对课程思政的认识理解和行动实施上形成新的突破。

二、
重视实践基础上的理论创新

翁铁慧同志是新时代思想政治教育实践的亲历者、亲为者,也是大中小学课程思政一体化建设的探索者、先行者、研究者、引领者。大中小学课程思政一体化建设丰满扎实、有声有色,与上海市的先行先试尤其是与翁铁慧同志分管上海教育工作期间的积极探索密不可分。

上海构建大中小一体化德育体系尤其是德育课程一体化的探索由来已久。2005年,上海市就制定出台了贯穿大中小各学段的《上海市学生民族精神教育指导纲要》和《上海市中小学生生命教育指导纲要》。2010年,上海市承担了国家教育体制改革试点项目"整体规划大中小学德育课程",开创了该领域的实践探索。2014年,上海市开展教改综合实验,明确提出"构建大中小一体化德育体系",又在全国率先提出学科德育和课程思政育人理念。这些都是从未有过的探索,为今天大中小学课程思政一体化建设作了很好的铺垫。

开展现状调研、实证研究,为大中小学课程思政一体化建设提供有针对性、现实性、指向性的基础支撑,也是这部专著的一大亮点。作者在研究过程中不仅注重文献调研,更重视现状调研、调查、访谈,深入教学第一线,获取第一手材料,对课程与教学展开观察,把握最新情况。调研规模之大、调研之实,使研究工作极接地气,也让研究灵动起来,给人以亲切感、亲近感。

广泛地观察、访谈、倾听,实际上也是在宣传群众、组织群众,有利于大中小学课程思政一体化建设工作落地生根。

总之,翁铁慧同志的这部专著,在之前的理论研究和实践探索的基础上,提出了一系列推动中小学课程思政一体化建设的新观念、新思路、新体系和新规划,很好体现了学科价值性与科学性、理论性与实践性、针对性与实效性的紧密结合。相信专著的出版会对整个思想政治教育学科的发展和创新以及大中小学课程思政一体化建设产生重要的影响。

2020 年 2 月

《无边欢喜：马玉文教学随笔集》序

那已是十几年前的事，我在首届语文名师培训基地遇到了马玉文。他身材高大，十分帅气，可给我的第一印象是"大男孩"。他那双充满好奇的发亮的眼睛似乎总在寻找着什么，脸上不时地浮现一丝调皮的稚气，像个孩子，有趣！

在诸多语文基地的活动中，他很少抢先发言，抢先表态，但只要开口，总有点与众不同。无论是对文本的解读，教学实践的剖析、评价，热点、难点问题的探讨，立足点、观察点、语言的组织等常给人以耳目一新的感觉。他从不人云亦云随大溜，做知识、观念的搬运工，而是有自己独有的想法。作为有追求的青年教师，这一点非常重要。外界事物对自己起不起作用，关键在自己的感觉器官和思维器官起不起作用，起怎样的作用。要入耳入目进到入心，从感性上升到理性，非独立思考不可。唯有思考，方能有自己的体会、自己的感悟，闪发思想的光芒。"搬运工"是有知识无思想的表现，人云亦云是不愿思考、懒于思考的表现。一个不愿思考、不会思考的人难以摆脱愚昧、平庸，对从事任何职业的人来说莫不如此，教师要做学生的良师益友，高擎灯火照亮学生前行的路途，不仅要拥有丰富的知识，而且要生产思想。对事物认识的真知灼见就是生产的思想。人的真知灼见从何而来？过人的识见如何形成？离不开独立思考，离不开远离奴性的思想。

马玉文著《无边欢喜：马玉文教学随笔集》（上海教育出版社2020年版）。

独立思考非天生的禀赋，能否重视独立思考并养成习惯，就其实质而言，与学习态度、基本品性密切相关。中国自古以来就非常重视教育后代。早在3000多年前，《周易》就将启蒙教育列为六十四卦内容之一，且位列第四，取名《蒙》。卦辞确立启蒙教育原则的第一条就是明确教与学的关系："匪我求童蒙，童蒙求我。"教师的身份是道的代表，任务是"启蒙"，而受到教育者叫"求学"。"求"，一字千钧，是我要学，充满了好奇的心去认识自然，认识社会，认识人生。观察，了解，比照，筛选，推理，判断，均要主动积极地去想，去体验，去追寻，去探究，如此方能取得丰厚的收获。教师非受教育者，但在当今科技迅捷发展、国内外环境瞬息万变的情况下，以求学者的身份来对待，不忘童蒙好奇、求知的初心，就能持有良好的学习态度，就能自然而然地独立思考、自主思考，不断品尝到超越自我的欢乐。马玉文老师的"教学的欣喜、反思的愉悦、阅读的自在、写作的欢畅"正是他童蒙之心好奇探索的生动反映。

独立思考与人的基本品性有什么关系呢？似乎不相干，其实不然。中国文化有一个核心概念是君子，君子有一个基本品性是谦虚。谦虚也是教师的美德。要做到诲人不倦，自己必须学而不厌。满招损，谦受益。自满自足就给学习筑起了屏障，眼不见，耳不闻，更别说用心思考。谦虚是对事物的敬畏，是对别人观点、想法、做法的尊重、倾听，从中吸取精华，提升自我。知识浅薄时要谦虚，有一定的文化积淀、经验积累时仍要谦虚，即使学富五车业绩辉煌还是要谦虚，"君子有终"，在任何阶段，自始至终，不受内在的变化与外部的干扰，都要清醒地保持这基本品性。具有这样的品性，才能做到学习是生命的需要，才能做到积极自觉地开动脑筋，锲而不舍地独立思考，从大千世界朗朗乾坤中吮吸精神成长的养料，不断品尝拔节生长的惊喜与趣味。历经修炼，做目光炯炯、心地亮堂的人。不思进取、故步自封、得意忘形者显然皆与独立思考无缘。

即将付梓出版的《无边欢喜》是马玉文老师的教学随笔集，是他二十年来在教学、读书、写作上的实践与思考，来自实践深处，更是独立思考、教学智慧的凝练。随笔这种体裁自由度很大，信手拈来，起伏曲折，上下驰骋，听凭作者调度、派遣。马老师的教学随笔经过独特思考，以个性化言语形式呈现个性化言语对象，而个性化言语对象又寄托了他个性化的思想感情。许多作家、许多语文老师认为写文章"语言"最重要，有的认为衡量文学作品、衡量散文的首要标准是语言，而列夫·托尔斯泰却认为衡量的唯一标准是有无灵魂的激动。确实如此，深刻！语言是灵魂激动的表露，倾吐发自内心的思想情感。好的文章必然是生命激情、哲思光芒与诗意审美的融合。马玉文的教学随笔是由他灵魂的无数个"小欢喜"汇聚而成，在他的教育法典里，一扫苦、累的困惑与阴霾，憧憬的永远是丽日蓝天，奋进，再奋进。

他是名中年大男孩，金子般的童心依旧，在追寻、探索教育奥秘的跋涉征程中享受到无边的欢乐。这是教育的一种境界，也是人生的一种格局，向他祝贺，并期望这种教育灵魂的欢欣传播到更多教育人的心中。

2020 年 6 月 1 日

《今天，我们怎样命作文题?》序

王玮老师编著的《今天，我们怎样命作文题?》即将付梓出版，嘱我写序。我对此无深入研究，无发言权。但该问题承载着不少学问，值得探讨，故不揣浅陋，欣然应允。

数十年来，有关提升学生作文能力的书文可谓是琳琅满目，目不暇接。《怎样写作文》《怎样写好作文》《怎样写高分作文》《怎样夺取应试作文的高分》……林林总总，令人眼花缭乱。相比之下，专门研究作文如何命题的文章、书籍少而又少，简直不成比例。在当今语文教育领域，要切实提高学生的书面表达能力，对作文命题的科学性、适切性、时代性、创新性的研究是绕不过的坎。

回顾历史，科举制度盛行时，以文章选人才是天大的事，因而，考官命题的重要性不言而喻。我们这一代求学期间，遭逢的是战火纷飞，能有所学校读书已是万幸。中学阶段求学，重点在渴求学习，渴求知识，渴求学点能独立生存的真本领，几乎不把"考"放在心上，更何况考试极少，除了期末考之外，期中也几乎无考试，学习的自由度比较大。学习语文，作文是必须写的，两周一次，命题作文居多，有时也让学生自由命题。老师命题随意性很大，今日回想起来，似乎没有什么系列训练可言。但是老师有学问，我们佩服他。他评析学生作文时，那种对上下古今的侃侃而谈和对文章鞭辟入里的分析，常使我们茅塞顿开，品味文字游龙走蛇的欢乐，因而，我们的写作热情不

王玮编著《今天，我们怎样命作文题?》（上海交通大学出版社 2020 年版）。

断升温。而今时代不一样了，基础教育不仅普及，而且要全面提高质量，随意性太大的授课方式难以符合学科教学规律，也难以符合学生成长规律。对教育的诸多方面展开研究是时代的呼唤、学生成长内心的需求，教育质量提升的科学引领，语文学科中的命题研究当然也是题中之意。

《今天，我们怎样命作文题？》是王玮老师二十多年来实践高中作文命题的经验积累之作。主管一个区域的高中语文教学研究，如何有效地提高学生的语文核心素养，如何切实提高学生的理解能力、鉴赏能力、表达能力，宏观、中观、微观，各个环节都要仔细斟酌，反复推敲。虽不能以殚精竭虑来形容，但无疑是投入了大量心血与精力的，其中的甘苦得失难以言表。在局外人看来，给学生作文出个题目是稀松平常的事，殊不知从教育理念、课程要求、教学状况、学生层次到批改评价，均要做细致的分析，做出毫不含糊的解答。王老师把作文命题放在特定的时代背景下研究，既纵向溯源，又横向比较，彰显该项工作研究的意义。命题有哪些基本原则，如何把握其价值取向，又如何在新课标的指引下与阅读有机结合，作者不仅在理论上阐述，而且以相当数量的学生作文为例佐证，还开展正误对比，使观点更为鲜明。

该书有两点特别值得思考、借鉴：一是定位准确，针对高中作文命题。当今在基础教育阶段，不少学科教学学段界限不明情况常有发生。低年级抢跑道，超前再超前，学生囫囵吞枣不消化，高年级"炒冷饭"，有些名词术语重复了好几年，学生耳朵听得发腻，兴趣全无。高中写作文是高阶学习，不是零起点。义务教育阶段，学生基本过了识字关，遣词造句、组织材料写作短文的语言要素也基本掌握，语文学习已不是蒙学的基础阶段，而是母语学习的高级阶段。这个阶段的学习，不能只局囿于语言的锻造，更要注意精神的培育。作文，不是词句的机械操练，而是引领他们认识自我，对社会、对生活、对人心的体察与思考，这是一种智慧的学习，忽略乃至丢弃后者，不可能织锦成文、写出优秀文章。高中作文命题，站在这个制高点上，思路可大为开阔。二是命题时注重思维的价值。我们从事阅读教学，深知文本逻辑是思维和语言的凝固，而教学过程则是思维和语言的流动。语言和思维共生，写作道理相通。但我们往往在不经意间重语言推敲，轻思维训练，对逻辑思维、求异思维、逆反思维、批判性思维、创造性思维等的内涵、功能很少能心中有底，言之凿凿，学生在这方面的收获也就受到影响。高中学生在理性思维上有所突破，作文能力才能明显提升。有人曾打过这样一个比方，语文就像一座冰山，浮在上面的是语言，托起语言的是思维、思想和智慧。学语文，我们常关注露出水面的部分，而忽略水下庞大的山体。作文教学，又何尝不是如此呢？命题讲究思维价值至少是一种提醒。

  希望这本书能成为语文同行的好伙伴，大家奉献智慧，奉献良策，让写作教学开出灿烂的花朵。

2020 年 6 月 29 日

《壮美语文：特级教师成长之路》序

《壮美语文：特级教师成长之路》是"'生生语文'的理论与实践研究"专项课题的阶段成果之一，即将付梓出版，主持人唐之江博士嘱我写序，我虽年迈迟钝、精力不济，但盛情难却，故而絮叨几句，聊表敬意。

桂林山水甲天下，民俗风情美不胜收，有口皆碑。而在我心中美得更甚者，是广西师范大学莘莘学子席地而坐、求知若渴的美丽风景。那已是三十年前的事。我应黄麟生教授之邀，赴广西师范大学讲学。由于学生众多，只得在操场上举行。操场边亮着几盏探照灯，同学们吃过晚饭陆续进场，座位有限，大多数只能席地而坐，静悄悄无半点喧闹。整场报告无一个人走动，大家全神贯注倾听，时不时有些微的笑声。那是思想的碰撞，心弦的波动。这些未来教师对教育事业追求、对教育理想憧憬的挚爱深情给我以深刻的教育，给我从教的生涯又添了一把火，添了继续前行的动力。求学者这种奋发向上的感人状态显然非出于自然，而是广西师范大学老师倾心倾力施教培养的结果。黄麟生教授就是其中的代表，是我熟悉并敬佩的数十年如一日不忘初心的辛勤耕耘者。而今，这些学子已成人成才，扎根教育岗位，"生生语文"团队更是其中佼佼者，用忠诚与智慧努力绘制语文教育的壮美新篇章。

人的成长是一辈子的事。教育从来不是一个结果，而是一个生命展开的过程，它永远面向未来，不会结束，因此，教师要和学生一起展开生命，不断成长。然而，并不是所有教师都意识到自己成长的重要性和必要性，常见的情况有：缺少独立思考，你怎么讲，我就怎么做,照章办事,其实对那个"章"也缺少研究,不甚了了;考什么就教什么,怎么考就怎么教,关心的是获取分数的应试法宝,一遍一遍盲目干,专业水平往往原地踏步。这与新时代基础教育须高质量发展的要求距离颇远。教育质量说到底就是教师的质量,教师的德、才、识、能非天生的,而是在教育实践中思考、锻炼、熔铸而成的。教师从初入职场到成熟到优秀,处于动态变化之中,有成长意识的能较早体悟到教育的真谛,摸索到育人的规律,品尝到教书育人的快乐。专项课题研究特级教师成长之路,正是抓住了教师队伍提升的关键。

"成长"非空洞的概念、响亮的口号,而是有实实在在的内容。习近平主席对教师提出殷切期望,要求教师有理想信念,有道德情操,有扎实学识,有仁爱之心,做党和人民满意的好教师。这"四有"都是关于精神成长的,也是教师人格魅力和学术魅力的根本。21世纪我们的语文课程改革,需要为数众多的中青年教师成为精神成长极其优秀的排头兵,辛勤耕耘,改革创新。推进语文教育发展,创造教文育人新辉煌,使莘莘学子深受母语教育的哺育与润泽。

《壮美语文:特级教师成长之路》汇集了广西14所城市24位特级教师成长途径、从教特色与积累的经验,既是他们对语文教育倾注心血的展示,也是与广大语文教育同行具体生动的交流,期望在探索语文教育规律、培养学生语文核心素养方面取得更多的共识,更有效地提高语文课程立德树人的价值。我觉得其中有两点特别值得重视:

一是语文究竟是什么,值得深入思考,反复验证。在基础教育阶段,数学、物理、化学、生物等各门学科均有它们各自研究的对象。如数学研究的对象是数量关系与空间形式;物理研究的对象是物质基本结构与物质运动的规律;化学离不开元素,研究的对象是物质的组成、性质、结构、变化规律;生物研究离不开细胞、基因等。唯独语文,是直接指向人的,和人的思维、情感、品质、能力密切相关。语文是研究人的,研究人对语言文字的理解与运用,与此同时,又不得不研究与语言文字密不可分的思维、情感、品质、能力等。语文就是人生,伴随人一辈子。语言文字是人独有的,散发着人文的光辉,这个工具与人是一体的。我们的文字是"象形譬喻,以象表意,含情言意"，"行""情""意"如胶似漆，形式与内容、表与里密不可分。从事语文教育必须清醒地认识它的基本特点，切不可人为地把形式与内容割裂开来，把工具训练与人的培养割裂开来。应有整体思维，在综合效应上下功夫。语文核心素养——语言建构与运用、思维发展与提升、审美鉴赏与创造、文化传承与理解，正是语文课程综合性的具体表述，它不是各自独立，一加一加一加一，而是相互渗透，相互支撑，相互融合，贯串于对语言文字的理解与运用的实践活动中，学生语文能力获得培养，思维、情感、文化品位、价值取向相应得到熏陶、感染、锻炼与提升。语文教育擎着生命的灯火前行，立德树人闪发光辉。

二是教师的自我提升是关键。当今，科技迅猛发展，社会飞速前进，在国内外纷繁复杂的环境下，教育面临许多新问题新挑战，语文教学要适应时代的需求，就须深化改革，破解难题。破解难题不可能有什么救世主，要靠我们教师自己对教育事业的一片忠诚，对学生成长、成人、成才的使命担当，努力学习，深入思考，研究国情、教情、学情，增强专业基础，提升教学本领。课堂教学是教师安身立命之本，课要上得有吸引力、感染力，让学生真正学有兴趣，学有所得，学有追求，充分发挥学习主体的作用，非一时一事的短、平、快，而是要潜下心来持续不断地广泛阅读，刻苦钻研，扩大视野的广度，增加语文专业的厚度。要静下心来研究当代学生的特点，了解他们思想、情感、向往、追求的时代印记，优势、不足乃至缺失，因势利导，加强针对性，采取新举措，创造新方法，取得教文育人的实效，千万不能落入"刻舟求剑"的窠臼。乍看起来，是对怎样上课的思考与实践，实质起支撑作用的是敬业精神、学术功底和对学生的仁爱之心，是教师的精神成长，教师的自我修为。

祝愿《壮美语文：特级教师成长之路》受到语文同行的喜爱，更祝愿在新时代广西涌现更多的党和人民满意的好老师。

2021 年 2 月 11 日

《成事中成人：
"四部四制"的
探索与实践》序

天一小学是颇具特色的优质学校，学生喜欢，家长满意，方方面面获得不少好评。究其原因，说法甚多。校长带领教师团队共同奋斗，群策群力，付出大量心血，已为大家熟知。而这些年来，学校为何有如此持续不断的进步，究竟是怎样治理的，其中奥秘何在，知之者甚少甚微。正在寻求解答之时，即将付梓出版的吕华琼校长著述的《成事中成人："四部四制"的探索与实践》作了具体生动的回答。

也许是缘分吧，十年前我曾应邀赴该校与全体老师交流对教育与教师的认识与做法；后又与天一小学等四所学校语文老师研讨语文教学诸多事宜。学校积极向上、不断探索的良好氛围不仅给我以启发，而且使我留下了美好的记忆。此次应邀为《成事中成人："四部四制"的探索与实践》作序，先有机会读书稿，学习学校新鲜经验，又是幸事。

我已是鲐背之年的老人，思维迟钝，视野狭窄，深入学习、提出独到见解确实难以做到，只能谈一点阅读的粗浅体会，答谢邀我写序的盛情。

"四部四制"的建立与运行是学校组织建制的改革，但这项改革牵一发而动全身，需要勇气、见识和持之以恒的耐力。作为一校之长，在前人栽树良好氛围下从事学校领导工作，完全可以按部就班，

吕华琼著《成事中成人："四部四制"的探索与实践》（华东师范大学出版社2020年版）。

稳中逐步前进，为何要自找麻烦，大胆改革？显然，这是一种自觉的责任担当。以往，我们是穷国办大教育，由于大家不忘初心，艰苦奋斗，教育创造了举世瞩目的业绩，义务教育的普及更是由梦想变成现实。而今，我们是大国办强教育，要高质量发展，那就要静下心来对教育现状进行分析，在看到成绩的同时，也要看到制约前进的问题、不足、短板，寻觅排除障碍的途径与方法。对教育发展的全局须深思，拿出深化改革的方案，基层单位如一所学校，要办出新气象，也是同样道理。

"校长室—教导处—教师"，这种单向层级的学校管理架构，大家熟知，也保障了学校教育教学工作的正常运行。如何操作，已形成习惯，无须赘言。在这司空见惯的运行中，吕校长发现了问题。学校发展要进一步提高质量跃上新台阶，须充分调动全体教师的积极性，创造条件，让他们发挥聪明才智，做学校办学的主人；学校教育是教师群体的事业，一花独放不是春，必须要加强团结协作，发扬团队精神。而单向层级管理在人本性、教育性、主体性方面明显难以适应。学校管理架构应是交叉网状的，个体充分发挥作用，个体与个体之间相互作用，共同成事，共同提高。于是，在校长室、书记室、工会协同管理下的"四部四制"诞生。原本有些教师认为不过是名称改换，换汤不换药，实践几年下来，真切体会到办学思想体现人本，部门职能升级优化，化解了原先管理重心过高、部门分工过细、职能交叉等矛盾。

管理效率的提高，源于管理理念的转变；而管理理念的转变，又源于发现问题的能力。一所学校的发展、进步，离不开两个关键要素。一是高悬怎样的目标，要把学校办成什么样子，怎样才能符合党的教育方针的要求，让学生幸福成长、老百姓满意；二是搭学校工作的脉，找准影响发展的问题，以此为导向，进行改革，扫除障碍。发现问题是一种教育敏感，一种实事求是的态度，一种自以为非的精神。敢于以问题导向进行改革，靠的是高悬目标的指引，教育理想的支撑，克服困难的勇气。

学校组织管理架构改革的显著成效体现在教师队伍建设的整体提

高，这是十分可贵的。教师是教育工作的中坚力量，有高质量的教师，才有高质量的教育。我早说过，学历水平不等于岗位水平。学历水平只说明接受教育的程度，为人的发展提供了更多空间、更多可能性，而成为优秀教师，需要在教育实践中反复锤炼、反思、改进、学习、超越，锻炼忠诚，增强本领。教育不是一个结果，而是生命展开的过程，永远面向未来。教师从教，扮演的不是只有使用价值的知识付出者，而是和学生一起成长的学习者，是学生健康成长的引路人。在教育实践中自觉锻炼成长是教师通向成熟、优秀、卓越的必由之路，学校要真心实意、千方百计为他们的成长搭建平台，而校长是培养教师成长的第一责任人。说说容易，做做极难。我们通常见到的是教学评比，排名次等级，但更为重要的是岗位锻炼压担子，任务驱动，逼得你打开视野，逼得你思考动脑子，逼得你读书学习，逼得你与别人打交道、和谐相处，你不断创造生命的意义和价值，获得精神成长、才干成长的快乐。校长行政事务放了很多权，但在培养教师上却倾注了更多的精力与智慧。帮助、支持，指导、鼓励，搭建平台，抓住细节，隐身幕后，让教师充分展示，把潜能变为发展的现实，专业水平不断提升。学校培养教师的方式方法多种多样，天一小学只是其中之一，其生动性、有效性，阅读本书中的"代表性案例"可进一步知晓，从中会受到不同角度的启发。

希望这本著述能得到同行们的认可与欢迎，它用许多确凿的教育实践昭示了一个看似简单、实则奥妙的道理：要成事，必须成人；抓紧成人，必能成更多更好的事。我们憧憬的就是在成人成事辩证发展中，教育事业枝繁叶茂，生意盎然。

2021 年 3 月 9 日

《耕耘上海——素描第一线校长、教师》序

厥轩同志著述的《耕耘上海》即将付梓出版，嘱我写序，我有幸先读文稿。这本书是他继《浇溉上海》《滋润上海》之后写的第三本书，前后共花了12年。著述对象是上海基础教育领导和上海的中小学校长、幼儿园园长，描述他们在不同时代背景下对教育所作出的贡献。乍看是用文字进行人物素描，集合起来思考，就可触摸到上海基础教育发展的历史印迹。虽不能对发展中的艰难曲折做到全覆盖，但毕竟留下了这些精神财富，供当代教育人与后来者以深思与借鉴。

这本文稿著述的对象是当今活跃在中小学及幼儿教育第一线的校长、园长，我对他们办学的业绩常耳闻目睹，有的还比较熟悉，与其写几句不着边际的话褒奖一番，还不如写一点学习体会以表敬意。

人们常说，一名校长就是一所学校，校长的质量就是学校的质量，校长有怎样的水平，学校就有怎样的质量。这句话有无道理，要看以什么标准来衡量。若仅以升学率这把尺子来掂量，显然不靠谱，因生源、地域文化、家庭条件、学校历史积淀、师资状况等有差别，甚至有很大的差别，在一个平面上无法进行科学的比较。若以是否面向全体学生，全面贯彻党的教育方针，是否学生德智体美劳获得全面

王厥轩著《耕耘上海——素描第一线校长、教师》（上海辞书出版社 2021 年版）。

发展，学校不断攻坚克难、朝气蓬勃、积极向上来衡量，这个判断则是有道理的。因为校长是党的教育方针政策在学校的实施者、践行者，是学校教育教学工作的组织者、指挥者，是学校的脊梁，教师学生的榜样，他的教育思想、管理才能、学识业务、自我修为，直接影响学校的面貌与发展，影响学校干部、教师、学生三支队伍的成长。故而，这支队伍的建设是教育的重中之重，是当今教育高质量发展的关键所在。

文稿中述说的许多位校长都有强烈的使命意识，认识到基础教育为人的终生发展奠基，因而，重视办学的顶层设计。从学校学生群体的实际出发，对标党的教育方针，立足时代制高点，提出办学目标，设计实现的路径，在历史积淀的基础上改革创新。有的注重以法治校，强调规则意识，有的注重以德兴校，美育引领，有的注重责任担当，"不能辜负每一届学生的三年时间"，有的注重理解、活跃。林林总总，各有特色，形成了基础教育的斑斓色彩。特别是学校"择差录取""不差不进来"，令人情不自禁地想到2500多年前孔子的"有教无类"，他的教育理想只有在我们有中国特色的社会主义国家才能成为发展的现实。

以往我们是穷国办大教育，教育第一线的同志艰苦奋斗，积极奉献，取得了令世人瞩目的成绩。而今新时代，是大国办强教育，聚焦在高质量的发展。"高质量"如何来界定，它究竟有哪些丰富的内涵，是需要根据战略要求与时代特征深入思考的，努力探究，寻找发展规律。高质量发展不仅是课程设置的重组、突破、创新，还牵涉到学校工作的方方面面，并延伸到家庭教育、社会教育。高质量最为核心的是人的质量，即我们培养的人拥有怎样的价值取向、有怎样的道德情操，科学文化基础宽不宽厚，有无自主求索、勇于创新的追求，有无服务祖国造福人民的情怀，能否自觉锻炼、身心健康。我们要培养的是有中国自信、中国自尊，能放眼世界，真正屹立于世界民族之林的中国人，不是思想矮子，让别人的说短长左右自己的人生道路。在国内外纷繁复杂的环境下，要培养这样的人是不易的，难度极大。但再难也要攻克，人才之战是输不起的。

要培养出高质量的学生，就必须有高质量的教师，因而教师队伍建设又是工作中的重中之重。以往学校工作中对教师使用考虑得比较多，比较实，相对而言，对教师培养考虑得少。而今，教育面对许多新的挑战，不学习，不进步，不发展，难以适应，更不用谈发展创造、游刃有余。因而，教师教育、教师培养，提升到前所未有的高度，使用与培养并重，甚至培养重于使用。当今的教师学历水平高了，但学历水平不等于岗位水平。学历水平高给专业发展提供了广阔的空间，但能不能成为优秀教师、卓越教师是要在教育实践熔炉里锤炼的。教育事业是实践的事业，在教育教学第一线反复实践，正误对照，深入体悟，才能锤炼出教书育人高度融合的真本领，提炼出培育时代新人的真知灼见，切实提高教育教学质量。

市、区开设很多师资培训课程，这是必要的。这些课程往往解决共性的问题，但培养教师与学生培养一样，也要重视个性发展，因材施教。校长对每位教师的优势、特长、潜能、素质、不足、缺陷等最为了解，充分发挥教师各自的优势、特长，汇聚教育教学优质资源，也能恩泽莘莘学子。教师发挥主动性、积极性，被充分信任，会产生自我认识、自我改进、自我超越的力量。就这一点而言，校长是培养教师的第一责任人，能最有针对性最有效地培养学校教师，尤其培养中青年教师成长成才。文稿中讲述了好些校长深知培养教师的重要性，用心用情抓学校教师队伍的建设，采取了诸多有时代气息的做法，收到了良好的效果。从中我们可以悟到：教师的使用与培养，不仅要讲究科学，而且要充满人文关怀，引领教师持续成长。众所周知，生命被赋予了一种责任，那就是精神的成长。当教师感受到自己成长的快乐，在他心中，学校就成为他的精神家园，他会有使不完的劲，创意绵绵，主动积极创造立德树人的新业绩。

这篇文稿中还收录了《上海"两纲"教育与学科融合的来龙去脉》文章，讲述了这一项宏大的德育工程有怎样的顶层设计，有哪些策略与做法，克服了哪些困难与障碍。以史为鉴，可使今日的步伐更为坚实。

我书写的学习体会肤浅，挂一漏万，要获得更多的认识与启迪，就请阅读即将出版的《耕耘上海》，这是厥轩同志不辞辛劳对著述对象——拜访、倾听，最终织锦成文的。

2021 年 4 月 18 日

学习感言

捧读老领导王荣华同志的《问道教育四十年》，教育风云在胸中激荡，攻坚克难、开拓创新的一幕幕生动鲜活的情景历历如在眼前。尽管岗位一再转换，但造福教育、服务人民、和谐社会的业绩始终斐然，坚持不懈奋斗，精神高昂蓬勃。书中无论是叙事、记人，无论是说理、抒情，无不寓含着思想的高度、事业的宽度和情怀的厚度。我深受教育与感染。尤其使我读后心情久久不能平静的是：

一、沧海自浅情自深

大海浩淼，深不见底，而王荣华同志对党的教育事业的挚爱深情，对莘莘学子成人成才的至诚至爱，比海还浩瀚，比海还深邃。用他自己在家里挂的一幅字"教育情真，终身相随"来表述，真是数十年如一日，生命与教育相伴相随。这是一种大爱，一种仁爱，怎一个"情"字了得！

"有教无类"是 2500 多年前孔子的理想。社会纷繁复杂，层级众多，教育公平，谈何容易？只有在中国共产党的领导下创造性的传承发展，才能把先贤美丽的梦想逐步转变为发展的现实。王荣华同志带领众多团队全身心投入，各级各类学校全覆盖，硬件建设与软件提升、学校家庭社会、重点难点热点，全方位思考，寻觅突破口，制定良策。当不少人还迷茫于教育就是要钱、教育就是无底洞的冷言热语

王荣华著《问道教育四十年》（上海人民出版社 2022 年版）。

之中，王荣华同志高举旗帜，一而再再而三地强调教育的战略地位，教育就是国家的未来，学生就是国家的未来。正如经济学家成思危所说："经济只能保证我们的今天，科技可以保证我们的明天，只有教育才能保证我们的后天。"我们所从事的是亘古以来从未有过的中国特色社会主义建设的伟大事业，优质的人才资源是极其宝贵的第一财富，国民的良好素质是立于不败之地的重要保障，人不可能自然成才，都要靠悉心培养，来不得功利第一，鼠目寸光。

王荣华同志担负政府要职时全力以赴，从事教育发展基金会公益事业更是"一片冰心在玉壶"。精心汇聚全社会的德才智，为学生谋成长，为教育谋品质，为社会谋进步，为民族谋发展。从高校加强思政和马克思主义理论人才的建设，到搭建"曙光计划""晨光计划""阳光计划"等六大平台，推进高校培养的优秀青年高端人才蓄势发力；从搭建校企合作平台，助推大学生就业，到弘扬大国工匠精神，支持职业教育，应社会之需，时代之向；从基础教育暂处贫困的优秀学子的办学培养到特殊教育的关怀、呵护；从校内育人机制的深入研究到青少年校外教育体系和校内外育人共同体的建设，一件件，一桩桩，都聚焦在人的培养上。一次次嘱咐，一次次讲话，或激昂，或委婉，或探讨，或思辨，都是情的贯注，善的扬升，真的追求，心灵的滋养。拳拳之心，天日可见。

二、
舍我其谁宏志扬

《孟子·公孙丑下》中说："如欲平治天下，当今之世，舍我其谁也？"历史告知未来。而今我们所从事的振兴民族、富强国家、造福人民的大业，人类史上无现成模板可复制可搬用，需要以远见卓识来开创，以大视野、大胸怀、大格局面对现实来创造。方向已经指明，道路已经开通，关键在建设者的勇气与担当。《问道教育四十年》所记文化建设、理论传播、教育促进、公益善助的方方面面，不仅纷繁复杂，而且效果显著，精彩纷呈。稍加辨析，就可发现开创了许多迎接新挑战、适应时代新需求的工作新版图，充满了非凡的勇气和"舍我其谁"的责任担当。

以世界中国学论坛的举办来说，这是开创性的了不起的大事。被帝国主义压迫的中国积贫积弱，打了胜仗还要签订丧权辱国的条约，哪里有说话的权力？法国哲学家福柯曾说过："你谈什么并不重要，关键是谁在谈，话语的强弱由话语者地位的强弱所决定。"西方国家近三百年来一直处于强势地位，其话语也自然占了主导地位。而今，我们国家从站起来到富起来，再进而强起来，社会发展与经济建设的规模、速度、成效，有目共睹，举世无双。独特的文化传统，独特的历史命运，独特的基本国情，注定了我们必然要走适合自己特点的发展道路。我们不仅要做好中国自己的事，而且要讲好中国故事，让世界了解中国，平等交流。《中国震撼》作者张维为说过这样一句意味深长的话："一个只会使用别人话语的民族在世界上是没有分量的，中国人要用自己的话语来解读中国和世界。中国崛起的过程也必然是一个中国话语崛起的过程。"此言极是。建立我们自己的话语权是对我们国家民族的尊重，是对我们理论、道路、制度、文化的自信，是点燃人们心中希望之火，在世界潮流中站稳自己的脚跟，挺起民族的脊梁。世界中国学论坛已连续举办了八次，共有数千人次的各国专家学者参与了论坛交流与研讨。论坛以自主自豪弘扬了以"和"为特点的中国文化和中国发展之道，把中华优秀文化精粹在新时代创造性转化、创新性发展的思想火种、理论创建撒播到世界，让世界听到中国声音，其意义非同小可。长期坚持，必有大成效。若无高屋建瓴的前瞻性，无排除万难的毅力，怎可能开创如此喜人的新局面？

再如社会主义新智库的建立也是非凡之举，其间方向的确立，认识的碰撞，方案的优化，人才的培养，作用的发挥，均需开创的奋勇与对文化发展的守护及自觉担当。时代是思想之母，只有倾听时代之呼唤，把握时代在政治、经济、科技、教育、文化、卫生等各个领域呼声的脉搏，才能涌现纾困解难的、引领前行的真知灼见。好思想应时而生，顺势而为，推动事业大发展。王荣华同志深知历史进程中的辩证发展的奥秘，故斗志昂扬，大力助推。此类事不胜枚举，具体生动地诠释了舍我其谁的高远宏志，令人钦佩。

　　我是一名长期耕耘在基础教育第一线的草根教师，信奉教育质量就是人的质量。今天的教育质量就是明天的国民素质、未来的民族性格，直接关系到国家建设与发展的后劲，关系到在国际格局中形成人力资源的优势，关系到中华民族伟大复兴的雄图大业。人才是国家进步的动力源，建设者的良好素质是国家立于不败之地的保障。基础教育虽普通平凡，但面广量大，涉及到家家户户，必须竭尽全力引领学生扣好人生第一粒钮扣，其战略地位和价值怎么说都不为过。然而，由于所处位置的不同，从事工作的差异，对基础教育误解与小视比比皆是。为此，我常在多种场合发出声音求解教育之困、教师之困。数十年来，老领导王荣华同志总是爱护、鼓励、支持、引导。由于党领导下群策群力，基础教育面貌有了极大的改观，我心存感激。忆教育的发展历程，我深切体会到老领导长期对一线教师的关怀、扶持、厚爱，源于他深厚的家国情怀，对事业的执着追求，对广大师生无私的爱。这些精神财富，犹如春风化雨，点点滴滴入心头，催我们坚守教育者的尊严，奋然而前行。

　　以上是一点肤浅的学习体会，奉献的是发自肺腑的感恩之情。

2021 年 6 月 15 日

《慧教育——浦东名教师论教学之道》序

《慧教育——浦东名教师论教学之道》即将付梓出版，嘱我写序，我有幸先读书稿，享受浦东名师阐述教育理念、剖析教学策略、倾心教学实践、专注教学研究、倾吐教学感悟硕果累累的欢乐与幸福。这本论教学之道不是通常所见的几位专家、几位名师的大作，而是浦东新区基础教育阶段特级教师全景式展示。从幼儿园到高中，从普教到职教，到教学研究机构、校外教育机构；学科教学齐全，做法林林总总，精彩纷呈，给人以深深的启迪。读到有些精思、动情之处，我会情不自禁地感慨系之，升腾起由衷的敬意。

教育从来是天底下最难的事情，培养学生成长成人成才，启发他们生命自觉，谈何容易。在传承中华优秀文化的同时，我们要牢记时代使命。教育必须是中国立场，世界视野，时代特征。我们的目标是建设人类命运共同体，我们教师为这样的战略事业奉献育人的智慧与才干，应该是此生有幸。汇集出版的《慧教育——浦东名教师论教学之道》，是63名教师在教育实践熔炉中坚守，锤炼20年、30年乃至40余年，用真心、真情、真智慧浇筑而成。显然，有战略高度的思想指引，方会有如此热爱教育的定力、勇于改革的锐气、攻坚克难的意志和奋然前行的精神。其中有些理念与实践特别值得思考与借鉴。

诸惠华主编《慧教育——浦东名教师论教学之道》（上海教育出版社2021年版）。

一、
牢牢抓住以学生为本的
教育本质

所有学科的教学都要传授知识，培养能力，而今讲学科核心素养，终极目的都是育人。"人"是教育的目的，教育的出发点和归宿，"术"与"人"不能错位，不能丢失教学中的教育性价值。我们坚持实施素质教育，以人为本就是素质教育的内核与精髓所在。论文集中许多篇文章从各自不同学科的角度论述对学情的了解、研究，对学生学习主体的尊重，对学生个性和谐发展的促进，对学生潜能的呵护、开发，无不表露教师对学生生命重视与关爱的真情。且不说德育的渗透，与学科智育的融合，把做人的温情随着知识种子的撒播潜入学生的心田，单是数学课代表培养的故事，就奏响了教书育人的乐章。你不仅可看到青涩学子的拔节成长，而且会展开无限的遐想。育人就是如此美妙，诗和远方的瑰丽色彩，不仅带给教师无穷的乐趣，还给教师生命抹上美丽的霞光。

二、
执着钻研课程、教材、
教学方式的敬业精神

信奉教学参考书打天下的年代已逐渐逝去，代之以潜心钻研，独立思考，这是教学的一大进步。但要每名执教者做到，确非易事。思考本身就是一种精神，一种力量，不照本宣科，不人云亦云，就得对课程、教材有敬畏之心，用真心对待，下苦功钻研。基础教育课程是人类文明成果、民族优秀文化、党的教育方针的重要载体，是国家意志和社会主义核心价值观的集中体现，是中小学开展教育教学活动实施素质教育的基本依据，在培养学生成长成人中发挥着十分关键的作用。教材是教师教学的基本依据，学生学习的重要载体，对它的认识、理解和使用，关系到课堂教学质量和学生学习成长的质量，须用心钻研，深入底里，一丝不苟。论文集里不少文章阐述了教师对从教学科课程标准所作的精细研究，因而教材的整体把握、关键所在、难点破解成竹在胸，施教时得心应手，学生遨游于浓郁的求知氛围中，教师品尝到游刃有余的爽快。这种教学境界令人心向往之。至于锲而不舍地刻苦钻研，洞悉所教学科的性质、特征、知识架构、逻辑顺序、功能意义、源流发展，那就真正步入专业门庭，如在某一方面或某几方面有所突破，那更是登堂入室。敬业精神铸就专业发展的辉煌，期盼这样的卓越教师大量涌现。

对学科性质、功能的认识是教好这个学科的前提，而认识又是逐步深化、逐步完善的。学校开设的是教学学科，不等同于学术学科，基础教育阶段开设的教学学科有些是与学术学科对应的，如数、理、化、生等，当然这些学术学科也在发展，须加以关注，但知识逻辑结构严密，有章可循。而有些学科，特别是语文这门教学学科，自独立设科以来就是一门综合学科、交叉学科，没有相应的"学术学科"对应，而是根据学生学习母语的需求，遵循一些教育学、心理学原则，把语言学、语用学、语法学、修辞学、逻辑学、文学、阅读学、写作学等学术学科知识体系加以选择、提炼，乃至改造、重组，构建语文课程知识，使"大拼盘"形成一个"共同体"。内容繁复，方面众多，其科学性、严密性如何把握，详略如何取舍，教到什么程度，才真正符合学生学习的适切性，真颇费思量。各种说法，各种做法，更是风起云涌，因而，钻研课程标准，洞悉教材编写的意图，把准学情的现实存在与变化，尤为重要。任何学科教学来不得半点任性，随意拔高、加深，无界限拓展，以显示所谓学术水平，并非提高课堂教学质量的有益之举。

教育要高质量发展，课堂教学要全面提高质量，教学方式必须改革创新，这已成为共识。论文集里四个部分文章都论及教学方式变革所取得的良好效果。"怎么教"的研究，我们花精力花时间甚多，引进、借鉴外来的理念、做法也最多。根据提高育人质量需要，认真梳理，取其精要，删除繁琐，改进创新，教与学两个积极性能充分发挥，有些经验也可移地移校尝试。如"学生个性化培养探索"恐怕不局限于资优学生、特长学生、天赋特高的学生，绝大多数学校没有如此的生源条件。为师者如果真正进入学生世界，用平视的眼光看待，深入了解，也会发现不少学生身上的个性特征、潜在能量，因材施教，创造一点力所能及的条件，跟踪培养，学生前途也是充满希望的。

三、
勇于迎接课程教材改革挑战的锐气与智慧

深化课程教材改革，直接关系到育人质量的提升。各学科基于学科本质凝练了本学科的核心素养，明确了学生学习该课程学科后应达成的正确价值观、必备品格和关键能力，对知识与技能、过程与方法、情感态度与价值观三维目标进行了整合。课程标准围绕核心素养的落实，精选、重组课程内容。核心素养强调的是运用所学的知识、观念、思想、方法解决真实问题时所表现出来的关键能力和优秀品质。如何把知识化为能力、化为智慧、化为方法，如何把知识转化为品质、人格，这是新命题、新挑战，是时代赋予的必须求解的责任。

任何美好的蓝图总要有人勇于实践，不怕沟坎风险，敢为人先，方能变为发展的现实。论文集里反映出好多位名师勇字当头，锐意改革，大胆尝试，摸索新课标新教材如何施教，须克服哪些艰难险阻，提炼出哪些行之有效的经验。这是一种使命意识，一种教育自觉，一种舍我其谁的责任担当，令人钦佩。

敢为人先，不仅要勇，且要有谋，善谋，有智慧。智慧通常被理解为博闻强记、知识丰富、触类旁通、举一反三、多向思维、多谋善断、决策能力等，这些都是应有之义，但我认为最为重要的是明察力和创造力。明察秋毫，能透彻看清课标、教材的本质特征，直接抓住问题的核心，逢山开路，遇水搭桥，创造性地让课程内容落到学生学习实处，学生思维活跃，兴趣盎然，就不以为苦，而以努力追求为乐。如，信息技术学科面向计算思维搭建怎样的学习支架；这种思维培养在理论、模式、实证方面应作怎样的探讨。又如，对数学建模这方数学素质教育的新天地该如何认识，如何理解；数学建模活动如何展开；如何取得培养的实效。再如，对高中物理深度学习的强调与倡导进行例证；高年级绘画教学如何从"写实危机"的困境中走出来；学科德育如何进行跨学科融合，等等，从认识到实践，可圈可点之处颇多，能给人以不少启发。

法国社会学巨擘爱弥儿·涂尔干曾这样说："理念是不能通过立法的形式就变成现实的；它们必须由那些担负着实现理念的职责的人去理解，去珍视，去追求。"确实如此，党的教育方针、课程教材改革的先进理念需要担负立德树人刚性责任的教师"去理解，去珍视，去追求"，才能实现教育的高质量发展。浦东名教师是浦东浩浩荡荡教师队伍的排头兵，这本论文集在对教育教学的理解、珍视、追求方面奏响了悦耳动听的乐曲，祝愿它引起共鸣，回响绵延，不断诞生新的美妙的乐曲。我这名鲐背之年的老教师急切地期待，诚挚地祝福。

2021 年 8 月 10 日

《提升区域教师学科育德意识和能力的实践研究》序

杨浦区教育局与上海市师资培训中心合作开展"提升区域教师学科育德意识和能力的实践研究",而今,研究成果即将付梓出版,嘱我写序。我有幸先期阅读、学习,受益良多,不胜感激。

这个教育科研项目目标清晰,扎实有序。单就教情调研而言,多角度、多方位,既有主诉,又有客观分析,对教师育德意识与育德能力现状的把握就比较真实可信。课例研究的工具开发,精品课例的形成,不仅是对教师育德意识、育德能力的测评,更是在学科教学实践中提升教师育德意识、育德能力的动态培养,生动、鲜活,活跃思维,触动心灵。德,育什么德?德在学科的哪里?价值意义何在?通过什么途径,用什么方法达到目的?思维掀起波澜,合作伙伴思想碰撞,认识向纵深发展,育人的意识在教师专业素养中开始闪发光彩。

区域教育科研要取得理论指导推广的实效,须特别注意接地气,方方面面考虑比较周全。学校基层、教师教学第一线,所思所想所需,乃至误思误想误需,优势在哪里,短板在何处,缺失是什么,准确把握,就能有针对性地引导,促进队伍成长,促进教育质量提高。此次科研的实践展开很注意这一点,以课程建设、管理模式支撑,选择三个各具类型特色的学科探讨,并形成可资思考、借鉴的学科育德精品案例,就使教师能结合自身教学实际,对照、比较,思有所向,

上海市杨浦区教育学院、上海市师资培训中心编著《提升区域教师学科育德意识和能力的实践研究》(上海教育出版社 2021 年版)。

行有可循。

教师育德意识的自觉确立及在教学实践中得心应手地施学生以阳光雨露，滋养学生心灵成长，绝非轻而易举之事。育德，不只是一种技能技巧，也不是简单的量化就能评判其高低优劣，更不是单凭外部力量就能功到垂成，关键在于教师内心的深度觉醒，把育人当作国家的战略大事，把育人的质量与国家的盛衰、人民幸福与否紧密相连，才能深切体会到肩上有怎样的责任担当。

教师对自己所从事的新时代教育工作须有高度的认识，并有职业敏感，能识别并抵御种种不正确的教育理念与做法对自己的影响与侵蚀。要清醒地认识我们所从事的是有中国特色的社会主义教育，社会主义是本质特征。这样性质的教育前无古人。我们要创造性地传承中华优秀教育传统，又须创新性地发展。尽管我们的教育在许多方面与欧美、与日本有不少相近、相似，乃至相同的做法，但没有模板可照搬照抄，不说别的，单就培养目标，就有本质不同。我们要培养的是为实现中华民族伟大复兴努力奋斗的时代新人，是让红色江山代代相传、人民享受幸福生活的一棒一棒接班人。

社会主义教育的本质特征决定了立德树人是我们教育的根本任务，这是我们的原创。"人之完成"，从自然人成长为社会公民，是世界各国教育的共识。中国传统教育特别强调读书做人，读书为了明做人之理，"为自己之学"，立德修身做君子，不做见利忘义的小人。德，是人之魂，人生道路的方向盘。失德，缺德，做人的底线崩塌，兽性就会发作，酿成祸害。中华五千年文明特别讲究立德、推崇立德。立功、立言，要有条件，而立德，修己做人，人人可以笃行。再看纷繁复杂的国际环境，历史逆流对我们的打压、围堵、卡脖子，无所不用其极，从反面警示我们必须培养好社会主义事业的建设者和接班人。习近平总书记在庆祝建党100周年大会上说："新时代的中国青年要以实现中华民族伟大复兴为己任，增强做中国人的志气、骨气、底气，不负时代，不负韶华，不负党和人民的殷切期望。"我们培养德智体美劳全面发展的时代新人，当然要增强做中国人的志气、骨气、底气。以中国立场、世界视野、时代特征来思考，就会深刻领悟到立德树人是教育的根本任务，是教师肩负的刚性责任。

由于工具理性、功利至上的干扰，应试教育对分数的追逐，学科教学的价值取向弱化，乃至丢失。学生到学校求学，绝大部分时间在课堂里度过。学科是立德树人的主渠道，课堂是立德树人的主阵地。课堂里施以怎样性质的教育，怎样质量的教育，直接影响到学生生命成长的质量。所有教学都有教育性，因为教育的核心是以学生为本，是对人的灵魂、生命的塑造，教书的目的是育人，丢失了育人的价值，课不仅苍白无力，而且会失魂落魄，在知识、技巧无休止的操练中浮沉，学生的灵性、求知欲望受到抑制与损伤。

至今对学科育德还存在种种误解。如，育德就要外加些什么；又如，教知识就是育人，水到渠成，育德多此一举；再如，知识传授、能力训练都来不及，还加什么花头，摆什么名堂。其实，这关系到教师专业眼光、专业素养问题。所有学科的知识建构，都是人类智慧的结晶。知识呈现的背后有创造者、传承者、发展者情感、思想、精神品质富矿，关键在要慧眼洞悉，根据学情择其要，与知识传授、能力培养水乳交融，达成教学目标。知识的形和魂是整体，一而二，二而一，由于技术至上的应试作祟，我们人为地把它们割裂开来，剥离开来，降低了学科教学的育人价值。而今，学科强调培养学生的核心素养。核心素养是情感、态度、价值观的发展，立体、多维、学科育人特质显明。深入研究，切实把握，有助于教师教学观念的革新，思维品质的提升，由线性思维转换为立体思维，德育智育融合，全面提升育人质量。

教师育德意识、育德能力的提升，是教师专业成长与发展的修炼，是教师理想信念的确立。要拥有热爱学生的博大胸怀，在专业学识丰富与增长上不断修炼，不断自我超越。教学千古事，得失寸心知。期盼在"提升区域教师学科育德意识和能力的实践研究"推动下，区域能涌现更多的教书育人优秀教师，创建更多的精彩教学案例，使立德树人的根本任务有声有色地落到实处。

2021 年 9 月 18 日

《课例研究：基于区域课程化实践的变式探究》序

上海市浦东教育发展研究院郑新华博士邀我为其新著《课例研究：基于区域课程化实践的变式探究》作序，我有幸先读文稿，学习、思考、比照、憧憬，颇受教育与启发。

我是一名长期在教学实践第一线耕耘的草根教师，虽知教育科研的重要性，期盼教学实践有符合中国国情的理论指导，破解诸多教学难题，有效提升教学质量，但毕竟自己参与研究的课程甚少甚微，并不具备多少发言的资格，邀我写序，确实有点勉为其难。好在于阅读文稿中，受郑博士长期深入学校教学第一线、醉心科研创新至真至诚精神的感染，得益良多，故而不揣浅薄，说几句外行话以供参考。

课例研究，着力于浦东新区学校课程化实践的变式探究。吸取课例研究移植到欧美国家发生水土不服的教训，更重视中国教育文化的土壤，运用中国教育的众多元素，使课例研究、课例研修在学校基层扎扎实实开展，变式的轨迹清晰，探究取得实效。幼教、小教、初中教育，三轮、五轮、九年教师可持续发展，带领教师以科研促教学改进，促质量提高，十年辛苦不寻常。其中有几点特别值得思考与借鉴。

郑新华著《课例研究：基于区域课程化实践的变式探究》（上海社会科学院出版社 2022 年版）。

一、
聚焦课堂教学，
落实以学生为本的核心理念

课例研究当然要聚焦课堂教学，课堂教学内涵极其丰富，带领教师研究什么，才能使教学有突破性的进展，切实提高教学质量？21世纪我国基础教育课程改革的核心理念是以学生为本，以学生的发展为本。从以知识为本转换为以学生为本，是教育本质的回归，是了不起的进步。然而，理念的转换、提升，并落实到教学行动之中，绝非轻而易举。教学的长期操作形成了一种惯性：知识是实的，学情是虚的；知识真抓实干，学情"毛估估"；听课、评课，重点观看与评价教师执教的水平与表现，即使观看学生，也往往挂一漏万。课例研修针对这些不良惯性加以革新，认为最终衡量教学有效性的标准不是教师的教学，而是学生的学习，教师"教得有效"只能体现在学生的学上。课堂观察是核心环节，观察的重点是学生的学习。这种教育科学研究方法对学习过程定格、扫描、搜集、记录，对采集到的详细信息进行反思、分析，再加上前测、后测，就能切实找到改进教学的途径与方法。以学生学习状况为实证改进教学，这是真改进。课堂教学中以学生为本的核心理念不再虚幻，而是落到实处。

二、
研究镶嵌在教研当中，
促进"内生革新"

在普通教师心目中，教研与自己的教学工作贴近，组织机制、任务目标、功能作用，历时久远，习以为常；而科研是高一层的事，理论的活儿力所不能及。其实，教学要高质量，离不开教师专业的持续发展。习近平主席说，有高质量的教师，才会有高质量的教育。教研较多的讨论是教什么，也研究怎么教，而科研不仅研究怎么教，还要深入探究为什么这么教而不能那样教,须上升到理论上来推敲、判别、寻找其中固有的规律。识得真,勘得透,就能指导实践,促使教师成长,自觉提高教育质量。课例研究不是撇开教研另搞一套,而是以教研为基础,嵌套在教研之中,尝试着对教研做出某种超越,追求"内生革新"。这是课例研究本土化的做法,这种变式也取得了明显效果。"课例研究"变成"课例研修",教师不仅仅是优秀课例的出产者、观察员,还将自身融入课例研究的进程,与课例研究一起成长,与课例研究共同体一起进步。

教育科研重视本国教情,充分运用条件,可取得良好效果,这一点我是有体会的。20世纪90年代初,美国教师学习研究中心确立"关于向老教师学习的研究"科研课题,美国密歇根州立大学教育学院邀请英国牛津大学教育学院与中国上海第二师范学校合作研究。于是,我们进行了青年教师职初"师带徒"的培训模式的跨国比较研究。总联络是马立平,当时她在斯坦福大学攻读博士。尽管研究的目标、内容、流程、众多资料积累,如日程表、周记、访谈、课的录像等有一致要求,但由于历史土壤、文化背景、地域特点、教育现状种种差异,师带徒过程中各项问题讨论的比重都各不相同。结题总报告特色鲜明,在国际交流大会上获得好评。

三、共享共赢,赋学习共同体以生命活力

科研项目的开展常有这样的情况:部分成员积极主动,部分成员被动跟从,甚至不跟也不从了。有时研究所取得的成果还是很不错的,但从理论到做法,其价值与意义未被真心认同,推广运用当然就摆不上位置。课例研究在区域课程化实践中历久不衰,当然有诸多因素支撑,但角色的准确定位不可缺少。郑新华博士开展这项研究,是从抓研究伦理开始,特别是淡化"科研员"身份,真正做到与教师打成一片。不少教师有一种误解,认为科研员,包括教研员,是专业

上的高人，是对教师专业巡视、评判的"钦差大臣"，存在些微恐惧、戒备，形成屏障、形成"隔"。课例研究起始，就打破这种"隔"，是明智之举。难能可贵的是通过多种形式的课例研究实践，每位参与的教师从自愿到自觉，成为研究的主体。分工、合作、反思、修正、互补、共享、提升，专业眼光打开，构建了新的学习共同体，教师专业获得了新成长。

这个学习共同体之所以能对已有理论作批判性分析，教师实践知识更新、增值，精神获得成长，关键在有淡化身份的科研员引领。不是居高临下，而是身入其中，在学校、在教研组、在课堂，倾听、观看，把方向，出主意。具体指导，攻坚克难，亦师亦友，紧扣学生的学习发展核心共同创造。深描的科研员通过课例研究如何影响教师的专业发展的典型案例，就可触摸到这个学习共同体的生命活力。

祝愿教师不断增强科研意识，也祝愿区域科研不断取得新成果，促进教育高质量发展。

2021 年 9 月 14 日

《教师伦理学》序

全国师范院校教师职业道德教材《教师伦理学》即将付梓出版，主编王正平教授嘱我写序。我虽学识浅薄，但有此良机先睹书稿学习，不揣寒碜，欣然应允。

习近平总书记在全国教育大会上指出："教师是人类灵魂的工程师，是人类文明的传承者，承载着传播知识、传播思想、传播真理，塑造灵魂、塑造生命、塑造新人的时代重任。"教师的工作意义非凡，这些年来，人们越来越认识到教师是教育工作的中坚力量，越来越体会到教师队伍建设是重中之重，越来越深刻体验到重中之特重是师法师风的建设。习近平总书记谆谆教导："要把师德师风建设摆在首要位置，引导广大教师继承发扬老一辈教育工作者'捧着一颗心来，不带半根草去'的精神，以赤诚之心、奉献之心、仁爱之心投身教育事业。"明灯一盏，指引队伍建设的方向。

出于对优质师资培养高度负责精神，回应教育高质量发展对优质师资队伍的时代需求，以王正平教授为引领的八所高等师范大学资深教授和专家学者悉心研究教育伦理和教师职业道德。书中将对我国新时代教育伦理学的宏观、中观和微观的重大伦理道德问题进行全方位的理论探讨与审视作为厚实的基础，再进而聚焦于教师教育职业伦理道德的研究，顺势而为，久久为功，创造研究新成果。研究既保存和发扬了立足中国、放眼世界、融通古今的特色，又在理论与实践结合的高度狠下功夫。以教育哲学、伦理学，包括应用心理学、社会学等为学术支撑，又以师德实践问题为向导，建构教师伦理学科理论构

王正平主编《教师伦理学》（人民教育出版社2023年版）。

架，凸显师德师风建设的价值取向与根本要求。观点明确，阐释清晰，既有整体面的思考，又有点上的深入推敲，作为教材认真学习，深思践行，必启智润心，受益良多。其中不少论述给人以深深的启迪。

例如"只有从教育劳动和整个社会历史发展进步要求的高度来充分理解和深刻认识教师道德，才能为教师的职业实践提供道德上的激励"，此言极是。这是从研究者的角度把控理论建构的历史性、发展性、时代性和教育的本质特征。如若就事论事，就师德论师德，往往捉襟见肘，难以深入底里。由此可进而推论，要教师尊崇师德，形成道德自觉，单凭是非标准、奖惩并举，虽有效果，但不易出现理想境界，关键要在内心深处根和魂上施以心灵养料。师德提升，除外部教育条件，十分重要的是内省、自律、自我修为。要让教师切实体悟到自己所从事的平凡工作寓含着不平凡的价值与意义。在人类历史发展的长河中，中国特色社会主义教育，培养德智体美劳全面发展的担当实现中华民族伟大复兴重任的时代新人，从教育本质特征来说，从教育规模来说，从教育理念到方针政策到教育实践，世界上绝无仅有。教师身逢盛世，参加如此开创性的教育大事，教书育人，立德树人，不仅无上光荣，而且是沉甸甸的责任担当。当教师真切体会到自己一个肩膀挑着学生的现在，一个肩膀挑着国家的未来，今天的教育质量就是明天的国民素质、明天的人才质量，理念信念的明灯就在心中高高升起，以心相许，自强自律，有用不完的内驱动力。

立德树人是教育的根本任务，是对培养什么人、怎样培养人、为谁培养人的明确回答。教师工作是以人育人的工作，是三个"传播"三个"塑造"的工作，立人先立己，"其身正，不令而行；其身不正，虽令不从"。立德树人所立之"德"在当代中国有其特定的丰富内涵，"明大德、守公德、严私德"是对含义及要求的阐释。"明大德"，就是要牢固树立理想信念，有了这个根和魂，遵守公德、严守私德的自觉性就会大大加强。教育学生如此，教师更须身体力行。围绕这一点，《教师伦理学》对社会主义核心价值观作了诸多论述，有理有据，激励教师超越狭隘利益，追求伦理道德高尚博大的情怀。

教材在不少章节中强调一个"善"字，以智求善，以德求善，以行求善。"四有"教师中的"有仁爱之心"，就是善的表现。教育学生成长、成人、成才，肩负着国家的期望、人民的嘱托，是一种大爱、仁爱，是把阳光、雨露播撒到每个学生心中的无私的爱。研究伦理道德，目的在追求道德上的善，也即追求生活之善，而最大的善，就是人的幸福。教师在立身处世、在教育活动中追求"善"，是个人的幸福，也是每个学生的幸福，更是人民大众的幸福。

教师的活儿是良心的活儿，手里捧的是学生鲜活的生命，一个个需要精神养料成长的鲜活的生命，要尽心尽力，一丝不苟，把他们培养成为国家的有用之才。教育力量活的源泉来自人格的完美、道德的高尚、学识的丰厚，有品、有德、有才，在阑风伏雨面前，头脑清醒，认准方向，执着追求，对得起每个鲜活的生命，对得起国家托付的千钧重担，对得起自己的良心。学习一得，与阅读教材的同行共享，也聊表对研究与编写的学者专家的敬意。

2021 年 12 月 19 日

《阅读力晋级：
"一周一书"启示录》序

真是匪夷所思！在手机信息爆涨爆溢的岁月，许多人对手机依赖的程度已与吃饭、穿衣的生活必需不相上下，哪有时间读书。更有甚者，认为读纸质传媒是一种古板、一种落后，对纸质书不屑一顾。在这样网络喧嚣的背景下，方有林教授在大学校园里积极倡导并切实开展"一周一书"的阅读实践活动，笑迎困难，寻求破解良策，坚持五年不懈，获得了实实在在的效果：本科生阅读自觉明显增强，阅读习惯初步养成，阅读能力大为提升，阅读实践成为大学里的一道美丽的风景线。而今将推行该活动的经验集成《阅读力晋级》付梓出版，嘱我写序，我这名鲐背之年的老教师既感兴奋，更是心怀敬意写一点学习体会。

信息技术、人工智能无论发达到什么程度，人的心灵发育、精神成长都离不开经典读物、优秀读物的滋养。这是千百年来人类文明社会古今中外积累与提炼出来的认识人生、认识社会的常识。常识看似普通，无惊天动地、振聋发聩的轰动效应，但其中寓含着不可抗拒的、不以人的主观意志为转移的规律。这种规律性的认识不是凭主观臆断、凭一时的爱憎好恶得出的，而是在空间无限、历时悠久的无数正反实践的检验中逐步形成，有真理的味道。为此，古圣先贤、社会各领域的有识之士，无不强调读书的价值与意义，并身体力行，做出榜样。

方有林著《阅读力晋级："一周一书"启示录》（东方出版中心2022年版）。

然而，常识也是最易被人轻视与忽视的。诗人、散文家约瑟夫·布罗茨基是个视文化为生命的人，他在1987年的诺贝尔文学奖受奖演说中曾这样沉痛地说："鄙视书、不读书，是深重的罪过。由于这一罪过，一个人将终生受到惩罚；如果这一罪过是由整个民族犯下的话，这一民族就要因此受到自己历史的惩罚。"话说得很重，道理寄寓其中，启人深思。方教授及其团队深知阅读不仅塑造学生大脑及心智，阅读也塑造社会，塑造国家。有效地培育大学生的阅读素养，对于社会而言，提高文明的程度；不仅是个人素养的提高，而且是群体阅读力的增强，群体阅读力是国家的核心竞争力。一个国家的阅读人口决定着这个国家的文明程度。我国有优良的阅读传统，《阅读力晋级》剖析了一周一书的前世今生，如何做到"克期读"，拾级而上，既有理念的指导，又有操作的抓手，生动具体，开展的阅读实践活动如在眼前。

时间是常数，一个人如何管控时间、支配时间，是智慧，也是意志、毅力。前苏联教育家苏霍姆林斯基曾跟他抱怨时间不够用的上大学的儿子说："要善于强迫自己每天看书，不要把这项工作拖到明天。今天的丢失，明天无论如何也无法弥补。""你所阅读的一切，就是你用以治学的精神财富的积累，这个积累越雄厚，就越容易学习。"怎样才能坚持每天读书，有赖于习惯的养成。这本经验汇编将阅读习惯提升到"阅读力之本"的高度来阐述，我深为赞同、赞赏。清代刘蓉的《习惯说》强调为学贵慎始，极其有道理。习惯一经形成，就如手足在自己身体上运用自如，拉拽不开。好习惯有益终生，不良习惯残害人生。养成阅读良好习惯从"强迫"自己开始，与惰、散、躁斗争。陶渊明说："勤学如春起之苗，不见其增，日有所长；辍学如磨刀之石，不见其损，日有所亏。"静下心来，每天努力读一点，坚持下来，就有长足进步；如若每天懈怠一点点，长此以往，便是巨大的损失。著名画家张大千说："作画如欲脱俗气、洗浮气、除匠气，第一是读书，第二是多读书，第三是须有系统、有选择地读书。"大学生读书不同于作画，但道理相通。持之以恒的良好的阅读能改变人的气质，提升人的品质，形成挺直脊梁骨的大写的人的气象。

　　读书要会读，要入脑入心，思考、鉴别、吸纳、创造。如若只是"对书"，浮光掠影，徒劳倦眼睛而已。哲学家冯友兰说得十分清晰，他说读书要"精其选，解其言，知其意，明其理"。面对出版物鱼龙混杂的现状，必须用眼力精选，不被披着眩人耳目外衣的滥物所迷惑，坚持读中华优秀文化及人类进步文化所创造的精神珍品，开阔视野，增长见识，提升追求的境界。读，不仅要攻破文字关，知其意，而且要体会"弦外音，味外味"，要在文字以外体会它的精神实质。尽其意还不够，还要明其理，有自己的意。把自己的意和作者的意比较，参照，不仅找到差距，而且还有所发现，乃至有所补充，有所创造，那就做到书为我用、活学活用了。这个问题在这本经验汇编里均有论述。大学本科生应该读什么，应该怎样读，不能怎样读，均作具体剖析，而且列举榜样，以供学习、借鉴。

　　大学生是生命成长的旺盛期，成长需要培植，需要体验。成长是一个过程，无极限。"新的我"永远在明天，成长永远是对明天的向往。被不少人看作是匪夷所思的阅读实践活动，正是对大学生生命成长的敬畏、培植与呵护。这种紧扣教育育人本质，立足当前，放眼未来的举措，不仅增添了校园文化的正能量，更大大拓展了学生生命成长的空间，为人生意义与价值的创造搭桥铺路。对学生健康成长付出心血与智慧的人，我总是心怀敬意与感谢。为此，拙笔记下学习的肤浅体会，祈愿读优质书在大中小学生群体中形成习惯，形成风气，使他们的精神世界获得醍醐琼浆的滋养，和谐发展，茁壮成长。

2022 年 3 月 20 日

《平凡教师教育诗篇专刊》序

这本专刊聚集了数十篇令人感动的教育诗篇。

它不是出自诗人瞬间闪发的灵感,也不是出自小说家运筹帷幄的虚构,它出自平凡的教师在教育生涯中用心血与智慧浇灌学生成长的真实写照。它记述的一件件事那么普通,普通得像空气一样,天天发生在我们身边;它表达的感情朴素,朴素得无丝毫涂脂抹粉的装扮;它诉说的意愿真切,深情可掬,一片冰心在玉壶;它仰望天空,追求高尚,心中揣着党和国家的殷切期望和千家万户的谆谆嘱托,追求把自己的生命融入育人的使命之中,促进学生全面发展、快乐而健康地成长。

爱是教师教育力量的情感源泉。没有爱就没有教育;教育只有充满爱才能进入学生的内心深处。师爱是教师素质的核心,也是教师从业最基本的要求,学生是活泼泼的生命体,独特,多样,蕴含着潜在的能量。教师对学生真心真诚真情,就会目光敏锐,善于发现。哪怕是一个不显眼的小手势,一个眼神的细微的变化,都会有心灵的感应。积极思考,情理相融,作出正确的判断,选择恰当的方法,启发、点拨、呵护、引导,把爱撒播到每个学生的心田。学生成长的过程中遇到一位懂得爱、善于爱、撒播爱的好老师,心灵获得雨露浸润的甘甜,先天的优势就会逐步变成后天成长的动力,潜能就会逐步变成发展的现实。学生成长过程中体验到师生情的温暖,体验到学校情的温暖,就会推而广之,珍视亲情,珍视人间的温暖。情感世界有这样的底色,学生就会成长得青枝绿叶,生意盎然。

善于爱,必然涉及因材施教的智慧。智慧不等同于知识,不是

2+2=4的标准答案，而是要因人因事因时因地采用最合适的方法、最得体的语言关心、照顾、引导、鼓励。一名小学生回家郑重其事地对母亲说："你三天不要给我洗头，今天老师摸了我的头。"当这位家长激动地对我说这件事时，我内心一阵酸楚。这个孩子调皮捣蛋，没少挨批评与冷淡，老师一个亲昵的摸摸头的动作，就使他受宠若惊，感动不已。适时适事，师爱就会发挥育人的力量。

语言有温度，字词知温暖。教师与学生语言沟通，要亲切、真挚、温情脉脉，切不可冷若冰霜、粗言秽语、讽刺挖苦。教师的教育语言不仅是符号，而且是艺术。只要心中充满了对学生的爱，就会循循善诱，从不同角度不同层面悉心开导。哪怕是分量很重的批评，也不能伤害学生，尤其是学生的自尊心。人是有尊严的，每个学生都应受到老师的尊重。有人曾经打了这样一个生动的比喻，说："好的语言，应该像一壶酒，使人沉醉三天三夜不思归，甚至在梦中还能唤醒味觉。"教师不断用对学生赤诚的爱来磨砺语言，清除杂质，教育语言就会如蜜一样，对学生有吸引力、感染力，甚至震撼力，使学生沉醉的程度恐怕就不仅仅是三天三夜不思归了。

许许多多老师坚守自己的岗位，用爱浇灌学生成长，这本专刊正是起交流、促进的作用，我们期望爱满天下，师爱撒播到每一个学生身上，每一个学生心中。

《语文与语言——基于语言艺术的语文教育》序

陶本一教授的专著《语文与语言——基于语言艺术的语文教育》出版,嘱我写序。我深知自己笔力不济,难以写出其精髓之一二,甚感惶恐。然而,30 余年的深厚友谊又迫使我非言说几句才觉心安。于是就有了下面的这些倾诉。

对语文教育的倾心热爱与执着追求,凡熟悉陶教授的人无不为之感动,我更是敬佩不已,以他为榜样。20 世纪 70 年代末,教育刚刚从被摧残的灾难中走出来,语文教育尚未恢复创伤,师生可阅读的报章杂志稀少得真如凤毛麟角。在如此知识荒漠的背景下,他先思先行,力克种种艰难,为语文教师创办了《语文教学通讯》刊物,传播教育理念,交流语文教育信息,介绍语文教育经验,解析语文教学内容,为语文教师从事教学实践提供诸多帮助,我也是受益者。

20 世纪 80 年代初,农村广大语文教师由于业务书籍的奇缺,教学中困难不少。如何提高语文教学质量是语文教师心中挥之不去的问题。就在此时,陶教授提出编一套供中学语文教师备课用的工具书,帮助教师解决教学和进修中迫切需要解决的困难,促进语文教学质量的提高。当时编写这套 12 册的《中学语文备课手册》可贵之处在于有创新的意识与做法。它们不是一篇篇课文分析文章的汇编,而是由"教材总体说明""单元教学建议""单篇教材教学建议""单元检测题"四个模块组成。以"单篇教材教学建议"而言,就有"教材研究""训练内容""教法建议""附录"。以"教材研究"而言,就有"背景简介""疑难词句举要与辨析""重点难点讨论""启迪思维、深究问题"。这套备课手册既注重科学性、实用性,更注重启发性与选择性,让不同程度、不同层面、不同情况的初中高中语文教师、城市农村语文教师均可从中受益。这种设计理念在当时可谓十分先进,不是就课论课提供教师备课的现成材料,而是着力于教师的业务进修,视野开阔,学会选择,自主组合。使用过这套书的教师,有的已从青年步入中年,有的已从中年步入老年,仍念念不忘它对自己的启发、引导与影响。

对学生语文能力、语文素养的关注与培养,陶教授更是放在心上,并在行动中认真推进。创办中学生阅读的第一张语文专业报纸《语文报》,覆盖全国。各类语文知识,各种文体的佳作,师生心灵对话,吸引了众多青少年,激发了青少年学生对祖国语言文字的热爱。更令人鼓舞的是围绕提高学生语文能力、语文素养组织了许许多多课外语文活动。有的是地区性的,有的是全国性的。有开创性的不少,醒人耳目,催学生在学习语文道路上奋进。如全国中学生阅读评选赛,在推荐大量读物如文学作品、科技作品等基础上,评选出10本最佳读物。显然,尊重了学生的阅读自主,又引领他们提升判断能力。又如全国16个城市中学生语文知识竞赛在中央电视台直播,从内容到形式都是开创性的。且不说必答题、选答题的设计,单是即兴口头作文、即兴采访,就使人耳目一新。让师生明白,也让观众明白,学生语言与思维能力的提升,实践锻炼必不可少。此后,电视台开办的各领域知识大赛的节目如雨后春笋。至于举办写作夏令营、组建《语文报》小记者团等活动,不胜枚举。那时,人似乎比较简单,办报收入用在学生身上天经地义,组织活动的目的不是利益驱动,而是免费参加,师生得益。陶教授这方面率先垂范,今日看来,实属难得。

也许由于面对中学师生语文实践,陶教授的语文学术研究总是立足于深入了解语文的教情与学情的基础之上,因而,提出问题、阐释剖析,针对性强。研究的聚焦点往往是纵观百年语文教育史,横向借鉴国外语言教育的利弊得失,经过深思、提炼,因而,总能提出自己独特的见解。比如对"语文"的阐释,大家熟知的通常说法是"语言文字""语言文学""语言文化",他在研究的基础上,明确提出"语文"至少应有三个方面。一是作为"天赋"的"语文",即人类生而获得的语言本能,是人类大脑里预设的语言器官和文法基因,是习得和学得语言的前提和基础。二是作为"素养"的"语文",是指人在言语实践中,通过不间断的、大量的交流和学习,逐渐习得、学得和内化了的一种综合语言素质。三是作为"学科"的语文,是一个系统培养综合语言素质——能够自觉地、理性地、熟练而艺术地运用语言——的逻辑体系,它更强调"学得",是"天赋"和"素养"之间的重要通途。如此阐释,一下子打开了拘囿于"语言"加"文字、文学、文化"的思路,提升到以人为本、人的语言发展规律的高度来探索。陶教授研究语文的着力点一直在语言文字的应用方面,意图解决语文教学"学什么"的问题。他先后提出的"语言素质""语言技能或能力""语言艺术"等,均围绕此而逐步深化。特别是任上海市第二期课程教材改革中义务教育阶段语文教材的主编以后,他参考国外语文课程标准,对语文课程与教学目标和内容的探讨又推进了一步,明确提出:"语文是应用性学科,学习语文是为了更好地使用语言,提高运用语言的技巧和能力,要知道,语言的力量是伟大的,而语言的力量就是语言的艺术。"显然,他的基本观点是:语言学习主要是学习语言艺术,让学生提高运用语言的技能技巧,发挥语言的力量。换言之,语文课程与教学的目的就是让学生通过学习"语言艺术"而获得"语言艺术"。这对语文教育又提出了进一步深入研究的问题,是否能厘清语文课程与教学中的诸多乱象,有待进一步的科学论证、实践验证。

不懈追求,执着追求,为了切实提高语文教育质量,为了充分发挥母语教育在学生成长过程中的独特作用,他一直孜孜矻矻,行走在寻觅语文教育规律的征程中,以此为责任,以此为快乐。

我是一名课堂教学实践者,理论素养浅薄,说上面一些话并无评论之意,仅聊表对这名多年好友的敬意,祝贺他新书出版,在读者中找到知音。

《我走过的路》序

拜读龚德元老师的书稿《我走过的路》，似乎一位历经沧海桑田变迁的教育老人精神矍铄地伫立在眼前。她用慈爱的目光、充沛的感情向后辈青年娓娓叙述她的人生之旅，她的追求与梦想，她的执着与奋斗，她的为人之道、为师之道、为家庭一员之道、为社会成员之道。年年岁岁几十载，一件件，一桩桩，那么质朴坦率，那么亲切自然，文字传情达意，读着读着，会情不自禁地对照、思考，受到教育与感染。

全文所记述的所思所想所言所行，无不洋溢着善良之性。中国人特别讲性善，做人要心地善良，富有同情心，不仅要善待自己，更要善待他人。孟子认为人性本善，《大学》开宗明义就说读书求知"在明明德，在亲民，在止于至善"，做人要彰显内心的美德，不断自我修养，达到"至善"的境地。善良是人的本性，但由于社会上种种诱惑与污染，有些人三寸柔软的心僵硬了，私利当头，个人第一，已不知善良为何物，对家庭对社会的不良影响昭然若揭。龚老师数十年如一日坚守善良的本性，对长辈、同事、学生、子孙总是真诚地善待，以吃亏为己任，因而，家庭和谐，学校和谐，邻里和谐。不仅顺境如此，逆境中更是考虑得周到。且不说工作单位，单是家庭十多人的关系处理得温暖、融洽，就堪为模范。家庭是社会的细胞，家和万事兴，一名优秀教师在家庭中也应是个优秀成员，心地善良，善待长幼与同辈，这是其乐融融的基础。

40年教育生涯彰显了龚老师的一颗仁爱之心。她坚信"没有教不好的学生"，所谓"差生"不一定是"差"的，"好"与"差"往往在不断变化中。为此，她千方百计地发现他们身上的闪光点，以优点来克服缺点。发动同学和家长一起努力，帮助孩子进步。龚老师对每个学生都是倾心教育，深入了解，根据每个学生家庭、知识基础、性格、习惯、智力、才能的不同情况，因材施教，不仅引领他们在学业上有长进，更在做人上领航，让他们懂得做人的道理。一名名学生成长了，成人了，成才了，其中无数的生动故事都是用心血谱写而成的。龚老师这样来直抒胸臆："我太爱孩子了，在我眼里他们都是国家的宝贝！"确实，把每个孩子看作国家的宝贝，对每个孩子都倾心培养，这才是真正的师爱。教师与学生没有血缘关系，因为肩负着国家的嘱托，培养这些宝贝，那就是一种使命，一种责任，超越了血缘关系的亲子之爱。这是一种大爱，一种仁爱。有一颗仁爱之心，才能真正把爱的阳光撒播到每个学生的心田，给他们以春天般的温暖，使他们耳濡目染，真切感受，对学习对生活对未来充满希望。仁而爱人，心中总有别人，总有学生，师生共同成长，教育工作必然朝气蓬勃，有旺盛的生命力。仁爱之心并未因退休而有丝毫的淡化，出于教师的"本能"，龚老师退休后不仅喜欢为亲戚、朋友、邻居的孩子无偿补习功课，还把菜场上素不相识的摊主的女儿和修鞋匠的孩子拉到家里来无偿进行辅导，这大概就是进入了陶行知先生所倡导的"爱满天下"的境界。仁爱之心真是魅力无穷！

20世纪50年代龚老师就被评选为"上海市优秀教师"，那是中华人民共和国成立后在上海中小学教师中首次评选，获得此项殊荣十分不易，工作中若无突出贡献是不可能的。更可贵的是龚老师在数十年的教育生涯中，不管担任学校什么职务都带领大家实干苦干，不断创造新的业绩，不断为"优秀"增添厚度，增添色彩。为什么能持之以恒地执着追求、坚韧不拔？关键是理想和信念的支撑。经历了新旧社会两重天，真切体会到只有共产党才能救中国，只有共产党领导，人民才会有幸福生活，也真切体会到只有加入伟大的中国共产党，成为组织的一员，忠诚党的教育事业，才是生命的真正价值所在。对于一名宗教信徒来说，树立这样的理想与信念，世界观、人生观、价值观起了翻天覆地的变化。扬弃旧思想，树立新观点，接受组织的考验，坚定不移地追求，有痛苦，有欢乐，从不灰心，从不气馁。这种追求真理、勇于自我批评、扫除自我障碍的精神，造就了她的精神脊梁，造就了她人生的春天。人无志不立，没有志向，没有精神支柱，就站立不起来，就会浮游无根，被刮来的各种各样的风所左右，分不清是非黑白，辨不明前进的方向。在复杂多变的环境中，轻则蹉跎岁月，重则对社会起负面作用，乃至危害社会。对今日的后辈而言，树立理想、信念，执着地不懈追求，龚老师是学习的榜样。

工作一辈子，感恩一辈子，感恩党，感恩祖国，感恩社会，感恩同事，感恩家人，付出炽热的爱，付出辛勤的劳动，言传身教，为的是引领学生打好扎实的做人基础，走好有价值的人生之路，真情可掬。

回忆录，往事钩沉，这位可敬的老人的心灵真是坦荡荡！

《单元作文同步导引》序

有人说:"人生作文糊涂始。"小学生一二年级识字时似乎规律比较好循,进步也比较明显;而一旦作文,难度陡然大增,任教者有时迷茫,学生有时有畏惧感。究竟走哪条路,初学作文的儿童才能兴趣盎然地顺道而上,切切实实提高写的能力呢?《单元作文同步导引》这套书可打开思路,提供有益的参考。

读与写有十分密切的关系。读得好,理解了,写起来也就方便。儿童模仿性强,读的时候指导得法,紧紧抓住课文中一两个写作要点进行训练,学有榜样,学有规范,儿童从中吸取养料,下笔就不怎么难,不怎么涩了。《单元作文同步导引》精选借鉴的课文,简明扼要地阐明这些课文在写作方面可给儿童的启发,然后,由"读"过渡到"写",围绕"训练点"作具体而浅显的提示,衔接自然,便于接受。

从"说话"到"写话"是一个飞跃,从"写话"到"作文"有相当的台阶。其中,有词句问题,有篇章问题,有材料问题,有学会有条理地思考的问题,有观察能力、想象能力等问题。如果笼而统之不分步骤、不分阶段进行训练,儿童犹如老虎吃天,难以收到写作上的实效。《单元作文同步导引》考虑到训练的实效,排列了每个单元的训练点,有计划地作写作上的"分解动作",一个"动作"一个"动作"进行训练,由"点"到"面",拾级而上,写的能力就会逐步提高。

"例文"后的"简评"紧扣训练点的要求,这样处理,重点突出,使"例文"充分发挥观摩、借鉴的作用。"参考问题"不停留在只是出几个题目,而是在"题析"上下功夫,有几句点睛的话,对学生动笔起导向作用。

《单元作文同步导引》作者队伍老新结合,由有丰富语文教学经验的中等师范学校、小学教师和中师毕业不久的青年教师,根据儿童学写作的情况深入研讨,撰写而成。以老带新,新老合作,可谓特色。更为难得的是,该书的编写与鲍志伸、柳泽泉、贾志敏等老师主持下的上海市浦明师范和上海市三所中心小学(浦师附小、昌邑路小学、黄浦区二中心小学)协作进行的"小学作文教学总体分步改革"的实验同步,故而既有较为丰富的教学改革的实践经验,又能在写作知识、写作训练程序上作具体的探索。该书对初学写作的儿童是可亲的老师,对指导学生写作的语文老师和家长来说,也是有益的帮手。

愿读者喜欢这本书!

《给你一把金钥匙——学习语文十法》序

近几年来,出版界出了不少各科辞典,估计有百十种,名目繁多,五光十色。1983年,上海辞书出版社编印了《唐诗鉴赏辞典》,出版以后不胫而走。于是,各地闻风而动,立刻纷纷上马,不久,各个朝代的诗、文、词、曲等鉴赏辞典接踵而至。风向四面八方刮,刮到各科各门,于是这"手册"、那"大全",纷至沓来,着实热闹。但像《给你一把金钥匙——学习语文十法》这样一本专门介绍语文学习方法的书,则不多见。

本书是讲学习方法的。毋庸置疑,方法十分重要。爱因斯坦说:"成功=艰苦的劳动+正确的方法+少说空话。"可见正确方法之重要。有些人认为方法不重要,更有人认为"巧"不能传授,奥妙只是心中有数。认为方法不重要的说:"学生只要苦读,久而久之,就会豁然贯通。"认为"巧"不能传授的说:"梓匠轮舆能与人规矩,不能使人巧。"其实方法很重要,能否掌握正确的方法关系到效果的好坏。无论学习或工作,方法正确,事半功倍,否则,事倍功半。"巧"也并非完全不能传授,只要教者善于启发和点拨。这本书凝聚了作者的心血,全面系统地介绍了学习语文的方法,作者善启发,善点拨,既切实给人以学习语文的"规矩",又把"巧"传授给青少年学生。

最后,说一说如何读这本书。一是不能为方法而方法,只求一条一条背出来。须懂得,关键不在于背教条,而在于实践,在于善于运用。背出来不算懂,做出来才真懂。空口说白话,即使说得天花乱坠,也无补于事。二是把握本书可"读"可"查"的特点去学习。

读,了解全面,以期应用;随查随用,以求在一点上加深认识,进一步更系统地全面了解书上的道理。如此"读读用用""用用读读",久而久之,你一定会把这把金钥匙牢牢掌握在手中,有效地打开语文学科宝库的大门。

《希望之光》序

上海市教师学研究会迎来了十周岁的生日。在这值得庆贺的日子里，理事会编辑了论文集《希望之光》以志纪念。在此想借"光"说几句，"十年辛苦不寻常"。

我们这个学会从成立的第一天起，就与教育事业紧密相连。它的成员分布在大、中、小、幼等各级各类学校，有学术上知名的教授、副教授，有成果丰硕的研究员、副研究员，有辛勤耕耘、成绩显著的中小幼特级教师，有春风化雨润物无声的高级教师、讲师。这个教师群体除了在各自岗位上兢兢业业教书育人外，十分关心和支持学会的工作。十年来，学会在一无经费、二无专职干部的情况下，开展了多种多样的学术活动、教学活动、研究活动、展览活动，全赖会员的积极性、主动性、创造性和奉献精神。有些活动不仅在全市，在全国也产生影响。

如早在1987年7月就应全国教育工会之约召开《教师法》草案讨论会，书面汇报受到好评和重视；1988年受国家社科重点科研项目"上海教育发展战略"课题组委托，对中小学教师社会地位、待遇以及新闻、出版、文艺界高中级知识分子的现状开展调查，撰写了《需要综合治理，更需要自尊自强——对中小学教师地位、待遇的调查与思考》和《实行大系统协调、动态管理——高中级思想文化工作者和社会科学专家培养的途径、结构和体系研究》两篇调查报告，刊登于复旦大学出版的《上海教育发展战略研究》一书，前一篇调查报告获得1989年社科优秀论文奖。又如先后在上海、宁波召开的第一届、第二届"语文教学发展战略研讨会"，参加者来自17个省、市、自治区，送交论文近200篇，反映良好。

进入20世纪90年代，学会进一步参加了深化教育改革的活动。

如举办小学思想品德研讨会，举办上海市小学语文教学发展战略研讨会。为了激发小学青年语文教师、青年数学教师的教改积极性，先后组织了全市小学语文教师和小学数学教师新星教学竞赛活动。参赛对象由上海市各区县教研室初评并推荐，再经评委对参赛教师的公开课进行集体评定。活动面广，参加人数多，课有一定质量，听课教师多达千人，取得了良好的社会效果。

此外，学会曾与上海电视台联合摄制《教师——太阳底下最光辉的职业》节目，在电视中多次播放。教师书画篆刻专业委员会多次举办教师书画篆刻展览。1987年9月首届书画篆刻展览，江泽民主席（当时任上海市市长）题写了会标，谢丽娟副市长参观了展览。每届展出作品达百余件，受到好评。至于讲学活动、举办报告会等就不一一列举了。

每次开展大型活动，都收到来自教育部门和社会的鼎力相助。如上海大桥广告公司、杨浦区教育局、虹口区教育局和闸北区教育局。在此，向他们表示衷心的感谢。

《希望之光》中的论文是教师在自己的岗位上长期从事教学实践的经验之谈，或从宏观上论述，或在微观上剖析，有理有据，皆倾注心血所成。由于篇幅所限仅辑数十篇，但窥一斑知全豹，教师忠诚于教育事业的风采仍清晰可见。建设事业的希望在教育，教育的希望在教师。教师加强自身的修养，德才兼备，生命就闪发出动人的光彩。

祝愿教师学研究会在今后的十年中为教师服务得更好，开创新局面，做出新成绩。

《爱心的灌溉》序

教育事业是爱的事业,离开了爱,就无从谈教育。记得夏丏尊先生曾打过这样一个比喻:"教育之没有感情,没有爱,如同池塘没有水一样,没有水,就不成其为池塘,没有感情,没有爱,就没有教育。"确实如此,学生在学校接受教育,是在师爱的浓郁氛围中成长的,长征中学的老师们深知其中底里,以赤诚之心谱写了一曲曲爱生的乐歌。

教育无选择性,孩子生长在祖国的土地上,我们有责任培养他们健康成长。师爱是培育他们成长的催化剂,教师要把爱撒播到每个学生心中。真正做到这一点,十分不易。学生素质有差异,智力有高低,文化基础有强弱,接受能力不尽相同。对他们提同样的要求,不可能取得同样的结果,付出同样的心血,也不能指望有同样的收成。这就需要教师有一双慧眼,能发现每个学生身上的优点、特点,因人制宜,因材施教,使他们的内在潜力都得到最大的发挥。慧眼从何而来?源于爱心。对学生满腔热情满腔爱,学生身上的特点、存在问题,就会十分关注,细心研究。本书中一篇篇文章正是关注与研究的写照。

在多元经济并存、多元文化碰撞的今天,教师工作尤其是班主任工作所遇到的挑战前所未有。中学生脑子里绝非白纸一张,各种文化通过传媒、通过网络渠道,在学生心中会形成种种冲击波,甚至留下深深的印记。面对文化中的泥沙俱下,鱼龙混杂,价值观的纷繁正误,如何引导学生提高鉴别的能力,打好做人的根基,教师的积极引导就必不可少。引导,指点,最为重要的是要有一颗真诚的心。学生幼稚,不懂事,不成熟,乃至存在这样那样的缺点与错误,是十分正常的;如果他们什么都懂都会,都很完善,还谈什么教育,还要我们教师干什么？教师就是要以心换心，以真情感动学生，引导和帮助学生长善救失，不断发扬自己的优点与长处，不断克服自己的缺点与不足，健康成长。陶行知先生说过，千教万教，教人求真。要培养学生做真人，教师就须以身作则，做出榜样。以真诚对待学生，与学生心灵才能真正沟通，取得良好的教育效果。精诚所至，金石为开，本书"真诚架起心灵桥"等育人文章就是以真诚实施爱的教育的明证。

独木不成林，教师个人的力量毕竟有限。要形成良好的班集体，要让每一个同学走向精彩，教师群体的互帮互学、发挥团队作用至为重要。班主任在学生思想道德素质教育方面义不容辞地担纲，而每位任课老师都对学生的思想言行、学习状况、生活状况全面关心，精细地进行教育，班级一定会积极向上，生机勃勃。当然，千万不可小视家庭教育这一块。热情平等地与家长沟通交流，宣传先进的教育理念，寻求育学生成长、成人的共识与良策，也是须花精力做好的事。

教师的高尚职责就是应在学生心灵深处注进生命的灵魂——德性和智性。以此与长征中学老师共勉。

《慎思笃行——数学教师研究问题的视角与方法》序

蒋云鹏老师所写《慎思笃行——数学教师研究问题的视角与方法》一书,虽说题为数学教学,然题材广泛,视野非常开阔。关于数学教学,我是外行,不能置一词。其中说到了数学与文学,以我之浅陋,还是可以冒昧说几句。

我一向主张理科教师读一些诗歌文学著作,加深自己的文化修养和思想情趣。当然,如果能有些深入研究,动笔写写诗文,更是难能可贵。在此,我读到蒋老师关于诗词格律的研究和诗词创作,很是兴奋。

关于诗词格律研究,古人花了不少精力,成就很大。就现代而论,王力教授的《汉语诗律学》最为宏富。我则很喜欢书法家启功所写的《诗文声律论稿》。篇幅虽不长,而以"平仄长竿排列截取法"研究格律规则,觉得很有意思。看到蒋老师在本书《趣味数学与文学》中以数学研究诗律,似乎前所未有,面目一新。他在研究之余,感叹说:"当我惊喜地发现这些规律时,我不得不由衷感叹古代诗人的智慧和理性精神,他们可能不知道什么是数学,也肯定没学习过排列组合、二项式定律、线性代数之类,但那种洞悉变换规律,自然地运用数学思想的能力,让人惊叹。"这是真正的心里话。

话说回来,诗词规律帮助人把诗词写好,但并不束缚人们写诗词。有能耐的作家能在格律中自由自在运作,写出好诗。正如德国大文豪歌德在一首十四行诗中所说:

> 只有限制才显出能手，
> 只有法则能给我们自由。

蒋老师不仅能说诗词，诗词也写得好。如：

长相思·修养

> 身宜修，性宜修，慎思缜密好深究，非善莫能休。
> 真所求，美所求，笃行从不计春秋，宁作卧阳牛。

词的情致甚好，读来朗朗上口。我朗诵时，脑子里竟会响起前人"汴水流，泗水流，流到瓜洲古渡头，吴山点点愁……""山一程，水一程，身向榆关那畔行，夜深千帐灯……"的声音。

我又想起了大数学家苏步青教授。现今科学家能诗，首推苏老。我敬仰他，和他也很熟识。我在上海市第二师范任校长时，常请他为学校、为师生题词。对我的请求，他几乎有求必应。后来我读到苏老1947年春节前后写给丰子恺的诗：

> 草草杯盘共一欢，
> 莫因柴米话辛酸。
> 春风已绿门前草，
> 且耐余寒放眼看。

诗写得实在好，想请他老人家以此写一立轴，可惜那时他已进了医院，求墨宝不成，至今深感惆怅！

理科教师能诗能文乃可喜现象，值得提倡。

《古诗吟诵》序

中国是诗歌的王国,5 000 年的优秀文化熔铸了不计其数的优秀诗篇。优秀的诗词像种子一样,有顽强的生命力,它们破土而出以后,和芳香的空气融合,长久地弥漫大地,闪发出迷人的光彩。

童年时代放情吟诵优秀古诗,身心沉浸在思想美、情感美、语言美、音乐美的熏陶之中,心灵会受到抚慰,精神会获得成长。这种快乐、这种享受、这种幸福,难以用语言表述。

《古诗吟诵》应儿童成长内心需求而诞生。它不仅选择浅显易懂、朗朗上口的诗篇,让可爱的小读者读一读、想一想、说一说、做一做、品一品、写一写,开展联想,拓展想象,感受诗情画意,让诗中景、诗中物、诗中人在脑海中浮现,让一幅幅立体的图景如在眼前,心灵沟通,情感交融;更难得的是引导小读者唱一唱、画一画、演一演,步入诗境之中,咀嚼、体味、模仿、创造,享受求知和悦读的快乐。

汉字每个字都有各自的声调,阴平、阳平、上声、去声,不同的字放在一起排列组合,会组成动听的乐章。古诗词讲究韵律,乐感极强,跌宕起伏,节奏鲜明,吟一吟,唱一唱,或委婉含蓄,或慷慨激昂,情融入诗,乐曲倾注情感,其间境界妙不可言。

古诗词是思想的精华、智慧的源泉,文化含量极高,希望儿童喜爱它,吟诵它。这样既能在语文能力、文化素养方面奠定良好的基石,更能创造童年的欢乐,构成童年与古诗宝贝为伴的金色的回忆。

虞宏逸主编《古诗吟诵》(上海教育出版社 2015 年版)。

"学思书系·
教师素养系列"序

教师从事的是塑造灵魂、塑造生命、塑造人的工作,其艰巨性与复杂性难以用语言表述完备。

青少年是一个个鲜活的生命。他们的生命基因、家庭情况、情智水平、兴趣爱好、行为习惯等,各不相同,各具个性,教师要进入他们的世界,了解、熟悉、摸清他们的内在需求,绝非一日之功。而且,他们天天在发展,天天在变化,有的平稳向前,有的起起伏伏,有的突然拐弯转向,不把心贴在他们身上,就不能洞悉他们的变化,当然也就谈不上因势而教,助推成长。当今,社会上价值多元、文化多样,信息工具普及,学生生活在时代大潮中,思想、行为、性格、爱好、追求等无不打上时代的印记。教书育人工作中新情况新问题层出不穷,如何应对,如何破解难题,每个教师都要面对,都须攻坚克难,用勤奋与智慧提升教育质量。为此,教师自己的成长、教师队伍的建设就成为教育的重中之重。

教师是培育学生成长、成人、成才的人,必须自己是一个堂堂正正、光明磊落、有社会担当的人,以自己高尚的人格、高雅的情操熏陶感染学生,引导他们形成完善的人格和健康的审美情趣,以扎实的科学文化学养激发他们旺盛的求知欲,引领他们打下科学文化基础,并有向科学宝库、文化宝库积极探索的强烈兴趣。故而,古今中外对教师几乎都有共同的要求,那就是德才兼备。教师要做"谦谦君子"

于漪总主编"学思书系·教师素养系列"(东北师范大学出版社 2017年版)。

"人之榜样",要"腹有诗书气自华",有厚实的学术文化功底。然而,在当今时代还得有新的要求。《国家中长期教育改革和发展规划纲要(2010—2020年)》中关于教师队伍建设要求是:努力造就一支师德高尚、业务精湛、结构合理、充满活力的高素质专业化教师队伍。显然,"结构合理"是教育行政部门须考虑的,而"充满活力"则是教师须探索并加以落实的。这是时代的要求,在从事教育教学工作中须强化创新意识,发挥创新精神,锤炼实践能力,精神饱满,气宇轩昂,满怀自信去创建优质教育。

直面教育现场,教师加强研修、自觉成长自然就成为应有之义。人的成长是一辈子的事,学历水平不等于岗位水平,因为教育不是一个结果,而是生命展开的过程,永远面向未来。在当前社会急速变化的情势下,要挑起立德育人的刚性责任,创造教育教学的精彩,教师就须自觉地与学生一起成长。

成长有众多因素,与同行交流是有效的途径之一。现场倾听交流是一种方法,阅读同行的文字表达也是一种方法。东北师大出版社组织撰写的这套教师成长丛书是就教师素养的几个方面从理论与实践结合的高度进行探讨,展开交流,以期心灵感应,取得更多共识。

祝愿教师同行通过阅读交流,有所启迪与借鉴,使走向优秀、走向卓越的步伐更扎实、更敏捷。

书 信

苦战能过关

××同学：

报社转来了你的信。你询问怎样才能提高语文水平，这里谈一些粗浅的看法，供你参考。

态度认真　注意积累

学习语文，非下苦功不可。课文要仔仔细细地读，字要规规矩矩地写，练习要踏踏实实地做，作文要认认真真地完成。

我国语言文字丰富。有人做过计算，要达到一般的写作能力，就认字来说需 3 000 字左右。汉字是方块字，非得一个字一个字弄清音、形、义不可，一点马虎不得，稍一疏忽便铸成错误。如"戈、弋""归、旧""厌、庆"，字形相似，笔画雷同，只不过有的地方多一点有的地方少一点，但字音、字义完全不同。这就要用心学，不能望文生义，不可张冠李戴。碰到不认识的字，就得手勤，查字典，切不可来个障碍跑，跳过去。我平时批改作业，常发现不少学生语言干瘪，用词不当，这是由于他们平时不重视词语的积累和辨析。一次，我看到这样一个句子："我放眼瞭望，路边花园里已是翠绿点点。"这里，观察对象是"路边"，这个学生却用了个"瞭望"，可见他没掌握这个词。同样的"望"，我们平时接触的还有"观望""仰望""远望""探望""拜望""看望"等，这些意思虽相近，但有差别，

> 20 世纪七八十年代始，作者收到大量来自全国各地教师、学生和家长的来信，大多是向她请教教学和学习问题。作者总是有信必复，特别是对学生的来信非常重视。

有的差别还比较细微，如辨别不清，用时就不准确，不仅不能确切表情达意，有时还会使人捧腹大笑。由此可见，要积累，要搞清词义的轻重，范围的大小，色彩的浓淡，感情的褒贬，读写时就得下功夫多分析，多比较。我们看鲁迅、郭沫若的文章，常为他们取意深远、文思精深而赞叹；其实他们博大的思想，高超的技巧，都是日积月累、辛勤劳动的结晶。没有渐变，不会有质变；没有数量，无从谈质量。语言这东西，只有长年积累，才能真正掌握。

多读多写　加强训练

学习唱歌，就得张口；学习游泳，先得下水；学习语文，把知识化为能力，也得靠训练。

一要多读。要提高语文水平必须多读、熟读、精读，这已是被无数事实所证明了的有效经验。读书要每天读，读的时候要大声、响亮，读出抑扬顿挫、语调神情。朗读多了，优秀作品的语言和自己的口头语言，会相互沟通，融会渗透。时间久了，会在自己的写作中反映出来。现在的学生有个习惯，认为语文一看就懂，没啥好读，老师要求读，就不求甚解，囫囵吞枣，念起来有口无心。这就失去读的意义。读书时要精读与博览结合。博览在于开阔眼界，增长学识。而精读就要逐字逐句透彻理解，深入体会，反复揣摩。读书时还要注意对相同体裁的文章进行比较，不同体裁的也要进行比较，找出它们的共性与个性，举一反三，摸到文章规律。这样，对文章的立意、选材、剪裁、遣词造句、谋篇布局，心中就有数。俗话说："熟读唐诗三百首，不会写诗也会吟。"说的也就是这个道理。

二要多写。光多读不够，还要多写。笔要勤，勤能补拙，勤能出水平。文章要写自己的所见所闻所感。文字不在多，但要每天练。记日记，写读后感，为黑板报投篇稿，都是练笔机会。由简入繁，由易到难，循序渐进。写之前，须考虑一下写什么，怎么写；写完之后，看看是否把自己的意思说明白了，是否说得有条不紊。文章修改很重要。有的学生写好文章一推了事，这种习惯不好。文章一定要细磨细琢，反复推敲。英国哲学家培根说："阅读使人充实，会谈使人敏捷，写作与笔记使人精确。"此话确有一定道理。

仔细观察　积极思维

学习语文切忌就文论文。文章要写得言之有物，有情有趣有理，就得发展自己的观察力和思维力。

观察，就是要留意周围各式各样的人、事、景、物，多看看，多听听，多接触。观察要细致，要具体入微。有些学生一写小姑娘，总是一双大眼睛，两根小辫子，圆圆的脸。去看看生活中的小姑娘，就会发觉不都是这样。有的学生写天空，要么蓝天白云，彩霞万朵；要么万里晴空，阳光普照。其实，天空变化万千，凭自己主观臆想是远远不能反映一二的。观察，还要学会从不同角度抓特征。中学课本里有篇《三峡》，作者极善捕捉特征。他写夏季，抓住了江水暴涨，水势疾速；写春冬之时，则抓住"清荣峻茂"四字，一字一景，水清、树荣、山峻、草茂，色彩绚丽，读后难以忘却。至于写秋色，则用"林寒涧肃"渲染气氛，用猿鸣声写凄惨哀绝，使人如临其境，如闻其声。观察时还要注意事物与事物之间的联系。有的学生写杨柳，喜欢用"婀娜多姿"，一般情况下当然可以，但刮台风时也如此形容，就违背事实，须知遇到十二级台风，它是会折腰，甚至会折断的。

除了勤观察，还要善思索。观察得来的东西往往是表面的、零星的，一定要开动脑筋，积极思维，在由表及里、由此及彼、去粗取精、去伪存真上下一番功夫，真正认识和理解客观事物。只有熟悉所写的对象，真正认识它们，拿起笔来才会不说空话，下笔才会传神。

以上所说，很不周到，仅供参考。你对提高自己语文水平决心很大，我很高兴。"科学有险阻，苦战能过关"，只要你坚持不懈地学习祖国的语言文字，一定能学出效果，学出水平来。

于漪
1980 年

沉浸酴郁，含英咀华

志远同学：

你来信中谈到课外喜爱文学作品，尤其爱读散文诗，但苦于没掌握读的要领与方法，所以往往只感受到朦胧的美，而对其中的醇厚甘甜难以深尝。

我和你一样，年轻时读散文诗也有类似情况。后来读多了，经常潜心思考，就逐渐深入底里，有所领悟。这种文学样式我很喜爱，因为它兼有散文和诗歌的特点。它是诗，反映生活集中、精练、饱含丰富的感情，具有形象美、意境美，但用的是散文形式，选材、组材、表现方法都比较灵活自由，语言很大程度散文化。

下面我录一首张岐同志写的《云雾间的路》，你读后不妨想一想：诗中描绘了怎样的画面，表达了怎样的思想感情？作者怎样用画笔拓诗意，给人以启迪和感染？哪些语言准确、生动，诗意浓烈？

云雾间的路

山顶上，绰约现出一幢小屋。白涛般的云雾绕着小屋翻涌，碧海似的松林在云雾间呼啸。小屋仿佛是只船，荡漾在碧海白涛之间……

小屋门前挂着一条白色的带子，它时隐时现地一直飘到山脚，就像是航船在海面上留下的浪迹。那是一条石径小路。

是的，小屋就是只船，路，就是浪迹。护林老人也这样比喻。他告诉我，开始造林的时候，在山脚支了个窝棚，后来，林子大了，在山腰盖了幢茅屋,现在林子漫遍了山岭,小屋又迁到了山顶。多少年来,小屋随着林海移,林海的大潮涌着小屋迁,老人的住处步步登高。

老人说:"登得高,瞭得远。"

我问:"要是林海再大了呢?"

老人指指头顶:"那就把屋子筑在云里!"

我认为老人说的并不是神话。事实上,他们的脚已经在云间蹚出路径来。他们在飘逸着云雾的巉岩上栽了树。他们在山鹰立不住的陡峭石硼缝间撒下了树种。他们使那风雨肆虐的山尖尖长出了青松翠柏……

老人想得远,因为他站得高。老人站得高,才看得那样远。因为老人胸中翻腾着一个海——一个覆盖着伟大祖国千山万岭的林海……

你要读懂这首诗,真切地认识诗中景、诗中人、诗中情,就要展开联想与想象。这首诗从山顶小屋入笔,描绘了一幅富于神话色彩的风景画。一笔一景,逐笔增添,构成小屋在碧海白涛中荡漾的完整画面。读诗,思想要长上翅膀随句子描绘的形象翱翔。云涛白,林海碧,边读边想,就会如见云雾"翻涌"之态,如闻松林"呼啸"之声,就会感受到原在山顶风姿绰约的静止的小屋动了起来,犹如一只航船在波涛间起伏荡漾。想象是感觉的深化,读诗时以和自己有关的生活经验补充、丰富,诗中描绘的对象就会站立起来,成为立体的图景。通过联想与想象,诗中所蕴含的图画美,诗人运笔绘彩图的妙法,就可比较清晰地理解,比较容易具体地捉摸。

读散文诗,要正确领会诗中蕴含的思想感情,就须精心寻找诗篇结构的线索,找准诗人构思在字里行间留下的踪迹,对诗情的领悟、对诗主旨的探讨就能有所深入。如前所述,这首诗的诗情是从画意下笔的,先绘眼前小屋景,再回溯往昔造林盖屋的"浪迹",又展望未来"屋子筑在云里"的前景。显然,绘现实—忆往昔—想未来,一根纵线贯串诗篇,处处紧扣"路",紧扣小屋在海面留下的浪迹——石径小路。"小屋随着林海移,林海的大潮涌着小屋迁,老人的住处步步登高"是精彩的艺术概括,把造林老人、林海、小屋三者结合起来写,展示了小屋由山脚到山腰再到山顶的变迁。开始支窝棚,后来盖茅屋,现在小屋迁到山顶,画面活动更迭,在活动着的画面描述中,饱含着造林老人绿化祖国的一腔热血,记录着他改变荒山秃岭的锲而不舍的创业精神。

一首比较好的散文诗总是具有较高的思想境界和充沛的感情。读诗时不能浅尝辄止,只满足于对诗中描绘的艺术形象的理解,只注意理清组织诗篇的线索,而要分析诗人表现的是怎样的思想感情,分析这种思想感情所达到的深度、广度和高度,发掘它的社会意义。《云雾间的路》这首诗,乍看是在"路"上做文章,一路"浪迹",一路艰辛。只要仔细剖析,就可进一步领悟它意味的隽永、深沉。"要是林海再大了呢?""那就把屋子筑在云里!"这一问一答,是"路"的继续延伸,更是突破画面的局限,拓开了新的境界,豪迈的气概跃然纸上。为什么屋子能筑在云里呢?诗人发表议论,从两个角度深入,开掘主题。一是再现云雾间的路的画面。四个"他们"的句子表现"筑在云里"不是神话,而是艰苦奋斗精神的继续发扬,"筑"有坚实的基础,绝非臆想。二是揭示之所以能把屋子筑在云里的原因。"因为老人胸中翻腾着一个海——一个覆盖着伟大祖国千山万岭的林海……"这是何等的心胸?何等的志向?正是心中翻腾着千山万岭的林海,才会在云雾间蹚出路径,才使风雨肆虐的山尖尖长出了青松翠柏,才会有碧海似的松林在云雾间呼啸。山峰上的林海显示的是艰苦创业的意志,而胸中的林海则是绿化祖国、建设祖国的伟大理想。理想是艰苦奋斗的强大动力,而艰苦奋斗又是实现理想的可靠阶梯,诗人把二者结合起来热情歌颂,感情炽烈,思想深邃。诗的主旨有相当的深度,稍加思索,我们是否可得到更多的启迪呢?造林是如此,心中须有林海翻腾,做其他工作难道不也是如此吗?心中都应有"海"的翻腾,有建设伟大祖国的"海"的翻腾啊!人们常说诗意味无穷,大概也就是这个道理吧。

人们还常把最精练、最有感情色彩的语言称为"诗的语言"。读诗，就应特别注意语言的咀嚼，推敲它是怎样表现丰富的内容，抒发浓厚的感情的。散文诗虽是用散文的形式写的诗，音乐性、节奏感不如押韵的诗强烈，但同样讲究和谐悦耳，讲究语言准确、生动、精练、优美。《云雾间的路》一开头就用了"绰约"修饰小屋的美姿，而修饰的位置又大大帮助语言发挥表现力。不用这个词，只是一般地叙述山顶现出一幢小屋，形象不突出；如直接修饰小屋，比较呆板；在"现出"前用"绰约"，先把"优美的风姿"作用于读者的眼帘，由视觉引起想象，脑中展现图景，表达效果就大为加强，给人以美的享受。选择词语中最恰当的"那一个"来描绘形象、抒发感情，是诗歌语言的特色之一。"小屋门前挂着一条白色的带子，它时隐时现地一直飘到山脚"中的"挂""飘"就是例子。"挂"与"有""连"等词比较，其精确、生动的特点不言自明，它准确地绘出了小路的态势，高、陡、长、窄，它使读者情不自禁地会联想到"遥看瀑布挂前川"的名句，加深对小路态势的理解。单用"挂"只给人们以飞流直下之感，佐以比喻，配上一个"飘"字，不仅使小路这个静物动化，活动起来，使小路呈现蜿蜒曲折的美姿，而且暗写树木的葱茏，林与路掩映，引人遐想。"挂"显气势，"飘"显轻逸，轻重糅用，意境优美。句式的安排对表达诗的情意的作用也应仔细推敲。长句短句、整句散句、陈述句、感叹句等运用得精当、和谐，就能传诗情，表画意。同一个意思，用回环往复的语句表现，感情就强烈，感染力就大。如"老人想得远，因为他站得高。老人站得高，才看得那样远"，"想""站"，"站""看"，先果后因，再先因后果，回环往复，强调了高瞻远瞩的思想，歌颂了老人宽广的心胸和崇高的志向，加强了艺术表现力。

　　读散文诗，要在朗读、吟诵上下功夫。反复诵读，含英咀华，展开联想与想象，思索探求，对诗中蕴含的思想感情、佳妙的构思、精彩的语言会理解得更为具体、实在、深入，感情上也会受到熏陶。

　　读散文诗的方法可在读的实践中创造。希望你在今后的阅读中积累经验，有所发现，有所创造。
　　祝你
进步

于漪
1985 年

致廖晏钟

廖晏钟同志：

您好。

蒙赠《语文之窗》，谢谢。《语文月报》及时选编了该书，给语文爱好者阅读带来了很大方便。你们做事效率高，令人敬佩。

听去广州的同志回来说，您为培养青年语文教师付出许多精力和心血。为了事业的兴旺发达，为别人开路，自己充当无名英雄。想到各个领域中这样的同志，心中总情不自禁地升起无限的敬意。上周五，我偶然碰到昔日培养和指导我的市教育局教研室的杨质彬老师（她早调离，有一段时间身体极差，我去看她，她已辨认不清；现在康复了许多），大家激动得拥抱起来。尽管我已是日暮黄昏，但在成长过程中，别人播种的培育恩情，我一直刻骨铭心。

这学期海南岛的同志来上海听课，邀我去海南讲学，如去，过广州时，定趋前拜谒。

匆匆。即颂

暑安！

于漪　上
1985 年 7 月 6 日

廖晏钟为广州市语文教研员。

自强不息，女教师们！
——复石惠芸老师

石惠芸老师：

信收到，已拜读。

您提出了一个很值得探讨的问题：语文教师队伍中的女性如何清醒地认识自己，扬长避短，自强不息，为语文教育事业的发展做出更大的贡献。

女性的语文教师，一般来说，有其天生的优势，如口齿清楚、语言流利、教态亲切、工作认真、考虑问题细致、模仿性比较强，因而，步入教坛后，兢兢业业，与男教师并驾齐驱，其中不乏佼佼者，不说别的，仅就公开课而言，与男教师比，确实毫不逊色。要研究的问题是如何有后劲，如何发挥潜在的力量，如何日有所进、月有所进、年有所进，成为学者型的教师，在理论和实践结合上有所创新，有所建树。

我与您一样，是一名普通的语文教师，所不同的是我从事教学实践的时间长，碰到的困难、挫折比您多，虽然积累了一点经验，但教训更多。下面就您提出的问题谈点看法，很不成熟。

毋庸讳言，女教师要在事业上取得成就比男教师更为艰辛，付出的精力要更多。由于历史的原因、社会的条件，人们长期形成的观念是男子在事业上冲锋陷阵，男子顶天顶家门。尽管1949年后，我国一直强调妇女半边天，并在法律上、政策上作了种种规定，但观念的

本文是作者回复贵州偏远山区一位素不相识的教研员的信件，她与全国各地教师结下的友谊往往始于鸿雁传书的神交。

彻底转变绝非短时期能奏效，遇到具体问题，女性的地位、作用就不知不觉下降。再说，家务劳动的担子，一般情况主要是妇女担当，要花费不少时间与精力。社会上某些行业特别需要女性的天赋，如音乐、舞蹈、某些戏剧。女子在这些方面的成就能与男子平分秋色，其他往往及不上男子。放眼看，发达国家也是如此。历史条件、社会条件对女性的制约是客观存在的，不得不承认。

正因为如此，女性，包括女教师更要自强不息。教育事业的发展需要众多优秀的出类拔萃的女教师，而女教师通过自身坚韧不拔的努力，也完全能够适应这种需要。女教师要在语文教育事业中做强者，须在以下几个方面有突破。

一、
心胸

心胸要宽广。一名女教师如果认为搞好语文教育事业只要把握好课堂教学，那是远远不够的。当然，认真钻研教材，把课教好，这是基础，但胸中不能只是装着"课"，要想得更深、想得更远、想得更广。培养学生正确理解与运用祖国语言文字的能力，伴随着语文能力的训练，给学生以良好的熏陶感染，造良好的人格，这是语文教师教学的近期目标。语文教学的终极目标是育人，今日更应着眼于培养出跨世纪的祖国有用之材，他们是脱离愚昧的，有文化教养的，是能明辨是非，思想、道德、心理素质健康的、优良的。站在今日的三尺讲台教，要想到明日建设者的形象，教在今天，想到明天，以明日建设者的要求审视今日的教学，脑子里就会产生许多问题，就会衡量种种认识和做法的正确、差错或不完善，就会积极主动地寻求解决问题的途径与方法。俗话说：登高才能望远，居高才能临下。胸中装着学生的今天和明天，装着一堂堂具体的语文课，又装着探求语文教学规律的昔日情景、今日现状与明日蓝图。微观上钻研，宏观上思考，脑中就会有涟漪，有波涛。

众所周知，"学而不思则罔"。当一名教师，最可怕的是不爱思考问题，不善于思考问题。教学中只重视具体操作，不站在事业的高度精心探究操作的指导思想、操作的利弊得失和形成原因及改进措施等,充其量只能成为熟练工,其结果必然是裹足不前。有的人教了几十年语文,说不出一点切中肯綮的见解,大概就源于此。

要在语文教育事业中做强者,须有拥抱语文教育世界、拥抱学生世界的心胸,不为鸡虫得失之事所困扰。生活中、工作中会碰到这样那样的困难,这样那样不顺心的事,千万不能心眼窄,耿耿于怀,要有大丈夫气,提得起,放得下。一要把事情看透。刮风还有东南西北之分,怎可能事事顺心?更何况自己不可能事事正确。二要有点幽默感。即使受点委屈,也没有什么了不起,可长知识,长学问,增加阅历。人不是玻璃制品,碰不得。"心"只是方寸之地,不相干的乱七八糟的东西放多了,留给语文教育只有立锥之地,怎么干大事业呢?心胸宽广还指乐意容纳别人的优点,别人的长处。自己再好的经验说到底也不过是一孔之见,不可能覆盖一切,别人哪怕教学中有不少缺点或不足之处,只要有可取的精华,都要努力吸收。一个人头上一片天,各有所长,各有创造,要包打天下,包揽一切,不可能。聪明的总能敏锐地发现别人的长处,真心学习,丰富自己;愚蠢的就往往闭目塞听,孤芳自赏,因而,也就难有进步。

心系语文教育事业,心系可爱的学生,心胸就会宽广起来。

二、

视野

视野要开阔。语文教师当然要熟悉语文教材,掌握语文教材,但仅限于此,那就远远不够了。业务上、学术上能不能出成果,非常重要的是看基础宽不宽,扎不扎实。金字塔形的结构是有道理的。涉猎的知识越多,越能触类旁通,对本学科的钻研越能从不同角度思考、认识。语文学科的特点之一是综合性强,仅就教材而言,古今中外的作品都有,可以说是上自天文,下至地理,无所不包。它涉及语言学、文学、哲学、历史、美学、艺术、戏剧以及自然科学等。教师在教学中要取得主动权,克服捉襟见肘的窘态,就要广为学习,成为

"杂家"。学习不能功利主义，需要教什么，才学点什么。拓展不开，必然底气不足。有的理论学了，可能立刻教学上派用场，如学习教育学、心理学，可用来研究语文教学原则，研究学生学习语文的心理，可改进教学方法。有些理论、有些知识学了，似乎对学科教学不直接有用，但是它们可以开启智慧，构成文化教养。吸取的精神养料储存在脑子里，突然有所需要，往往就会一跃而出。课堂教学中应变能力的强弱，教育机智的发挥，并不在于某位教师特别聪明，而是在于知识储存丰厚不丰厚，视野开阔不开阔。

对女教师来说，"学"尤为重要。要在工作、家务之余挤出时间读书。读书就是充电，不断充电，视野日益开阔，知识日益富有，教学就有后劲，工作就能出成绩。不少女教师工作开始的几年，业务水平、教学水平有明显进步，到了一定程度就步入了"高原地带"，在原有水平上徘徊不前。主观上想突破，更上一层楼，客观上难以进展，重要原因是不重视以新知识新信息充实自己的头脑。问君那得清如许？为有源头活水来。教师自己知识长流水，才可能以清泉灌溉学生。

学习很苦，但也乐趣无穷。每读一本好书，一篇好文章，就会体验到是和有识之士谈话，天外有天，楼外有楼，自己须奋起，须追求。哪怕是看画册，读歌词，也会浮想联翩，从中获得启发。佳作要精读，一日不多，十日许多，最重要的是锲而不舍。读书不只是看，眼睛对着书，不能算读。要理解，要思考，要读进去成为自己拥有的知识。

时代飞速发展，新知识层出不穷，并不要求甚解，一名语文教师也"甚解"不了，但要关心，要广为浏览，有大致的了解，国内的要了解，国外的也要关心。广为涉猎，视野开阔，认识问题、思考问题的知识背景、智力背景就广阔得多，教课也就常常能左右逢源，游刃有余，出现"神来之笔"。

三、功底

功底要扎实。万丈高楼平地起，要盖数十层的高楼大厦，基础一定要深、正、扎实。当教师也一样，要合格、要胜任、要有后劲，功底必须打得扎实。职前教育，在大学求学期间应认真学习，打下厚实的文化基础与专业基础，但能不能真正成才，还得靠在岗位上不断学习，不断努力。因为，学历水平不等于岗位水平，岗位上需要综合能力，有志者主动锻炼，积极探求，必能取得良好效果。

岗位锻炼除上述广泛学习之外，要紧紧围绕学科教学需要练就教学的真本领。打铁要靠自身硬，要培养学生读、写、听、说与自学的能力，作为教师，就要在理解与运用祖国语言文字方面给他们做榜样。例如阅读理解能力，应进行严格的自我训练。要教学生读懂，自己先能独立分析，先能读懂。钻研教材从语言文字形式到思想内容，再从思想内容到语言文字形式，反复琢磨、推敲，从识字、解词、句子的构造与蕴含的深意，到篇章结构、写作主旨均要下功夫研究。能读懂文章的个性，尝到庖丁解牛的欢乐。一篇、两篇、五篇、十篇、几十篇、上百篇，独立分析，独立思考，拿到任何一篇佳作，就会一眼看清文章的思路、文章的来龙去脉，就能准确把握起灵魂作用的语句、段落，就可有穿透力、意会力、理解力，领悟到文字背后丰富的内涵，领悟到言外之意、言外之声。教学参考书可以参阅，但只能是"参阅"，而且要在独立钻研、独立思考以后；别的教师的教案也可"参阅"，但也只能在自己独立钻研的基础上。教学参考书也好，别人的教案也好，都是别人钻研教材的所得，照搬照抄，不仅不能教好课，而且抑制了自学能力和创造思维的发展。再说，一篇课文的阅读分析本应丰富多彩，理解、领悟不尽相同十分正常，无须对参考书有"朝圣"的感情。备课，钻研教材，倒是应该多多翻阅有关的资料，特别是比较深奥的文章，更应把事情的原委、论据的确凿与否弄得一清二楚。

语文教师的听说能力也要积极锻炼。听的敏捷性、准确性十分重要。教师面对几十名学生，他们提的问题，发表的意见，要能迅速反应，及时筛选，掌握要点。教与学是师生的双边活动，及时而迅速地交流，教师的语言才能在学生心中弹奏。教师的语言要有吸引力，正确、生动、优美，给学生学习语言做榜样。语言要像磁石吸铁一样，牢牢吸引学生，教师的口头语言能力不是天生的，尽管女教师这方面是强项，但要达到"出口成章"的程度同样要进行艰苦的训练。口头语言有高下、雅俗之分，教师的教学用语要能反映文化人的气质，当然要在高雅上下功夫。但又不能佶屈聱牙，故作高深，要词汇丰富，句式多样，通俗易懂，言简意明，至于语病、粗俗，当然应清除。言为心声，炼语言实际上是炼思想、炼思路、炼情操。教师语言优美、生动，学生容易入耳入心，置身于语言熏陶之中，学得愉快，学得有实效。

写，是教师的一大难题，尤其是女教师，有的人课教得很好，就是怕动笔。语文教师必须会动笔，会写文章。自己无写作的甘苦，无书面表达的真切感受，写作教学往往是空对空，指导干巴巴，点不到关键处，点不到要害。写，是提高业务水平和教学水平的必由之路。写不写得出来，往往误以为是语言文字的掌握问题，其实不然。对教师来说，都有一定的文化，关键在对问题的认识与思考，能不能把点滴的教学经验以理论的红线穿起来，能不能去粗取精、去伪存真、由此及彼、由表及里，把感性认识上升到理性认识。写文章，实质上是炼认识问题、剖析问题的能力，是使想法清晰化、条理化的能力。说比想进了一步，写比说更进了一步。经常写，促使自己钻研，促使自己把教学中碰到的问题梳理清楚。"下笔成文"是目标，只要坚持不懈地努力，也是可以做到的。

根深才能枝繁叶茂。边教边学，边学边教，在教学实践中不断夯实地基，就会增添后劲。

四、
毅力

要有坚韧不拔的毅力。语文教学不是百米冲刺，而是万米赛跑，它需要耐心，需要韧劲，需要坚强的意志与毅力。别说学生学会一点知识、练就一点能力不容易，我们做教师的学会教学又谈何容易？语文教学是科学，又是艺术，它要求知识面宽，技能性强，人文学科要广为涉猎，自然科学要有所接触，有所了解，哪怕是极表面的，极肤浅的。因而，毋庸讳言，在语文教学的道路上会碰到各种各样的困难，各种各样的障碍。笑迎困难，鼓足勇气，跨越过去，就是胜利；犹豫不决，畏首畏尾，必然迈不开前进的步伐。

女教师一般说来比较柔弱，克服困难的锐气与勇气常不及男子，这方面更要积极锻炼，毅力就表现在不断地和自己的无知"斗"。门外汉对任何一件事，看起来都觉得是轻而易举的，入了门之后，方知要做成一件事、做好一件事是多么不容易。教语文也是如此。无知者会随意批评、随意吹捧，不负责任；浅尝者以依样画葫芦为满足；有志入语文教学深宫探宝者就觉得自己浅陋，要奋发追求。比如对词义的理解，稍一疏忽，就会出差错。"阳春白雪"这个成语常用来喻音乐则为高级音乐，喻文学则为高深文学，喻艺术则为高超艺术。读了宋玉《对楚王问》，方知程度与原意有差别。《对楚王问》中这样说："客有歌于郢中者，其始曰《下里》《巴人》，国中属而和者数千人……其为《阳春》《白雪》，国中属而和者不过数十人。引商刻羽，杂以流徵，国中属而和者，不过数人而已，是其曲弥高，其和弥寡。"由此可见，《阳春》《白雪》在楚国郢都不过是较高级的歌曲。不仅是一个成语，其实，在钻研教材时，进行课堂教学实践时，一知半解的情况屡见不鲜。《庄子·列御寇》中说："千金之珠，必在九重之渊而骊龙颔下。"没有入深渊的勇气与毅力，是采不到"千金之珠"的。

毅力还表现在不断地和外界干扰的因素"斗"。人生活在社会中，与别人交往，不可避免会有这样那样的矛盾，处理不好，就会干扰工作，影响工作进展。处世接物，责己严，待人宽，心态就平衡，不知不觉地排除了干扰。排除不了的，更要正确对待。你课教得好，有人说三道四，或过分挑剔，那就要冷静。一要虚心，别人意见只要有正确的成分，都应吸收；二要长志气，更加刻苦，力求扬长补短，教得更好。真正坚持不懈地努力，不断有长进，必然得到大家的认可，干扰也就会日渐减少。就怕莫名其妙地自以为了不起，或者一听到不顺耳的意见就打退堂鼓。现在市场经济活跃，有的老师心里不平衡，认为自己干得不比别人少，不比别人差，不过是人家"广告"

做得好罢了。碰到这种新情况,自己心底要保持纯净。市侩作风对语文教学阵地确实有侵袭,自我包装、像炒股票一样炒自己的行为也时有耳闻。但教师毕竟是教师,要做实事,做真人。自己心中应该有杆秤,要向道德高尚的语文前辈学习,向真正的学者专家学习。只要是玫瑰,它总是会开花的。只要坚持不懈地努力,为教好学生、发展语文教育事业做贡献,终究会被人发现,得到大家的承认与尊重。不过,仍须清醒地认识到,追求的目标是让学生学好语文,学生成才。

我当了一辈子教师,教了一辈子语文,上了一辈子深感遗憾的课。我深深地体会到"永不满足"是必须遵循的信条。正如诗剧《浮士德》中的主人公浮士德所说:"要是有那么一刹那,我对它说:'停住吧,你是多么美好!'那时也就敲响了我的丧钟。"浮士德上天下地求索,经历了爱情的悲剧、事业的悲剧,什么都一场空,但是他没有灰心。最后,他在一块荒芜不毛的海滩上建立起人间的乐园,心里一片光明,情不自禁脱口而出:"停住吧,你是多么美好!"这一刹那,浮士德倒地死去,满足意味着生命的结束。

语文教学探索无止境,女教师们只要对事业情深如海,只要心胸宽广,视野开阔,功底扎实,只要有非凡的勇气和毅力,必然在教学征途上留下一串串闪光的脚印,用人格和智慧谱写的语文教学乐章必然经久地在学生心中回荡。以上鄙陋之见,仅供参考。

敬颂

教祺!

于漪　上
1996 年 11 月

附:石惠芸给作者的信(有删节)

于漪老师:

您好!

我是贵州一个偏远山区的中学语文教研员。

工作中我发现,在中学语文教学这块土地上,辛勤耕耘着的女教师占相当比例。在大学读书时,她们中间不乏佼佼者,登上讲台后,她们和男教师一起,孜孜不倦地教书育人,满腔热忱地奉献青春年华。可是,10年、20年后,她们中间有成就者却寥寥无几,卓有成就者更是凤毛麟角。于老师,您是教育战线上不让"须眉"的英杰,是我们女教师敬仰的楷模,您能给我们谈谈您对这种现象的看法吗?您能就您所走过的不平凡的路,给我们一点启示和教诲吗?

  敬祝

健康!

您的学生石惠芸

1996年9月6日

祝愿再创辉煌
——《人民教育》
创刊 50 周年贺词

在《人民教育》50 周年华诞之际,我作为一名老教师,特致以衷心的祝贺。

《人民教育》是我们教师自己的杂志,它宣传教育法规,宣传国家的教育方针、政策,开辟多种论坛,开阔视野,活跃思维,及时报道教育教学先进典型、先进经验,及时反映全国各地教育改革动态,它是一部丰富的、充满时代气息的教育读本,我从中获得过许多精神养料。有些文章我一而再、再而三地阅读,联系自己的工作实践,明方向,找差距,定措施,振奋精神,苦干实干,努力创新。从这个方面说,这本读本是我教学生涯中的精神加油站,促使我产生了不懈的动力。

最令我难忘的是 20 世纪 80 年代后期《人民教育》杂志记者来我校采访时的情景。他们不是走马观花,只听学校负责人口头述说,而是住进学校,沉到教师与学生当中,从早锻炼看到晚自修熄灯;从课堂看到操场、宿舍、课外活动;与师生座谈、交流,个别访问,深入实际,调查研究。这种眼睛向下、扎实工作的作风,深受师生欢迎,也深得师生好评。尤其难能可贵的是他们深入基层认真调研的作风,大大增加了通讯报道的可信度,使师生受到了教育。

来采访的同志思想的敏锐也令人敬佩。当时国家教委对师范教育

本文发表于《人民教育》2000 年第 5 期。

抓得很紧，办师范学校的条件很有利，但由于社会上有不少因素的干扰，师范学校要办好、要办出上乘质量却非易事。于是我们分析了大气候、小环境等诸多有利与不利因素，认清现状，明确目标，展望未来，提出要抵御外面不良因素的浸染，首先是强内，狠抓学校内部的思想建设、道德建设，狠抓校风、教风、学风建设。以"一身正气，为人师表"作为办学的精神支柱，以"两代师表一起抓"建设教师队伍和培养学生队伍。记者对我们的各种做法提出一系列问题，追根溯源，剖析得失。通过反复比较，反复捶打，我们更坚定了办学必须具备"三个制高点"的信念，即站在时代高度、战略高度和与发达国家基础教育竞争的高度来思考问题，指导行动，提高办学质量。窥一斑而知全豹。我们第二师范学校是一所普通的基层学校，《人民教育》记者花那么多的气力来调查、了解、总结、促进，从中可体会到这本杂志的编采人员对教育事业是何等的忠诚。

《人民教育》走过了50年不平凡的路，创造了不平凡的业绩。而今，科教兴国的战略思想日益深入人心，关心教育、支持教育的力度不断增强，教育事业前程似锦，祝愿《人民教育》在新的世纪里再创辉煌！

于漪

关于苏教版初中语文教材通信一组（致洪宗礼）

一

洪老师：

　　您好！

　　来信谈及建筑方面的文言短文不易选，确实有同感。一是古代建筑有其特征，学生不熟悉；二是文字上有障碍。最好是文章短小，文字不深，适合初中生阅读。建筑物最好是学生不太陌生的。

　　匆忙中选了几篇，不知合适否？现寄上，请审阅。

　　敬颂

教安！

于漪　上
2000 年 10 月 6 日

二

洪老师：

　　您好！

　　昨天读到《文汇报》上登载的一篇有关环境保护的新华社专稿，

《语文学习》从 2010 年第 9 期始，陆续刊登了 6 期"于漪语文教育书简"，是研究作者语文教育思想极为珍贵的历史资料。

现寄上，请审阅。

　　该文内容具体，文字也可以。

　　环保是工业社会严重污染后提出的问题，古诗文中不大可能有反映。如果从热爱自然、热爱生灵的角度考虑，会找到一点。我会继续注意。

　　敬颂

冬安！

于漪　上
2002 年 12 月 13 日

三

洪老师：

　　您好！

　　大函敬悉。您说有教师向您质疑，说教材中拙作《往事依依》关于《评注图像水浒传》一书查无实据，说查检了《水浒传》的许多版本，未查到《评注图像水浒传》，断言无这本书，是差错。

　　这位执教老师对课文深入钻研，处处求落实的认真负责态度令人尊敬。教学确实不能大而化之，更不能绕道走，否则，就会以其昏昏，使人昭昭了。

　　《水浒传》的版本确实很多，在这方面如不做专门研究，恐难翻查得周全。《评注图像水浒传》是我小时候看的书，线装油光纸本，直排，两函 12 本，封面已烂，用牛皮纸重新装订过，现在仍放在我的书架上。为了让这位老师教得放心，印几页寄上，请转寄给这位老师，并代致谢意。

　　专复。

　　敬颂

教安！

于漪　上
2003 年 5 月 10 日

语文与文学教育
（致王尚文）

王教授：

向您拜个晚年，恭祝身体康健，事业发展，阖家幸福！

您和胡教授的大作均拜读，文中对提高学生语文素质的殷殷之情与对语文教育任务剖析的精辟见解，令我深受教育。由于春节前后杂事缠身，又赴外地出差，未能及时向您汇报学习体会，请您和胡教授见谅。

百年来语文教育的发展曲曲折折，我们当中学语文教师的，说老实话，也是跟着备受折腾。在现代国民教育中加强文学教育，提高受教育者的文化品位，加强文化积淀，绝对是正确的、有益的。现在高中语文课程标准中规定必修课仅10个学分，选修课达8个甚至14个学分，选修课中相当部分是文学教育课。

作为初高中必修课的语文，目前要"一分为二"似有相当难度。从国内外课程发展的态势看，基础教育阶段探索的重点在于整合、综合，自然学科、社会学科均有此趋势，且有些学科综合已在小范围内试验。再则，中学设置的科目繁多，不断做加法，学生负担甚重，每个科目都要考试，师生均颇受累。再从1949年以来第八次课程教材改革来看，基础教育强调的是以促进学生发展为本。从以往的以知识为本、以知识体系为本转换到以学生为本，是教育理念上的极大转变。中学课程中要讲知识、讲能力，但不刻意追求知识的系统性。原先的语文教材几乎是个大拼盘，由比较系统的汉语知识、文学知识、修辞知识、逻辑知识等拼在一起，现在回顾起来，往往顾此失彼，引出众多非议，而学生真正的语文水平并不令人满意。现在新课标强调学生的语文素养，高中语文十分重视培养学生的应用、审美、探究能力，与社会需要紧密相连。

中国的基础教育底盘大，动一动就是几千万甚至以亿计算的学生。其实，做一点小规模的实验，真正做点细致深入的科学研究，实事求是地总结经验教训，对探究学科底里、推动学科教学发展是大有益处的。

以上是浅陋之见，不一定对，请批评指正。

敬颂

春安！

于漪　上
2004 年 2 月 20 日

语文教学应还
语文以本来面目
（致庄文中）

文中同志：

　　您好。

　　课本和读本收到，谢谢。读到来信，非常高兴。看到您还在耕耘，而且出成果，足可得到安慰。这册课本与前次的比，我觉得更好一些。有些文章别人不大会选了，其实很不错，学生读了有益。

　　语文教学永远是说不清的问题，面广量大：历史的，现状的；本身的，周边的。我长期在第一线执教，是是非非有自己的看法。原本语文教学还在学语文，从标准化试题笼罩后，"文"几乎荡然无存，机械训练充斥课堂内外。专门搞题海题库的人发了大财，有的命题、印题的专业户富达几千万。钱毕竟还是小事，孩子不读书，无文化，不明做人之道是大事。语文教学确实要改，还语文本来面目，并因时代进步而发展，当然这不是作秀，不是新名词大串联。第一线的教师包括校长先生们对教改的意义、内涵究竟领悟到什么程度，该怎么实施，难说。搞基础教育的天条似乎只有一个——"高考"，把这个奉为神灵，要做一点素质教育的事，就难上加难了。不是教什么考什么，而是考什么教什么，不知何时才能冲出这个怪圈。

　　有次开会，说到改革要改满堂灌。我说了句不中听的话，我说我听了一点课，不多，给我的印象是满堂问满堂闹，现在还有几个教师能侃侃而谈满堂灌？要说有点本事，就是解题，《一课一练》，没有本事高谈阔论，也写不出文章，思想枯竭，文采全无。除了有些新生代、新新生代要笔杆子，吊什么前沿学问来唬人外，踏踏实实教学、为了学生语文素养的全面提高而尽心尽力奉献的实在不多见。可悲！

  上海也奇热，暴雨骤然降临，突然成灾，死了人。但马路积水很快排泄。说老实话，上海城市管理还是有相当水平的。

  我身体尚可，老牛破车，离不开药。不少时候还要瞎忙，忙些自己并不愿做的事。

  教材本应是教师与学生的必需，现在夹以市场，花头就多得令人目眩。有些人什么都要，什么都要挂名，因为名和利是连在一起的。有些杂志在我不知晓时也挂了我的名，当然，利是一分也没有，奉送一本杂志。因为我们这些人已无实用价值，"名"还是可以的，有实用价值的却全然不一样。做了一辈子教师，怎么也没有想到商业对教育的浸染是如此厉害。我常听说，要搞教材，要搞什么，先拜"佛"。想当年，你们编教材也不拜我们，我们也不拜你们，想得十分简单，你们怎样把教材编得更好，我们怎样用好教材。简单，简单得可爱。

  到上海来时，欢迎通知一声，一定款待您。唠叨了一阵，博您一笑。

  祝
暑安！

于漪　上
2004 年 7 月 21 日

求学不读书，是蹉跎岁月（致甘其勋）

甘老师：

您好！

寄来的《文章教育学》收到，谢谢您的馈赠。

你们办的报纸，特别是您负责的《阅读》，每期有实实在在的内容，在浮躁风盛行、不读书不以为耻的情况下，能坚持办好，实在不易。

语文教学落到如此尴尬的境地，真是一言难尽。作家白先勇说过，"百年中文，内忧外患"。此话似乎越来越得到验证。西方强势语言的大举进入，连幼儿园的一些幼童都被"俘虏"，在成人的影响下，把西语看作"走遍天下"的宝物，更不用说用作择校的敲门砖了。昨日读《环球时报》（7月12日）上王达三的文章，说美国迪士尼公司计划今后5年内在中国建立近150所连锁英语学校，采用唐老鸭、米老鼠等卡通形象辅助教学活动，预计每年将吸引约15万中国儿童参加学习，此举用于对付中国在美的汉语教学。据保守估计，未来5年这些连锁英语学校，营运利润将远远超过1亿美元。既能赚个盆满钵满，又能传播美国英语文化，一举两得。读后令人不寒而栗。对把汉语这个民族文化的根种植在儿童心中的必要性和重要性，我们许多人竟然茫然无知，可悲可叹。西语不是不要学，要走向世界，应该学，而且要学好，问题在什么时候学，摆在什么位置上，目的何在。崇拜西语，冷淡轻视汉语，把做中国人的"根"都忽略掉，将来思想、感情、精神不知游荡到何方。

对语文教学的历史、现状与走向也是众说纷纭。埋头第一线的几乎没有不被分数所桎梏，为考而教，明知不可而为之，无可奈何。而专攻考术的人和单位，由于厚利的驱动，倾销各类题目以供操练，挤压掉自由阅读，挤压掉兴趣爱好，挤压掉独立思考，管它什么语文教学规律，管它什么语文对人终身发展应起的作用。急功近利，商业运作，学科受损，学生倒霉。学生青春只有一次，青春是无价宝，在求学不读书中度过，相当程度是蹉跎岁月。

扑在教学第一线的往往很少有发言权，不在课堂上实践的发言机会很多。开展研究，探索语文教学规律，求得语文质量真正提高应该是师生之福。但常为有些现象弄糊涂，一是外来名词术语一大堆，颇像广告词，换土移栽，给人以水土不服之感。毕竟汉语言文字和西语有质的不同，校情、教情、学情更是迥然有异。借鉴、吸收、消化是必需的，照搬、模仿纯属下策。二是忙于建构体系的，苦心经营，总想出现"里程碑"式的成套经验或学术巨著，以指挥全国语文教学的走向。有这样的宏愿无可厚非，关键在于要眼睛向下，真正沉到教学实践中，把教学现状的利弊得失摸得个八九不离十，否则，半空运转，说得再好也无补于解语文教师之惑，无补于语文教学质量的有效提升。

教育当中，语文教学当中，有许多说不清道不明的事，我做了一辈子教师，为了教好学生，一直觉得奉献精神很重要。现在深感还得有牺牲精神。我说的牺牲精神不是以生命相许，舍命，而是要舍弃一些名和利。舍弃名和利的诱惑，讨论问题可能就没有虚头，更本真，更敬畏语文教学规律，更尊重教者与学者，更能涌现真知灼见，为语文教学的发展提供精神指引。

馈赠的新书勾起了我的思绪，说了一大堆话，言不及义，请批评指正。

即颂

夏祺！

于漪　上

2004 年 7 月 28 日

写字须从正楷始
（致罗易）

罗易同志：

　　您好。

　　我不善书，于书法不轻易置一词。但因看过古今书家一些名作，多少也有点看法。浅见之一是凡学写字必须首先把正楷写好，打下扎实的基础。最不喜欢有些所谓书家一开头把字写怪写丑骗人。唐诗人卢仝诗险怪，金诗人元遗山评其诗有"真书不入今人眼，儿辈从教鬼画符"之句，正可以借来送赠此辈人。

　　多年来也看过不少为学生写的字帖，凡是老老实实规规矩矩的都不错，至少不把学生引入歧途。承蒙寄赠所写字帖，打开一看，眼睛一亮，字写得清新俊逸，美不胜收，可算是钢笔字艺术精品。前途无量，可喜可贺。

　　题赠我的字是毛笔字，清丽秀雅，实在好。有这样坚实的毛笔字基础，钢笔字写得如此超凡，当然不在话下。

　　翻开您的字帖，就情不自禁地想到20多年前与廖晏钟同志谈到培养青年教师的重要，谈到您的优势与潜力。廖老师是个好人，当时，不少教研员忙着自己出名，像他那样甘为人梯的不多。每次我去广州，他和叶老师总是盛情接待，深厚友情我总难以忘怀。近些年来，我年老多病，极少外出，不知廖老师近况如何，如有联系电话或地址，请便中告知。

　　再次向您致谢意。

　　即颂

教安！

于漪　上
2005年10月14日

语文素养重在积累
（致佟春丽）

佟春丽老师：

您好。

您寄来的大作《习字累词练句摹章》早已收到。由于工作繁忙，身体又欠佳，未能及时回复，请原谅。

您花时间读书，并联系自己的教学实践谈心得体会，可见您工作认真，积极上进，难怪贵校老教师对您的进步非常惊喜。

语文教学是高难度的教学。就从教者而言，不仅要有扎实的专业知识、专业技能，较为厚实的文化底蕴，而且要树立正确的教材观、教学观、学生观，以正确的教学理念指导教学实践，适应时代的需要、学生身心的需要。就学生而言，语文能力、语文素养的提高不可能一蹴而就，也绝非纯技术问题，而是有个积累的过程，积累思想、积累词句、积累生活经验和学习经验、积累多方面的知识。语文水平的提高必定伴随着见识的增长、认识能力的提升、对语言文字表现力的感悟。那种应试，《一课一练》，不是培养学生语文能力的真本领，不过是应考的敲门砖而已。学生的阅读能力是在精读、广泛阅读的过程中培养出来的；写作能力是在写作实践中反复琢磨获得提高的。立竿见影的说法不过是糊弄人而已。

语言文字用来表情达意。"表"与"达"是语言形式，"情"与"意"是内涵，二者密不可分。离开了情和意，语言文字就是僵死的符号，表现力、生命力就丧失；离开了语言文字讲情和意，就不是语文教学的任务。在教学进程中，由于对其本质特征缺乏深入理解，往往人为地割裂，影响语文教学的整体质量。这种现象的发生往往是由于二元对立的浅表性思考习惯作祟。本是融合一体的东西,似乎只能非此即彼,或非彼即此。这一点,您要多认真思考。

匆匆写几句,不妥之处请批评。

致

礼!

于漪　上
2009 年 9 月 24 日

"上海市教师书画篆刻作品展"前言

"上海市教师书画篆刻作品展"至今已是第9届。此次展出欣逢第20届教师节，更增添了喜庆意义。

我国教师肩负着培养学生成为社会主义建设者和接班人的重任，这是一项光荣而艰巨的任务。教师是塑造学生优美心灵的工程师，因此，自身必须是心灵优美品德高尚的人。书画篆刻艺术正是加深自己思想道德修养达到此目的的好途径，难怪许多教师对此一往情深，乐此不疲，创作出不少好作品，在此与广大艺术爱好者见面。

从事艺术创作能使人精神升华，心灵自由，忘怀得失，怡然自乐。艺术家在精神上是自由自在的。《庄子》有则寓言：宋元君要画图，画师们恭恭敬敬拘谨待命的有半数；其余半数在外纷纷往内挤，只有一人不着急。只见他解开衣服，裸露身体，两足相交安坐。宋元君认定他才是个真正的画师。这就是从艺者津津乐道的"解衣般礴"的境界。这画师精神上是多么自由自在。我想，这里参展的教师在创作时一定会有同感的。

作品展出，热烈欢迎广大师生、社会各界人士参观指教。期盼参观者看到这些精心创作的好作品，能与创作者精神交流，灵犀一点，莫逆于心！

于漪

2001年9月

运用记忆的支撑点

山东省淄博市临淄八中田向薇同学问怎样才能又快又好地记住应背诵的东西,而又不易忘记。

这个问题问得好。在语文学习中要重视积累,要积累语言,积累美文佳作,积累精彩、深刻的思想,使自己成为有文化底蕴的人。

积累就要记忆,记忆离不开背诵。记忆,包括"记"和"忆"。"记"就是记住、记牢,在心理学上叫识记、保持;"忆"就是重新认出来,或回想起来,这叫作再认或再现。总的来说,记忆就是把学习的成果保持在脑中。记忆常被分为机械记忆和逻辑记忆,机械记忆就是通常说的背诵。背诵也要讲究方法,要建立在科学的基础之上。如果把接触到的诗文不加分析地硬往脑子里塞,不仅该记的记不住,而且会把脑子搅得混乱一片。

俄国生物学家巴甫洛夫认为,记忆是人的大脑皮层上暂时神经联系的形成、巩固和恢复的过程。他认为人们感知事物或思考问题,都会在大脑皮层中形成某些兴奋点,各个兴奋点有神经通路彼此联系,事过以后,这些兴奋点和神经通路便以"痕迹"的方式留在大脑皮层中。在某种刺激的影响下,它们又会重新呈现。很显然,要背诵某些诗文,提高记忆的效率,就要注意形成兴奋点,注意在兴奋点之间接通思路。怎样才能做到这一点呢?

理解是记忆的基础,不理解内容只是机械重复许多次,在记忆过程中不注意开展积极的思维活动,那就会事倍而功半,记忆的效果不佳。背诵一篇文章,须在脑子里构成一幅由许多记忆支撑点构成的网

本文发表于《语文世界(初中版)》2002年第3期。

络图。第一步，先梳理大骨架。文章写什么，先写什么，后写什么，再写什么，把握文章全貌，轮廓在胸。第二步，再理小线条。有哪几条线，一条条线理清楚，脑中井然有序，记起来就方便。第三步，抓关键词语，把它们作为记忆的支撑点。弄清楚每条线上有哪些支撑点，点与点是怎样联系、接通的。掌握这些要领，兴奋点牢固，再长的课文背起来难度也会降低。比如背诵孟子的《生于忧患，死于安乐》，先把握其骨架：先讲舜等六人终能承担大任，然后述说怎样受磨炼才能担当大任；再进而述说一个人错误常常发生，才能改正，心意困苦，思虑阻塞，才能有所奋发而创造，表现在面色上，发表在言语中，才能被人了解，一个国家没有有法度的大臣和辅弼之士，国外无抗衡的邻国与外患，常易灭亡；最后揭示生于忧患，死于安乐的道理。骨架把握了，线条也清晰了。第1段写舜等六人，舜、傅说、胶鬲、管夷吾、孙叔敖、百里奚就是这条线上的六个支撑点，按先后顺序记，背起来就容易了。背第2段时，可运用"苦""劳""饿""空""行"等支撑点使思维兴奋起来，句子就会如流水一般淌出来，背诵起来就会快得多，也轻松得多。当然，要熟读，如果读得疙疙瘩瘩，只靠强记，效果必不理想。

联想在记忆中能起纽带作用。通过联想，可寻找记忆的支撑点。如关于闰土的肖像描写，抓住他少年时代的圆脸、小毡帽和颈上套着的银项圈作为支撑点，引起对相反事物特点的联想，就能记住中年闰土衰老、麻木、迟钝的形象。也可从相似的角度联想、记忆。如学《白雪歌送武判官归京》，其中有"忽如一夜春风来，千树万树梨花开"诗句，可联想雪与梨花的白色相似点，再联想《驿路梨花》中"白色梨花开满枝头"，白色花瓣轻轻飘落在赶路人身上的情景。记忆的支撑点很多，把握它们，运用它们，记起来就十分方便。

背诵时，不妨用上述的方法试一试，看看效果如何。至于前背后忘的问题，由于文章篇幅所限，以后再讨论。

学会整体感知

山西省太原西山五中郑强同学来信说，自己的阅读能力不强，有时文章读三四遍就是读不懂，更不用说怎样分析得透彻了。正因为如此，见了阅读题不是干瞪眼，就是回答得乱七八糟，希望寻找到解决问题的好办法。

郑强同学的心情是可以理解的。首先须清醒地认识到作为现代人，阅读能力的提高至关重要，切不可掉以轻心。社会飞速发展，信息如潮涌，置身于这样的时代潮流中，对信息的识别、判断、处理、吸收的能力，从学生时代起就要认真培养与提高。怎样才能提高阅读理解的能力呢？途径与方法甚多，就阅读课文与相关文章而言，应学会整体感知。

阅读课文时目中一定要有"文"。文章是有机的整体，是作者用一定的方式选用某些语言文字表达自己的情和意，实现自己的写作意图。阅读时千万不能只见个别词句、段落而忘记整体。而事实上，目中无"文"，胸中无"文"，词句的理解也不可能正确与深入。

要对文章整体感知，须抓住三个问题思考：（1）这篇文章写什么？（2）是怎样写的？（3）为什么这样写而不那样写？默读也好，朗读也好，先要弄清楚作者在这篇文章里写什么。如阅读《从百草园到三味书屋》，就应弄明白作者着力写童年时代两个生活横断面——"百草园""三味书屋"，而"从"与"到"把两个生活横断面连缀起来了。连缀起来写什么呢？写作者童年入学前后的生活，有欢乐，有受拘束与不满。怎样写的呢？用对照的手法写。入私塾前自由快

本文发表于《语文世界（初中版）》2002年第5期。

乐，百草园就是乐园；入私塾后封建教育束缚儿童身心的发展，三味书屋陈腐的教学内容和落后的教育方式对儿童来说，是捆绑，是一种灾难。为什么要采用这样的手法来写呢？态度鲜明，把儿童热爱大自然、喜爱自由生活、喜爱玩耍的心理及对束缚自由的陈旧教育的不满表现得淋漓尽致。写百草园的欢乐倾注真情，天上飞的、草里跳的、泥里伏的，无不是灵动的、有趣的；菜畦、桑葚、皂荚树、覆盆子等，色彩斑斓，悦目赏心；雪天捕鸟，更是兴奋惊喜，乐在其中。写三味书屋，同样不忘儿童的性情。儿童眼中的"先生"，儿童读书的情景，儿童偷着活动的趣事，与百草园相比，自由活动天地狭窄了，身心受到束缚。以欢乐与不快对照，爱憎的感情洋溢纸上。

文章无一定的程式，要表达这样的主题当然也可采用其他的写法。比如先写在三味书屋学习的情景，然后倒推到入学前在百草园游玩的情状。如果这样写，题目就得更改，不能"从"什么"到"什么。这篇回忆性的散文着力写儿时的欢乐，状物、叙事、写人，笔端无不含情，即使写三味书屋中受束缚，趣事也仍不少。文章的底色应是"快乐"，按事情发生的先后顺序表达，自然、贴切。

阅读时当然要理解词句的含义，要借助词典，联系上下文，理解词句在语言环境中的恰当意义，并要辨别它们的感情色彩。例如，"总而言之：我将不能常到百草园了。Ade，我的蟋蟀们！Ade，我的覆盆子们和木莲们……"这一段，不仅总结上文，开启下文，而且用"我的"亲昵的口吻招呼蟋蟀、覆盆子、木莲，表达了无可奈何而又十分依恋的心情，设身处地想一想，读一读，就会感悟到语言中饱含的深情。

读课文整体感知要抓住三个问题，读其他文章也一样。持之以恒地读、思，阅读理解的能力就会明显提高。

祝贺
（致顾黄初）

顾黄初老师：

金秋时节，欣逢先生从教 50 周年，我这名长期在语文教学第一线从教的教师，特向您致以衷心的祝贺与诚挚的敬意。

中学语文教学如何提高学生的语文综合素质，为发展健康的个性打下扎实的基础，确实是个不易解决的难题，更何况主客观因素的种种影响，仁者见仁，智者见智，众说纷纭。先生长期就此问题进行研究，对中国语文教育的历史与现状、教材的编写与使用、教法的改革等一系列领域深入进行探讨，以真知灼见指导教学实践，对语文教学做出了重大贡献。

先生语文教育思想研讨会乃语文界盛会，本当趋前参加，聆听教诲，并向各位专家学习，现因身体及会议原因，未能成行，恳请原谅。

祝愿研讨会圆满成功，语文教育研究取得更辉煌成果！

于漪　敬上
2002 年 10 月 5 日

多情的沃土
（致谷定珍）

谷老师：

您好。遵嘱写了几句，不知合不合要求。现寄上，请斧正。

来稿中有些字打印错了，改了一下，现寄回，请审阅。

致

敬礼！

于漪
2004 年 4 月 29 日

感谢谷定珍老师在百忙中记下了我在 90 年代的温州之行。谷老师用多彩的笔把温州美景和青年语文教师的热情与追求交织起来描绘，满纸洋溢着青春的气息，洋溢着对语文事业的憧憬和期望。

我做了一辈子教师，一辈子学做教师。学历水平只能说明自己接受教育的程度，能不能成为合格的、优秀的教师，是要在岗位上摸爬滚打，千锤百炼的。要"教"，就得"学"；要做到"诲人不倦"，首先就得"学而不厌"。腹中空空，思想干枯，语言干瘪，拿什么去"诲"呢？学习天地非常广阔，不用说向书本学，向社会学，就是同行中交往，师生间交往，也会有取之不尽的学习资源。我在教育教学第一线时，由于工作十分繁重，难得外出讲学。有时实在盛情难却，偶尔去一次。每去一次，总是深受教育，深受启发。特别是年轻教师蓬勃的朝气和想干一番事业的热情与志气，总给我以深深的感染。

语文教育事业太需要后继有人，太需要后辈超过前辈，太需要出类拔萃的优秀教师、优秀语文教育家,有理论、有实践、有实绩,而不是浮游在教学之外说空话,说大话,耍嘴皮子。语言教育是母语教育,非一般的技能技巧,它传承优秀民族文化和人类进步文化,要点点滴滴渗入学生的心头,哺育他们健康成长。教学生语文,育学生成长,是科学,是艺术,须静心、诚心、撒播爱心,方能取得良好的效果。

谷老师 20 余年来认真耕耘在语文教学这片多情的沃土上,潜心思考,不懈努力,尤其在写作教学方面取得累累硕果。作为一名老教师,向他致以由衷的敬意和热烈的祝贺。

于漪
2004 年

附:作者手记

每次读到《春风化雨》这篇文章,我的眼前总会浮现出于漪老师那亲切和蔼的笑容,总会浮现出被于漪老师用黑色圆珠笔修改过的《春风化雨》的初稿。

1995 年 8 月,在温州景山宾馆召开了"全国中学生文学社联合会第四届年会"。在温州市,由中学界组织全国会议,这还是第一次。会议邀请了于漪、张定远等语文界专家,给来自全国的与会代表作了学术讲座。

《温州日报》"教育版"的记者委托我写一篇关于于漪老师的报道。所以,我不仅认真听了于漪老师的学术报告,还来到她的房间,与她谈了近一个小时。

报道的稿子写好之后,我把它寄给了于漪老师,请她审阅。我以为,她是名人,又是忙人,可能不会看吧。没想到,几天之后,我便收到了

于漪老师寄回的信,稿子上面已经作了很多修改:

我的原稿:"课堂应该是学生的用武之地,师教之功在于启,老师不能当运动员,应该做教练。"

于漪老师将"师教之功"改为"施教之功"。

我的原稿:"二个多小时"。于漪老师改为"两个多小时"。

我的原稿:"青出于兰必须青于兰"。于漪老师改为"青出于蓝必须青于蓝"。我写了错别字了。"兰"是"兰花",繁体字应该写作"蘭";"蓝"是"蓼蓝",叶子可以制作靛青。二者是完全不同的东西。

我的原稿:"必须要有超前的意识,我们以青年教师为突破口,这是事业的需要。"于漪老师将"我们以青年教师为突破口"一语删去。仔细一读,改了以后的语句通畅多了。

我的原稿:"专门设立青年教师奖金,全部用于青年教师评优,论文国家级奖1 000元,市级奖800元,校级奖500元。"于漪老师将"全部"一语删去,将"青年教师评优"后的逗号改为句号。"全部"显然不符合事实。整个语句前后应该分为两个部分,所以,中间应该用句号。

我的原稿:"我们和美国密歇根州立大学、英国牛津大学,三国联合研究培养青年教师的课题。"于漪老师改为:"我们和美国密歇根州立大学教育学院、英国牛津大学教育学院,联合研究培养青年教师的课题。"增加"教育学院",便符合事实;删去了"三国",则可以避免"大词小用"的毛病。

我的原稿:"目前已经积累了200多万字的资

料以及大量的青年教师活动录音、录像。"于漪老师将"活动"一语改为"教学"。看来,"活动"一词的外延太大了,改为"教学",比较集中。

我的原稿:"青年人必须努力学习,又必须审视自己的优势,独特的风格是自己的生命力。"于漪老师将"审视"一语改为"发挥"。的确,"审视"仅仅对己而言,"发挥"才是目的。

春风化雨,润物无声,于漪老师的几处修改,体现了她深厚的学术素养,体现了严谨的治学精神,更饱含着对后学的关心与期望!

9年过去了,我找出了这篇稿子,想编入《谷园春草》。前几天,我把这篇报道寄给了于漪老师,请她为之评点。没几天,于漪老师就从上海把写好的评点稿子(见正文)附信寄来了。

时隔9年,年已75岁的于漪老师又一次为我修改文字!

淡淡墨痕,眷眷爱心!

致基地学员二则

相信你自己

亲爱的×××同志：

相信自己！你，就是一道语文风景线。

如果你是小溪，你会用叮叮咚咚悦耳的声响，组成语言文字的乐章，叩击学生心扉，以清澈滋润他们的心房。

如果你是翠竹，你会用节节拔高成长的喜悦，铺设语言文字的锦绣，引领学生赏析，以深情哺育他们在美文佳作中徜徉。

如果你是奇峰，你会用天高云淡视野的深远，探究语言文字的奥秘，拨动学生思绪，以智慧激励他们进文化深山，觅文化宝藏。

……

智者有勇，勇者前行，行者无畏。行动是自信心的伟大缔造者。

学生期盼着你！祖国期盼着你！

一名老教师翘首以待：小溪叮咚，翠竹摇曳，奇峰突兀，语文教学风景如画。

于漪

2006 年 5 月

本文是作者担任"双名培养工程"于漪语文名师培养基地主持人期间亲笔写给学员的信。上海市教委于 2004 年出台《关于"上海市普教系统名校长名师培养工程"的实施意见》，2005 年推出《上海市普教系统名校长名师培养工程实施方案》，作者是首批名师培养基地主持人之一。从 2006 年起，作者一直以基地主持人身份承担教师培养工作。从 2008 年起，作者又担任上海市中小学骨干教师德育实训基地语文学科主持人。经过作者培养获上海市特级教师称号的学员有十余位。

×××老师：

　　新年好！

　　转眼间一个学期即将过去。你们在工作十分繁忙的情况下，挤时间来参加学习和活动，路上还要奔波，实在不容易。每次活动后我总有愧疚之感。你们花那么多的时间与精力，不知是否有实实在在的收获。

　　优秀教师是在教学第一线"炼"出来的，这方面一定要下功夫。课既要教得一清如水，又要教得激情洋溢。有时如青松挺立，有时如花团锦簇。不管采用何种方式，总要聚焦在唤醒学生学好语文的意识，激励他们学有兴趣、学有所得、学有追求、学有方向。德性和智性是生命之魂，教师以自己的青春和智慧启迪、滴灌学生德性和智性成长，就能品尝到人间的最大幸福。

　　寒假期短，又逢春节，有些老师要回乡探亲，我们就暂不进行集体活动了。有两件事请做好：

　　1. 高中老师准备好下学期的研讨课，一开学就说课。讲述备课思路、教材特点、教学设计。篇目确定后请在网上公布，交流时初中教师也可有所准备。

　　2. 梳理开班以来所有活动的文字资料。如说课讲稿、讨论发言稿、公开课教案，教后体会文章、听讲要点记录、听后感、已发表或未发表的稿件、读书笔记、课题进展，等等。文字资料均用打字纸打印，以供下学期结束时每人装订成册。

　　辛苦你们了！

于漪

2007 年 1 月 10 日

更上层楼　创造辉煌
——《中学语文教学参考》创刊 35 周年贺词

《中学语文教学参考》创刊 35 周年,我作为一名读者和作者,特以双重的身份向她致以热烈的祝贺。

35 年辛苦岁月不寻常。一本语文专业杂志要办得中学语文教师想看、爱看,对其中有些文章自觉地认真阅读、参考、对照、提升,绝非靠人为炒作,耀眼包装,而是靠质量,靠实实在在对语文教师有启发有参考价值的内容。这里所说的"质量"与"内容"不是静态的、一成不变的,回顾、深思、稍加辨别,就可看到讨论的问题、探究的教法的动态的与时俱进的痕迹。35 年来,中学语文教学经历了众多变化,从教育理念到教学目标,从性质观到功能观,从教材观到教法观、测评观等,无不有明显的发展,杂志编者始终紧跟教学发展,把握时代脉搏,给读者提供新的思考,新的可资借鉴的教学经验。

语文课程再怎么改进改革,它还是教母语,研究母语;教学母语,总是应说中国话。这本杂志坚持说中国话,很少"言必称希腊",说读者看不懂的一串一串外国名词术语。我不反对学习外国,学习外国十分重要,但要放出眼光,区别正误、优劣,用心挑选,结合中学语文教学实际,认真拿来,化为己有,丰富自己的教育教学。那种看到一鳞半爪就寻章摘句,奉为神圣,照抄照搬,一脚踢翻优秀

本文发表于《中学语文教学参考》2007 年第 10 期。

传统，除了搅浑教学思想、教学行为，实在无可取之处。语文教学要创新，探索提高学生语文素养的佳径，这无可非议，但"新"离不开原有的基础，原有的传统文化的精粹。对经历长久时间检验的、行之有效的语文教材教法中的精粹，切不可漠视，不然，就会像对待蛛丝网一样，毫不吝惜地抹掉。传统的关键是在"传"而不在"统"。"传"是发掘自己的资源，对自己的资源可以重新诠释，加以发展。把可以传承并必须传承的优秀文化与糟粕、垃圾一起扔掉，就好像人与影子赛跑，一路狂奔，总想着甩脱随形之影，这是可笑的，也是可悲的。总想断掉自己的根，一味移植，且不说移植能否成活，即使成活，它已变种，不是自己的汉语教学了。看来，确实要多一点文化自信，少一点心理失衡。

《中学语文教学参考》办刊有八字方针：求新、求活、求实、求精，我是十分赞同的。其实，何尝是办刊，我们的教学不也是该如此追求吗？乍看，新、活、实、精四个字很简单，要真正做到，谈何容易？尽毕生之力有时也未能达到这样的境界。

就拿求实来说吧，这应该是教育教学的基准线。教学要有实实在在的内容，学生学习要有实实在在的收获，一篇课文就是一篇课文，一堂课就是一堂课，学生要学有兴趣，学有所得，对语文教师而言，不算苛求。语文教师花不少时间备课，进行教学设计，特别是公开课、展示课，更是不遗余力地准备、预设，应该说精神可嘉。但有些课去听一听，脑子里不得不产生疑问：学生这一课学到了什么？教学目的究竟是什么？课浓妆艳抹，炫人耳目，而语文课该实实在在拥有的语文知识、语文能力的咀嚼、推敲、品味、思辨，不是被淡化，就是被淹没，语文本色缺失，成了"四不像"的课。

有人认为这就是语文课改倡导的课，我不敢苟同，不能把凡是实施过程中出现的这样那样的问题全都归罪于课程标准。以往的语文教学大纲的制定，今日的语文课程标准的制定，不可能尽善尽美，总有这样那样的不足乃至缺陷，认识在实践过程中不断开拓与修正，是常态，也是必由之路，不足为怪。毛病出在造"风"、刮"风"。某个层面某个场合拿出来的公开课、展示课，以"创新"的面貌出现，加以评说、赞扬、推荐，冠以新课改的美名。于是，不胫而走，抄袭、模仿、逐步加码，更胜一等，形成一股小风。何谓"小风"？不过在公开展示的范围里刮来刮去，常态课并不都如此。由于在公开场合露面、表演，加上文字和口头的宣传，就形成了一种气候。按理说，这类课是实施新课程标准的试验，有可取之处，有不足之处，甚至出现错误，不足为奇，应该遵循语文教学的规律作实事求是的分析、评价，提高对课标的认识与理解，凸显语文教学的本色。然而，由于思想方法的绝对化、片面化，说好，就捧上天，说不好，就贬入地，缺乏科学的实事求是的态度。

有些课确实花里胡哨，形式大于内容，形式淹没内容，泛泛而谈，不着边际，如果不在求实上下功夫，学生的语文能力、语文素养的提高就被削弱，就达不到预期的培养目标。教学方法的设计与运用是重要的，但毕竟是第二位的，关键要把文本解读正确。文本是教师教、学生学的依据，这个单元这篇课文写什么，教师要认真阅读、推敲，把握来龙去脉。浅阅读，浮光掠影，乃至误读误解，不管采用什么教法，都与求实背道而驰。每个单元有它特定的教学要求，每篇课文有它独特的个性，而这些要求这些个性必须由表及里地准确把握，透视其丰富的思想内涵、文化内涵，揭示其语言文字的表现力、感染力。教师对这些要了然于胸，针对学生的实际水平，制订适切的教学目标，组织、引导学生学习，就能取得良好效果。知识传授、能力培养、情感态度与价值观的融合，均要有实实在在的内容，不能打水漂。语文课最忌虚空，学不到东西，学生空手而返，觉得课上与不上一个样，那学习语文的求知欲就会大大受到抑制，语文水平不能提高就可想而知。

实，不能误解为死教死学，只搞机械训练，而是要目标明晰，重点突出，教在关键处，点在要害上，学生真正理解与体会语言文字表达情意的奥妙，一步一个脚印，扎扎实实提高语文能力。实而活，实而精，实而新，均是在语文教学实践中追寻的要义。

办刊八字方针给语文教学以十分有益的启示，祝愿这份刊物在新的历程中更上层楼，创造辉煌。

胆识·胸怀·爱

一份报纸在社会某个群体里可以如家人父子般地谈天说地,倾诉衷肠,这份报纸就在这个群体里生了根,有持久不衰的生命力。《文汇报》和我们基础教育的教师就有这样的缘分。

几十年来,《文汇报》满怀关注之情,连续不断地报道基础教育的进展与成绩,饱含期望地提供发表园地,交流教育改革的思想,讨论乃至争论教育实践的种种措施,具体、生动,第一线的教师不仅感到亲切、贴近,更常有深受启迪的快乐。我也是深受其关心和教育的一员。

20世纪60年代初,上海基础教育改革如火如荼,影响全国。引领者是当时的育才中学,改革的主要精神是"面向实际,减轻负担,教得活泼,学得主动",这针对的是片面追求升学率所造成的学生负担过重的现象,教学上烦琐哲学、主观主义、形式主义等做法,以及课堂上的"满堂灌"。《文汇报》连续报道,我认真阅读,到育才听课,比较对照,努力反思,自己也学着进行课堂教学改革。报社记者立即约我写文章。由于年轻,对教学中的高低深浅并不洞悉,无非就是胆子大,没有顾虑。于是,《胸中有书,目中有人》《为什么走向主观愿望的反面》等文章先后发表。倒不是记者对我青睐,这是对年轻教师的支持与呵护,我心怀感激。

粉碎"四人帮"后的1977年,"文革"中对1949年后17年"两个估计"的枷锁还没有打开。"文革"十年对教育事业的摧残,对人才培养的残害,对教师队伍的迫害,大家有目共睹,心里都有一

本文发表于《文汇报》2008年1月29日。

笔账，功过是非基本清楚，但由于"文革"高压留下的恐惧阴影，不少人处于观望状态。在文化广场召开的教育方面的大会上，四名教师发言，批判"两个估计"的错误，我是其中之一。会后，我的发言被整理成文稿，登载在《文汇报》上。现在想来，没有对"两个估计"枷锁的打开，哪来1977年高考的恢复？教育的春天哪会来得那么快？敢于登载，是一种判断，一种胆识。

教育春天来到，教育版面的文章十分活跃，对教育体制、教育内容、教育方法、学校制度建立、课外活动开展等各抒己见，畅所欲言，《文汇报》成为基础教育一线教师每日不读不快的伙伴。我也应邀为"教育园地"写"教育断想"专栏，如《这一锤应该敲在哪里？》《"一桶水"新鲜》《多想想"培养"二字》《背着一双鞋子找脚》等，都是针对教育现状中的问题发议论。有些看法有人不认同，比如教育的公平公正问题，初中阶段是否一定要办重点等，尽管认识有差异，但报纸提供了平等交流的平台，相互启发，不断进步。

在教育拨乱反正、学校面临发展之时，教育经费的不足是办学者最棘手的问题，校舍的破房危屋亟待改造，教学设备、图书设备奇缺，有的郊区小学，教师上课只能限用两支粉笔，教师队伍不稳定，有的学校有的学科无教师授课，"开天窗"。当时我是人大代表，《文汇报》记者不辞劳苦，与我们一起调研了城市和郊区不少中小学，深入了解办学的实际困难。那时，对教育的战略地位和价值意义远没有现在认识得深刻，有的认为基础教育是小儿科，有的竟认为基础教育是无底洞，怎么投入也难填。真是奇谈怪论！我们呼吁重视教育，增加投入。没有扎实的基础，哪来万丈高楼？没有中小学良好的教育，哪来优质的大学生、研究生？这是常识，但有时常识最易被忽略被颠倒。在基础教育举步维艰之时，报纸不断进行报道、宣传，这是一种责任，一种智慧，一种职业的良心。

20世纪90年代初，语文教学中的迷茫与缺失令人担忧，学生语文能力令人焦心。为了应试，许多文质兼美的文章，其文化内涵、思想意义形同虚设，只是寻词摘句，肢解拼接。一套套肢解的练习题汇成江汇成海，学生在题海中浮沉，无休止地进行机械操练，质量无法保证。文章失去灵魂,"文"只剩了文字的排列组合。求学不读书,不能不说是悲哀。如何拯救?如何改变?须在语文教育性质观、功能观等语文教育一系列理念上去探索去研究。出于改变不尽如人意的语文教学现状的需要,深入探究汉语言文字的本质特征,借鉴20世纪世界人文学科最大的革新——语言科学的突破:语言不再是单纯的载体,反之,语言是意识、思维、心灵、情感、人格的形成者,我越来越体会到世界上各民族的语言都是其本民族的文化地质层,在无声地记载着这个民族的物质和精神的历史;体会到汉语言文字不是单纯的符号系统,它有深厚的文化历史积淀和文化心理特征,不但有鲜明的工具属性,而且有鲜明的人文属性。汉语的工具性和人文性是一个统一体的不可分割的两个侧面。没有人文,就没有语言这个工具;舍弃人文,就无法掌握语言这个工具。于是,我提出了工具性与人文性的统一是语文学科(课程)的基本特征。开始,同行中有些人不理解,不赞成,特别是热衷于题海训练的老师,有的认为语文只有一个属性,就是工具。此时此刻,《文汇报》发表了我的《语文工具性和人文性的对话》,让我多了一个阐述自己观点的机会。要知道,在10多年前,在大家还未认同的情况下,发表这样的文章,也显示了一种敏锐,一种胸怀,一种对基础教育的关怀。

窥一斑而知全豹。以上仅举与我相关的几件细事,就可知晓《文汇报》为基础教育鼓与呼的努力,这背后是一个"情"字,没有对教育事业的满腔热情满腔爱,没有对中小学生健康成长的赤诚与期待,就不可能花那么多的精力倾注于基础教育。愿这份报纸对基础教育的关怀一如既往,创造出新的业绩、新的辉煌。

铭心的记忆
不解的情缘
——《语文学习》创刊30周年贺词

  《语文学习》创刊30周年,我这名老教师向她致以衷心的祝贺。在这喜庆的日子里,记忆的闸门不由自主地打开,往事历历如在眼前。

  那是整整30年前的事。粉碎"四人帮",教育获得第二次解放。师生对知识的渴求与对教育质量提高的期盼蔓及全国。语文教师对提高学生语文水平的途径与方法各抒己见,见解纷呈。

  在《语文学习》编辑部召开的一次大型座谈会上,就语文教学理念与实践的问题,讨论热烈,群情振奋。有一种看法逐步占压倒性优势,简言之就是:语文教学不能讲思想教育,一讲就必定降低教学质量,削弱语文能力的训练。发表这种意见的教师的心情,我完全可以理解。"文革"期间一切以阶级斗争为纲,摧残文化教育,害得我们苦不堪言,因而一提到"思想教育"就谈虎色变。其实,学科教学中对学生的教育与"文革"中打着旗号整人害人性质迥异,无任何可比之处。学科教学不能与人的培养隔离。学生不可能自然成才,总要靠教育,而学科教学是重要的不可替代的教育载体,抽掉了教学的教育性,教学就失去了灵魂。

  基于这样的认识,我阐述了自己的教学体会:既教文,又教人,

本文发表于《语文学习》2009年第10期。

把思想教育渗透于语文知识教学与语文能力训练之中，使学生思想情操和理解与运用祖国语言文字的能力获得双提高。会后，当时的市教育局语文教研员杨质彬同志用深沉的四川普通话对我说："这才叫语文！丢掉了情和意，表什么达啥子啊！"于是，我就写了篇《既教文　又教人》的短文，刊登在《语文学习》上。不久，收到了时任人民教育出版社副总编辑刘国正同志的来信，称赞我这篇文章切中时弊。随后，又陆续收到外地一些语文教师的信函，探讨语文教学诸多问题。一篇短文如此传播，可见《语文学习》在当时影响之大。许多语文教师喜爱《语文学习》，把她作为学习中学语文教学鲜活思想与生动经验的好教材。

　　30年岁月不寻常。在语文教学发展历程中，每个关键时刻，《语文学习》总能集语文专家与第一线教师的智慧，发表有分量的文章醒人耳目，引领前进的步伐；有的做法更是开风气之先，给人以创新的惊喜。刊物与语文教师结下了不解的情缘，我这名教师从中深受教益。在她诞生30周年之际，向尽心尽力为她成长与发展的操劳者奉上我深深的敬意与诚挚的感激。

美丽的星空
——《儿童时代》
创刊 60 周年贺词

在《儿童时代》诞生 60 周年喜庆的日子里,多年前这份杂志哺育儿童成长的趣事涌向脑际,历历如在眼前。

20 世纪 60 年代初,我们宿舍许多小学生家里都订有一本《儿童时代》,他们聚会玩耍时,其中的童话、故事、知识、插图是谈论的重要内容。特别是夏天的夜晚,围坐在门口台阶上、草地上的欢乐情景令人心醉。

宿舍都是两层楼的矮房,每排房子前都有一块草地,每幢房子前都有几层小台阶。宿舍当中第一排房子前面还有不小的草坪,那是孩子们奔跑、呼叫、做各种游戏的场所。那时,孩子们都是"散养"的,不"圈养"在斗室之内。不同姓的兄弟姐妹一堆,呼朋唤友起来,比亲兄弟还亲。暑假期间,我这名教师常被邀去参加他们的纳凉晚会,讲故事、读诗文、做游戏。活动的主角是少先队的中队长和小学三四年级的学生,参加的不仅有三四年级的少先队员,还有一二年级的,乃至还未进学校的孩子,都兴致勃勃,生龙活虎。我为《儿童时代》撰稿的题材有些就来自这些学生。

夏夜,晴空万里,繁星璀璨,宿舍里一片静谧,无丝毫喧嚣之声。我为孩子们讲牛郎织女的故事,讲天上街市的美好、神奇。话音还未落,他们已迫不及待地跑到草地上仰望天空,找星星,找银河,

本文写于 2010 年。

想象的翅膀伴随着他们的奔跑、说笑飞翔着。眼睛尖的，找到牛郎、织女星时欢欣雀跃，既自我陶醉，又在伙伴面前炫耀，那种欢乐，那种自信，深深给我以感染。

轮到孩子主讲故事了，主讲人俨然是知识占有者，似乎满腹经纶。我清晰地记得有次主讲人讲三国演义的故事，一开口就把"走马荐诸葛"说成"走马存诸葛"，把"jiàn"读成"cún"，"荐""存"不分。小听众无任何反应，仍然聚精会神。接着把某个人"鬼鬼祟祟"说成"鬼鬼崇崇"。"suì"读成"chóng"，"祟""崇"混淆，读错字。这促我思考孩子须从小养成勤查字典的好习惯，于是写了《不能障碍赛跑》，发表在《儿童时代》上。后来活动时，谁读错字，就有人搬出这篇短文劝导一番。一次，三年级一名学生讲连环画《钢铁是怎样炼成的》，把"保尔"讲成"保你"。立刻就有同伴说："秀才识字识半边，你不是秀才，但也不能加半边啊！好好查查字典！"被劝导的直点头，不生气。孩子就是那么可爱。

夏夜，许多人聚在一起，争看和议论《儿童时代》的插图，也是一大乐事。特别是戴敦邦的，由于兴趣所在，后来很多孩子都拥有他的连环画。

美丽的星空，永恒的记忆！

致宋桂奇

尊敬的宋老师：

新年好。

大作收悉。《往事依依》一文原应《中学生阅读》杂志而作，面对初中学生谈点学习心得，仓促之中写就，文字上粗糙，多有不妥。后蒙苏教版主编厚爱，选作教材，真是诚惶诚恐。

您说的"阴晴雨晦"乃我幼时家中长辈常说的口语，读中学时候读到"风雨如晦"方知"雨晦"之由来。下笔时笔端流出，未作推敲，作为教材，语言规范至为重要，改为"阴晴雨雪"，合乎短语组合规则。我本意是写阴、晴、雨天昏暗的天气变化，四字未标点开，定会误解为短语。教学参考资料编者用心良苦，"雨晦"注为"风雨如晦。风雨交加，天色昏暗，犹如黑夜"是合我意的。问题在这四字前面是"风光流转"，后面是"丽日蓝天"两个短语，这四字的组合就不合适了。

衷心感谢您的指教，我将写信给教材编写组主编，请他们修改。

即颂

教祺！

于漪　上
2011年1月2日

附："阴晴雨晦"质疑

江苏教育出版社《义务教育课程标准实验教科书语文》（七年级上册）遴选了于漪先生的大作

《往事依依》,文中有这样两句话:"祖国的大地山川气象万千,家乡的山山水水也美丽非凡。一年之中,风光流转,阴晴雨晦,丽日蓝天,风云变幻,真是美不胜收。"此中的"阴晴雨晦"令人生疑。

查包括《汉语大词典》在内的多种辞书,均不见"阴晴雨晦"之踪迹,据此自可认定,它应是"阴晴""雨晦"两部分抑或"阴""晴""雨""晦"四部分组合而成的短语。但令人遗憾的是,这两种组合方式均不能成立,兹申说如下:

先说"阴晴+雨晦"式。《现代汉语词典》中,既不见"阴晴",也不见"雨晦"。《汉语大词典》释"阴晴"为:"①指向阳和背阴。②比喻得志和失意。"(缩印本6943页)释"雨晦"作:"语本《诗·郑风·风雨》:'风雨如晦,鸡鸣不已。'后用'雨晦'指乱世或艰难的处境。"(6766页)若以此释文中"阴晴""雨晦",显然与具体语境不合。于是,《教学参考书》编者便据语源注"雨晦"为:"风雨如晦。风雨交加,天色昏暗,犹如黑夜。"(67页,2004年6月第4版)单个看,"雨晦"之注应该说没有什么不妥;但若将其与"阴晴"并置,这"阴晴雨晦"又该如何解释呢?若按此注,这"雨晦"看似一"词",实则为"句",语意已圆满丰足,它与"阴晴"又如何建立起意义上的联系?既不能建立起意义上的联系,这一短语的结构又该如何认定?"风光流转""风云变幻"是主谓短语,"丽日蓝天"为并列短语,"阴晴雨晦"又是什么短语呢?

再看"阴+晴+雨+晦"式。众所周知,如果这一并列短语得以成立,则"晦"必须能与"阴"

"晴""雨"三者并用,而此中"阴""晴""雨"除指"阴天""晴天""雨天"之外,又另无他解;如此,"晦"便只能释作"晦天"!——有"晦天"之说吗?虽古时有"晦日"(农历每月的最后一日)之特称,但这与表"天气"的"阴""晴""雨"显然不存关联。这是否意味着,"阴晴雨晦"不可能是并列短语!

综上所述,则"阴晴雨晦"属不合规范的"病语"当毋庸置疑。若将其改作"阴晴雨雪",则既合短语组合规则,又与文中语境相吻,亦不知于漪先生及读者诸君以为然否?

江苏常州戚墅堰实验中学
宋桂奇

致陈玲玲

陈老师：

您好。

来信收到，遵嘱回答了三个问题，不知合不合要求。如有不妥，请斧正。

身体不好，心脏病常发，又较忙，只得匆忙中说几句，请谅解。

致礼！

于漪　上
2011 年 2 月

答题如下：

1. 初中语文学科男女教师比例严重失调源于学生求学阶段过早把男孩拒之于优质教育之外，以分数定优劣，以循规蹈矩听话为准绳，许多调皮、聪慧的男孩就不得不在淘汰之列。

一般地说，男孩生长发育比女孩要晚一至两年，调皮捣蛋是他们的天性；当今的学习训练与考题形式偏于琐细，男孩粗粗拉拉，女孩细心，容易适应。于是，考试成绩后者总是遥遥领先。再加上有些教师对调皮捣蛋的学生有偏见，男孩锻炼的机会无形中被忽视，乃至被剥夺。于是，教育资源优质的初中、高中、乃至大学、研究生，都出现男女学生比例失调的状况。这种阴盛阳衰的现状令人忧虑。这种状况是人为造成的。迫于种种复杂因素的制约，我们的教育相当程度把

本文是 2011 年 2 月作者给江苏省扬州市教育科学研究院陈玲玲老师的回信，就"初中语文女性教师专业发展研究"及全国教育科学"十二五"规划课题的立项提供帮助。

"育人"扭曲为"育分",背离了教育的本质。

男女教师由于性别差异,往往各有优势与不足。比例恰当,互帮互学、互相弥补、互相促进,有助于发扬各自优点,形成专长,全面提高教育质量。反之,男教师处于弱势地位,学校里缺少阳刚之气,对学生的教育是一种严重的缺失,对学生的成长极为不利。

2. 教学研究部门为促进初中语文学科女性教师的专业发展可做的工作很多,但就当前情况来说,是否可在以下方面做些考虑?

(1)课堂教学实践切实去浮华,还本真,认真实施语文课程标准的要求,给学生打下扎实的语文基础,全面提高学生语文素养。

(2)增强语文教学自信力,自主备课,独立思考,深入钻研,不跟风,不追风,不人云亦云,不被媒体炒作裹挟。重视自己的教学经验积累与总结,创建教学特色。

(3)指导女性教师结合自己的语文教学实践做一点科研工作,探索语文教学规律,提升理论水平。在这方面也要不让"须眉"。

(4)针对不同层面的女教师分类指导,使初入职的、比较成熟的、骨干力量的各有追求目标,均能获得发展。

3. 几点建议:

(1)寻求专业发展的关键在于自己有持续不断的内驱力、不断的自我教育。这种内驱力来自内心的真正觉醒,把日常的语文教学与今日学生的健康成长、明日民族素质的提高紧紧联系起来,就会精神振奋,锐意进取。

(2)课不能只教在课堂上,要教到学生心中,成为他们良好素质的因子。为此,须刻苦钻研教材,准确把握文章的个性;须了解学情,研究学生困难所在,选择恰当的教学方法,化解难点,让学生学有信心,学有成就感,学有快乐。

(3)在学生心中撒播知识种子的同时,须撒播做人的良种。教文必须育人,教文从属于育人的大目标。教育的终极目标是培养人。

(4)最重要的是坚持学习、坚持读书。在知识、信息如潮涌的时代,只有挤时间学习,从中吮吸养料,才能在工作中有源头活水,视野才开阔,思考问题才会不拘泥于枝枝节节。教得好首先是学得好。

希望女教师在读书上有所突破。

后记

  2017年2月，陈玲玲老师带领数名优秀女教师来沪，讲述扬州市级课题"初中语文女性教师专业发展研究"及全国教育科学"十二五"规划课题顺利立项的情况。课题组遴选出140多位女性教师作为实验对象。经过5年研究，不仅理论上收获甚丰，而且涌现出一批特别优秀的女教师，令人欣慰。

写给青少年同学们的一封信

青少年同学：

　　你们好！

　　阅读优秀作品，从品味语言文字的表达情意的魅力中，增长见识，了解世界，体悟人生，吮吸精神养料，是学生时代最快乐的事。从小激发阅读兴趣，养成阅读佳作名著的习惯，一辈子受用不尽。哲学家贺麟先生对读书的价值、权利等问题有极其精彩的论述，他说："人与禽兽的区别，虽有种种不同的说法，但根据科学的研究，却只有两点：(1) 人能制造并利用工具，而禽兽不能。(2) 人有文字，而禽兽没有文字。说粗浅一点，人是能读书著书的动物。故读书是划分人与禽兽的界限，也是划分文明人与野蛮人的界限。读现代的书即所以与同时的人作精神上的沟通交谈。读古人的书即所以承受古圣先贤的精神遗产。读书即可以享受或吸取学问思想家多年的心血的结晶。所以读书是人类特有的神圣权利。"

　　平时，我们常误以为喜不喜爱阅读是个人的小事，根本没想到读书是人类特有的神圣权利。书是人类思想的结晶、文化的结晶，它指引人们摆脱愚昧，创造光明，它教导人们明智、怡情、加强修养。当今，青少年学生要健康成长，成为社会所需要的现代文明人，就要珍视读书这个神圣的权利，与书为友，与书为伴，广为涉猎，广为采撷，心中就会呈现五彩斑斓的美妙世界。

　　一个人生活的范围有限，而要了解的事物、要懂得的道理又很多，怎么办呢？如何来弥补呢？读书，多读书。打开一本书，就是打开生活的一扇窗，你就可以看到窗外的种种景色。例如，你读《少年邹韬奋》，你就会感受到这位卓越的文化战士、伟大的爱国者成长中的趣事。尽管你与作品主人公所处的年代已迥然不同，但书中展现的生活画卷却生动、鲜活，让你看到了在烽火四起、民族危难之际，有志少年是如何奋斗、如何成长的。你跨越了时间的隧道，受到那时候生活的教育与启示。又如，你读《不可思议国的小豆豆》，你已经跨越了空间，和小豆豆一起主持电视节目，饰演许多影视剧人物，随着她的足迹遍及世界各地，播撒爱心。一个地方，一种风情，一件事情，多种做法，使你大开眼界，学到不少知识，品尝到不少快乐。多读书，就能打开好多扇窗子，打开视野，开阔思路，丰富情感，提高认识生活的能力。如果不读书，或少读书，就会闭目塞听，思想枯竭，精神世界荒芜，那是多么可怕的景象！

书，当然要读好的。学会选择是读书的重要本领。古往今来，作品从来有好坏之分。有人曾这样作比较：文学的情形和人生丝毫没有不同之处，不论任何角落，都可看到无数卑劣的人，像苍蝇似的充斥各处，危害社会。在文学中，也有无数的坏书，像蓬勃滋生的野草，伤害五谷，使它们枯死。究其原因，这些人是为贪图钱财而写，置坑害人于不顾。诲淫诲盗的坏书，犹如毒药，要炼就火眼金睛，识别、拒绝。优秀图书是精神食粮，开卷有益。

读书要学会咀嚼，读出味道来。浮光掠影，蜻蜓点水，读与不读就没有多少区别，徒然浪费了时间。好的作品要静下心来仔细读。读的时候须思考：这篇散文、这篇小说写了什么，作者是怎样写的，他为什么这样写，哪些词句特别感人，哪些修辞手法用得特别好，这些问题在脑子里转几下，就有了印象。如果是自己的书，可做点记号，写一两句评论或感想；如果不是自己的书，可做点摘记，记一记，脑子里就会留下痕迹。读书，要注意联想和想象，这样就能走进作品之中，体会蕴含的深意。例如，《长征日记》写的是离我们久远的事，但我们在语文课本里读过有关长征的故事，电视里看过有关故事，有的同学会唱《红星照我去战斗》，读书时，把自己的学习经验、生活经验联系起来，联想、想象、思考长征日记中每天行军写下的真实记录，你就能理解，你就会感动，你就会由衷地敬佩这些革命前辈，联想到自己肩上的责任。读书还要注意和自己对照,不能书是书,我是我。读书是为了求长进,知识、能力、思想、情操都得到提高,因而,联系自己就显得十分重要,读书,有时就是照镜子,给自己的思想、灵魂照镜子。比一比,照一照,是非曲直一清二楚,自己也就更明确了目标。例如读《过目不忘:50则关于荣辱观的故事》,就不仅仅是熟悉故事,而且要对照比较,激励自己知荣耻,树立道德信仰,规范思想言行。

暑期里选择一些优秀图书阅读,思考,你们定会有登山而获宝藏的喜悦。预祝你们取得成功。

于漪

阅读推广要在落实上下功夫
（致周洪波）

全国中语会阅读推广中心周洪波同志：

欣闻全国中语会阅读推广中心在安徽池州市成立，我这名老教师特致以衷心的祝贺。祝愿中心面向当代中学师生，研究阅读内容、阅读方法及阅读热点问题，开展扎实有效的读书活动，提升阅读质量，促进师生语文素养的全面提高。

早在20世纪，北京大学贺麟教授对学生演讲时就十分郑重地指出，读书是人类特有的神圣权利。读书是划分人与禽兽的界限，也是划分文明人和野蛮人的界限。读现代的书是和同时代的人作精神上的沟通交流，读古人的书可承受古圣先贤的精神遗产。读书可以享受或吸取学问思想家多年的心血的结晶。贺教授对读书做人的道理阐述得十分深刻。要想堂堂正正地做一个人，就要努力读书，切不可放弃这神圣的权利。

然而，原本求知欲最为旺盛的中学师生群体读书的现状很不理想。从教育内部而言，对分数顶礼膜拜的势头从未降温，强化"育分"，淡化"育人"，把谋取分数的操练手段用来占领学生大量的时间空间，语文学科在有些学校几乎已边缘化，还谈什么课外阅读？教育外部声、光、色，快餐文化、低俗文化、垃圾文化五光十色，眩人耳目，近年来网络文化的飞速发展，对青少年学生更是有巨大的诱惑力，又怎能静下心来读书，尤其是读名著，读经典？

提倡读优秀读物，文学的、科普的，推广阅读优秀读物，尤其是农村中学生的阅读，面对这样的环境，难度是大的。但是，再难也要做，也要奋然前行，为了学生心灵的健康成长，为了引导和教育他们成为素质良好的现代中国人。

首先要让学生以及教育他们的教师真切地体会到，阅读对于生命的成长、对于生命价值的创造有无与伦比的重要作用。人要吃饭，才能生存，这是常识。人要读书，读佳作，读精品，精神才能成长，才能真正脱离爬行动物的状态，成为有脊梁骨、有精神支柱的人，否则，灵魂卑俗，品质鄙陋，做人的底线都把握不住，还谈什么服务国家、造福人民？这也是常识，但社会上泛滥的急功近利、金钱拜物、权势喧嚣，已迷惑了许多人的眼睛，更何况无人生经验的学生？因而，求学时期学生竟然有一学期课外不读一本书的怪象，有读二三本、四五本的现象，但其中大部分是课外辅导书。教师的阅读状况也令人担忧，整天忙于应考、检查、事务，与书籍结缘的不多。阅读究竟重要到何种程度？1987年诺贝尔文学奖获得者约瑟夫·布罗茨基在获奖演说中是这样沉重地说的："鄙视书，不读书，是深重的罪过。由于这一罪过，一个人将终生受到惩罚；如果这一罪过是由整个民族犯下的话，这一民族就要因此受到自己历史的惩罚。"入木三分的剖析，令人震惊，催人警醒。

1972年联合国教科文组织大会上提出了"阅读社会"的概念，倡导全社会人人读书。"读书人口"在这个国家人口总量中的比例，将成为该国综合国力的重要标志。的确，阅读是一种心智锻炼，开人心窍，给人智慧，应该成为人生的伴侣。

阅读推广要在落实上下功夫。当今，说是巨人、行是侏儒，说过就是做过的现象屡见不鲜。阅读推广难度很大，更要在"行"上做出既周密又可行的举措。

克林顿任美国总统时，为了提高美国中小学生阅读水平，曾启动"美国阅读特种挑战"，组织了100万中小学教师，动用10万大学生半工半读，花费了15亿美元。经历八九年，测试学生阅读能力，已明显提升。就此事我曾询问斯坦福大学一位博士后，她说："整体实施情况不了解，但我的孩子在硅谷小学读四年级，假期没有书面作业，就是读40本书。"其中就有少儿版的《西游记》和《水浒传》。

可见这个阅读活动落实的程度，窥一斑而知全豹啊。

　　阅读是一个人获得真正教养的途径，这条路永无止境。商务印书馆为传承发展中华优秀文化，向公众普及文化，为促进学生的学习做了大量卓有成效的工作。此次和全国中语会共同创立阅读推广中心，发挥各自的优势，定能促进中学师生阅读的发展，开创学校阅读的新局面。

　　再次奉上衷心的祝贺，并向与会代表致以诚挚的问候。

于漪　上

2012 年 7 月 10 日

坚守与引领
——《中学语文教学参考》创刊 40 周年贺词

《中学语文教学参考》创刊至今，历经艰苦跋涉，不断开拓，步入了不惑之年。在这值得庆贺的日子里，特奉上我这名语文老教师的衷心祝贺。

这本中文刊物 40 年来坚守中学母语教学的阵地，研究中华经典诗文的精、气、神，推敲祖国语言文字的表现力，探讨充满智慧的理想课堂，弘扬中华优秀文化传统，展示人类进步文化精品，有风骨，有气场，营造了语文教师钟爱语文、悉心钻研、积极向上的文化氛围。这种坚守精神可嘉。

当前，语文学习的环境堪忧。记得作家白先勇曾说："百年中文，内忧外患。"今日的"忧"与"患"可能更有增添，西方强势语言的入侵几乎无处不在。外语是交际工具，国家民族走向世界，国民教育中当然要开设外语课程让学生学习。但是，不能以"外"挤"内"，以"外"压"内"。外语在什么学段开，几年级开始学，达到怎样的目标，心中总应有根育人的标尺。今日开设的课程会影响明日国民的素质，包括知识结构、思维方式等方面。小学一年级儿童汉语拼音字母尚不识，就要学外语，岂非咄咄怪事？这在世界上也罕见，以往的殖民地除外。招生要测试，不少所谓优质高中只测试数学、外语，语文不在测试之列。为何不测试？选拔数学、外语尖子，

本文发表于《中学语文教学参考》2012 年第 10 期。

高考可获加分，有高升学率，满面风光。语文能力要靠日积月累，当然就没有被青睐的福分了！至于社会上语言文字的滥用、网络语言的乱造，更是比比皆是。语言文字是民族文化的根，对传播民族情结、滋润学生心灵有不可替代的重要作用。母语伴随人的终生，从孩童时代就因功利思维的泛滥，人为地制造疏离，让他们对祖国的语言文字无敬畏之心，无亲和热爱之情，弄得不好，是要数典忘祖的。为此，不能小看一本中文刊物的坚守，正是由于一些中文刊物坚定不移地驻守这块阵地，才使我们的语文教学仍然能在艰难中前行，勃勃有生气。

一本有质量的教学刊物不仅注意多种教学经验的广泛切磋与交流，而且注意教学思潮。教育教学思想观点的碰撞、争辩，开阔教师视野，活跃教师思维，起学术引领的作用。《中学语文教学参考》深知肩负的这一重任，这方面也下了相当功夫。

阐述自己的语文教育观点，对教材、教法、课堂教学诸多情况进行评论、剖析，本是推进语文教学改革、促进语文教学质量提高必不可少的好事、善事。正确的理论总是愈辩愈明，教师专业素质也是在辨别正误、分清优劣、比较参照中逐步发展逐步提升的。然而，现在有种风气令人惊讶：以辱骂为快，以否定一切、颠覆一切为快，似乎不如此不足以表现自己的超高学识、超高水平。这不由得让我联想到医患矛盾，有时竟然有医生看病，病和治病的来龙去脉还未弄清楚，就先动刀子，于是出现误伤，出现冤鬼，令人心寒。解决问题的前提是要把问题的真相弄清楚，做切切实实的调查研究，做科学公正的分析；主观臆断，虚张声势，必然于事无补。

《中学语文教学参考》也有"论"，论"教"、论"学"、论"教道"、论"学道"，比较心平气和，摆事实、讲道理，而不是以势凌人。论道也要有论品，无品就会信口雌黄。"论"的目的是寻觅教学内在规律，识得教学真谛。教学是一门专业学问，蕴含许多学术因子，而学术、学问浩瀚如海洋，识得教学真谛谈何容易！恐怕谁也不可能是真理的化身，包打天下。尊重别人，平等地讨论，才能真正提高"论"的内涵、"论"的质量，使大家心悦诚服，深受其益。实践出智慧，教学智慧来自身入其中的教学实践，因而，不拘一格谈教学十分重要。尊重一线教师的刻苦钻研，尊重他们的点滴创意，常会有意想不到的活水流淌。如果只强调"唯我独尊""万人皆入我彀中"的模式化，教学的生命力就会受到伤害，乃至在不经意中被消解。这本刊物在组稿时注意给一线教师搭建地域广泛的发表文章的平台，也是令人尊敬的。

说点真话，以表对这本中文刊物祝贺的真诚之意。

致方有林

方有林同志：

您好。

您在百忙之中花时间研究，实在不好意思。对我个人来说，不管人家怎么说，我都不动心。这么大年纪，什么都经历过，不值得争短长。就语文教学而言，确实值得讨论。一种仍然是应试，无穷无尽的题目，学生不仅无兴趣，简直视为仇敌；另一种是花里胡哨，乱说乱吹，根本不研究文本、研究语言，还美其名曰"文化""人文""改革"，倒霉的是学生。

教育就是要老老实实，不是时装表演。我在实践中逐步形成自己对语文学科性质、目的、功能、教材、教法等认识，并不是照抄祖宗，照抄外国，不是空穴来风，而是阅读不少理论读物，结合自己实践中正反经验形成。重要的在于反思，不断批判，不断完善。正如您文中所说，核心认识没有朝三暮四。简言之，我坚持：

1. 教育就是育人。中国教育应该培育忠于祖国、具有现代文明的中国人。

2. 语文教育要教文育人。育人是教师的天职，教文是语文教师的职责；语文教师通过教文实现育人的目标。

3. 我从事语文教育从未忘记育人的大目标，也从未忘记必须通过语文教学的实践达到育人的目标。我追求的境界是：充分展现语言文字的表现力、感染力、生命力、辐射力，让文字中寓含的深邃的思

2014 年李杏保教授和方有林同志应《教师之友》之约写的《超越，并非推倒"高山"——关于〈那一代〉的对话》文章发表，方有林同志寄了一份给于老师，于老师 6 月 26 日回复。

想、精辟的见解、高尚的情操、非凡的智慧与语言文字一起渗入学生心田，哺育学生成长。"文"与"道"水乳交融，春风化雨。

  把学生作为容器，视活泼泼的生命而不顾，把语文作为僵死的符号，抽去其中的灵魂，还有什么语文教学？还有什么灵性、灵气？脱离语言文字的表达，喋喋不休架空说教，语文阵地都失守了，还谈什么语文教育？在语文教育发展史上，这些荒唐、荒谬，我都经历过，因而深恶痛绝。当然，凭我一己之力，凭我有限的知识和能力，无法左右局面；但我是第一线的教师，我可以说，可以实践。虽不周全，虽不高深，但出自一名热爱学生、热爱祖国语文的语文教师的良心。许多文章我都是有感而发，而不是无病呻吟。不说了，以后见面再谈。

  致
敬礼！

于漪上
6月26日

思想活体放入经典之中
（致陈军）

陈军同志：

您好！来函及书稿均拜读，崇敬之情盈溢胸际。

回首往事，与您交往已有20余年。您为人厚道，待人以诚，谦逊好学，敬业不息，在我脑中伫立的是一位读书种子的鲜明形象。然而，此次阅读您的书稿，知晓您为此而学习、深思、比照、提升的一十八载的经历，尤其是阅读目的非为出书，而是对生命历程的铸造，对生命教育化的改进与提升，我深感自己的浅薄无知。当今社会，奔向功利已成明潮暗流，读书修身几乎成为一种奢侈，而您竟然在6 500多个日日夜夜，在工作十分繁忙的情况下，挤出时间自觉阅读典籍，博学、审问、慎思、明辨，锲而不舍，乐此不疲，无谋取功利之心，追求笃行成长之实，真正难能可贵。

书稿聚焦于《论语》中教育思想的研究与阐述是颇有见地的。孔子最大的抱负虽在政治，但他最大的成就却在教育。孔子学识渊博，精通六艺，面对春秋时期礼崩乐坏的局面，带领一批弟子周游列国，游说君王，意图以周公之道拨乱反正，但屡遭冷遇、拒绝，无功而返。政治方面的不通使得孔子救世热情终于不得不转换方向。当他最后由蔡国回到陈国时，慨叹道："归与！归与！吾党之小子狂简，斐然成章，不知所以裁之。"（《论语·公冶长》）他慨叹说："回去吧！回去吧！我们这班学生志向高大，文采斐然可观，怎样教育他们才能成才呢？"回归鲁国后，从此躬行教育，倡导并践行基于普遍人性的德教，在教育方面有诸多开创。孔子弟子及其再传弟子关于孔子言行的记录《论语》正是孔子教育思想、教育行为的生动写照。

学者张荫麟先生在《中国史纲》中曾精辟地指出：孔子在中国教育史上的开创，一是提倡"有教无类"。这是学术平民化的造端，是"布衣卿相"的引子。二是造就或招聚了一大批人才，他的门下成了至少是鲁国人才的总汇。如此的知识领袖不仅无前例，后世也罕见。三是把技艺教育和人格教育打成一片，以系统的道德学说和缜密的人生理想教育生徒。夫子之道一以贯之的是"忠恕"。"忠"乃"己欲立而立人，己欲达而达人"；"恕"乃"己所不欲，勿施于人"。张先生说："这几方面，任取其一也足以使他受后世的'馨香尸祝'。"至于因材施教、仁智勇兼修、学思并重、启发式教学、教学相长等，明眼人皆知，在今日仍充满活力，穿越时空闪耀育人智慧的光芒。

遗憾的是我们不少从事教育的人或对优秀传统文化中这些珍宝知之甚少甚浅，或对此怀有偏见，不是嗤之以鼻，就是弃之如敝屣，认为办教育、实现教育现代化，只能到西方发达国家去找。崇拜、模仿、移植，不遗余力。名词术语一大堆，又常和国情、教情、学情对不上号，"改造"十分痛苦。说得轻一点，是下意识地一直处于"学徒状态"，有时还以此身份为荣；说得重一点，已不自觉地做了思想的矮子，缺少民族自信力，想走抄袭成就辉煌的捷径。在现代化进程中，我们坚持改革开放，要有广阔的国际视野，要学习国外教育先进理念、先进经验，这无可非议。但任何理念、任何做法的产生均有特定的背景及地域，对其利弊须有深入的剖析、清醒的认识，照搬照抄永远不可能成就辉煌。重要的是咀嚼消化，不为表象所惑，兴利除弊，拿来为我所用。须知：我们从事教育现代化建设，面临两种历史、两种语境，我们不应做搬运工，应成为现代教育创造性的主体。教育要扎根于本土，大地是我们的生命所在，是我们从事立德树人工作的教育现场，既要博采众长，更必须有中华文化的根性。如果浮游无根，岂不随风摇摆飘荡？弄得不好，成为别人的打工仔而不自知。

《论语》教育思想研究既尊重中华传统文化彼时彼地对教育的诸多认识与理解，又揭示其在传承中不断发展的意义与价值。有些特点十分显著：一是体系与思辨并重；二是比照与精选融合；三是贯通与重点映照，力求做到传承创新，古为今用，在"今用"上有实实在在的启发。一说到"传统",有人以为就是"复旧",就是"克隆过去",这是误解。"传统"的关键不在"统",而在"传"。比如阅读优秀传统经典,不是回复到彼时彼地彼场景,而是要传承蕴含其中的、唤醒灵魂的、使生命和心智获得成长的中国精神与中国智慧。阅读经典犹如撞钟,小叩则小鸣,大叩则大鸣。书稿不是寻章摘句、断章取义来谈一些碎片化的观点,而是整本书贯通起来阐述与当今教育密切相关的系列问题。既梳理名家述说,更阐明自己独立见解。如对"学思结合"概念的评说,对孔子倡导思考能力的"八字宪法"的认定,对人生三友主论基础的剖析等,均有自己独特的看法,持之有故,言之成理。即使不能说是醍醐灌顶,但以思想明镜观照今日教育中的乱象,至少也能醒人耳目,思考教育改革的路在何方。批判的锋芒不是全然否定,而是启发人们认清事物的真相,遵循规律而行,取得成事成人的良好效果。

先贤程颐说:"读《论语》,有读了全然无事者,有读了后其中得一两句喜者,有读了后知好之者,有读了后直有不知手之舞之足之蹈之者。"又说:"今人不会读书,如读《论语》,未读时是此等人,读了后又只是此等人,便是不曾读。"(朱熹注《四书章句集注》)先贤告诫我们,读经典,归根结底要"力行"。西南联合大学罗庸教授曾以自身经历对学生讲述如何才算真正的读。他说在小学求学时就有考试争第一的恶习,到中学后仍如此。同班有一姓叶的同学,聪明绝顶,年龄比他小一岁,能作很好的柳文,写一手极漂亮的成亲王小楷,说一口好英文,自己也有不少优势,二人都自以为稳拿第一。为此,原本为好友的他们却终日因互妒而吵嘴,闹得天翻地覆。一日放学后,姓王的一位学长与他同行,走到分手处,王同学面容严肃地问他:"你念过《论语》没有?""我念过。"他更严肃地厉声道:"记着,不逆诈,不亿不信,回去吧。"说完转身就走。中学生的罗庸像触了电,半天动不得身。后跑回家把《论语》这一章翻开,正襟危坐地对着读,"不能预先怀疑别人的欺诈,也不能无根据地猜测别人的不老实……"从此,懂得了读书要引归自己,终生不忘。(《箫吹弦诵传薪录——闻一多、罗庸论中国古典文学》)《论语》是求仁得仁之学，思想提升，改过迁善，反己立诚，本就是应有之义。您读《论语》做到把自己思想的活体放进这部经典之中，从而获得生命的力量，这也是一种极好的传承，令人感动。

感谢您给我先睹书稿的学习机会。言不尽意，不当之处请斧正。

恭颂

教安！

于漪　上

2014 年 12 月 14 日

致敬导航者的
初心与情怀

伴随着新中国成立70年的辉煌历程，伴随着新中国教育事业70年艰苦奋斗创造的人间奇迹，《人民教育》迎来了自己的70周年华诞。在这喜庆的日子里，我这名基础教育第一线的老教师特致以衷心的祝贺与诚挚的敬意。

70年辛苦岁月不寻常。为了新中国教育事业的建设与发展，为了为人民谋幸福、为国家育栋梁，为了实现中华民族伟大复兴的崇高理想，我们教育界的主流媒体《人民教育》坚守初心，风雨兼程，开拓进取，牢牢把握中国特色社会主义教育发展的航向，从理论与实际相结合的高度为全国千千万万教育工作者，包括教育一线的广大教师导航，助大家方向明、眼睛亮、步履坚实往前行。几十年来，我不仅亲历亲见，更是深受教益。简举与个人有关的几件微事就可知晓一二。

那是39年前的事。1981年《人民教育》第4期刊载了郑保生同志采访我的《关于语文教学的启发性——上海特级教师于漪同本刊记者的谈话》。一名普通教师能在国家级教育刊物上登文章，这是极大的鼓励，我很感动。缘由是：20世纪60年代初，我从教学实践中深刻体悟到教师不能代替学生学习，学生做学习的主人，方能真正提高教学质量。于是，我尝试改，"冲破满堂灌，改变一言堂"，着力调动学生学习的积极性、主动性。十年动乱，被迫中断。"文革"结

本文发表于《人民教育》2020年第7期。

束，阴霾扫除，迎来了大好时机，我重拾旧梦，为改革继续探路。倡导启发式教学是改革措施之一，这是当时议论的热点，但认识不一，误解不少。如何厘清相关概念，阐释该教学方法要义似不可或缺。此时登载有关文章，无疑是支持改革举措，增添一线教师教学改革的勇气和信心。我一直心存感激。

国家级教育刊物舆论导向十分重要。特别是教育的法律法规，教育的方针政策，教育发展的规划纲要，队伍建设的理念思路等一些根本性问题，需要紧跟时代要求，反复宣传，凝聚共识，落地生根，创造教育新业绩。《人民教育》坚守初心，自觉担当，开辟形式多样的专栏、论坛。运用全国的专家、学者、管理人员、一线教师的教育力量，各抒己见，学习交流，提升教育工作者的理想追求与行动自觉。例如，在1995年春风拂面之时，《中华人民共和国教育法》（简称《教育法》）公布，《人民教育》立即展开宣传，组织学习，进行交流。我当时也被邀写学习体会《实施〈教育法〉 创造新辉煌》，刊登在《人民教育》上。由于种种原因，我们从事教育工作的往往法治观念薄弱，认真学一学，学法知法，自觉遵守，依法治教，依法治校，层次、格局、境界就大不一样。一线教师不担任领导工作，但必须知晓《教育法》是我国教育工作的根本大法，教育的地位在法律上得到保障，对教育全方位进行了规范，自己的工作必须以法律为准绳，教育教学进一步深入改革必须有法可依，我深有体会。

又如2014年教师节前夕，习近平总书记到访北京师范大学，发表《做党和人民满意的好老师》重要讲话，提出好老师要有理想信念、有道德情操、有扎实学识、有仁爱之心。当晚，《人民日报》旗下微信公众号"人民日报评论"发表文章，阐述习近平总书记提出的四条是中国教师的"国标"。教师节后，《人民教育》特别开设"做党和人民满意的好老师"栏目，组织教师学习讨论，撰文回应"什么是好老师""如何做好老师"等现实话题。我因自身修为与培养骨干教师的需要，与学员交流学习体会，强调"四有"都是精神成长的事，说到了教师人格魅力与学识魅力的根本。中青年骨干教师要和学生一起，展开生命，不断成长，成为优秀的排头兵。我的所思所想所做写成《用精神的成长创造使命的精彩》，被邀发表于《人民教育》2014 年第 21 期。

　　我举这个例子，不仅说明初心始终在导航者胸中激荡，更想表明导航者情怀宽广，关注与容纳全国的教育事、教师事、学生事。城市也好，乡村也好，哪所学校、哪位教师有什么认识，有什么做法……只要是有益于立德树人的根本任务，只要是有助于教育质量的提高，只要是有助于深化教育改革，有助于推进教育治理体系和治理能力的现代化，均能及时捕捉到信息，或联系撰文发表，或深入调查访问，梳理提升，形成先进经验、先进典型，广为传播。这种尊重群众的积极性、创造性，深入细致的工作作风，源于对建设教育强国的不改初心和关注奋斗在第一线的教师的广阔视野与深厚情怀，令人尊敬。

　　忆往昔，岁月峥嵘；看今朝，重任在肩；思未来，心潮澎湃。教育美景目不暇接，祝愿我们的导航者在新长征途中继续迸发青春活力，为祖国教育伟业作出新贡献，恩泽数量可观的广大师生。

祝贺

浙江省教育厅教育学会举办首届之江教育论坛，研讨"共同富裕背景下的高质量育人模式探索"，我这名鲐背之年的老教师特致以衷心的祝贺，祝愿论坛洋溢时代新风，涌现诸多真知灼见，结成思想硕果，推动基础教育高质量发展。

党的十八大以来，党中央采取有力措施保障和改善民生，打赢脱贫攻坚战，全面建成小康社会，为促进共同富裕创造了良好条件，现正扎实推进共同富裕。共同富裕是社会主义的本质要求，是中国式现代化的重要特征。共同富裕不仅是人民群众物质生活的富裕，精神生活也是富裕的。促进共同富裕与促进人的全面发展高度统一。在这样的宏观背景下探索如何高质量育人，既有现实意义，又有前瞻意义。

质量标准如何界定，高质量究竟有哪些丰富的内涵，确实值得研讨、探索。理念是行动的先导，决定着教育发展的成效。较长时间以来，学校、家庭、社会办学机构在各不相同的程度上从各自的需求出发，把学生的全面发展全面成长压缩到狭小的学业范围。对考分的追求，学习的超前、加深，操练的强化，使得未成年的学生有不能承受之重。教育领导部门虽屡下文件引导、制止，但未能实现预期效果。而今"双减"政策颁布，各地认真实施，教育生态发生良好的变化。教育航向拨正，重建教育体制新格局，必能为高质量育人创造勃勃生机。

浙江教育长期奋斗在改革前沿，许多先进理念与实践举措给予我深深的启迪和有益的教育。此次论坛教育群贤毕至，从理论与实践结合的高度深入探讨，必然精彩纷呈，硕果累累。

致敬参加论坛的各位领导、专家和教师同行。

于漪敬上
2021 年 11 月 25 日

贺信

各位领导、各位专家、各位劳模同志：

早上好。

今天是上海劳模学院开学盛典，我这名鲐背之年的老教师特致以衷心的祝贺。我因身体原因未能趋前参加，接受教育，深感遗憾，也恳请诸位原谅。

上海劳模学院的成立是新时代继承和弘扬劳模精神、劳动精神、工匠精神的创举。劳模精神就是百年来在党的领导下千千万万劳动模范舍己忘我，奋斗拼搏，为建设国家造福人民而创造的极其宝贵的精神财富。人具有了这样的精神财富，脊梁骨就会挺直，心胸就会开阔，视平凡的工作为祖国伟大事业的重要有机部分，就会奉献无穷的智慧和用不完的力量。我这个人做老师，从懵懂到成熟，就是坚持不懈地向王进喜、裔式娟、黄宝妹、包起帆等一代代劳动模范学习，从他们身上吸取宝贵的精神养料，努力自我反省，自我改造，自我提升，逐步锤炼对党的事业的赤胆忠心，增强为人民服务的本领。为之，我对上海劳模、全国劳模一直怀有深深的敬意和感恩之情。

而今，上海市总工会和上海第二工业大学共同搭建上海劳模学院平台，既引领劳模继续深造，在新长征途中发挥更加灿烂的光彩，更是切磋琢磨，理论联系实际，汇聚多方智慧，创建和弘扬中国特色劳模精神、劳动精神、工匠精神，不仅把精神转化为物质力量，而且恩泽莘莘学子，教育和激励他们健康成长，赓续红色血脉，意义重大。

劳动创造物质财富、精神财富。奋斗才有力量，奋斗才能攻坚克难，创造丰硕的学习成果，创造建设事业的辉煌。

祝愿劳模学业有成，祝愿劳模学院成为培养劳模卓越人才的时代标帜。

向诸位致以虎年的祝福,吉祥如意,阖家幸福!

老教师于漪敬上
2022 年 2 月 26 日

和中学生
交朋友

上海教育出版社 2001 年出版。此处收录该书第一部分《青春，宝贵的青春》。

一、视角

看问题要有基本立足点

四川省德阳市东汽中学欧阳文强同学来信说,虽然自己知识面不广,思维能力不强,但总是会思考一些问题。越思考越觉得有些问题的提法值得商讨,比如某人搞科研有了成果,就强调他为国争了光,某运动员打破世界纪录,也强调他为国争了光,为什么不强调为人类做出了贡献。信中列举了不少名人的话来证明眼光应关注整个人类,而不必强调自己的国家。

这位同学确实提出了一个十分值得重视也十分值得讨论的问题。他认为"马克思主义告诉我们,人类社会最终要向共产主义发展,国家与阶级都将消亡,人类连成一体,大家情同手足,为什么不把眼光放开去,为整个人类而奋斗"。我们的奋斗目标确实是实现共产主义,全人类获得解放,但现在我们在建设有中国特色的社会主义,世界上还有众多政治体制不同、意识形态各异的国家,还有侵略与反侵略、掠夺与反掠夺存在,战争、饥饿、贫穷等情况在有些国家、有些地区触目惊心,离世界大同的日子还远得很。面对这样的世界,看问题要站在时代的高度、国家和人民利益的高度来考察、剖析,才能由表及里地把事物看清楚,看透彻,才能得出正确的结论。

为人类做贡献绝不是一句空泛的话,而是有实实在在非常丰富的内容的。中华人民共和国的成立,就是对人类做出的极大贡献,因为她把几亿人民从被压迫被奴役的极度苦难的境地中解救了出来。如果不是为解救民族的苦难，不是为自己的祖国能在世界上独立自主，不是为人民能做国家的主人，就不可能在中国共产党的领导下做如此艰苦卓绝的斗争，当然也就不可能取得震撼世界的辉煌胜利。无数革命战士在战争年月义无反顾地冲锋陷阵，甘洒热血写春秋，心中装的就是祖国，就是至高无上的祖国。在"为了祖国"这面旗帜下，中华儿女不知谱写了多少可歌可泣的英雄篇章。

爱国主义是中华民族千百年来赖以生存、发展的精神支柱，民族气节是我们的民族魂。过去战争年代是如此，今日建设时代更要发扬光大。大而言之，一个民族；小而言之，一名个人，心中无报国之志，无为国增光的强烈愿望，要做出对人类有贡献的大事业是难以想象的。祖国，是自己的母亲，她哺育的儿女们对她效劳，为她增光，是义不容辞的责任。心中有了祖国，就有经久不衰的内驱动力，就有经受挫折和困难的承受力，就有一往直前的精神。比如某体育项目破世界纪录，也许只是几分钟乃至几秒钟之内发生的事，但其中的艰辛难以用语言表达。如果不是把自己的命运和祖国的命运紧密相连，要克服难以想象的困难，攀登前所未有的高峰，也是不可能的。运动员叶乔波在冰上创造的奇迹不就是明证吗？因此，强调为国争光，符合实际，并不是随意贴标签。

在当今时代，为人类做贡献，千万不能忘记世界上还有剥削与掠夺别的国家与人民的帝国主义存在，它们总是千方百计与别的国家作对来巩固自己的霸权。当前，淡化国家概念，笼统地讲为人类做贡献，是不切实际的幻想。举个例子来说，诺贝尔奖创始人诺贝尔一生从事发明创造，他发明的爆炸力很强的火药对和平生产有贡献，但也被用于战争，使许多人丧生。严酷的现实使他万分痛心，他明白了制止战争并不是依靠强大的武器，而是要人们懂得热爱和平，不要战争。他死后献出全部财产，设立物理学等五项奖，其中就有和平奖。应该说这对人类是有贡献的。但由于种种复杂的政治因素，有时和平奖竟然加在分裂分子的头上，这一举动显然与为人类做贡献相违背。

面对复杂的世界，要头脑清醒，看到问题的真相和实质。当前，霸权主义仍然存在，弱小国家还在受欺凌，过去长期侵略、压迫我们的仍然对我们虎视眈眈，千方百计阻挠我们的发展，因此，我们要对人类做贡献，就首先得发奋图强把国内的事做好，就得强调为国争光。这是看问题的基本立足点。

眼看榜样，
脚下一定反行吗

陕西省富平县迤山中学高二（3）班赵丽同学来信说，生活本身非常矛盾，要我们眼看榜样，学习英雄，可周围看到的却是"非常非常现实的人"，即使是小县城，也是人情加金钱，脚下是反向而行。信中还说："我现在还没有同化，我害怕自己有一天被同化。"

信写得很认真，字里行间透露出纯真的气息。信中提出了一个十分值得思考并必须严肃对待的问题。青年学生正处于花季时期，犹如树干往上挺，花儿欲开放。青枝绿叶，姹紫嫣红，需要阳光、雨露，需要多元素的养料。人在成长的过程中，当然需要足够的精神养料。人区别于其他动物，除了语言之外，很重要的是讲文明，讲文化。中华民族在认识自然、改造自然、反对侵略、反对压迫中形成了刚强不屈、奋斗不已的民族精神，形成了勤劳、勇敢、积极进取、富于创造的优秀文化传统。这些是一代代志士仁人创造的人类精神的珍宝，它哺育了亿万人的成长。古往今来，老一辈总是寄厚望于年轻人，希望他们茁壮成长，长江后浪推前浪，为国家为民族做出巨大的贡献。因而，总是通过各种途径传播祖先及当今人物创造的精神珍宝，以这种精神养料滋养后代。

认识到这一点，就可深切体会到青年学生学习英雄、学习榜样是何等的重要。人之所以为人，要有高尚的人格、良好的气质、健康的情操，而这些素质的形成是与"学力形成"结伴而行的。也就是说，作为一名青年学生，"学力形成"应该和"人格形成"统一起来。人在成长过程中，总是有意无意地和别人比，与思想深邃、道德高尚、才华出众的榜样比，如沐春风，往上攀登就有使不完的劲。因此，向榜样学习的信心应坚定不移。当你想到孔繁森捋起袖子一次次把自己的鲜血无私地流入针筒，去救助几名藏族孤儿时，难道你的心灵不会被震撼，不会深深感受到人是多么高贵、多么伟大吗？当你震撼之时，感动之时，你已经感受到人类精神财富的光泽，思想情操接受过一次洗礼。

脚下反行的人心目中只有个人的私利，一切从"我"出发，对于"我"有利的事百般钻营，无所不用其极。这种人从人格上说，是等而下之的。但是须知，任何一种社会都不可能是纯而又纯的，我们国家也不例外。社会上有无私奉献者，有见义勇为者，有发明创造者，有建功立业者，也有见利忘义者，卑鄙低劣者……总之，社会是个复杂体，人也不可能一个模式，因此，有与榜样反向而行的人不足为怪。这种人的形成原因十分复杂，有历史的、家庭的、自身的、社会的。这种人或者是本质如此，或者是意志薄弱，经不起外界的诱惑，堕落到这个地步。但不管怎么说，自身的追求、自身对人生的选择，是最关键的。

这种人也许也眼看榜样，但他们只重形式，不联系实际，不和自己对号，说的可能挺漂亮，做的却是另外一回事。戳穿了说，这种人由于私利迷心窍，他们是不学榜样，也不可能真心实意学榜样的。所谓眼看，不过是浮光掠影而已。

青年学生最为重要的是选择正确的人生道路，做对社会对人民有用的人。作为21世纪物质文明建设和精神文明建设的后备力量，应该下定决心按照国家的要求塑造自己，不断增进知识，练就本领，不断完善自己的人格，成为精神富有的人。而要做到这一点，除了学习知识、学习社会外，要真心实意、持之以恒地从诸多榜样中汲取取之不尽、用之不竭的力量。一个人的头脑不可能真空，大量的、积极的、优良的信息印入脑内，就会长知识、长觉悟、长智慧，就会大大提高识别真善美和假恶丑的能力，就会增添抵御歪门邪道的本领，清除各种各样因素的干扰。

俗话说：身正不怕影子斜。只要心中有做正直的、有用的人这根弦，不断从英雄、从榜样身上吸取力量，脚步就会坚实地往前迈，就会勇往直前，绝不会被歪风邪气同化。

有信心，就有力量。

切不可轻信

山西省介休市汾西矿务局第一中学王宁同学来信说，看到许多杂志上登载了有关"学习法""学习术"函授班招生的广告，举的例子使人吃惊，那些同龄人进步之神速令人羡慕，因此很想试一试。高中阶段学习很苦很累，能找到这样的科学方法，实在极好。但是，又怕广告是虚假的，故而犹豫不决，希望能帮助解决这个棘手问题。随信还寄来了从某杂志上剪下的广告，如"效验神奇"的函授招生、"一次净雀斑灵""双眼皮胶带""学习助记器""通慧学习术"等，可谓"琳琅满目"。

这位同学看到名目繁多的广告，能动脑子想一想，问一问，不盲从，是头脑清醒的表现。

我们现在确实生活在广告的海洋中，大街上有铺天盖地的广告，小巷中也不是空白，报纸上登载，杂志上登载，电视台荧屏显示，广播电台声波传送。面对众多令人眼花缭乱的广告，须提高识别能力，切不可轻信，切不可"照单全收"。

广告，顾名思义是广而告之，目的在给消费者提供购物的信息，是进行物资、信息流通及文化交流的一种手段。广告在促进交流、繁荣经济、引导消费中必不可少。大家都遵守《广告法》，事情就好办了。问题在于有些人为了牟私利、牟暴利，不择手段地大做虚假广告，夸大其词，耸人听闻，以博得可观的钱财。这是一种丑恶的社会现象，其实质是蒙人、骗人，乃至坑害人。要炼就一副敏锐的目光，善于识别，有效地抵御这类甜言蜜语的诱惑，不受骗上当。

要识别，当然有难度。不了解事情的来龙去脉，没条件实地考察，一时不易弄清真相。但是，假得离奇，假得出格，还是容易看清楚的。比如，有的药品广告，说可以治这个病，可以治那个病，排列一下，居然可以医治百病，那就荒唐了。任何病皆有各自形成的原因，要治好，必须有对症的药，怎可能一种药能治截然不同的病呢？无须火眼金睛，只要有点医药常识，就能识破。

　　学习的问题当然不像具体的物那样看得见摸得着，似乎是真假难辨。其实不然。假的总是假的，鱼目岂能混珠？学习任何学科的知识，培养读写能力、运算能力、动手能力，均有一定的规律可循。从易到难，从简到繁，循序渐进，就符合认知规律。学习当然要讲究方法。比如听课，课前花点时间预习一下，做到心中有数，课上积极开动脑筋，或质疑，或参与重点、难点的讨论，辨疑，析疑，就是很好的学习方法。课前毫无准备，脑中一片空白，就等于打无准备之仗，哪些地方有疑难，需重点学，重点攻克，心中没有底，与课前预习比较，效果自然差得多。听课要抓重点，抓难点，自己不懂的地方特别要动脑筋；听课主次不分，胡子眉毛一把抓，脑子就必然迷惘一片。又如写作文，第一步必须认真审题，弄清题意，千万不能扫视一下就动笔，弄得不好，就会出现差错，甚而全盘皆输。学习有学习的规矩，学习的程序，不能乱来胡来。任何好的学习方法都是经过无数次学习实践总结出来的经验，符合学科的特点，符合学习者的生理、心理特点。有些推销这个学习法、那个学习法的广告几乎都有这样一个共同特点，就是鼓吹神速，鼓吹奇迹。比如阅读速度一下子提高十倍，成绩一下子从60分提高到100分。明眼人一眼就能看穿，学习不是耍把戏、变魔术，一个晚上无论如何变不了样。

　　为什么有些同学会真假不辨呢？原因当然很多，但有一点几乎是相似的，即内心深处希望不花很大气力就能取得优异成绩，说得重一点，就是想找条捷径，付出少，收获多。做广告最讲究心理战术，先从心理上征服你，虚假的广告更是如此，不是正当地提供信息，而是针对某些人的心理弱点，引人上钩，钩上的饵在色、香、味上都下了功夫。

　　学习要重视方法，要努力掌握科学的方法。在这方面自己做有心人，不断总结经验教训，就可创造出符合自己实际的好方法。学习须刻苦，知识不会自己钻到你的脑海里，能力不经过坚持不懈训练，也不会形成。明确学习目的，掌握正确的学习方法，专心致志，刻苦学习，必有成效。自己有学习的内驱动力，就能做到不信邪，不受骗。青年人一定要心明眼亮，切不可做虚假广告的俘虏。

信神、认命无出路

山西省运城市临猗县临猗中学陈冬霞同学、河北省邯郸市汉光机械厂子弟学校张晓华同学、北京市东城区第 165 中学酾飚同学来信说，进高中以后学习时好时坏，呈波浪形，虽花气力想改变这种情况，但无济于事，因而只得信神、认命；入了所谓的慢班、差班、二类学校，失利遭嘲讽，似乎是命运所遣，难以摆脱，希望能走出困境。

学习上碰到困难，成绩时好时坏，考试失利，升学失利，这是学生常遇到的事，无须怨天尤人，更无须信神、认命。如果说有命运的话，命运掌握在自己手中。

首先说考试失利，遭人讥讽。胜败乃兵家常事，有史以来，常胜将军是凤毛麟角。天时、地利、敌我力量对比，可变因素很多，不可能只要出兵，必然胜利。考试、考学校也如此。如果平日学习情况平平，考得不好是情理之中的事，没有什么可遗憾的，更不必心态不平衡。种瓜得瓜，种豆得豆，耕耘得不深不细不及时，收获不理想，当然是在所难免。如果平时学习优良，由于偶然的因素考砸了，也要正确对待。在人生道路上总会遇到不顺心的事，主观意图与客观效果不完全吻合乃至相左的情况屡见不鲜。有所认识，认识得比较深入，心中就有承受力，不致因暂时的挫折被压弯了腰，情绪大起大落受影响。当然，一名十七八岁的学生难以有较强的自控能力，一时不知所措，这是可以理解的，但不能长时期迷茫，自沉于彷徨之中，跳不出来。挫折说到底是一种磨难，要学会冷静下来，逐步适应，锻炼意志，进而振奋精神，继续努力，去争取新的胜利。

至于说冷嘲热讽，包括来自亲友的、同学的，同样须正确对待。

不少人看问题习惯于看表象，喜欢以考来论英雄。这是不懂得人成长的规律。放眼看社会各行各业，就可知道分数、成绩并不能代表某个人的整体素质。经过一定的挫折，经受一定的磨难，吃一堑长一智，能从中总结经验教训，意志获得磨炼，这种精神财富是一帆风顺的人不可能拥有的。对待别人的冷嘲热讽，一是把它作为鞭策自己的动力，提醒自己不要懈怠；二是要学会潇洒，不必为一句两句不入耳的话计较，不必放在心上。这对年轻学生来说，也是很不容易的。但努力锻炼承受力，学会听不中听乃至逆耳的话，有助于加强自己的修养。

其次谈学习的波浪形。学习成绩呈波浪形在有些同学身上司空见惯，正如来信中所说，考得顺手，可在班级中夺冠，排名第一；不顺手，可在班级里跌到20名左右。来信说，一会儿峰巅，一会儿波谷，起伏期间，似有命运之神摆布，只好信神、认命。事情本身没有那么复杂，那么玄妙，似乎人间寻找不到解决的办法，而去祈求上苍，到"神"那儿去讨救兵。如果只是一句无可奈何的俏皮话，那就另当别论；如果真的想从中寻求出路，那就大谬不然了。在科学遭到挑战，各种迷信思想、迷信做法从不同角落钻出来迷惑无知的人的时候，我们青年学生要保持清醒头脑，坚持无神论。"神"是什么样子，谁也没见到过。上古时代，科学不发达，碰到天灾人祸，祈求神灵保佑。如今已进入20世纪末叶，科学技术迅猛发展，人们认识自然，认识社会，掌握它们发展的规律，与往昔比较，不可同日而语。碰到困难，去信莫须有的东西，是十分可笑的。信神、认命是缺乏自信心的表现，只"他信"，不自信，哪来前进的动力？再说，"他信"的"他"，又是谁也没有见到过的，怎么能寄予希望？怎么能"信"呢？

关键在自己。须采取实事求是的态度，认真仔细地剖析学习上起伏的原因，从主观、客观两个方面分析、研究。为什么有一段时间学得比较好，哪些学科学得比较好，细加剖析。基础怎样，学习状态如何，课前怎样预习，课上如何思考，课后如何复习，如何完成作业，等等，均做一番考察。学得不好，不牢固，又是哪些原因。教师的教能否适应，哪些不能适应，原因何在。学得不大好的，是难度大，自己的基础问题，还是花的功夫不够，理解得欠正确，欠完备。多问几个为什么，前前后后联系起来思考，总结经验，总结教训，就能找到问题的症结所在，也就能找到合适的解开问题的钥匙。

  来信的同学都有上进心，这是很可贵的。只要采取科学的实事求是的态度，增强自信力，顽强拼搏，必能克服学习道路上的种种困难，取得显著进步。

与"命运"抗争

新疆库尔勒市某中学高英同学、四川省平昌县某中学庞佑华同学和山东省昌邑县某中学的吴从亮同学来信说,有的是父亲半文盲,反对自己求学,自己像大海上漂浮的孤舟,无依无靠;有的是父母离异,后父家的人用恶毒的眼光看自己,难以容身;有的是父亲患重病,生命垂危,自己面临辍学危险,因而都痛苦不堪,希望能得到解救。

这三位同学的处境值得同情,三位同学的心情也是可以理解的。要摆脱痛苦,首先要解决的是要有敢于与"命运"抗争的信念与毅力。

来信说自己的处境是命中注定的,命运不佳。我是不相信命运的,但人有各自生存的客观环境,环境有好有差,有些是无法选择的。比如,人无法选择自己的父母,无法选择自己的家庭。如何与不利的环境抗争,求得生存与发展,要靠自己主观能动性的发挥。不毛的石缝间能丛生出倔强的生命,这是大自然创造的惊人奇迹。一簇一簇无名的野草,春绿秋黄,岁岁枯荣;一团一团小小的山花,因风摆动,展现生机;更有甚者,岩石的缝隙里还生长着参天的松柏,雄伟苍劲,巍峨挺拔。石缝中缺少生命赖以生存的土壤,生存的空间实在太有限了。但生命现象告诉我们,生命就是拼搏。从石缝间的生命我们可领悟到生活的哲理:即使境遇再艰难困苦,也要高奏生命之歌,用拼搏的精神去战胜困难,战胜环境。适者生存,战胜环境就是强者。古哲人孟子曾说过:"故天将降大任于是人也,必先苦其心志,劳其筋骨,饿其体肤,空乏其身,行拂乱其所为,所以动心忍性,曾益其所不能。"一个人要能担当起重大任务,在心志、筋骨、体肤、行为等方面均要经受艰苦的磨炼,这样才能坚韧意志,增长才干。要与"命运"抗争，就要有藐视困难的气势，锤炼自己的意志和克服困难的办法。

三人的情况又相似又不同，因而克服困难的办法就要从各自的实际出发。

父亲对子女求学的重要性缺乏认识，就要耐心地做疏导工作。疏导，当然不是居高临下，以教育者自居。作为人子，要理解父亲的想法。千百年来的贫穷造成了许许多多人从小没有学习文化的机会。当家做主人后，有些人猛醒，意识到受教育、学科学文化的重要，认识到治穷须治愚，因而千方百计支持子女上学，哪怕是勒紧裤带。但传统的观念、习惯的看法是历史形成的，非一朝一夕所能改变，有些人身陷其中，一时挣脱不得，需要一点一点化解才能奏效。因而要不断地用生动的、具体的、新鲜的事例加以说服。不一定采取单刀直入的方法，可以旁敲侧击，使父亲易于接受，乐于听取。疏导要有针对性，父亲究竟怎么想，要弄清楚。否则，无的放矢，空说一通，不可能有好效果。

至于离异家庭，各有自己的不幸。首先要直面人生，回避是回避不了的。重新组合的家庭一般来说矛盾总比较多，如果斤斤计较，就会产生说不清的恩恩怨怨。处在这样的家庭里，说到底并没有你死我活的斗争，不过是用有色眼镜看事物，因失真而看走样，或者是鸡毛蒜皮的小事，公说公有理，婆说婆有理，扯不清。最好的办法是豁达大度，超脱一点。人是吃饭长大的，听几句闲话没什么了不起，随便别人用什么眼光看你，也不会损害你半分一毫。关键在于自己要采取合作的态度，总把别人当坏人，疑神疑鬼，猜忌这猜忌那，别人也就只好拒你于千里之外。家庭的和谐幸福是建立在每个家庭成员的识大体、顾大局的基础之上的。父母要做榜样，但子女也应尽到责任。只要自己严格要求，在学校是好学生，在家庭积极劳动，分担家务，尊敬长辈，友爱同学，就会改善各种关系。如果对别人要求很高，对自己要求很低，要改变不利环境就是空中楼阁。家庭是社会的细胞，学习处理好家庭关系也是学做社会的人，使自己早日懂事，早日成熟。

父亲患重病确实是家庭的不幸，但愿他能够战胜病魔，早日康复。面对这种艰难情况，要争取母亲和亲友的支持，千方百计完成学业。万一迫不得已终止高中阶段学习，也不能就此消沉。家庭情况突变，首先要谋生。在谋生的同时，不忘业余学习；在生活有保障时，应寻求机会继续学习。在我们国家，学习的大门是向青少年学生敞开的，有志者均可进入。除职前教育外，职后教育渠道很多，只要有报国、成才之志，总会有学习的机会。

敢于与"命运"抗争，善于与"命运"抗争，做生活的强者。

讨个公正没有错

湖南省株洲市某中学某某同学来信说,缴不完的费,订不完的资料,里面有鬼,但敢怒不敢言,只得苦笑。山东省曲阜市某中学某某同学来信说,为了盖楼,没完没了地集资,钱不交,就到家里拉东西,天底下还有没有公道?山东省莱州市某中学某某同学来信说,当上优秀班干部,高考就可以加10分,于是出现了种种怪现象,只要有"人"有"财"有"物",差劲的变成优秀的,不是干部的成了"优秀班干部"。要讨个公正,可谁敢说呢?只能私下议论。这些同学愤愤不平,但希望不要暴露学校、暴露姓名,否则无法承受压力。

这些同学的心情是可以理解的。我没有做过调查研究,但相信事情的真实性。因为这些同学都说到自己是怎样鼓足了勇气才写信的,都说到反映的全是事实,明知说了无用,但可发泄心中的愤怒。

我认为单是发泄无济于事,首先对问题要有正确的认识,其次要采取正确的态度。

在商品经济大潮的冲击下,社会上出现这样那样的腐败现象不足为怪。我们这么大的国家,人口如此众多,要彻底摆脱贫困,非竭尽全力发展经济不可。发展是硬道理,只有大力发展经济,开放、改革,把经济搞活,才有速度,才有效益。但是,我们国家数千年来又是"人治"的国家,尽管这些年来,国家、各省市从经济建设、社会发展实际出发,制定了不少全国性的、地方性的法规,但要做到执法如山,做到真正"法治",还有相当一个过程,从"人治"到"法治"的转变绝非轻而易举,要靠几代人的艰苦努力。市场经济本是有规则可循,由于我们法制不完备,有些人从牟私利出发,钻空子,昧了良心从国家从别人身上刮钱财,中饱私囊。

除了法制以外,还有个十分重要的问题是人的素质问题。孟子早就说过:"富贵不能淫,贫贱不能移,威武不能屈。"即使贫穷,骨头也要硬,不能见钱眼开。人的道德素质和人的文化素质又紧密相连,愚昧就会不明理,不懂得做人的道理,不懂得在污泥浊水袭来的时候,应该明辨是非,分清善恶,洁身自好。

丑恶现象只是社会的一个方面,对社会应该有全面的认识。我们社会这些年来之所以有如此巨大的进步,经济之所以有如此巨大的发展,靠我们党的基本路线的正确,靠亿万人民勤勤恳恳脚踏实地的工作,许多人一身正气,顶天立地,是我们中华民族的脊梁。孔繁森、张鸣岐、李国安等就是我们的榜样。想到这些,我们就会精神振奋,就会觉得前途光明,阳光总有一天会普照到每个角落。

认识正确了,态度就要积极。党和政府三令五申惩治腐败,采取种种措施制止和打击丑恶现象。这就是最大的支持,最大的后盾。用同学信中的话来说,"我们是有良心的人,有正义感的人",因此,在任何场合都应该坚持正确,反对错误,伸张正义,批判邪恶。作为一名有理想有道德有文化有纪律的高中学生,遇事须有独立思考的能力,辨别善恶、美丑的能力,并旗帜鲜明地发扬正气。当然,要注意方式方法,而不是冲冲撞撞,以发泄一顿为快。凡事都要讲究效果,要取得良好效果,就要选择恰当的时机恰当的方法。

首先要弄清楚干这些事的是坏人,还是好人糊涂,一时被"私"字迷了心窍。是前者,就该揭发,就该斗争;是后者,就要采取与人为善的态度,讲事实,说道理,以理服人。采用后一种做法也是很不容易的。如果大家都听之任之,歪风上升,发展下去,严重的可把当事人吞噬掉。年轻人本身经社会风雨、见社会世面,才会炼就火眼金睛,思想成熟起来;如果把自己装在套子里,对歪的邪的不闻不问,必然影响自己的健康成长。

社会主义精神文明建设靠大家的身体力行,学生要严格要求自己,教师更要严格要求自己,学校校长、主任更要做榜样。勇于建议学校领导抓好校风、教风、学风,切实贯彻国家的教育方针,创造学校良好的育人小气候,是好学生的表现。课堂上、班会上、黑板报阵地上、课外活动中坚持宣传方针政策，坚持宣传好人好事，发扬正气，大概谁也不能报复，不敢报复。做亏心事总是见不得人的，理亏，必然无力量。

要敢于发表意见，讨个公正没有错。

师爱，无选择性

内蒙古自治区乌审旗一中、江苏省兴化市城北中学、山东省郓城县第四中学好几位同学（嘱我不写姓名）来信说：班主任对学生看人行事，干部子弟是班里的"大人物"，不敢得罪，围着他们转，对学习上有困难的同学反而特别急躁，动不动就训斥，骂"脑子笨"，有的同学在某方面有点特长，不仅不鼓励，反而用尖刻的言辞讽刺，使人抬不起头来。凡此种种，都受一种理论支配，那就是"现在就是这样，没有偏向的老师，不是好老师"。为此，这些学生询问：这个"理论"对不对？是不是班级里该有部分学生受压迫、受歧视？怎样才能摆脱这种令人苦闷、颓唐的困境？

这些同学提出了师生关系中的一个重要问题，我没有进行过调查研究，事实真相不清楚。即使如此，从一封封信中期盼解决问题的心情来看，师生之间确实有倾心交谈、协调关系的必要。

教师对学生应该是师爱荡漾。教育的事业是爱的事业，师爱超越亲子之爱、友人之爱，因为它包蕴了祖国的期望、人民的嘱托，包蕴了崇高的使命感和责任感。正因为如此，教师爱学生，应该是无选择性的，对自己教的乃至不教的都应该爱。学生进中学学习，在人生的长河中仅仅是一阵子，但这短短几年的一阵子往往影响他们一辈子的生活道路，所以，每位有责任感的教师应十分珍惜学生的青春年华，尽心尽力地教育他们，使他们健康成长。爱学生，就是要为每个学生着想，因材施教，教好每个学生。学生都是我们的后代，都要千方百计把他们培育成才。"现在就是这样，没有偏向的老师，不是好老师"，如果真这样看、这样说，显然是不对的。对待任何一件事，总有个是非标准。教师要热爱每个学生，在建设社会主义精神文明的今天，这是具有师德的表现，绝对没错。如果只爱学习尖子，只爱有钱或者有权人家的子弟，那还办什么学校？岂不是道德沦丧？即使在资本主义国家，有道德有责任心的教师也懂得对学生要阳光普照，要爱每一个学生。当然，现在受商品经济的冲击与诱惑，有些人颠倒了是非标准，改变了价值观，不讲道德、情操。但社会的主旋律是健康的、积极的、向上的，雷锋为人民服务的精神，对同志像春天般温暖的品德、热情正哺育着一代代新人。不说其他行业，就是教育领域，从山村到城市，从年轻教师到中老年教师，对学生情深似海的事迹屡见不鲜，感人肺腑，是广大教师学习的榜样。

教师在教育实践中须努力提高自身的思想道德素养，加强师德建设，这是问题的一方面。学生这方面，也要反躬自省，寻找师生关系紧张的原因。

比如，教师训斥学生是不对的，应该循循善诱，但为什么会训斥呢？是上课不专心，还是写作业不认真？是不遵守纪律，还是什么地方有差错？在正常情况下，教师不可能无缘无故发火。冷静地换个位置想一想，具体地分析，就能找到问题的症结所在。自己身上确实存在缺点，存在不足，实事求是地对待，教师就能谅解，关系不就缓和了吗？

又如，有同学认为教师对自己不重视，甚至在某些方面奚落、挖苦，因而看到这位教师就讨厌。上课因有讨厌的情绪，课也听不进，成绩也直线下降。这就要认真分析一番了。学生有向师性，希望从教师那里得到重视、得到肯定、得到信任，这是好的，这也是教师要千百倍地爱护和引为自豪的。但学生也应懂得，一件事只需一人或几人做时，自己没选到，没轮到，就不能因此而责怪教师，以至于处处看不顺眼。班级工作有班级的全局，要满足每个同学的要求确实比较困难。作为一名学生，少想一点个人，多想全局，思想就通了，心态就平衡了。学生要尊敬老师，爱老师，老师教知识，教做人，怎能让讨厌的感情泛滥呢？有了这种情绪，听话会听走音，看问题会看走样，是要不得的。把个人好恶放到不恰当的位置，看问题就会背离事情的真实情况。就这个角度说，学生自己也要加强学习，提高修养。

爱，是处理好师生关系的润滑剂。教师出于对教育事业的忠诚，对学生要满腔热情满腔爱；学生要理解教师，经常交换想法，在感情上沟通，取得教师的帮助。

要切实管起来

云南省楚雄州南华县南华第一中学某同学来信说，由于自己身体瘦弱，常受到同班同学的欺侮、辱骂、威逼、取笑，有时真想和他们大干一场，但想到父母是老实巴交的农民，怎能增添他们的忧和愁？告诉老师吧，也许能缓解一时，但事后自己会更倒霉。由于身体瘦小，体育成绩不好，体育课上经常出丑，下不了台。恨上苍为什么不给自己一副高大强壮的躯体，除了保护自己，还能为别的弱小的同学伸张正义。痛苦万分，日子难过，呼唤解决的办法。

这位同学（嘱我不直书姓名，以免惹祸）言辞恳切，满纸泪痕，读罢令人深表同情。在20世纪90年代的今天，党和国家一再强调建设社会主义精神文明，一再强调学生要德智体全面发展，一再强调青少年求学期间的重要任务是学会做人，然而，竟有些同学对这些全然不顾，明目张胆地欺侮人，这是错误的，也是不能容忍的。

解决问题的办法首先是老师切实地把这件事管起来。欺负弱小同学是客观存在的事实，无论是报告老师，还是不报告老师，作为班主任，对学生应作深入了解，应该对这件事有所知晓。学校抓德育工作，绝非空喊口号，而是要有针对性地对学生进行教育，提高学生的思想道德素质，把德育落到实处。学生当中此类事不能看作是小事，一阵风吹过。品德上的事从小不管好，长大以后，后患无穷，更何况已经是高中阶段的学生，不是幼儿园的娃娃，应该懂得是非，懂得好歹。明欺负已不道德，暗使坏更是品质问题。"强凌弱，众暴寡"，在中国道德里是绝对不允许的。育人先育心，我们要培养的是有理想有道德的人，品德不好，即使学习成绩再好，也不可能成为有用之材。

人不可能自然成才，总要靠培养，靠教育。学生中出现这样那样的不良思想与行为，要以高度负责的态度来对待。眼开眼闭，就会助长歪风，就会使不良风气继续蚕食部分学生的心灵；正视问题，严加教育，就能防微杜渐，真正塑造学生优美的心灵。教师对是非、正误的区别，要清如水、明如镜。教师要代表正义，保护弱者，批评及严厉制止野蛮的不文明行为。对已形成欺人恶习的学生更要严加教育，在思想上晓之以理，在行为上加以纠正。对这些学生来说，也许放纵惯了，很不习惯，那就得有点强制的措施。认识逐步提高，行为逐步纠正，就会懂得要尊重别人，懂得要自我约束。

班级的团支部和班干部也应该管起来。团组织是青年中的先进组织，理应弘扬正气，抵制歪风。生活在班级之中，同学之间的事当然了解得一清二楚。提倡什么，反对什么，弘扬什么，抵制什么，来不得半点含糊。学生世界就如小社会、准社会，学习、工作、生活，会发生这样那样的矛盾，正确的思想行为和错误的思想行为会碰撞，有志的高中生应自觉而认真地从中获得锻炼，提高认识事物、认识人际关系、认识人生的能力，提高分析问题、解决问题的能力。学生中发生这样那样的问题，要学会关心人、尊重人，学会谈心，交朋友，做思想工作，如果不闻不问，不仅对工作没有尽到责任，而且也失去了极好的锻炼机会。如果自己不分是非，也去欺侮弱小同学，那就更错误，应反省，应改正。一所学校应该有优良的校风，一个班级应该有良好的班风。团支部干部、班干部、共青团员应该在创建良好班风中起带头作用、表率作用，对班级里出现的不良风气、不良行为要认认真真管起来。

这位同学自己也应从怯懦与痛苦中拔出来。任何一件事都有是非标准，别人欺侮你，你应该劝阻、应该说理、应该抗争。逆来顺受，只会助长歪风；大干一场，最终并不解决问题。首先，自己要扫除自卑，理直气壮地和同班同学平起平坐。长相、身材、体重不是素质优劣、才能高低的决定因素。决定因素是自己奋发努力，有良好的思想道德、扎实的科学文化基础。有高尚品德和卓越才能的人最有力量。《晏子使楚》是众所周知的故事，矮小的晏子以他出众的才能与机智制服了刁难侮辱他的人。再说，身体瘦弱也不是完全不能改变。中学时期正是长身体的时期，只要下决心坚持锻炼，完全可能健壮起来。经实践检验，只要有毅力就能获得成效。

　　老师管起来，班级干部管起来，自己再据理力争，这种欺侮人的不文明不道德的现象必将得到遏制。

二、意志

振奋精神往前走

河南省西平县高级中学陈智勇同学来信说,原本自己成绩还比较好,没有想到升学考试时,老天不睁眼,让自己生了一场重病,发着40℃的高烧进考场,昏昏沉沉,考得一塌糊涂,败下阵来。因此,越想越气,总和自己怄气。突如其来的不幸压得自己提起笔就落泪,无法排遣心中的抑郁。

读了沾满泪水的信,看了寄来的坐在铁轨旁的照片,我深深体会到这位同学内心的痛苦与不平静。就信中所提的问题我谈一点看法,相信这位同学以及与他有类似情况的同学能解开捆着自己的无形绳索,勇敢地面对现实,振奋精神往前走。

人吃五谷,没有不生病的。一辈子不生病的人大概是极其罕见的。某个人什么时候生什么病,事先是没有谁下通知告诉你的。这一点想明白,心里就不必怨天怨人怨自己,就坦然得多了。遗憾的是病生得不是时候,早生或晚生影响可能都没有现在这么大。然而,世界上很多事都是由不得自己的,只要不是自己故意糟蹋健康,你就没法子和病菌约时间,它什么时候肆虐,你也就只好什么时候忍受、对付,从而战胜它。因而,从这一点来说,也不必怨自己,和自己怄气。

碰到一点突如其来的不愉快的乃至不幸的事就钻入忧郁的浓雾中,窒息得透不过气来,除了折磨自己、消磨志气外,有百害而无一利。人世间不如意事十之八九,幸运之神不可能总是跟着你伴着你。

道理很简单，万事万物总有它自身发展、变化的规律，要认识它，循规律而动，是极其不容易的。人的认识往往落后于客观实际，于是产生矛盾，如果不去找或者找不到正确的原因，自己就会不愉快，就会觉得不如意。更何况有些事是难以抗拒的乃至不可抗拒的。比如三五挚友约定节假日赴某地观胜景，偏偏狂风大作，飞沙走石，大煞风景。怎么办？两种态度：一是怨天尤人，兴趣全无；二是豁达大度，笑对现实，把握难得的机遇，观狂飙中的胜景，增长见识。

我们提倡后者。尤其是年轻人，要经得起生活的磨炼。病，是不如意的事，但不能因此而被压垮。重要的是面对现实，从中锻炼坚强的意志，培养克服困难的毅力。这不是说风凉话，我自己就有实实在在的体会。年轻时我生过多种重病，特别是胃溃疡和肝炎。前者的疼痛使我教课时汗珠如豆，甚至晕倒在地；后者严重时呼吸都困难，被隔离在医院。然而，我没有被病吓倒。我领悟到人活着就要和困难做斗争，在信念上、气势上都要压倒困难，对病也是一样。战略上藐视，战术上重视，就能战胜疾病。平时工作极忙，趁生病就抓紧机会读书，充实自己。病治愈，身体健康了，精神上也丰富了，生命就更旺盛。

希望陈智勇同学把脆弱的感情磨炼得坚强起来，笑迎病后的生活，听班主任"不必和自己怄气"的忠告，振奋精神，以饱满的热情、充沛的精力继续投入到学习中去。

灵魂岂能退却

四川省开江中学高三（5）班郝高峰同学来信说，由于自己从小学起就偏科，见到数学就厌倦，读高中后，尽管数理化学习花了力气，但仍然学得不好。与此同时，语文成绩也不理想了，盼望自己能具有通天的本领，能够随心所欲地处理好一切事情，也就是说，为社会效劳，为家庭、个人争光。然而，理想与现实差得太远。想到这些，灵魂都在退却，希望能得到拯救。

郝高峰同学的信写得很流畅，字也漂亮，说明语文学得比较努力，而且有一定的成效。仅从这一点来说，就不必自怨自艾，把自己看得一无是处。年轻人生活的主旋律应该是积极进取，奋勇向前。学习上并无平坦大道，也不可能永远一帆风顺，对此没有充分的认识，没有充分的思想准备，碰到困难就会手忙脚乱，乱了方寸，就想退却。退却，就意味着在困难面前败下阵来，丧失了信心与勇气，这是不可取的。

年轻人须一鼓作气地前进，而要做到一鼓作气地前进，信心必不可少。信心不可能自天而降，它首先来自对自己实事求是的评价。一会儿高上天，一会儿低入地，都不是尊重事实的态度。俗话说"人贵有自知之明"，要学会清醒地认识自己，认识长处是什么，短处是什么，不断地扬长补短。语文学得比较好，这是长处，但不能因数理化学得不大好，把语文的学习成果也一笔抹杀。再说，对数理化学习情况也要具体分析，从"厌倦"到"花气力学"，这是很大的转变，很大的进步，认识到学这些学科的重要，理性战胜了感情。哪些章节学得比较好，哪些学得不清晰、不巩固，均须具体剖析。笼而统之，大而化之，以"不好"一言以蔽之，不仅与事实不符，而且有损于自信。有多方面的爱好，爱好体育运动，爱好讲演，这也是长处。这些都是继续进步的基础,如果从思想上把这些基础都铲掉,剩下一个"零",当然就会丧失自信力。对自己的不足、缺陷有足够的认识,并从中吸取教训,也是一种财富。青少年打科学文化素质基础的时候,应该努力学好各门课程,过早地偏科,对掌握基本的文化知识很不利,特别是生活在现代社会,对数理化方面的知识一无所知,将来干什么工作都会有很大的欠缺。从中如果领悟到思考问题应力求全面,不能任凭兴趣和感情,那就向成熟迈进了一步。

不偏科不等于不可以有个人的兴趣爱好。爱好文学,爱好阅读名篇佳作,想成为一名作家,用神奇的笔纵横捭阖,反映社会,描写人生,这种志趣不仅无可非议,而且值得鼓励与赞扬。人各具个性,有些人擅长形象思维,有些人喜爱逻辑推理,只要发挥各自特点,都有可能学有专长,获得成功。

问题还出在对"理想"的描绘。年轻人当然要树立追求的目标,要立志为国家做贡献。要实现理想,须执着追求,一步一个脚印。如果把理想看成为"具有通天的本领",看成为"能随心所欲地处理好一切事情",那就走了线,离了谱,变成不切实际的空想,虚无缥缈的幻想。人当然要有本领,工人有工人的本领,农民有农民的本领,教师有教师的本领,这种本领是脚踏实地干出来的,是不断学习悟出来的、积累起来的。这种本领要符合客观实际,对别人切切实实有好处,而不是凭自己的随心所欲。比如数学老师教某个数学公式,学生听起来一清如水,被严密的逻辑推理所折服,这就是本领。这种本领绝不是"通天",而是建立在为学生着想、把学生教懂教会的基础上的。我们所应该具有的就是这种实实在在的本领。

"随心所欲"不可能做好一切事情。一个人的认识有限、视野有限、能力有限、本领有限,要做好一切事情是不可能的。人毕竟是人,不是天兵天将,想怎样就怎样,天兵天将是神话中的人物,又怎能和他们比呢?再说,人的认识往往落后于客观实际,凭自己的主观想象做事几乎没有不碰壁、不摔跤的。不能凡事以自己的"随心所欲"为准绳为标尺,准绳错了,标尺不对,当然主观与客观碰撞,烦恼就接踵而至。

信心也好,理想也好,都要脚踏实地思考问题,分析问题,并进而解决问题。天马行空,不切实际地幻想,不仅无补于事,而且导致思想上的恍惚。

力量来自脚下,振奋精神,树立信心,灵魂绝不会退却。

千磨万击还坚劲

山东省定陶二中高一（4）班马丽同学和上海市浦东新区民力中学张蕾同学来信都说到，自己碰到事情不敢大胆地做；必须要说的话，不得不硬着头皮，涨红着脸说；可以不说的，绝不多说一句。马丽同学还说由于身体差，经常打针吃药，被别人误解为是娇气，心情不舒畅，更是胆小怕事。她们明知不对，又害怕这个坏毛病改不了，很是苦恼，请教解脱的好办法。

年轻人应该朝气蓬勃，积极向上，敢说敢为，如果遇事都畏首畏尾，谨小慎微，性格就会被扭曲，就不可能健康成长。清朝郑板桥写了不少咏竹的诗，其中有两句很值得这两位同学咀嚼体会，这就是："千磨万击还坚劲，任尔东西南北风。"竹子神韵风骨超凡脱俗，被历代士大夫誉为君子。今日我们以竹为鉴，并不是要褒奖它的超脱尘世，而是要学习它那坚韧不拔的精神。竹子生命力极其旺盛，沐浴春风春雨，节节拔高，青枝绿叶，装点江山。风狂雨骤，电闪雷鸣，全然不怕。"任尔东西南北风"，把笑迎困难、克服困难的坚韧劲儿和乐观主义精神刻画得淋漓尽致。

人不是竹子，但精神应该相似。在人生旅途中，各种各样的矛盾是客观存在的，躲，躲不了，逃，逃不掉，只有面对现实，在生活中磨炼，懂得人生，学习本领，认清并学会妥善处理多种多样的矛盾。对这个问题，邹韬奋先生有一段十分精彩的话，他说："我们必须以现实做出发点，我们既不能像孙行者的摇身一变，脱离这个现实的世界，翻个筋斗到天空里去，那么我们只有向前干的一个态度，只有排除万难向前奋斗的一个态度。"

在学生生涯中，遇到的困难应该说还不是很复杂的，不外乎是求知的障碍、同学之间的关系，师生之间的关系和家庭之中与父母的关系的小矛盾而已。要解决好,可以说又难又不难。如果自己心胸狭窄,遇到芝麻大小的事都瞻前顾后,犹豫不决,树叶子掉下来都怕砸破脑袋,那就没有力量也没有智慧排除种种困难。要从根本上改掉胆小怕事的毛病,当然会难而又难。

  正确的态度首先是以犀利的刀刃剖析胆小怕事的原因。原因也许有十条八条,但归根结底是离不开"我"字。"我"说了,会得罪他吗?"我"做了,他会不高兴吗?会带给我不良的后果吗?……总而言之,我,我,我,"我"考虑得太多,必然会觉得手脚被捆住,施展不开,必然会觉得嘴被封住,欲言又止。治这种毛病的良药是:缩小"我"字,淡化"我"字。如果一事当前,从"我"出发,必然感到路上满是荆棘,满是沟沟坎坎,自己思想紧张,自己吓唬自己,那就活得太累了。

  世界还是美好的,绝大多数的人都是与人为善的,更不用说老师、同学和家长了。家长和老师希望的,是年轻学生能够成才,不仅是天资好的,学业成绩优异的,就是智力平平的,学习上暂时还有不少困难的,又何尝不对其倾注心血,寄予厚望?青少年学生是个"变数",可塑性很强,只要坚持不懈地努力,一旦开了窍,就会突飞猛进。有些著名科学家做学生时并不都是 100 分的优等生。看问题要用辩证的观点,如果某一位老师目前对你还不够深入了解,也没有什么了不起。对人要有正确的深切的了解,需要相当的时间,需要在相互交往中增进理解,从自己来说,要敢于袒露自己的看法,如果把自己包装起来,裹得严严实实,时间再长,别人也难以完整地了解你。

  与同学相处,这样那样的小矛盾是避免不了的。对事情的看法不可能完全一致,对工作的做法也会各有各的想法,各有各的角度,只要能把工作做好,完成任务,对班级集体有利,对广大同学有益,就应放开手、大胆去干。碰到不同的意见可以交换,可以解释,只要以工作为重,以集体为重,就是暂时被误解,随着实践的验证,也会冰雪消融的。

  对这个问题提高了认识,积极主动地去做,胆小怕事的毛病就会逐步离你而去。

在生存中求发展

江苏省泰兴市南沙楼高级中学朱小勤同学、陕西省蓝田县某中学马军伟同学来信说，自己是农村来的学生，经济比较拮据，与市里县里同学比，潇洒不起来。特别是想到乱七八糟的三间破柴房，就无法安心学习。由于经济条件差，因而产生了辍学的想法，"流自己的汗，吃自己的饭"，摆脱困境。但前思后想，又不甘心，苦恼万分。

在高中求学的学生中，家庭经济条件有差异乃至比较悬殊，是客观存在，不承认或者如来信中所说"努力避开不想"是不现实的，关键不在躲、逃，不在终日苦恼，而在于如何认识，如何正确对待。

任何人都无法选择家庭。我们国家人口众多，尽管这些年来经济的发展令世人瞩目，但毕竟底子薄，各个地方由于自然条件、人力资源、文化背景的不同，经济发展有很大差异，特别是偏远的农村，要彻底改变贫穷落后的面貌，需要有志之士带领农民艰苦奋斗，创造幸福。

三间破柴屋的家境确实清贫，令人同情。然而，既然出生在这个家庭，就应该对它有挚爱深情。破柴屋是过去历史所形成的，不能怨它恨它，而是要通过自身的努力，艰苦奋斗，改变它的面貌。首先，须深深体会到在十分清寒的情况下，父母供子女读书，别说经济上的重负，那种殷切的期望、浓厚的亲情真可说是千船载不尽，万船装不完。送子女求学，宁可自己节衣缩食，宁可自己温饱不周全，这是一种奉献精神，一种求生存、求发展的顽强不屈的精神。治穷先要治愚，在极其艰难的条件下，送子女求学，是要求子女读书明理，读书学本领，是撒播改变家庭、改变家乡面貌的希望的种子。对这一点认识得愈深入，体会得愈真切，就会千百倍地珍惜这来之不易的求学机会，就会意识到这是一种责任，必须排除万难，千方百计地完成学习任务。

生存是重要的，是第一位的，人活着总要吃饭、穿衣。但怎样生存，大有讲究。作为一名高中学生，一定的生活条件、学习条件必不可少，而贪图安逸，追求舒适，羡慕潇洒，在用钱时挥洒无度，不仅大可不必，而且应有所警惕。人不能沉湎于物质的欲望之中，过度的物质欲望貌似载舟，其结果往往逃脱不了覆舟的命运。对这个问题大学问家爱因斯坦作了精辟的论述。他说："不管时代的潮流和社会的风尚怎样，人总可以凭着自己高贵的品质，超脱时代和社会，走自己正确的道路。"现在，大家都为了电冰箱、汽车、房子而奔波、追逐、竞争。这是我们这个时代的特征。但是也还有不少人，他们不追求这些物质的东西，他们追求理想和真理，得到了内心的自由和安宁。爱因斯坦所处的时代、所处的社会与我们不一样，但他强调的追求理想和真理、超脱世俗风尚、走正确的路的生存标尺，对我们，尤其对青年学生有深深的教益。

对青年学生来说，家境贫寒是一种考验，而且是比较严峻的考验，因为生活中的衣食住行的小事天天发生在自己身边，没有坚定的认识，坚强的意志，就会经不起诱惑而动心。要做到拒绝诱惑，一是主动迎接挑战，"理想""志气"是自己的主心骨。"天将降大任于是人也，必先苦其心志，劳其筋骨，饿其体肤……"，立志成为祖国建设的栋梁之材，就能超越自我，不以为苦。二是百折不挠求发展。种子不落在肥土而落在瓦砾中，有生命力的种子绝不会悲观和叹气，因为有了阻力才有磨炼。在清贫的环境中不仅要学会生活得坦然、愉快，而且要充分利用珍贵的学习机会刻苦攻读，掌握知识，求得发展。21世纪的建设者需要扎实的基础、丰富的知识、真实的本领。求知是立身之本，是发展事业之本，因而，再艰难困苦也不能轻易放过学习的机会。在这方面，许多伟人、许多有志者给我们做出榜样。大音乐家贝多芬就是与命运抗争的典范，"我要扼住命运的咽喉，它绝不能使我完全屈服"。穷而求学志不移，穷而求发展的志弥坚，就能从精神上走出困境，学习上出成绩。再说，在我们国家帮困助学的风气正在形成，对经济上有困难的学生，学校、同窗、教师、社会是会伸出援助之手的。

　　成功属于坚忍者，祝愿这些同学在艰苦环境中修炼，日后获得长足的发展。

化"厌烦"为"热爱"

四川省射洪县金华中学高二年级逸潇同学来信说,他的一位同学因未考取高中而十分消极,原来活泼开朗的性格变成沉默寡言,多愁善感。这位同学虽已找到一份工作做,但仍然不能自拔,厌烦生活,厌烦别人,看到那些矫揉造作的女人,更是厌死了,厌透了。同学们劝解他,安慰他,依然无效果。来信请求帮助,希望能使他重新鼓起生活的风帆。

逸潇同学提出了一个较有普遍意义的问题。一名青年学生在求学生涯中是要经受中考乃至高考的考验,幸运者通过了,相当数量的同学由于种种原因,落榜了。特别是高考这个关口,淘汰率很高。这并不是说未进入高中和大学的同学不是好同学。由于教育事业受经济实力的制约,高中阶段、大学阶段的教育规模必须适应经济发展的要求。在绝大部分地区,初中毕业生不可能全部升入高中,高中毕业生更不可能悉数升入高校。从总体上认识这个问题,即使升学考试不顺利,落了榜,心态也不会完全失去平衡,陷入忧愁迷茫之中。

升学考试是选拔性考试,当然要择优录取。然而,也须看到,任何一份有水平的试卷都难以衡量出一名学生的整体素质;加上考试临场的种种因素,考学校的偶然性也就不可避免。这一点想清楚,也可促使心态的平衡。

要经受住升学考试失败的考验,首先是学会对待生活中的挫折。生活道路上不都是铺满了蜜糖,不都是一帆风顺、鸟语花香。吃饭不小心还会噎住,更不用说学习求知了。希望深造的愿望是美好的,但愿望不可能都实现。须知,心想事成只是一种良好的祝愿。事实与愿望相悖,自己应该有承受力。人不是玻璃制品,一碰就碎;应该积极磨炼意志,和娇气、和脆弱斗争。雷锋曾经说过:"不经风雨,长不成大树；不受百炼，难以成钢。迎着困难前进，这也是我们革命青年成长的必经之路。"确实如此，一个青年要成长为祖国的有用人才，就要笑迎挫折，勇迎困难，坚强地向前迈步。在这方面，野草精神值得提倡。夏衍在《野草》一文中赞颂说："如果不落在肥土中而落在瓦砾中，有生命力的种子绝不会悲观、叹气，它相信有了阻力才有磨炼。"

"厌烦"的心情正是向挫折低头的反映。不顺心、不如意，看到别人就厌烦，连生活也厌烦，实际上是思想混乱、迁怒于别人的表现。没有顺利闯过升学关，有客观原因，也有自己主观上的原因，须冷静分析，认真地梳理思想，看清自己不足之处。怨天尤人于事无补，妨碍自己的进步。至于厌恶矫揉造作的女人，那是另一回事，与厌恶生活不能搅和在一起。

正确的态度应该是化"厌烦"为"热爱"。青春就是财富，热爱生活、热爱人生的人才拥有青春。青春年少之时，生命力旺盛，耳聪目明，思维敏捷，接受新信息、新事物特别灵敏，这些优势要能充分发挥，热爱生活、热爱人生是必备基础。人生不是一支短短的蜡烛，燃烧瞬间就熄灭，而是一把高举的火炬，年轻人要立志把它燃得光明灿烂，然后一代一代往下传。我们祖国的事业正在蓬勃发展，蒸蒸日上，只要放眼观看，就会被各行各业的巨大成就所感动，不仅是物质方面，精神文明方面高尚的思想、奋斗的精神闪闪发光，更是催人奋进。年轻人正是步入人生的开始，要把自己融入祖国建设事业之中，学习前辈经验，从时代中吸取丰富养料，跟随着时代共同前进。

人生有意义有价值，生活不会亏待奋发努力的人。继续升入高一级学校是成才之路，步入工作岗位兢兢业业、锲而不舍，同样是成才之路。知识的大门从不向勤奋的有志青年关闭，在工作岗位上利用业余时间学习，成为栋梁之材的大有人在。

生活的风帆靠自己升起，升起的内驱动力是对人生有正确的看法，是认识到自己对社会肩负的责任。相信这些同学经过一段时间身心的调整，能与"厌烦"绝缘，能扫除忧伤，欢乐地工作，创造美好的生活。

切不可妄自菲薄

四川省德阳市东方电机厂子弟中学高二学生唐艳玲来信说，自进了高中以后，成绩一直下降，开始还信心十足，满怀希望，渐渐地内心感到恐慌，觉得自己越来越笨，正如别人所说："女生上高中就不行了，这是惯例。"因此，感到前途渺茫，十分苦恼。

成绩下降可能是事实，但据此得出女生上了高中就不行的结论，未免有点儿武断。高中的课程与初中相比，内容大大加深，难度大大提高，涉及的方方面面知识增多，要求学生思维的广度、深度也不一样了。尽管高中学科与初中学科有连贯性、衔接性，但毕竟不在同一个数量级上，学起来当然要困难得多，要付出更为艰辛的劳动。认识这一点，尊重客观事实，有利于树立信心。

首先在思想上要破除"惯例"的束缚。所谓惯例，有它的形成缘由。2000多年的封建社会，百年来的半封建半殖民地社会，男女不平等，女子在政治上、经济上、文化教育上的权利除少数人外，几乎都被剥夺，许多女子的智慧、才华被扼杀于摇篮之中，因此，久而久之就形成女子脑子笨的错误概念。其实，即使在那种极不平等的社会里，才女也不乏其人，曹大家（gū）、蔡文姬、薛涛、李清照等就名亘古今。而今，中华人民共和国成立已40多年，男女真正平等，女子求学、就业、从事各项工作享有与男子同等的权利，因此，"惯例说"已没有社会基础，历史形成的错误概念应随着历史的进程付之东流。一般地说，除了弱智之外，人的智商没有悬殊的差别，越是动脑筋学，智力开发的情况就越好。最近评选的全国妇女中的"十杰"，在不同的岗位上做出杰出的贡献，就雄辩地告诉我们：妇女聪明得很，只要有志气，丝毫不比男子逊色。

其次要认真分析成绩下降的原因。打仗也没有常胜将军。学科考试当然不可能次次名列前茅。考试失手，有时确实是对应掌握的知识未正确理解；有时是慌场，一慌，脑子里出现空白，会解的题也束手无策了；有时是身体不好或有突发事件，总而言之，原因是多方面的。如果不作认真的实事求是的分析，就随便加个"笨"的帽子是有害无益的。

如果对某些学科应掌握的内容未能掌握，那也应寻找原因。比如，是否上课不专心，一心以为鸿鹄将至；或者是懒于思考，未积极开动脑筋钻研；也许是羞于提问，碰到疑难不好意思向老师请教、与同学讨论，以致障碍越来越多，解开的难度越来越大；也可能只抱着训练题做，接触书报杂志少，思路打不开。总之，要对自己学习情况做一番调查研究，只有情况摸得一清二楚，才能找到良策。

最后是树立信心，迎难而上。高中课程与初中相比，是有一定的难度，但绝不是高不可攀。只要想学习、爱学习，舍得花功夫，方法又科学，难关就会一个一个被攻克。年轻人要有勇气，要有锐气，学习上遇到一点困难就觉得"前途渺茫"是软弱、脆弱的表现。钢是在高温中冶炼出来的，有志青年是在与困难的较量中成长的。思想上不妄自菲薄，振奋精神，寻找克服困难的途径与方法，勤奋刻苦，学习质量必能有明显的提高。

我，等待着这些要求上进的高中女学生的好消息。

失落与奋起

内蒙古乌盟旗下营中学赵红亮同学和安徽省安庆市第一中学鲁明珠同学来信说,由于学习任务繁重,竞争非常激烈,在风浪中落后了,而且一落千丈,找不到原来的自己。"春风得意"已成了过去,为此十分苦恼,有时连信心也消失了。

学习从来不可能一帆风顺,总会碰到这样那样的困难。不费吹灰之力就能学好各门功课,只是不切实际的幻想。随着年龄的增长,年级的升高,学业的难度也就日益加深,要理解、要掌握、要把学到的有些知识转化为能力,须专心致志,刻苦钻研。一碰到困难就退缩,就有失落感,对进步极为不利。其实,在学习成绩优秀、自我感觉良好、"春风得意"之时,已孕育着日后不愉快的因素。因为成绩好并不能完全说明对知识都理解得正确、透彻,应具备的能力都游刃有余。须懂得,任何一张考卷都不可能考出学生某学科学习的全面水平。对这一点缺乏清醒的认识,就会盲目地自满起来。"满"字当头,必然看不到自己的不足,学习上的弱点在哪里,缺陷在哪里,不了解,不自知,等到学习一落千丈,失落、茫然在所难免。

今日的情况是昨日的发展,醉心于过去的美景并不能促成明日的辉煌。重要的是正视现在,从失落中奋起。

首先要对自己的学习状况进行一番深入细致的调查研究,毛病找准了,有的放矢地诊治,学习就会大大改进。是态度问题,学习不够认真,还是方法问题,学得不得法?是某学科某根知识链中哪几环未弄懂,断裂了,还是脑子里如马蹄杂沓,学过的知识未梳理出头绪?是只注意死记硬背,而忽视举一反三,还是学在表层,浮光掠影,不注意深入思考、记忆储存?认真地自我调查,自我了解,既看到长处,又看到不足,扬长而避短,长善而救失,就能掌握学习的主动权。

其次是树立信心，奋起直追。一碰就倒，一难就趴下，是缺乏意志力的表现。许多发明家有所发明有所创造，无不经历过了很多次的失败，很多次的挫折。例如王林鹤试制高压电桥就经过 300 多次的失败。他们为事业发展而奋起的精神和不屈不挠的决心，是我们青年学生学习的楷模。学习成绩下降，来自家长的压力，来自老师和同学的压力，看起来不愉快，但只要正确对待，理解他们的苦心、好心，催促你奋起直追，你就会变压力为动力，驱使自己奋然而前行。

年轻人要有这样的气概："我能行！"顺利时充满自信，遇到困难遇到挫折时更要信心百倍。"行"是从无数次"不行"中总结经验教训取得的。希望这两位同学变"失落"为"奋起"，振奋精神，努力学习，力争上游。

事在人为

山西省盂县二中高二年级一位同学来信说（嘱我保密，故不写姓名），由于中考的失利，没能考进重点中学，进了"二类学校"，从此觉得前途暗淡，别说在亲友中，就是在家里也抬不起头来。生活如入迷津，走不出来，心情抑郁，学习效果不佳，请求帮助。

这位同学应懂得，径直的大道并不多，曲折、拐弯倒常见。生活道路也是如此，永远一帆风顺不大可能。考学校，既有真本领，也有机遇。任何一张考卷都考不出考生的全部水平。考学校，总是有两种可能，被录取或不被录取。缺乏必要而足够的思想准备，一旦失利，心理上就难以承受。时过境迁，过去的事已经过去，不必还背包袱。

首先要弄明白：重点中学在整个中学中是极少数，所占的比例很小，不可能每个初中毕业生都进重点中学。如果都进重点中学，还分什么重点与一般呢？所谓重点，就是在我们教育投资有限，财力、物力、人力有限的条件下，集中力量先办好一些学校。这绝不意味一般学校不是学校，不要提高教育质量，进一般学校的学生就低人一等。说抬不起头，那完全是自己的错觉。

所谓"二类学校"，也就是大面积的一般学校。一般学校中也有些很有教育思想的，能够认真贯彻国家的教育方针，使学生德智体都得到发展。一般学校中有些由于学校领导和教师的努力，从学生的实际情况出发，把学校办出了特色，比如科技方面特色、艺术方面特色、体育方面特色等，不少学生个性获得发展，毕业后步入社会，对社会做贡献。一般学校同样有不少好教师，对学生尽心尽力，忠于职守，努力倾注心血，把学生培育成才。

社会由各行各业的人组成，接受大学教育只是其中的一条路，更何况现在有成人教育，即使没考上大学，走上工作岗位，同样可以业余进修、学习。从这一点来说,心态完全不必不平衡。当然,在一般学校就读,不一定考不取大学。冷静下来思考,社会上事业办得火红的人,有高学历的,但更多的不见得有高学历,不过,他们注意学习,适应社会的能力强,有本领。许多一般学校的毕业生走上工作岗位后,艰苦奋斗,积极进取,做出了很大成绩,赢得了社会的尊重。

事在人为。能不能成为社会上有用的人,能不能成才,关键在自己。学校毕竟是外部条件,条件再好,自己不努力,也是枉然;学校即使不太理想,只要自己发奋,孜孜以求,同样能取得成绩,获得成功。因此,唯条件论的想法不可取。

要从迷津中走出来,主要靠自己。要甩掉困扰自己的包袱,放眼看学校,昂首挺胸理直气壮做学生。学校必然有关心你、爱护你、教育你的老师,有与你和睦相处的同学,拆除了和他们隔开的心理上的栅栏,你就会觉得他们可亲可敬可爱,你会从他们那儿得到许多帮助,使你心底开阔,心底坦然。

要振奋精神,勇往直前。精神不振作,无论如何学不好,正如来信中所说,要背诵外文,看来容易,就是记不住,要想写篇好作文,但笔就是不听话,脑子似乎塞住。中国有句俗话:大丈夫拿得起,放得下。遇事最怕黏糊,没完没了地缠在上面。人总是要向前看,不能因为摔了一跤,就趴在地上不起来,或者站起来在原地兜圈子不往前走了。正确的态度是爬起来,抖擞精神继续往前走。年轻人更是应该爽爽朗朗,富有朝气,富有锐气。考试失利对自己来说,是一种锻炼,是一种考验,跨越过去,意志、性格就得到熔铸。

要认真总结经验教训。过去学的各门功课薄弱环节在何处,仔细查一查,找一找,抓紧时间补一补。在初中学的时候,可能比较模糊,高中阶段学得比较深了,回过头去看,居高临下,看得就比较清楚,补起来也比较容易。新学的各门课力求弄懂,凡弄不明白的问题要及时向老师请教,或与同学切磋。问题积压、成了堆,再去攻克,费劲费时,得不偿失。

学习中有几点特别要注意。一是开动脑筋,发现问题。疑是学之始,无论学哪门功课,不动脑筋,提不出问题,依葫芦画瓢,就学得肤浅，印象不深，难以深刻理解，牢固掌握。二是要善于梳理学过的知识。当知识如一盘散沙，撒在脑子里，对知识的内在联系就不可能掌握，运用它们分析问题、解决问题更谈不上。梳理学过的各门知识，连点成线，探讨内在规律，不仅便于记忆，运用能力可大大加强。三是改进学习方法，该记忆的记忆，该理解的理解，死记硬背不行，但不注意背诵、积累也学不好。把自己学习各门功课的学习方法排列一下，行之有效地坚持用，不理想的、效果不佳的加以改进，提高学习效率。总之，学习要自觉、自控，千万不能脚踏西瓜皮，滑到哪里算哪里。

只要轻装上阵，聚精会神学，前途一片光明。

成功属于坚忍者

山东省淄博市第五中学高二颜璐璐同学、河南省兰考县第六高中高二孙艳丽同学来信说，原来学习成绩比较好，颜璐璐同学曾考进省重点中学的奥林匹克班，是"尖子学生"，可是由于心理负担沉重，考试经常失利，成绩不断下降，似处在茫茫沙漠中，成功不知在何方。孙艳丽同学说，整日感到压抑，自卑自叹的因子占据了自己的心，学习上失去了自信与自强，寻求摆脱困境的途径。

俗话说，胜败乃兵家常事。古往今来，常胜将军毕竟是凤毛麟角，失败并不要紧，重要的是打败仗以后能及时总结经验教训，振奋精神继续战斗。学习是艰苦的脑力劳动，特别是学到高中阶段，课程门类多，内容有一定的难度，要想一学就掌握，什么困难都没有，是不可能的。为什么碰到困难，考试上受到挫折就会自卑自叹呢？我觉得这里既有认识上的原因，又有性格上的弱点，在这两个方面有所提高，有所锻炼，必能走出困境。

年轻人看问题容易简单化，把学习往往看成做习题与考试的堆积，特别是成绩较好的同学，考好了，认为是学习的成功，考得不理想，就认为学习不行了，进入低谷，进入绝境。其实，学习与做习题，学习与考试，当中都不能画等号。任何一道练习题，任何一张考卷，即使质量再高，也不能反映学习的全部。学习的内涵十分丰富，除了掌握知识的数量多少与牢固程度外，更为重要的是要学会求知的本领。不仅要学会，而且要会学，学习思想、学习方法、学习态度都须斟酌，不可马虎。再说，求知也只是学习的一个方面，健体、审美等也是学习的重要方面，而归根结底是要学习做人。基于上述认识，就不能因考试一时失利而下学习不好的结论，更不能用失败的绳索把自己箍起来，如入茫茫沙漠，找不到前进的方向。

认识提高，并不能解决问题的全部。学习成绩下降情况应引起重视，冷静下来寻找原因，以正确的态度来对待。分析原因须具体，是属于知识链中哪一环或哪几环薄弱了乃至断裂了，那就抓紧时间补上；如果是平时操练得比较机械，不能举一反三，触类旁通，那就在锻炼思维上下功夫，多比较，勤剖析；如果是学习方法不得法，那就加以改进；如果是学习态度粗疏，那就细致起来。总而言之，原因明，困难才能迎刃而解。原因不明，只自卑自叹，对进步有百害而无一利。

英国哲学家培根曾经说过："灰心生失望，失望生动摇，动摇生失败。"要摆脱困境，就得治一治灰心。失败从来紧紧追随灰心丧气、精神不振的人，而成功从来属于坚韧不拔的强者。如何对待困难，数学家华罗庚曾经说过一段十分令人深思的话："'难'也是如此，面对悬崖峭壁，一百年也看不出一条缝来，但用斧凿，能进一寸进一寸，得进一尺进一尺，不断积累，飞跃必来，突破随之。"对待困难就是需要这种斧凿精神，这种顽强的坚持不懈的斧凿精神。有了这种精神，就能创造奇迹。亚特兰大奥运会上，运动员王义夫在气手枪决赛中的表现，令人感动，令人自豪。这位中国射击名将仅以0.1环输给对手，在夺金牌之战中，他是失败者。然而正如中国体育代表团团长伍绍祖所说："不是金牌，胜似金牌！"王义夫因病是坐在轮椅上上飞机的。决赛时前9发打完，他以3.8环的优势领先于第2名。可是打最后一发时，天旋地转，眼前一片漆黑，看不清靶子。他凭感觉和习惯动作扣动扳机，射出最后一颗子弹，休克在射击场上。这是何等的毅力？何等的铁骨？不是豪气过人，不是刚强百倍，这最后一发子弹是出不了枪膛的。从夺金牌来说，是失败者，却是伟大的失败者。最后一发子弹是意志在闪光，是人的身体极限的超常发挥，这种精神是难以用金钱衡量的财富，是排除万难取得新胜利的无价之宝。

学习不是体育竞赛，但道理相通。须知：难关是一个个闯的，堡垒是一座一座攻克的，思想上千万不能败下阵来。战胜思想上的动摇，奋发向前，坚韧不拔，成功就向你招手。

梦的编织与实现

内蒙古自治区集宁一中高（136）班的范雯娟同学来信说，自己在花团锦簇中长大，编织着美丽动人的七彩梦，曾经感慨于人生的美妙，陶醉其中。然而，进高中后，诸多的羁绊接踵而来，学习的沉重压力压得透不过气，学习上不甘落后，然而落后了。梦不是美丽而是忧伤，怀疑未来还能绚烂吗，感到无助与迷茫。

从信上看，范雯娟同学是在蜜糖里长大的，路走得顺利，走得欢乐，如今碰到了一点沟坎，彷徨了，忧郁了，迷茫了，希望能从我这儿得到慰藉。

每个寄希望于未来的青少年都会编织许许多多美丽的梦，但须弄清楚什么是梦，要编织怎样的梦。这里所说的"梦"，不是指睡眠中出现的生理现象，而是指幻想、理想。年轻人，生命蓬勃向上，对未来充满憧憬，对社会、对人生有许多奇特的幻想，哪怕是读一篇人物传记，读一本小说，也似乎是与书中的人物交往、接触，似乎是自己亲临前线，率领数万大军浴血奋战。这是年轻人的可爱之处，可贵之处。年轻人，人生起步时，应该编织生活的梦，树立生活的理想。列夫·托尔斯泰说得好："理想是指路明灯。没有理想，就没有坚定的方向；没有方向，就没有生活。"

年轻人编织生活的梦最为重要的是冲破个人小天地。以个人为圆心，以名与利为半径，编出来的梦似乎是美丽的，令人兴奋的，使人动心的，但是，由于没有放在社会大众的范畴里考虑，没有放在振兴中华建设祖国的大背景下考虑，这种梦缺乏扎实的根基，往往会飘浮、变幻，碰到挫折就破灭。编织生活的梦，树立人生的理想，要和事业的发展、祖国的昌盛、人类的进步紧密相连。很多事业上有成就的人是学习的榜样。著名文学家巴金谈创作时说："我活着，不是为了自己。我写作，也不是为了自己。若干年前我决定继续走文学道路的时候，我曾在我心灵的祭坛前立下这样的誓言：要做一个在寒天送炭、在痛苦中送安慰的人。"这就是巴金的理想，他用语言作了明晰的表白，数十年来也是这样做的。生活的梦就是这样编织的，无美丽的辞藻，但厚实，意义非凡。也许有同学认为：我没有这份天赋，也从来不想当个什么家，谈什么梦不梦，理想不理想。这种想法值得商榷。屠格涅夫曾说过："生活中没有理想的人，是可怜的人。"做一名普通劳动者，同样需要树立美好的远大的理想。水电工徐虎是名普通劳动者，他每天下班后利用业余时间为居民修理水电，解救危难，十年如一日，从不间断。为的是什么？"辛苦我一人，方便千万家"，这就是他的理想。这样的理想还不伟大、还不崇高吗？

年轻人编织生活的梦是应该的，值得赞扬的。只要目标明确，方向正确，就应为它的实现而奋斗。梦毕竟是想象的产物，要把理想变为现实就须坚持不懈地奋斗。生命之歌就是一首高昂的奋斗之歌，一首排除困难、勇往直前的歌。理想的实现靠行动，空想、空谈不可能出现任何成果。如前所说，徐虎理想的实现靠他十年如一日的行动。在这个过程中，他克服了难以用数字计算的种种困难，如严寒、酷暑、狂风、暴雨、脏臭，除夕不和家人团聚等，而不退却半步。正是如此的执着追求，他的理想放射光芒，赢得了全社会的尊敬和赞扬，成为宝贵的精神财富。

说了这么多，目的是让范雯娟同学从迷茫中醒悟过来，振作精神。首先，认真而冷静地审视一下自己编织的生活的梦，有无正确的航向，是建筑在梦幻的基础上，虚无缥缈，还是扎根于社会，面向人生。审视的过程实质上就是学习的过程，提高认识的过程，修正、补充、完善的过程。这一步走好了，第二步就是拿出行动。高中阶段的学业与初中的不能等同，难度加大了，层次提高了，困难也就在所难免。承受力之所以差，是由于心理准备不足，对困难估计不够。目前既然已有所接触，有所认识，就应调整心理状态，迎难而上。初中阶段成绩好，那是过去的事，现在要紧的是面对现实，哪些地方不如同学，就真心诚意地向他们学习，哪些知识有缺陷，就努力补上。事在人为，只要清楚地认识自己，勇于看到自己的不足，振奋精神坚持不懈地往前赶，美好的愿望终将成为现实。

笑迎磨难　自强不息

山东省商河县第二中学高中王登俊、四川省射洪县金华中学苏伟、安徽省芜湖县某高中陈维发等同学来信说，自己或因小儿麻痹症，或因其他原因，留下了残疾，左上肢或右下肢残疾，心中十分痛苦。身体上的残疾弄得自己神魂颠倒，像泄了气的皮球，被打蔫了的花朵，整日品尝苦果，不知所措，不知前途在何方，希望得到指点，得到力量。

这几位同学的心情是完全可以理解的，遭遇也是颇值得同情的。但是，人总是要学会正视现实，千万不能沉溺于痛苦之中不能自拔。

首先，要抬起头来生活。信中说到拄了拐杖就怕见人是要不得的。从有人类起，就有残疾人。残疾，是人类发展进程中不可避免地要付出的一种社会代价。谁都不愿意自己有残疾，可是众多的因素如疾病、意外事故等降临到自己身上时，谁也无法抗拒。一个人身上有这样那样的残疾，绝不低人一等，因为与主观上有意犯差错在性质上截然不同。残疾人与无残疾的人一样，有人的尊严和权利，是社会物质财富和精神财富的创造者。放眼看全国，现在约有 6 000 多万残疾人，他们同样有报效国家的壮志，有聪明才智，与无残疾的人一起，建设我们的国家。思考问题不应囿于个人，开阔视野，想得宽一些，心中就会如释重负，轻松很多。挺起胸来昂首面对现实，积极参与学习生活、社会生活，是排除心中痛苦的有效方法。

残疾，对谁来说，都是一种磨难。在生活上、学习上、工作上有诸多不便，同样一件事，和常人比，要付出更多。在这种磨难面前，可以持两种态度：一是终日愁眉不展，自怨自艾；一是泰然处之，洒脱乐观。显然，前者不可取。因为除了在心理上自我折磨之外，确实于事无补。后者不仅须提倡，而且应力求真正做到。也许这几位同学会说，残疾不在你身上，你根本没有切肤之痛，当然可以说得轻巧。事实不是如此。做人要有道德规范，人道主义就是处理人与人之间关系的一个道德规范。凡有人道主义精神的对残疾人都有一颗真挚的爱心，能真切体味到他们的艰难与苦痛，并随时准备伸出援助的手，帮助克服困难。持后者态度是极其不易的，但只有树立洒脱乐观的态度，生命才会充分发挥价值，也才会真正品尝到生命的欢乐。

要洒脱乐观，须事事从自己的实际出发。人喜爱"比"，在"比"中追求生活。如果遇事和无残疾的人比，很容易越比越丧气；如果和自己过去进行纵向比，就会尝到进步的喜悦；如果和类似自己残疾的人进行横向比，就可从中吸取经验教训，增添前进的力量。要洒脱乐观，就须在心中谱写一曲勇于战胜困难、持续克服困难的生命赞歌。

要做到这一点，须培养自己具有自强不息的精神。张海迪同志高位截瘫，她以百折不回的毅力，顽强拼搏的锐气，战胜常人难以想象的困难，创造了可歌可泣的业绩。不说别的，就说外语水平、文学功底，与她同龄的许多正常人也难以与她匹敌。这种业绩是自强不息的精神所孕育，是自信力的结晶，是坚强意志闪发的光芒。全国知名的做出突出贡献的残疾人令人敬佩，不知名的在平凡岗位上竭尽心力默默奉献的同样令人肃然起敬。例如上海盲童学校的讲台上有位站了36年的盲人教师黄秀清，就以惊人的毅力、超常的爱心，带领盲童学习文化，用手"观察"实物，"观察"春天的景致，使学生享受到大自然的温馨。生命初期，一场"天花"使整个世界在黄秀清的眼中消失得无影无踪。黑暗，将伴随着她走完生命的全部行程。面对残酷的现实，她没有气馁，而是与命运抗争，自己刻苦学习，给失去光明的孩子心底注入爱的阳光，多少年的辛苦不寻常，她终于在黑暗世界里创造了辉煌。

江泽民主席对残疾人自强模范给予高度评价，他说："从他们身上，可以感受到一种巨大的精神力量。这种精神，就是自尊、自信、自强的民族精神。这种精神，是求生存、图发展的一种志气，一种自信力，是我们民族的灵魂。"反复诵读，深刻领悟，就可从中获得持久的动力，就可看到前途一片光明。

多虑伤神

四川省石柱中学97级某同学、山东省栖霞市第四中学95级某同学、重庆市某中学高二年级某同学来信说，自己不是"提得起，放得下"的人，遇到事情总是多虑，一件事情决定以后，立刻又怀疑起来，怀疑自己，怀疑同学，哪怕是答一道试题，如果字稍微有点潦草，明明老师看得清，总放心不下，于是改掉重写，最终影响答卷的速度。明知多虑是坏毛病，但脑子里总有一个东西强迫自己去想，摆脱不了，终日被一些小事缠绕，精神恍惚，十分苦恼，希望得到帮助。

从来信中确实可以看出这几位同学对事情考虑得比较过分，很伤精神。比如，要不要给我写信就想来想去，写好还是不写好，会不会解答，怎样解答，想得一套又一套。又如嘱咐我不要在回信中登来信人的姓名，原因是这个、那个，不能把秘密告诉别人，否则，太痛苦了，又是一套一套。

碰到问题，碰到事情，动脑筋思考一下，这很正常，无可非议。思考是人类最大的乐趣。早在2000多年前，孟子就说过："思则得之，不思则不得也。"作为一名高中生，在求学的过程中勤于思考，善于思考，具有优良的思维品质，不仅学习上能取得成功，而且为日后事业的成功打下良好的基础。然而，思索考虑要注意对象、内容、质量，漫无边际地多想、乱想，那就走上了岔道，给成长带来消极影响。

在求知的过程中要提倡"疑"，在无疑处产生疑问，多问几个为什么，动脑筋反复思考，就能抓住要领，深入理解，达到豁然贯通、举一反三的境界。学习是生活的一部分，生活中不能事无巨细，事事产生"疑"。如来信中所说，自己的一举一动都怀疑同学有看法。成绩好时，怀疑同学说三道四；成绩不理想时，又怀疑同学鄙视自己；与同学交往多一点，害怕耽误学习，浪费时间，又怕招来流言蜚语；交往少，又怀疑别人说自己无能耐，高傲。只要冷静下来，稍微理智一点，就可发现这种烦恼的制造者不在别人，而在自身。

一个人总是生活在一定的群体之中，总要与别人交往。彼此交往应建立在相互尊重、相互信任的基础之上，特别是同学之间，切磋琢磨，友谊纯真，更应信任在先。用怀疑的眼光看世界，用怀疑的目光看同学，貌似对别人不信任，实质对自己也失去了信任。自己是怎样一名学生，思想品德、学业水平、工作能力、身体状况等，自己应有一个基本认识。认识正确，就有自信力，就能主宰自己的言行，不为外界因素所左右。心里坦荡荡，立得正，坐得直，就不会疑三惑四，疑神疑鬼。首要的是自信，相信自己，信任自己，从"疑"中解放出来。"疑"不清除，就会作祟，就会生"虑"，虑多，就会控制不住，胡思乱想。疑，绝大多数出于自扰，自己缠绕自己、搅乱自己。有时对某件事、对某些言行，别人可能也会有点看法，有点说法，那就应该采取实事求是的态度，反躬自省，确有不妥之处就改进，没有不对的地方就坚持，要提得起、放得下。人总要有胸怀，连几句话都不能承受，将来在生活道路上怎能笑迎各种挑战？怎能经得起各种挫折？胸怀要宽广。宽广不是天生的，而是不断学习、磨炼，加强自我修养，克服多种心理障碍的结果。

多疑、多虑，说到底就是患得患失。有一个故事我们可从中获得启发。东汉末年有个大名士叫郭泰，他一生培养了不少人才。有一次，郭泰在路上见到了一个叫孟敏的人走路时不小心把瓦罐掉在地上打碎了，这个人继续往前走，连一眼也不看。郭泰觉得很奇怪，便前去问他，孟敏说："甑（瓦罐）已破矣，视之何益！"郭泰觉得他很有决断，与他一席谈，发现他很有德行，便劝他读书求学。后来孟敏成为一个闻名当世的人。瓦罐确实打碎，这是事实；既然打碎，全然不放在心上，这就是豁达。要有宽广的胸怀，就得遇事豁达，决不黏黏糊糊。实有其事，都能丢得开，放得下，更何况那些凭乱想、瞎想无中生有的事？如果左想想"得"，右想想"失"，困扰在其中，真是庸人自扰了。

解铃还须系铃人，自己构建的烦恼要靠自己勇敢地冲破。在明理的基础上身体力行，实践一个阶段，就能轻装前进。

化羡慕为志气

浙江省余姚市第四中学高一（4）班学生杨建浩来信说，他对社会上很多人和事很羡慕，羡慕伟大人物周恩来的才学，羡慕搞科学技术专家的本领，羡慕有些企业家的胆识，而自己想做什么，如写诗，就写不出一首好诗，再看看社会上丑恶的事，心灵里就有"太多太多的苦闷"，不知怎么办才好。问：是不是不该羡慕？因为"想做一个幸福的人，请不要羡慕和嫉妒别人"。

我认为，对美好事物的羡慕并不是坏事。看到别人的优点、特长，希望自己也具备，应该说无可非议。如果说羡慕别人穿着打扮、吃喝玩乐，那就是爱慕虚荣，另当别论了。然而，要真正懂得"羡慕"的内涵，对有些人和事仅仅停留在羡慕上就远远不够了。例如我们的开国总理周恩来是天下罕见的奇才，从品德到学识，从治国的雄才大略到待人接物的温文尔雅，不用说同志、朋友、广大人民高山仰止，敬佩不已，就是政治谈判对立的一方也被他的人格所吸引，被他的高风亮节所折服。因此，对伟人周总理应是崇敬、爱戴，"羡慕"分量太轻，不足以表达应具有的思想感情。

羡慕虽不是不好，但一个人总不能整天处于羡慕之中。与其整日羡慕低回不已，何不振作奋发，自强不息？为什么古往今来许多人有学问，有胆识，有本领呢？道理很简单，是从自己的实际情况出发，长期坚持不懈努力奋斗的结果。要奋斗，就要有志气，无志气，就不可能有排除困难的勇气和毅力。

立志向，有志气，是做人的根本。古人说："志不立，如无舵之舟，无衔之马，漂荡奔逸，终亦何所底乎？"这里连用两个比喻，说明人无志就无主心骨，和无舵之舟、无衔之马一般无二，毫无方向、目标，不知飘荡到何处，奔逸到何方。巴斯德在《科学家成功的奥秘》中说得更清楚明白，他说："立志是一件很重要的事情。工作随着志向走，成功随着工作来，这是一定的规律。立志、工作、成功，是人类活动的三大要素。立志是事业的大门，工作是登堂入室的旅程。这旅程的尽头就有个成功在等待着，来庆祝你的努力结果。"当然，这里阐述的是立志、工作、成功三者之间的关系。须知：事业成功必然与胆识、才能、学识紧密相连。因而，要练就从事工作的真本领，要使自己具有丰富的知识，须立志，须胸怀大志，明确前进的方向，确立奋斗的目标。

立志向，有志气，绝不是说大话，崇尚空谈，而须切切实实去做。鲁迅先生对空谈的危害一语道破，他说："空谈之类，是谈不久，也谈不出什么来的，它终必被事实的镜子照出原形。"由此可见，关键在脚踏实地地干。年轻学生对这一点不仅要有充分的认识，更要自觉实践，养成实干的好习惯。"合抱之木，生于毫末；九层之台，起于累土；千里之行，始于足下。"任何成绩都是长时间地一点一滴积累起来的。如果不重视"毫末""累土"，哪来的参天大树、九层高台？再远的路也是靠一步步坚持不懈地走出来的。比如，这位同学喜爱诗，羡慕好诗，那就该选择一些好诗阅读、理解、背诵，仔细咀嚼其中语言文字的功夫，表达思想感情的佳妙。如果不下功夫阅读、背诵，只徜徉在羡慕之中，怎么可能写诗，又怎么可能写出好诗呢？

生活中不能布满感叹号，总是欣赏啊，羡慕啊，感叹啊；大量的应该是逗号和句号。一样样本领坚持不懈地学，一件件事实实在在地做，脚踏实地，力戒空泛浮躁。至于对丑恶事物怎样看，那要另文讨论。

上学哪能无用

黑龙江省勃利县高级中学李磊同学、山东省即墨市第三中学高岩同学、黑龙江省齐齐哈尔市克山县一中兰志民同学来信说,在当今商品经济大潮的冲击下,不少学生辍学了,抓住机会挣钱;而学习又是那么艰苦,课堂上不易集中注意力,课后做作业困难重重,为此,产生这样的疑问:上学还有用吗?这个问题想了很长时间,未找出答案,请求解答。

这些同学所提问题有一定的代表性,这个问题确实使不少同学产生了困扰,很有讨论的必要。

人不能自然成才,总要靠培养,学校是培养青少年学生成才的主要场所。上学为什么?为了求知,为了学得做事的真本领,为了懂得做人的道理。在学校打下思想道德和科学文化方面良好的基础,长大了为国家为社会做贡献。

人要脱离愚昧,就要求知。知识对一个人来说,犹如血液一样宝贵。人缺少了血液,身体就要衰弱,人不重视求知,缺少知识,头脑就会枯竭,就会缺少人作为万物之灵的灵气。青少年时期是求知的黄金时期,精力旺盛,记忆力强,在这个时期打下扎实的知识基础,一辈子受用不尽。

求知的目的不是做书架子、书口袋、书呆子,求知的目的是使自己成为文明人、文化人,有立身处世的真本领,能为人民为社会做奉献。有种认识完全进入误区,认为只要会赚钱,就是有本领,至于有没有知识无关紧要,甚至认为大学毕业生找不到赚大钱的工作,还不如不读书,不如没有知识。这种看法是糊涂看法。首先,糊涂在钻进钱眼里,以钱为中心,以赚不赚钱作为衡量得失成败的标尺。人要生存,要有衣食住行的基本条件,这是政府所关心的,也是个人通过自身的努力来实现的。人不可能不食人间烟火,通过自身劳动,获得相应的报酬,是正当的、应该的。奉献于社会,社会给予报酬。如果把赚钱作为追求的唯一目标,那就背离了做人的基本道理。人生的价值绝对不是一味索取。见利忘义,堕落犯罪,乃至落入罪恶的深渊,均由于从小没有打下做人的良好基础,经不起金钱、物质的诱惑,被钱击中、打倒,乃至毁灭。人掌握钱,在金钱面前清醒、主动,就能用它来发展生产,促进交流,改善生活;钱把人掌握住了,就会利己私欲大发作,人生的悲剧也就从这里开始了。

其次,糊涂在目光短视,只见眼前小利,看不到社会的发展与进步,导致读书无用的思想抬头。在社会转制转轨的过程中,我国的法制还不健全、不完善,不少行业有机会可乘,有空子好钻,有些头脑灵活的人确实从中牟利不少。但是,这种情况不可能持久。至于骗来骗去,从中牟利,更是只可能得逞于一时,假的毕竟是假的,迟早要败露。放眼看社会,就知道具备真才实学对求职、对社会发展是多么重要。科学技术迅猛发展,产业结构发生巨大变化,电子计算机进入各个行业,多媒体的出现又促进大发展,产业现代化、管理现代化、经营现代化,对人们知识的要求越来越高,对人们的实际能力要求越来越严。比如,当今对就业者电脑操作的要求、外语掌握的要求,比过去高得多。过去没要求的,现在有要求了。不学习,怎可能具备这些知识与能力?别说高新技术,就是一般的行业对人们的科学文化的要求也与昔日不能等同了。不说别的,就说种田吧,和泥土打交道。有知识,科学种田,盐碱地可改造为良田,取得大丰收。人工养鱼、人工养虾、人工养蟹,哪一样离得开知识?不用说做学问了,就是农业致富、工业致富、商业致富,也要有真才实学。

人活一辈子,总要思前想后,不能热衷于"草莽英雄",到社会上去捞一把,以图个人享乐。应心中有社会,心中有他人。今日勤奋学习,日后工作就有后劲。越有真才实学,越能得到人们的认可与尊敬,择业、就业的道路越宽广,成才、发展的余地越大。学校教育正是适应社会发展、时代需要,培养大批青年成才的有效途径,怎能说上学无用呢?

三、求知

学会科学用脑

四川省潼南塘坝中学高中学生杨小利、广西浦北县某中学陆某某（嘱我不要披露学校及名字）来信说，由于学习紧张，成绩不理想，再加上父母的期望值很高，于是努力加拼命，以至于头脑整日发痛，昏沉沉的，有的已经形成淤血性头痛，苦恼不堪。

这两位同学的情况很值得同情。求学的人身体健康是非常重要的，身体健康，精神饱满，学习的精力就充沛，学习效果往往较佳；反之，这里疼痛，那里不舒服，心情就不舒畅，学习效果就会受影响。头脑是身体的司令部，注意用脑卫生，保护头脑的健康，保持头脑的清醒，是每位学子要重视，要在行动上落实的事，并要注意积累这方面行之有效的好经验。

学习是紧张的，每位学生出于使命感和责任心应该勤奋学习，刻苦钻研，神经紧张也是常有的事。但是，从早到晚，从周始到周末一直把神经的弦绷得紧紧的，谁也受不了。古话说："一张一弛，文武之道。"弓弦松弛，箭射不到靶子，达不到目的；弦绷得紧上加紧，就会断裂。工作讲究节奏，效率就高；生活讲究节奏，就舒心，就会怡然自得。学习同样要讲究节奏，在张弛间调节。课与课之间有休息，就是让学生脑子放松一下，调整一下，以利下一节课学习有高效率。暑假、寒假以及平时的固定假日，也是学习与休息调整的好时机。关键在自己要学会放松，消除紧张心理。一是认识上要端正，不要迷信紧张就能出好成绩。学得好，当然离不开全神贯注，开动脑筋，但读不进时硬读，逼着自己读，不仅效果不佳，而且脑机器会受损伤。二是性格上要开朗，心胸要豁达。俗话说，大丈夫要拿得起，放得下。脑子紧张多时，不大好使唤了，应立刻刹车，让它休息，千万不能黏糊，又要放下，又舍不得，结果是既未能休息，又学不进，徒然浪费时间、浪费精力而已。

脑子放松有多种方法，可视具体情况而定。比如，学了半天数学，注意力高度集中，脑子有点涨，那就可以听一下轻松的音乐，让美妙的音符在脑子里跳荡，进行积极的休息，使疲劳的脑袋获得恢复。有时可散散步，舒展舒展四肢，舒展舒展筋骨。放松的诀窍是彻底丢开，如果一边走，一边还在想数学题、想语文课文、想物理中的定理定律，那就是名松实紧，完全达不到休息的目的。

放松，要注意心理与生理的结合。思想上有沉重的负担，总怕考不出好成绩，心理就会持续紧张。其实，"怕"是无济于事的，重要的在于认真对待，自己只要尽心尽力学，就无可非议。心理上去除重压，用脑卫生才能得到保障。休息时脑子放松再放松，把一切杂念排除在外，有时让脑子呈空白状态，让一个个神经细胞得到良好的调养。

要保护脑子的活力、脑子的聪慧，还应挤出时间积极锻炼身体。身体强壮，精力旺盛，头痛之类的小毛病也就容易消除。

特别要注意的是，自己不能吓唬自己。因为有淤血性头痛，所以就可能会脑溢血，这大概是推测。应该相信科学，有病就向医生请教，弄清病因，及时治疗，再加上注意用脑卫生，病是会好的。年轻人，生命力旺盛，这是优势，讲究点生理和心理健康，病将会离你而去。

笨？

河南省三门峡胡霞云同学来信说，由于在一次考试中成绩不好，被认为是脑子笨。心里苦闷，实在想不通。询问：来自农村的土学生，是不是脑子真的比城市里的学生笨？这个问题不解决，自卑感就难以消除。

胡霞云同学所提的问题很值得探讨。一般说来，能读到高中的学生，智力不会太差。在学生群体中，智力会有些差异，但这种差异不会很悬殊。而且学生之间智力的差异也不是一成不变的，有的看来很聪明的学生由于刻苦不够，或者其他因素的影响，学习后劲不足，有的看来反应并不十分灵敏，由于认真刻苦，虚心好学，越学越聪明。因此，随便下结论说某某学生"笨"，不仅不科学，而且有损这位学生的自尊心。

人的智力差异不能以地域来划分，不能笼而统之地说城市的学生比农村的学生聪明。城市有城市的条件，农村有农村的条件，人生活在特定的社会环境、自然环境中，接受外界信息的内容、数量、密度、渠道等均不尽相同，因此，对某些事物容易熟悉，对某些事物比较生疏，甚至因从未接触过而完全无知，这就形成了对某些问题反应灵敏，对某些问题反应缓慢乃至迟钝。这并不能一概而论地说"笨"或"聪明"。城市经济比较发达，科学技术相对农村而言，比较先进，生活节奏快，信息量大；农村长大的接触得多的是大自然，对农活、动植物生长规律，对风云变幻的情况等，认识往往又超过城里人。因此，各有各的特点与长处，不能以此来界定"笨"与"不笨"。

一个人对事物的认识总有个过程，有的过程比较短，有的过程比较长。除了事物本身的复杂性外，与人的知识积累、知识储存很有关系。对某个事物、某个学科的定理、定律一无所知,要一听就懂,一学就会,是不大可能的。这显然不是天资好与坏的问题,而是知识底子有没有、厚不厚,知识面宽不宽的问题。掌握的知识越多,越能触类旁通,学习新知识越快。

至于考试,除了必然因素外,还有不少偶然因素。考试成绩往往不能全面准确地反映一名学生的真实水平。题目的难易程度、题型的种类与组合、解题的角度与方法等,对成绩均会产生影响。因此,考试成绩好不好难以下"笨"与"不笨"的结论。学习主要靠自觉,要有分析问题和解决问题的能力。考失败了,差错很多,就要冷静地分析。要分析错在哪里,为什么错,是数学概念不清,还是运算出了毛病。只有作实事求是的分析,才能弥补漏洞,提高学习质量。

学习贵在自强不息,即使目前学习上不理想,也不必自卑,别人说三道四,没什么了不起,只要自己尽心尽力学,就没什么可遗憾的。人在社会上要经受各种各样的锻炼,包括家长、老师的不理解,包括学习上乃至工作上的不如意,要有承受困难、承受委屈的能力。心理承受力越强,越能促使自己发奋。

希望胡霞云同学及与她有类似情况的同学正确对待外界压力,排除苦恼,在学习中发挥聪明才智。

与"粗心"告别

山东省平度市第九中学迟丽杰同学来信说,自己学习成绩直线下降是由于"太粗心"造成的,虽多次下决心改,但总改不掉,为此深感苦恼,请求"救援"。迟丽杰同学的苦恼可以理解,然而问题要作具体分析,以"太粗心"来囊括学习成绩下降的全部原因,似乎并不妥帖。

这里且不说其他原因,就以"粗心"而论,也很值得探究一番。可以说,"粗心"几乎是学生学习中的通病,尤其是在低年级男学生身上更为突出。题目不是不懂,不是不会解,而是看错数字,遗漏关键字词,或者计算上发生差错。为什么会发生这种现象呢?其中有几点须注意:一是阅读时较长时间形成了浮光掠影的习惯,摄入脑海中的文字信息常带有想当然的色彩,不完全符合题目的实际要求;二是解题时心中有自以为是的障碍,认为题目简单,立刻动笔,缺乏必要的思考;三是解题时思维跳跃,思想未能高度集中,比如3与8相乘应得24,脑中突然出现21,于是写下21;四是过分相信解题后的自我检查,认为反正要检查一遍,错了也没关系,可以改正。怎么办?根据自身的情况有针对性地解决。

试题、作业题千万不能用浏览的方法读,要咬文嚼字,养成审视的习惯。漏字、添字、改字,一字之差就会谬以千里。因此,解题的第一关是读懂题目,准确无误地理解题意。第二关是解题时不管题目难易,都要认真对待。常常会出现这样的情况:越是容易的题目,差错率越高。主要原因在于答题的人有"轻敌思想",自以为不难,就不认真思索,这样就大意失荆州了。因此,解题时必须重视"思",千万不能马虎。第三关是解题时要全神贯注,不能分散注意力。注意力一分散,差错马上就钻空子。解题常会有这种情况:做这道题目时，又不放心另一道题目，视线上跳来跳去，思维也就跳来跳去，这样，很容易出差错。思想不集中，计算上特别容易出问题。注意力不集中，有时是脑子疲劳的缘故。办法是解完几道题目后，脑子放松一下，稍事休息，注意力又可立刻集中起来。课间休息时要学会脑子自我调节，考试、做习题时也应如此。连续几十分钟思想绷紧，效果不一定佳。有张有弛，合理调节，学习效率、解题效果会大大提高。最后说一说自我检查问题。完成答卷、完成作业，自我检查是必要的，也会有某些效果，但不能迷信于此。答题最为重要的是第一遍就正确无误，认真仔细地推敲题意，按要求完成答案。事后的检查有时能发现问题，但大多数发现不了问题。这是由于某个学生的解题有自己的思路、自己的习惯，看第二遍时，由于时间上无间隙，往往仍然走这条路，跳不出圈子，故而难以发现问题。再说，完成题目的解答已有疲倦感，走第二遍，再看答卷时，注意力不易集中，容易粗枝大叶，故而也常发现不了差错。总而言之，发生在学生身上的粗心大意并不完全一样，应该冷静思考，作具体分析，然后采用恰当的方法加以改正。

"粗心"和"年轻"常常是捆在一起的，有"粗心"的毛病并不可怕，只要找准原因，下决心改，就会有成效。迟丽杰同学说在这方面已失去信心是大可不必的。只要寻准"病因"，持之以恒地改，必能与"粗心"告别，不断提高学习的质量。

走神与自控

广东省湛江市吴川一中高三黄小洁同学和山东省临清市第二中学高一（3）班唐学哲同学来信说，自己懂得上课须专心致志，但等到上课时，精力不集中，经常走神，可怕的思想野马收不回来，这样，成绩就越来越差，考试成了常败将军，希望能改变这种情况。

上课须聚精会神，提高学习效率，这是同学们周知的，然而，能不能做到，却大有学问。为什么不能做到，应寻找原因。有的是人为的因素，自己不想学、不要学，人坐在教室里，思想却天马行空，在广阔的天地里遨游。有时眼睛盯在教科书上，实际上视而不见，眼睛看着老师，实际上听而不闻。脑子里是杂七杂八的画面，像过电影一样。产生这种情况，多半是对学习的重要性缺乏较为深刻的认识，学习态度不够认真。

学习知识，培养能力本不是轻松的事，不经过艰苦的脑力劳动，就想学好各门功课，有比较强的语文能力、数学能力等，无疑是天方夜谭。知识、科学文化、人类创造的精神财富不会自己走到你的脑子里，而是要靠你打开思维的门扉，去读、去看、去说、去理解、去深入思考。学校里的课堂是学生培养能力、汲取知识的主阵地，教师引导、启发、点拨，能帮助学生学得多、学得快、学得好。学生在学校大部分时间是在课堂里度过的，如果一节节课学习效率不高，无疑是让大好时光付之流水。浪费时间就等于浪费生命，因为任何一个人都无力使时间倒流，任何一个人都不可能有第二次青春。因此，一名学生上课时要不要努力学习，说到底，是自己要不要成为有科学文化素养的人的问题，是对社会有没有使命感和责任感的问题。这不是故意拔高，因为高中生不是小学生，不是儿童，幼稚无知，而是已受到

10多年的教育。只有从根本上认识到这一点，才能有效地增强自我控制的能力。

上课，要克服走神的毛病，须摆正自己的位置。如果把自己摆在消极的被动的容器的位置上，走神就容易发生。因为任凭老师灌，自己不积极动脑筋，要45分钟保持注意力高度集中是十分不易的。如果自己动脑筋主动思考，主动学习，情况就大不一样。心理学实验表明：一个正在有意识地思想着的人脑，他的兴奋点可以发光的话，可以看到，在大脑表面上有一个光点在活跃着，它的边缘是奇幻的、波状的，它的大小与形状，经常在变化着，而四周都是或深或浅的黑影，布满了两半球的其余部分。这就是说，外界的信息进入这个兴奋中心的话，被反映得最清楚，与周围的"阴影"部分比，有着不可比拟的优越条件。因此，只要发挥主观能动性，积极思考课内所学的内容，眼看、口说、耳听、手写、心思，就能抵御或排除各种因素的干扰，过去生活中的种种人和事、景与物形成的种种或模糊或清晰的图像就会远离而去。

上课走神有的是长期形成的习惯所造成。"为学贵慎始"，从小养成良好的学习习惯，一生受用不尽。从小学习没有在用心专一上下功夫，上课常注意力分散，那就要花力气扭转已形成的不良习惯。改变不良习惯确实有相当难度，英国著名作家狄更斯说："顽强的毅力可以征服世界上任何一座高峰。"改掉坏习惯绝非一蹴而就，不可能一个早晨就会前后判若两人，而是要有耐心和毅力。目标是改掉坏习惯，树立好习惯，而在破与立的过程中需要一步一个脚印。思想一旦开始如野马准备奔腾之时，立刻用力气拽住。哪怕是对自己一点小小的克制，也会使自己变得强而有力。当然，在改的过程中，会产生时好时不好的现象，会出现反复。这是正常的，没有什么大不了。只要认准目标，一个劲儿地往前走，尽管路途中有或多或少的曲折，最终也是能达到目的地的。

克服走神现象，增强自我控制能力，绝不是只囿于上课一事，听报告，参加课外活动、社会实践活动，无不需要明意义、明目标，无不需要明确自己的位置和应发挥的作用。在有限的时间内取得最佳的学习效果，这是每个高中学生都应关心并致力研究的问题。排除种种干扰因素，克服上课走神，只是最起码的要求，只要下决心，一定能做到。

有效的学习效果属于自控能力很强的人。

善问者"智"

湖南省涟源市涟源四中理科班旷晓潮同学来信说,自己学习成绩之所以不理想,是由于有些课听不懂,听不懂又不敢问,怕老师笑话,怕同学笑话,怕他们说这些基础的东西都不懂,自己太笨了。对害怕提问这个缺点自己深恶痛绝,但就是改不了。一个"笑",一个"笨",把自己压得开不了口,希望能得到帮助,清除不敢问、不善问的障碍。

求学过程中,敢不敢问,善不善问,对学生来说,确实至关重要。旷晓潮同学意识到这一点,并寻求解决的方法,是要求进步的表现。要解决这个问题,认识上须提高,行动上须积极。

古人说:"为学患无疑,疑则有进。"读书求学就怕脑子里没有疑问,模糊一片,似乎懂,又似乎不懂,说不出个道道儿。有疑难问题,并积极寻求解决的途径,说明学习有了进步。学生在求知的过程中碰到这样那样的疑难无可非议。人非生而知之,只有通过艰苦的学习,才会由无知变为有知,由知之较少到知之较多。学习的过程实质上就是生疑(产生疑问,发现问题)、析疑(分析疑难,寻找方法)、解疑(攻克难关,解决问题),再生疑、再析疑、再解疑循环往复不断推进的过程,因而"疑"是学之始,求知的开端。学生脑子里有疑难问题,不是"笨"的表现,不懂就问,正是认真思考、主动探求知识的反映,没有什么可笑。对学习中敢于质疑、敢于提问题的重要性缺乏正确的认识才真正可笑。

凡热爱事业、忠于职守的教师都喜欢学生提问题,因为他们深深懂得提问题是动脑筋积极思维的结果。而思维是认识活动的核心成分,是学生掌握知识的中心环节。最聪明的学生,最学有成效的学生,往往是在学习过程中最能发现问题、提出问题,并多角度去寻找解决问题途径与方法的人。一个有质量的问题，不仅能活跃学生的思维，而且能把教学活动引向深入，乃至弥补教的不足。正因为如此，教师总千方百计启发学生质疑，组织学生辨析疑难。当学生提出高质量的问题，并发挥聪明才智进行探讨时，教师的喜悦难以言表。从这一点说，提问题怕老师笑话，当然是无稽之谈，这种顾虑应彻底清除。

所谓有质量的问题，并不是高深莫测，或虚无缥缈、玄而又玄。有关基础知识、基本理论的问题并非简单，其中很有学问。例如：树叶枯黄为何往地下飘，不往天上飞？为何球往地下落，不落到空中？手中的物品（氢气球除外）只要手一松，就往地下掉，为什么？这些问题乍看是不成什么问题的，可是求知欲旺盛的人循此研究下去，就发现了地心吸引力。高中各学科中遇到的任何一时不解的问题，都很值得询问、推敲。只要抓住不放，思考辨析，都能品尝到求知的乐趣。

不懂就问，只是质疑的一个方面，更重要的在于有生疑的习惯与本领。要善于在看似无疑处产生疑问，有疑问，就如手持手术刀，往学习的深处开掘。有深度，就能得其底里，印象深刻，经久不忘。例如，大家都学过鲁迅先生的《孔乙己》，孔乙己是这篇小说的主人公，谁也不会有异议。学习过程中，有同学提出：孔乙己姓甚名谁？其他同学一下子愣住了。再阅读，再思考，就恍然大悟，原来该主人公不姓孔，名字也不叫乙己，而是绰号。一个人活在世界上别人只知他的绰号，不知真姓名，这就预示着悲剧的命运。学习中善于发现问题，学习就会闪现光彩，思维能力就会得到锻炼、得到发展。

要善于发现问题、提出问题，除了敢字当头，消除种种不必要的顾虑外，十分重要的是多实践。可新旧知识联系起来思考，可课内课外对照比较，可深入一点仔细钻研，可从不同角度剖析推理。总而言之，积极开动脑筋，求知过程中的问题就会源源而来。问题涌出来以后，有些可自己解决，有些可请教老师和同学，集思广益，以求学得深入，学得扎实。

教育家陶行知在《创造的儿童教育》中指出:"发明千千万,起点是一问。禽兽不如人,过在不会问。"中学生不是发明创造者,但学习起点同样是一问。须牢记:善问者在学习中能操胜券,善问者"智"。

要善于梳理

四川省泸县薛屈敏同学、浙江省玉环县王芳同学来信说学习好累好累，上课有时是丧失兴趣的催化剂，单调乏味，有时很想把课上好，但老师讲得很多，听起来如一团乱麻，理不出头绪，为此，十分焦急，请求指点。

同学们的心情我能够理解，要知道：在我们国家，班级教学是学校培养学生的主渠道，学生在学校学习，主要是在课堂中度过的，因此，课上得好不好，有没有比较好的效果，不仅影响学习成绩的高低，更重要的是影响学生能否打下思想道德素质和科学文化素质的扎实而良好的基础，能否有潜力，将来在所从事的各项事业中发挥聪明才智，有所发明，有所创造。正因为如此，每个学生都要上好每一堂课。

教学是科学，也是艺术。听课也有许多学问。一节课45分钟，对每个同学来说，都是公平的，但听课效率大相径庭，有的收效极佳，有的收效极微。究其原因，态度是否认真，是否全神贯注、专心致志，当然重要，但方法是否科学，也至关紧要。

听课时，把自己置于被动的容器地位是最不可取的。学生是学习的主体，教师的教对学生来说，都是外部原因，是启发、引导、点拨、开窍，学得好不好主要取决于内部原因，那就是要不要学，主不主动学，学习得不得法。师傅领进门，修行在个人，学不学得好，关键在自己，再好的教师也无法代替自己学习。明确自己是学习的主体、学习的主人这一点十分重要。明确了这点，就能从根本上摆脱被动的状态，就能充分发挥主观能动性。

上课要聚精会神，善于抓要点。教师讲述的内容，有的是这一课的核心问题，例如某个概念、某一定理或定律，学理科的要一字不漏地入耳入心；有的是属于阐释性的语言，只要自己能理解，一般性地听懂了就行；至于推理的步骤，只要抓住要领，思维走势符合逻辑，跟着教师一步步推，弄清道理，掌握结论就行，不必教师讲的每一句话都要记住。来信说听课很累，上45分钟课不如看10分钟《东方时空》，就在于上课时不分主次、不分巨细，一股脑儿混杂在一起的缘故。至于电视节目《东方时空》有趣，那是另一个问题。课堂学习是正儿八经求知，需要的是艰苦的脑力劳动；看电视是在娱乐中求知，休闲中开阔视野，性质不一样。学生时代的求学，电视中的任何节目、任何栏目无法代替。

上课脑子里要纲是纲、目是目，一清如水，千万不能混混沌沌，乱麻一团。要做到这点，须积极开动脑筋，善于梳理教师讲授的内容。要锻炼自己边听边记边筛选边储存的能力。教师重点讲解的地方要扼要地做笔记，或在书上做记号；重复的、无关紧要的，毫不可惜地筛选掉；十分重要的要储存在脑子里，课上来不及记住的课后复习巩固，做到经久不忘。上课的过程应该是去粗取精的过程，抓住最精要之处，提纲挈领梳理清楚。有时只需记几条，甚至只需记几个关键的词，由于自己动过脑筋，确实深入思考过，因此，一看到这些提示性的语言，相关的学习内容就会涌入脑海。

课要上得有效果，课前预习很重要。不打无准备的仗，自己预习一下，虽不深入琢磨，但毕竟心中有底，听课时就能有重点，已经懂的不必多花精力，不理解的地方仔细听讲，多用心思，就能事半而功倍，对教师讲授的内容梳理起来更能得心应手。兴趣来自旺盛的求知欲，如果教师教的自己确实理解了，可以发挥主动性，进一步探索，比如，这一篇课文如果自己学，还有哪些可补充或扩展的，从什么角度切入更可节约学习时间，由此及彼还可联想到哪些知识、哪些文章，等等。学海无涯，只要自己想学肯学，动脑筋学，课堂上就会有无穷的乐趣。我教课时，经常有学生提这样那样的问题，促进我深入思考，促使教学往纵深发展，而学生也就在质疑、析疑、解疑的过程中兴味盎然，爆发出智慧的火花。

教师教得好，学生受益匪浅；教得不够理想，学生发挥主观能动性，从另一方面来说，可能培养出更强的自学能力。这两位同学只要做学习的主人，方法正确，定能学有成效。

尺水也可有波澜

山东省定陶二中高二（4）班马丽同学来信说，自己是住校生，每天三点一线，过着一学再学的学习生活，日子平淡如水，无一点波澜，无一点色彩，太单调了，和年龄太不相称，为此，十分苦恼。盼望丰富多彩的生活，盼望青春年少之时能焕发活力。

这位同学的想法可以理解，憧憬生活丰富多彩，希望焕发青春活力，更是无可非议。问题在于对生活对学习怎样认识，怎样领悟。

学生在学校当然是以学习为主，学知识、学本领、学做人的道理。学生的衣食由家长负担，无谋生之苦。曲曲折折，坎坎坷坷，生活的艰难，对现在这些丰衣足食的学生来说不可能有些微的感性认识。《红灯记》中李铁梅提篮叫卖的场景对中学生来说，是戏剧，是历史。那种日子是不平淡的，然而那种不平淡是由血和泪铸成的。现在的学习生活确实是波平浪静；学习求知靠的是细水长流，坚持不懈，不可能风浪大作，波澜壮阔。

求知，心要静，要诚。要学有成效，得耐得住寂寞，得有自制力，识别及抗拒外界光怪陆离的诱惑。上苍对人应该说十分公正，因为每个人只有一个青春。在青春年少之时，应集中精力学习，用中华民族的优秀文化及外来的进步文化哺育自己，使自己成为知书识礼的人，成为有良好道德、有文化教养的人，为将来的发展打下扎实的基础。青春是无价之宝，这个时期，生命力旺盛，思维活跃，吸收外界信息十分灵敏，记忆力特别强，是学习的最佳时期。珍惜这个学习良机，如饥似渴地求知、学本领，终身受益不尽。错过这个良机，让光阴在糊里糊涂中流逝，所造成的损失简直无法弥补。年龄大了，再来补学年轻时应掌握的知识、应具备的能力，往往事倍而功半。这已为无数事实所证明。

学习生活虽是"尺水",但只要认真对待,同样会有涟漪,会有波澜。求知不容易,要真正弄懂一些道理,非下功夫动脑筋不可。比如写作文,背几条写作方法可说是轻而易举,但要化为自己的能力,拿起笔来得心应手,就得仔细琢磨,不断实践,并善于从正反两个方面总结经验教训,把理论上的说法化为自己真切的感受。拿观察来说,锻炼自己的眼力、敏锐力,就会有无穷的乐趣。如观察要多角度,正面看、侧面看、背面看、自上而下看、自下而上看、远看、近看……对准同一景物、同一人物观察,可发现许多别人难以发现的微妙,会联想到很多画面、很多比喻,会领悟到"横看成岭侧成峰"名句的佳妙。这样去学习,脑海里不断有美丽的浪花,大千世界的色彩会在心中留下痕迹。

在学习过程中会碰到种种难题,要攻克它们,就要动脑筋,想办法。从设计到施工,到寻找突破口,到攻下城池,乃至扩大战果,整个流程中,必然是几多辛苦、几多苦恼、几多欢乐,尺水中必然有不少波澜。只要勤于思考,勇于攻克难关,取得胜利的乐趣会给生活增添瑰丽的色彩。

学习生活不仅是和书本打交道,而且要和人打交道。和人打交道,就不可能平淡如水。比如和同学相处,如何摆正自己在集体中的位置,如何向别人学习;别人触犯你,你怎样宽容;和别人发生矛盾,如何严以责己,妥善处理;同学之间发生矛盾、发生纠纷,怎样调解;怎样热情帮助学习困难的同学,使他增强自信心,掌握有效的学习方法;怎样维护集体的荣誉……凡此种种,不可能清如水,明如镜,总有这样那样的小矛盾、小摩擦,浪花扬起又平息,再扬起再平息,在前进中逐步懂得了做人的道理,锻炼了认识生活的能力,增长了为人处世的才干。如果把自己封闭起来,不与集体融成一片,那就谈不上尊敬师长,友爱同学,当然也就不可能尝到生活多彩的滋味。

青春散发光彩,不能寄希望于海市蜃楼,而是勤奋学习,扎扎实实长知识、长觉悟、长身体、长本领,在学习岗位作出优异成绩。年轻时吸收孕育,将来就花繁叶茂,果实累累。

兴趣的秘诀何在

宁夏银川第二中学张晓莺同学、山东省临朐第五中学丁建刚同学来信说,自己虽知道学习兴趣在学习中的重要性,也知道孔子说的"知之者不如好之者,好之者不如乐之者",但就是培养不出浓厚的学习兴趣,常常感到学习很苦,远没有听音乐、看小说那样有乐趣。因为是为完成任务而学,为考试而学,更是兴趣全无,有时上课脑子里细胞活跃极了,眼看密密麻麻的铅字,心早已飞到九霄云外。询问:培养学习兴趣的秘诀何在?

这两名同学认识到学习要有成效,需要有浓厚的学习兴趣,这是对的。兴趣是学习内驱的动力,有了这个动力,就会产生强烈的求知欲望,就会有克服困难一往无前的精神。有人说,天才就是强烈的兴趣和顽强的入迷。兴趣极浓,进而入迷,迷恋上所学的对象,身心沉浸其中,有什么学不会,又怎么可能不取得成功呢?难怪著名物理学家杨振宁先生说,成功的真正秘诀是兴趣。生物学家达尔文就是有力的一个明证。他在自传中曾这样说:"就我记得我在学校时期的性格来说,其中对我后来发生影响的,就是我有了强烈而多样的兴趣,沉溺于自己感兴趣的东西,深喜了解任何复杂的问题和事物。"

要培养浓厚的兴趣,沉溺于学习各科知识的兴趣之中,对这两名同学来说,对不少同学来说,秘诀之一是放下沉重的思想包袱。求知本身就是一种极大的乐趣,不管是自然学科,还是人文学科,只要步入其中,就会有所发现,令你赞叹,令你惊奇。因为,自然界的万物,它们的关系和相互联系、运动和变化,人的思想以及人所创造的一切物质文明和精神文明,都是兴趣取之不竭的源泉。要成为有用的人,有教养的人,就必须有学习的饥渴。考试,不过是检测学习情况的一种手段,背负着这个沉重的"十字架"去学,当然会出现心戚戚、胆颤颤的现象，兴趣远离而去。放下这个包袱，主动求知，积极探索，兴味盎然地学，效果必佳，考试也难不倒。

秘诀之二是积极开动脑筋，寻求知识的奥秘。浅尝辄止不可能体验到求知的欢乐。兴趣的源泉藏在深处，须努力挖掘。例如：歌德的《Ginkgo Biloba》（《歌德抒情诗选》的译者译成《二裂叶银杏》）：

> 从东方移到我园中的
> 这棵树木的叶子，
> 含有一种神秘的意义，
> 使识者感到欣喜。
>
> 它是一个生命的本体，
> 在自己内部分离？
> 还是两者相互间选择，
> 被人看成为一体？
>
> 我发现了真正的含义，
> 这样回答很恰当；
> 你岂没有从我的诗里，
> 感到我是一，又成双？

高大庄严的银杏树散落下来的树叶，常被人捡起来夹在书里做书签。可在诗人的这首诗里却充满了深沉的哲理。为何银杏叶是这样的形状？是一个生命的本体，在自己内部分离，还是两者相互间选择，被人看成为一体？诗人看起来都是，感到"我是一，又成双"。再深入一步探讨，会发现歌德喜欢读中国书，与人谈话中谈到自己对中国文学的看法（见朱光潜译《歌德谈话录》）。他对中国有感情，曾把我国银杏树移植到德国，今天德国魏玛市图书馆旁的一棵参天银杏树，据说就是歌德移植去的。

秘诀之三是运用知识，形成能力，把知识变成力量，变成使人崇高起来的力量。学习，求知，贵在运用。高中物理学科学电学，懂得了交流电、直流电的原理，教室里电灯坏了，查查线路，看看保险丝是否烧断，寻找原因，动手修理。把知识运用于实际，解决实际问题，这也是兴趣的源泉。理论上懂了不等于实际上会操作，操作过程中有许多细节必须认识，必须掌握。通过操作，既验证学过的知识，又使学过的知识得到巩固。比如在阅读课上学到的写作知识，要运用到自己的写作中，绝非易事，要动脑筋反复琢磨，反复实践，才会见到成效。像作品中人物出场问题，《记念刘和珍君》是让人物在事件的概述中出现，《祝福》让人物在自身对比中出现，《故乡》中的杨二嫂在语言、声音中出现。你要把这些知识用于写作，须梳理、探究、选择、加工。总而言之，动脑筋就趣味无穷。

培养兴趣的秘诀在自己身上，这两位同学不妨认真试一试。

绝招

陕西省富平县美原中学高一（4）班刘满龙同学和山东省曹县第三中学高二（6）班尹启蕊同学来信说，自己对学习是有兴趣的，也花了不少时间，比如学语文，也查字典，练习分析课文，但成绩仍不理想，询问学习有没有绝招。

什么叫绝招？人们常想到的是绝技。例如微雕，一根头发丝上能刻多少字，一般人做不到，这是绝技。这两名同学所问的绝招大概是指一般人想象不到的手段、计策、方法。也就是说，学习上一旦掌握了这个绝招，就能事半功倍，学习成绩蒸蒸日上。

为了解答这个问题，先说一个故事。

古时集市上有一个卖消灭臭虫方子的人，高声叫卖，宣称他的方子很灵验，能把臭虫一举消灭光。有个过路的人，他家正被臭虫骚扰日夜不得安宁，听到这番话高兴极了，立刻去买方子。卖方子的递过一个纸包，对顾客说："妙方就包在里面，但必须回到家里方能打开；如果在路上打开偷看，方子就不灵了。"买方子的人买到"妙方"，兴冲冲地往家跑，一到家，打开纸包一看，原来方子上写的是两个字：勤捉。

这是一则笑话。初听，认为卖方子的是骗子，买方子的上了大当；细想，觉得其中蕴含着一定道理：勤捉不失为消灭臭虫的一种好方法。更有甚者，它启示我们：要做成一件事，"勤"字不可少。

学习要有成效，必须"勤"字当先。懒于思索，懒于动口动笔，不可能有效地吸收大量的知识，也不可能锻炼出分析问题、解决问题的能力和自学的能力。比如学语文，多读多写是行之有效的方法。"读书破万卷，下笔如有神"可算作是无数学习祖国语文正反面经验的生动总结。读，不是浅尝辄止，有量的问题，有质的问题。"万卷"言数量之多，学语文只限于读几本教科书，视野必然狭窄，形不成良好的语感，因而应广为涉猎，特别是阅读中外优秀读物，增长知识，增长见识，受生动而优美的语言的熏陶。"破"不能简单地理解为把书读破，其中有质量的问题。量不等于质，读得多不等于质量高。要爱读，会读，读得有效果。为读而读，有口无心，就流于形式，很难有实效。对精品、佳作，阅读时要咀嚼文字，体会作者精辟的见解、深邃的思想，剖析文章谋篇布局的匠心，并吸取精华储存在自己的脑中。吸收得多，积累得多，仓廪充实，下笔作文当然如清泉般汩汩流淌。要在读书的质和量上下功夫，当然要勤字当先，勤快，勤奋、勤恳。

"勤"是学习中一个绝招，然而仅局限于此，还远远不够。学必须"思"。学任何一门功课，积极开动脑筋最为重要。现在学习各门功课，尤其是学语文、数学、外语、物理、化学，尤其是毕业班，简直就是泡在各种类型练习的汪洋大海之中。尽管在不同学校有不同情况，各学科之间也有轻重之分，但题海战术几乎笼罩教育阵地。学习变成完成作业，完成各种题型的练习，学习成了备战备考的活动，主动积极地思考问题、质疑问难比较罕见。这种消极、被动应付学习的局面不改变，难以学到切实的科学文化知识，更难以具备真正的独立分析问题、解决问题的能力。

"学而不思则罔，思而不学则殆"，这是至理名言。对一名学生来说，尤其是跨世纪的学生来说，培养和具备独立思考的能力至为关键。学任何一门功课，都要牢记自己不是被动承受的容器，而是能积极思维、会分析判断、有主观能动性的学习的主人。比如听课，就不一定是照单全收。能一听就懂的可少花气力，而疑难之处要多思考、多推敲，对有些结论自己经过深思熟虑有不同看法，完全可以提出来进行探讨。总之，学习不能盲从，对自己学习的情况要善于分析，哪些懂，哪些不懂，哪些掌握，哪些不掌握，要一清二楚。知己知彼，百战不殆，最可怕的是稀里糊涂学，掌握的不掌握的搅和在一起，平均使用力量，事倍功半。

"思"是学习的可贵品质。学语文如果不动脑筋，不积极思考，读,就会有口无心;看,就会视而不见;听,就会充耳不闻或浮光掠影;写,就会漫不经心。反之,积极思考,主动学习,语言文字伴随着思想、情操、文化流入心中,日积月累,能力会明显提高。

学习本无绝招,如果说有,"勤""思"不可少。至于说某个学科某种行之有效的方法,这里就不赘述了。

要珍惜每个 45 分钟

河南省平舆县第二高级中学三（1）班马彦超同学、山东省昌乐一中赵学美同学来信说，从初中时代起就知道学好语文的重要，很想学好语文，但总是效果不理想，尤其是上课，效率不高，有时心神不定，有时不知不觉走了神，尽管眼睛看着书本，实际上一无所获，为此十分着急，希望"有药可救"，得到帮助。

每节语文课 45 分钟，对每位同学来说，时间公正，不偏不倚。可是由于学习的主动性和积极性的差异，学习效率会大相径庭。这两位同学提出了一个很重要的问题，值得探讨研究。学生在学校的绝大部分时间在课堂中度过，如果每节课都讲究学习效率，都能扎扎实实学到知识，训练能力，那么，学习质量就会大大提高。其实，提高每节课的学习效率也并非难事，重要的是要做到以下几点。

首先，明确自己是学习的主人。俗话说，师傅领进门，修行在个人。上课教师教、讲述、演示等，都是外因，能不能把知识、能力学到手，靠自身的努力，任何一名优秀的教师都不能代替自己学习。正如教练员与运动员一样，教练员只是从某些或某个运动员的实际情况出发，按照训练规划与要求，点拨、启发、开窍、示范，而艰苦训练靠运动员自己坚持不懈地努力。树立"学习主人"的观念，就从"要我学"的被动境地走出来，掌握了"我要学"的主动权。

其次，不打无准备的仗。上课前对要学的课文粗略地读一读，了解大概，疑难之处做上记号，或查查工具书。这样做的好处在听课时能有的放矢，不漫无边际。由于有了预习的基础，对教师重点讲述或同学重点讨论的问题，容易理解，容易记住。可能大部分同学会提出异议：做作业已经忙得够呛，课前哪来得及看书？须知，磨刀不误砍柴工。刀磨锋利，砍柴速度就大大加快。有准备地学，目的性加强，盲目性减少，学习进入良性循环轨道，效率就会明显提高。

关键在自己要积极开动脑筋。被动地听教师讲，自己仅是承受的容器，听到精彩处可能全神贯注，否则就走神，注意力涣散。教师上课不是表演，不是说书，是传授知识，引导学生学习，组织学生进行能力训练，不可能句句锦绣，像戏剧一样高潮迭起。要紧的是自己积极思维，动脑、动口、动手。也就是要充分调动自己的感觉器官和思维器官。课上要抓紧时间阅读，用眼默读，开口朗读，用笔圈点勾画，或记下要点。不管是听、读，还是说、写，都要用心思考。语言文字是最重要的交际工具、最重要的文化载体，不主动积极地学，不开动脑筋思考，就体会不到遣词造句的表现力，体会不到文章内在的奥妙。把握住课堂中有限的时间进行语言和思维的训练，收效必然明显。

积极开动脑筋就容易发现问题，课文的内容、课文的词句篇章、写作技巧，经过阅读深思，就会提出不少值得探讨的问题，先自己提问自己解答，自己解答不了，再请教师或同学解答，这样，学习就往纵深发展，学得深刻，经久不忘。积极开动脑筋还表现在对某些问题有自己的看法、自己的见解。比如分析问题时，教师作某种解释，自己经独立思考独立分析，有不同或不完全相同的看法，那就应该作一番比较，然后择善而从。讨论问题时，同学发表意见，自己同样可对照，分析优点分析不足。这样有意识地进行锻炼，理解与运用语言的能力、分析问题与解决问题的能力就能切切实实获得提高。上课积极开动脑筋，越学越能品尝到求知的欢乐，走神也就自然地离你而去。

当然，上课时要排除杂念的干扰。如来信中所说，一会儿是女友的信，一会儿是女友的电话，那可不行。学习贵在专心致志。要专心致志，就须有意志力。人无意志，往往做不成事。所谓意志，简单点说就是"提得起，放得下"。德国诗人歌德把这叫作"断念"。他在生活的重要关头经一次断念，生活就进入一个新境界。我们必须学会时时勉强自己去做自己虽不喜欢但一定要做的事，以经常锻炼自己的意志。课堂上排除一切干扰，专心致志听讲，思考问题，正是自控能力的锻炼和意志的培养。这一关突破，课堂学习效率必会踏上新台阶。

时不我待，要珍惜每个 45 分钟。

分清主次,正确取舍

辽宁省丹东一中蔡景霞同学、四川省成都市65中郑月敏同学说,自己原本有清晰的奋斗目标,爱好语文,爱好外语,但每天在书山题海中摸爬滚打,出现了"记性不强忘性强"的情况,越学越没劲,自己成了汪洋大海中的一条船,不知被风浪推向何方,感到很迷惘,希望指点迷津。

对学生来说,"书山"是客观存在。学生要求知,使自己成为思想道德素质良好、有科学文化素养的人,非读书不可。从书中吸取知识养料,才能变无知为有知,变知之甚少到知之较多。好的书籍是最贵重的珍宝,当然要读,要多读。对当今学生来说,习题如海洋,所耗费的时间与精力大概超过以往任何时候。必要的各学科的练习题是应该做也必须做的,怎样在其中摸爬滚打,做出成效,确实值得研究。

在书山题海中摸爬滚打,要学会处理好几对关系。

主动与被动的关系。攀登书山需要发挥主观能动性,有求知的渴望,读书就能入目入心。生活中我们常有这样一种感觉:同样一盆炒菜,有时觉得十分普通,有时又觉得十分可口。炒菜本身并无质量高下的大区别,区别在吃的人是否饥饿,是否需要,是否有食欲。饥饿就是需要。读书就要有这种饥渴感,饥渴感越强,越能体味到其中的甘甜。就这一点来说,高尔基曾经打了一个非常生动的比喻,他说:"我扑在书籍上,像饥饿的人扑在面包上一样。"一个"扑"字用得绝妙,把全身心地投入勾画了出来。被动学习就是另外一种情况,做一天和尚撞一天钟,兴味索然。正因为如此,学习时常常会视而不见,听而不闻,前学后忘。

从来信看,两位同学学习都比较努力,比较主动。如主动将汉语与英语比较，发现汉语中许多词汇在英语中只是一个单词或短语，等等。这些都是主动学习的表现，应该受到赞扬。问题在当学习未能立竿见影时，转向了，怀疑自己的学习，对某学科的学习兴趣骤减，一下子陷入被动之中。学习需要积累，一步步扎实地往前走，总会有成效，要做到这一点，主动性不可丢。

主要与次要的关系。学习最忌胡子眉毛一把抓，最忌平均使用力量。"摸爬滚打"的种种动作要有明确的目的，不是碰到什么学科，碰到什么习题，一哄用上。高中所学的各学科的知识都是打基础的，但所处的地位并不是在一条起跑线上；就一个学科自身的内容来说，各章各节，其重要性也不是在一个平面上。攀登书山要在抓住主干上下功夫，精要之处牢牢把握，在脑子里留下深深的痕迹。来信中说到阅读散文觉得通篇都好，因而无法摘抄，正是没有把握精要的表现。任何一篇文章不可能字字珠玑，总有最主要的部分、最精彩的语言，阅读时善于分清主次，重点吸收，效果就佳。什么都花同样的力气，枝枝叶叶披盖，视线不清，脑子里往往会塞满凌乱的散装的一大堆概念、定理、定律，乱无头绪，主次混杂。要读有效果，主次一定要分明。

取与舍的关系。读书也好，学习也好，从来不应照单全收。学习是主动吸取，书上讲述的知识已经掌握，就不必再花许多功夫。这个"舍"，不是舍弃这些知识，而是在理解了的基础上放一放，不必与还未理解还未掌握的知识花同样的精力。还有一种"舍"是舍弃。连篇累牍似是而非的一些习题，除搅乱思维消磨青春外，有百害而无一利。能力要靠训练，练习题是训练的一种形式，一种途径。由于高考指挥棒的作用，各种应试练习题充斥市场，鱼龙混杂，泥沙俱下，因而，要有辨别能力，选取优质的进行训练，舍弃那些假冒伪劣的骗人"产品"，要有勇气，要有胆量。

综上所说，学习的主动权掌握在学生自己手中，既要攀书山，游题海，又要跳出书山，跳出题海，根据自己的学习实际，分清主次，决定取舍，把好前进的舵。认准前进的方向，就能消除迷惘。

不能偏食

辽宁省大连市 103 中学高一（4）班于丽爽和广东省阳春市第二中学高二（4）班王进星同学来信说，原本在初中学习时文理两科携手并进，如今是马齿徒增，如斜面上的小球，理科成绩一落千丈。看到数理课就厌烦，最好都上语文课。询问：高中能不能偏科？数学课已经成了自己的"天敌"之一，学无兴趣，索性少花点力气行不行？

中学教育是基础教育，是一个人思想道德和科学文化打基础的阶段。基础越打得宽，打得扎实，就越有潜力，越有后劲，将来就能在事业上有所发展，乃至做出重大贡献。道理并不深奥，就好像盖房子一样，基础打得越宽越深，楼层盖得越高。中学的课程设置是根据培养学生德智体全面发展、成为社会主义祖国建设者和接班人的要求来安排的，除了强调做人的思想道德素质外，十分重要的是培养学生具有一定的科学文化知识和相应的能力。学校里开设的各门学科都是打基础的课程，学生都应该学，并要十分投入地努力学好。因此，过早地偏科，学这门课，不认真学那门课，对打基础是很不利的。

从经济建设和社会发展来看，各行各业都需要科学文化素质好的人。所谓素质好，不仅要掌握某些知识、某些能力，而且要知识面比较宽，适应环境、适应工作的能力比较强。比如，从事文字工作的人，他的数学底子好，对统计数字的反应就比较迅速，比较敏感，工作就容易得心应手。又如，从事商业工作的人，对物理学的原理掌握得较好，熟悉种种电器就方便得多。科技飞速进步，时代向前发展，作为现代人，作为跨世纪的建设者，数理化生的有关知识非具备不可。有人说，21 世纪的文盲不是不识字的人，而是对科学一无所知的人。因此，从一名社会的人来看，也不能重文轻理，看到数理学科就厌烦。

从世界潮流看，许多发达国家都很重视让学生打基础。高中毕业生考入大学后仍然着重学基础课，有的到高年级才分系科、分专业。因为现代科学技术的发展，出现了许多边缘学科、交叉学科，要求学习的人知识面要宽，渗透力要强。学的内容狭窄，孤陋寡闻，就很难登上现代科学知识的大厦。从这个意义上说，我们中学生更不能偏科。

偏科对打好基础不利，但不等于说学生不应该有兴趣爱好。我们历来提倡学生要有兴趣爱好，包括对某些学科的学习，提倡发展个性，发展特长。有些学生爱好文学，对美文佳作的阅读乐而忘返，对古今中外的文学大师、文学名著充满崇敬之情，自己也能动手写写，以文字传情达意，这是很好的，应该鼓励，应该提供条件，多加指导。但如果因爱好文学而荒废其他学科的学业，那就不行了。如前所说，社会需要我们打好基础；再说，我国的中考、高考制度是对主要学科进行全面考核，如果荒废一两门学科，就失去了继续深造的机会，日后会悔恨莫及。

学好文科与理科的课程，不仅是打知识基础，而且对发展智力很有帮助。语文在形象思维、想象力培养方面有其独特的作用，而数学在培养青年学生逻辑思维方面更有其不能替代的作用。思维清晰，思维有序，将来做任何工作都会深受其益。中学学习阶段，应该有兴趣爱好，可以对某些学科特别有感情。除学好必修的课以外，可选择志趣相投的选修课，发展兴趣，发展特长，但是不能偏食，不能保这丢那，在文化基础上造成残缺。

须明白：兴趣是可以培养的，多几分耕耘，必多几分收获。相信这两位同学在懂得道理的情况下多给数理几分爱，就会有可喜的进展。

要善于抓点拎线

湖北省宜昌市葛洲坝六中常倩同学、山东省肥城矿务局第一中学马华同学、黑龙江省大庆市让胡路区大庆中学宁宝玲同学来信说，语文复习实在是难题。粗看，没什么可复习的，细看，又好像有复习不完的东西，脑子里乱麻一把。有的同学很"刻苦"，考试前几天，一边翻书，一边背诵，一边写到草稿本上，时间花得很多，以求得良好成绩，可是往往事与愿违，很丧气，询问语文复习有没有好方法。

学习任何一门学科都需要使所学的知识得到巩固，并使有些知识转化为能力，因此，在学习进程中要注意复习学过的知识，力求巩固，力求学得扎实，而且要努力做到温故而知新，在复习旧知时能有新的认识、新的体会、新的发现。每门功课的复习有共性，也有不同的特点，把握各自的特点，往往能取得较为理想的效果。

语文与数学不同，后者逻辑性很强，牢记某些定理、公式进行严密的推理，既掌握数学知识，又形成解题能力。语文不一样，课本是数十篇选文组成，语文知识散布在一篇篇文章之中，复习时常会感到无从入手。学语文，重积累。平时视而不见，浮光掠影，复习时就会寸步难行。

复习，要注意总体把握。一册书有几个单元，每个单元要达到怎样的目的要求，心中要有底。平时学习，每个单元注意复习，注意小结，总复习时，这一步就十分简单。把书翻一翻，脑中有清晰的框架就行。如果平时学得不清楚，可以一个单元一个单元进行复习，在逐一掌握的基础上形成总体框架。

复习，要善于抓点。这个"点"有几层意思。一是指课本中的重点、难点，必须牢固掌握的；一是指自己学习中特别感到困难的地方，需要用气力攻克的。比如说复习《明湖居听书》，这本是一篇自读课文，但文中正面描写和侧面描写相结合的方法、"通感"修辞手法的具体运用是必须掌握的知识点，复习时可认真加以推敲。小说节选部分前半截着力用侧面描写，后半截正面描写白妞的绝唱。正由于戏园里的盛况，琴师抑扬顿挫、入耳动听的演奏，黑妞非同凡响的演唱这些侧面描写作了有声有色的衬托，给白妞的出场渲染气氛，形成悬念。特别是观众对白妞、黑妞的一番议论，更是紧锣密鼓，引得人不睹不快。侧面描写之妙如复习到此，已能初步掌握，但如停留在这一点上，正面描写、侧面描写的结合还是粗线条的，如在阅读课文下半截时，再深入一下，掌握得就更为细致、全面了。写白妞的出场，正面描写她的气质、摆弄乐器的绝技和与众不同的眼睛。正工笔细描眼睛时，忙里偷闲写几笔观众，如"连那坐在远近墙角子里的人，都觉得看见我了"，又如"就这一眼，满园子里便鸦雀无声，比皇帝出来还要静悄得多呢，连一根针掉在地下都听得见响"。紧扣主人公的眼睛，从正面写，从侧面写，结合得天衣无缝。体会到其中妙处，复习就有效果。

又如，有关"通感"的语句比较多，不易记住，可用线条作辅助。白妞的绝唱如登泰山，按照文中的描写，用线条表示，怎样登三四叠，怎样陡然一落，怎样在半山腰里盘旋穿插，又怎样无声后有一点声音从地底下发出，又怎样扬起，纵横散乱。这样复习，不仅借助登山的实体形象体会声音的美妙，理解通感的妙用，而且印象深刻，难以忘怀。

复习，要善于拎线。课本单元教学要点一览表就是极好的依据。其中有本册课本读、写、听、说训练的具体要求，有阅读文言文的要求，复习时，把这些内容列出若干条线，而每一条线又是由若干个知识点连缀而成。比如复习小说单元，可把凡是小说的课文汇总在一起阅读思考，抓住小说的几个要素，结合课文的阅读剖析，理解典型环境典型人物的塑造，理解故事情节的种种安排，理解人物描写的种种方法，理解主题的开掘与意义。中外不同时代背景、不同风格的小说可以进行比较，通过比较异同，深入领悟和掌握小说的共性，又把握各自的特点，品尝到作者的创作风格。重要的段落，精彩的笔墨，可熟读成诵，储存在记忆中。又如写作能力的训练，同样可连点成线进行复习。如写议论文，训练论证的方法，可与复习议论文单元结合起来，弄清须掌握哪些方法，范文中是怎样运用的。懂得了引证、喻证、例证、对比、引申等种种论证方法，自己命题，脑中搭种种框架，也就达到了复习的目的。

有些基础知识必须记住，同样也可拉条线，做到有条不紊。比如背文学知识、作家作品，可以就时间先后拉条线，还可根据各人记忆的特点加深印象。总之，复习是进一步熟悉和占有语言材料，把原来零星学得的知识条理化、系统化，达到巩固的目的。已经掌握的不必花费时间，精力要花在似懂非懂之处，没有必要通篇抄。

抓住记忆的支撑点

新疆喀什四十一团中学高二年级黄新义同学、山东夏津第四中学高一年级段晋水同学来信说,学习中需要记忆,不论是数理化学科,还是语文学科,都有需要记忆的内容,比如有些文言文要背诵,由于专记文章中的哪一行在第几页,忘记了这个"方位",考题就答不出。询问:是不是自己的记忆力衰退了,还是背诵不得法?

学习需要积累,青春年少之时正是记忆力旺盛的时期,背诵一点名诗佳作,记住一些基本知识、基本理论,一辈子受用不尽。当然,记忆力有强弱之别,有的人能过目不忘,有的前学后忘,脑子里留下的仅是一鳞半爪的印象。原因是多方面的,比如学习不专心,手拿着书,心在天外遨游,该记的必然记不住,但掌不掌握记忆的技巧也是重要的原因之一。记忆应建立在科学的基础上,如果把所接触到的知识不加分析地硬往脑子里塞,不仅记忆的效果差,而且把脑子搅得混乱一片。

按照俄国生理学家巴甫洛夫的高级神经活动学说的观点,记忆是人的大脑皮层上暂时神经联系的形成、巩固和恢复的过程。他认为,人们感知事物或思考问题,都会在大脑皮层中形成某些兴奋点,各个兴奋点有神经通路彼此联系,事过以后,这些兴奋点和神经通路便以"痕迹"的方式留在大脑皮层中。在某种刺激物的影响下,它们又会重新呈现。很显然,要记住某些知识,背诵某些定理、定律,要注意形成兴奋点,要注意在各个兴奋点之间接通思路。

理解是记忆的基础,在理解的基础上进行识记比不理解内容只机械重复许多次的效率要高好几倍。比如背诵某个定理、定律,先要弄清楚它的来龙去脉,是怎么推导出来的。出发点是什么,推导过程怎样,结论如何,脑子里一清如水,一下子就记住了。背诵课文也一样,感到困难的同学往往是机械重复,虽然读了一遍又一遍,但在记忆过程中不注意渗透积极的思维活动，故常常是事倍而功半，花费许多时间读，记忆的效果并不佳。应该是咀嚼词句的含义，弄清文章的来龙去脉，选准记忆的支撑点，张开网络，可以提高背诵的效果。

具体地说，要背诵一篇课文，第一步先梳理文章的大骨架，做到轮廓在胸。比如，文章分几个部分，每个部分说了些什么，各个部分之间是怎样联系、怎样发展的，要有个总体把握。第二步，理清小线条。比如某个部分内容比较多，容易前后混淆，那就要把握叙说或议论的"序"，先说什么，后说什么，脑子里线条清晰，记起来就方便。第三步，抓关键词语。有些较长的句子，弄懂含义后，抓住关键词语，作为记忆的支撑点，就能迅速背诵出这个句子。总之，要背诵一篇文章，须在脑子里构成一幅由许多记忆支撑点构成的网络图。图的全貌怎样，有哪几条粗线，哪几条细线，在每条线上有哪些支撑点，点与点之间是怎样联系、接通的，掌握了这些要领，兴奋点牢固，再长的课文背起来难度也会减低。

不在理解课文上下功夫，不深入探讨记忆的支撑点，只记住在书的第几页第几行固定位置，就失去了背诵课文的意义，如果记忆的线一断裂，什么也想不起来就不足为怪了。

抓住记忆的支撑点，可以帮助记忆，帮助背诵，但要记得牢固，还得有一定数量的重复学习。"熟读成诵"，说明多次读的重要。我国著名桥梁专家茅以升的记忆力很惊人，他在古稀之年，还能背出圆周率小数点后一百位精确数值。人们问他是怎样记住的，他说："说起来也很简单，重复！重复！再重复！"人会遗忘。遗忘很重要，也很必要，如果看过的、听过的外界事物、外界信息都记住，脑子里岂不乱七八糟？怎么负担得了。该遗忘的要遗忘，该记住的要记住，需要记住的就必须和遗忘做斗争。有计划地对该记住的加以重复，大脑皮层的痕迹就会逐渐加深，记忆就会得到加强。"拳不离手，曲不离口，每天练一遍，胜过突击练十遍"，说的就是这个道理。

记忆、背诵的方法，除了上述的之外，每位同学可以自我创造。从自己的实际情况出发，不断总结经验，就会创造出费时少、效果佳的好方法。

学得高效,玩得快乐

天津市蓟县一中孔雪梅同学、浙江省富阳市二中某同学(嘱我不写姓名)来信说,许多同学,包括自己在内,老老实实,勤勤恳恳,一头扎进书堆里,舍不得玩,也不会玩,结果是越学越糟,成绩不断下降;相反,有些同学贪玩爱玩,学习上本名不见经传的,一下子却冲了上来,既玩得痛快,又学得开心,不像自己在苦海中浮沉。他们询问:"会玩的才是真正会学的"这个"公式"成不成立?自己在学得气都透不过来的情况下还能玩吗?希望得到解答。

在排山倒海似的各类训练题的重压下,同学们提出这样的问题是在迷茫中寻求一条正确的充满希望的学习之路,心情是可以理解的。游戏是儿童的天性,青少年和玩也是结下不解之缘的。凡学过英语的同学大概都会背诵这样一首小诗:

> Work while you work,
> Play while you play;
> To be useful and happy,
> That is the way!

工作时工作,游玩时游玩,快乐又高效,这才是正道。工作与游玩的关系该如此处理,学习与游玩又何尝不是这样呢?

学生的主要任务是学习,但学习不是生活的全部。一个人不能24小时都学习,要吃饭、要睡觉、要活动、要休息。一个会学习的学生必然是会科学安排生活、科学安排时间的人。学习时必须用心专一,充分利用时间,提高学习效率。诺贝尔奖获得者拉曼说得好:"每天不浪费或不虚度或不空抛剩余的那一点点时间,即便只有五六分钟,果得正用,也一样可以有很大的成就。"整块的、大块的读书时间当然更不能空抛。人在教室,心在天外遨游,貌似学习,实则浪费时间,这是最不足取,也是最须防止的。

会学习的人能专心致志抓效率,学习之余能安排时间游玩。一天如果分三个时间段——上午、中午、晚上的话,应摸索一下自己一天内精力的盛衰情况,精力旺盛时学习高效,精力不充沛时学习效率低,这时就不能硬学,学也塞不进。学习效果最佳时间往往在五个小时左右,超出这个时间,学习效果就下降。不能误认为学习时间越长,学到的东西越多。事实上是学习量达到最适点,学习的效果才最好。为了提高学习效率,人的生理心理都需要调剂,积极休息。玩,当然是首选的方法。

玩,不是无目的胡来,而是要有所选择。体育活动就是最好的"玩",踢足球、打篮球、打排球、打乒乓球等,均应经常结伴,即使不每天碰,一星期也应打它几次。体育活动门类繁多,男女同学可根据自己的体力、爱好加以选择。不管参加哪项体育活动,都对体力、意志、毅力、技巧等方面有所锻炼,对提高灵活性、灵敏度与应变能力均有积极作用。身体是心智的基础,整日正襟危坐不活动,血液流通都会受到影响,怎能增进健康?健康不增进,学习精力怎可能旺盛不衰?

玩,就要全身心投入。不能一边玩一边想着训练题,那样脑子还是没得到放松,还是没休息。玩,也是培养自己的兴趣爱好。兴趣爱好广泛的人往往心胸比较宽广,能力比较强。比如唱歌、听音乐、听戏曲、摆弄乐器,就和爱踢球、爱下棋一样,是有益的爱好。中学生爱好音乐,唱得高兴,跳得欢乐,就是极好的游玩。冼星海曾说:音乐,是人生最大的快乐;音乐,是生活中的一股清泉;音乐,是陶冶性情的熔炉。当你引吭高歌一首首旋律豪迈、歌词优美的歌曲时,你会感受到全身心的愉快,陶醉于其中。

玩要玩得有本领。现在的中学生太不会玩了,整日不是被书束缚了手脚——因为除了教科书,学生课外读的中外名著实在太少了——而是被各种训练题束缚了手脚,缺乏玩的本领。有的中学生课后玩航模、玩船模，把从数学、物理等学科中学到的知识运用到实践中去，做得不好，推倒重来，最终玩出了名堂，不仅制作出高质量的航模、船模，而且在全国比赛中夺魁。

玩的内容很多，只要是健康的，都可选择。对不健康的、有害的，如听靡靡之音等，就要识别、抵制。玩，要有度，"贪"就不行。过多的精力花在"玩"上，不仅不能调节身心，得到休息，而且会影响学习，影响健康。

学校生活，学习第一位，这一点不能动摇。要学习得好，必须善于调节身心，时间巧作安排。玩得好能调节身心，促进学习效率的提高。

选择

湖北省荆门市沙洋区后港高中张才新同学、宁夏盐池一中高中叶苹同学来信说,面临着分班的选择,不知所措。父亲认为应该读理科,自己认为应该读文科,相持不下,很是烦恼。叶苹同学已经读了理科,但自己所长却在语文和英语上,因而,既自卑又自信,十分烦恼。希望能得到指点。

首先要说的是这两位同学字写得端正、漂亮,信也写得通顺、流畅。一名高中生能有这样的基本功,说明较长时间以来,语文学习比较努力,这是值得赞扬的。

关于高中阶段文理分科的问题,如果放眼看世界,一般说,高中是不分科的。现在培养人,讲究有一定的知识覆盖面,有一定的综合能力,即使升入大学,也十分重视基础理论课程的学习,讲究培养通才。当然,每个国家有每个国家的国情,由于升学应试的需要,我国不少中学在高二年级或高三年级开始实行分科教学,以求在某些方面学得多一点、深一点、熟一点,以期在高考中稳操胜券。面对这种状况,选择文科还是选择理科,确实要认真思考,含糊不得。

选择的依据应该是需要与可能性。从国家建设需要来说,文科人才、理科人才都需要;从高等学校招生需要来说,既招理、工、医、农等学科生,也招文、史、哲、财经、政法等学科生。应该说,选择文科,选择理科,继续学习,都是有发展、有前途的。关键在自己的可能性。一要清醒地衡量自己的知识基础、能力基础。哪些学科学起来顺手顺心,游刃有余,哪些学科学起来困难比较大,甚至难以攻克,哪些是强项,哪些是弱项,自己排排队,心中要有谱。

二要考虑自己的兴趣爱好。兴趣是学习的先导,对某个学科发生兴趣,发生浓厚的兴趣,就会开动脑筋,积极思维,深入钻研,有所发现。硬要去学自己不喜欢、无兴趣的东西，可说是一种痛苦。不过，为了需要，还是要勉强自己学；学，仍然要从培养兴趣入手。选择学理、学文，个人兴趣爱好是重要的因素。可以这么说，古今中外任何在事业上有成就的人，都是对他所学的所从事的学科、事业有极浓厚的兴趣，孜孜以求，如痴如醉。没有这份感情，没有那么一股无坚不摧的劲儿，是不可能取得卓越成效的。正因为兴趣爱好是极其重要的内驱动力，选择学科时不得不认真考虑。当然，这儿所说的兴趣，不是一时的冲动，而是对某些学科的学习确有体会，初步尝到其中的辛苦与甘甜，有往龙宫取宝的强烈愿望。

　　对别人的意见、说法要具体分析，对的吸收，偏颇的就不能照单全收。可以用作参考，但主意应该自己拿。特别是一些似是而非的说法，更应该多加剖析。比如，理科容易考，文科难考，理科容易得满分，文科考卷随意性大，难得分。这种说法的毛病首先在于把考试作为选择学科的唯一标准，为考而学，学习目的究竟是什么，已糊涂了。其次是将难考、易考绝对化了。其实，对基础扎实、思维敏捷的同学来说，文科也好，理科也好，考试均非难事；如果基础比较差，考什么学科均会感到困难。再从试题来说，任何一门学科都有坡度，都能拉开差距，可能今年某门学科较容易一点，明年另一门学科相对容易一点。抽象化了，绝对化了，就与事实不符。得分问题也说得太绝对，评分中误差是有的，文科理科都在力求避免，但也难以避免。至于满分，在选拔性的考试中更非易事，并不是像说的那样轻松。又如，信中说道，理科是活的，重在理解，能培养思维能力和分析问题的能力，文科是死的，重在记忆，它掌握的知识没有理科掌握得多。这种说法也很值得推敲。首先，理科也好，文科也好，都有须理解的，须记忆积累的。现在有些学生写文章头脑里空空荡荡，原因之一是脑子里积累太少，读过的美文佳作如东流水逝去，未留下痕迹。解数理化题目，有些公式、定理、定律不烂熟于心，也是寸步难行的。其次，学理也好，学文也好，都不能死读书，学而不思则罔，思而不学则殆，学思结合的规律适用于学理，也适用于学文。学文，如果不动脑筋，是不可能领悟其中奥妙、其中精华的。自然万物，社会人文、知识均浩瀚如海洋，很难判断孰多孰少。凡此种种，都不能成为选择学科的依据。

　　数理化学科学得好的同学选择文科学习，语文、英语学得出色的同学选择理科学习，更能如虎添翼，发挥优势。冷静思考，从自己的实际出发，就能心情平静，去除烦恼，掌握选择的主动权。总之，选前慎重，一旦选定，就勇往直前，毫不犹豫。

进入高中怎样学语文

河南省许昌市第三中学张小娇同学、安徽省繁昌县一中林冰同学、山东省烟台市牟平四中于文秋同学、湖南省郴州市永兴县第一中学曹俏萍同学来信说,读初中时自己学习有实力,成绩名列前茅,是同学中的佼佼者,常受到家长、老师的表扬与称赞,进入高中以后,学习的味儿变了,过去的"辉煌"已远离而去,代之以困难、不适应、苦恼,成绩也直线下降,心头阴霾密布,寻求廓清的良方。

从来信的内容和书写情况看,这几位同学在初中学习是认真的,成绩是优秀的。但与此同时,也反映出学习中还有不少问题值得探讨,其中最明显的是学习上的依赖性和对教科书的奉为神灵。

高中生与初中生的学习确实不尽相同。初中各门课程的内容比较浅显,上课认真听讲,课后认真复习,容易掌握。高中课程内容理论色彩加浓,许多问题须经过独立思考,精心分析,才能有所领悟,才能理解、掌握。课堂上这样几种情况须改变:一是照单全收。教师讲什么,黑板上写什么,不停地记录,不停地抄写,什么是要点,哪儿是关键,手忙脚乱,来不及思考,也根本没有想到去积极思考。毛病在自己做被灌输的容器,被动承接,而放弃了学习的主动权。二是断断续续。开始精神振奋,注意力集中,碰到困难处,卡壳了,自己不动脑筋,停顿下来。如有封信中所说,"听25分钟课,另外20分钟大脑一片空白"。有时是教师教得快,许多问题一带而过,自己来不及反应,听课犹如跳跃,断断续续,连不成线,形不成片。毛病仍然是依赖教师的讲,学习主动性未发挥。至于思想开小差,经常想这件事那件事,那是学习态度、自控能力的问题,当然应努力改变。

学生是学习的主人,任何好教师不能代替学生学习,学习的主动性积极性得到发挥,课堂学习效果就大大提高。听课不打无准备之仗。这堂课学什么，课前翻一翻教科书，做到心中有数。"听"和"思"须同时进行。尽管各人听课的方法可以有所不同，但有几点须特别注意：一是脑子里始终要有"为什么"。如，为什么教师这样分析？依据何在？能不能换个角度？又如，为什么教师这样概括？有无遗漏之处？怎样概括更符合课文实际，更简明扼要？二是有选择地听。难点、关键点，要特别动脑筋，已经理解的可一带而过，不平均使用力量。三是善于抓重点，抓要点，分清主次，千万不能胡子眉毛一把抓。一节课下来，学到什么，还有哪些不明白的地方，应该一清如水。四是在教科书上做一些简单的记号，如重要之处、须牢记的、不理解的等做个记号。有同学把书上做满了记号，那就等于没有记号了。忌多而滥，要少而精。

学会学习要在"钻"上下功夫，要有钻劲，要努力钻研。依赖教师把什么问题都讲清楚，把学习中的难题都解决好喂给你，是不可能的，也是不现实的。一般说来教师总是尽心尽力把课教好，教清楚。但教与学毕竟是两码事，要学得好，非得内在因素起作用。钻，不是钻牛角尖，不是每个知识都不分主次、不分巨细地钻研一番，而是应根据学习的目的要求、自己学习的实际，择其要思考、推敲，如解剖刀往纵深开掘，又放开视野与有关知识横向比较，锻炼自己分析、综合、归纳、演绎的能力，收举一反三的效果。

教科书是学生学习的依据，知识传授、能力培养离不开它，但不能误认为只要抱着它读得滚瓜烂熟，学习上就万事大吉。读教科书既要深入进去，学习有关的知识，理解、掌握，又要跳得出来，思考、应用、拓展。如果把课文看成学习的"点"，精读深思，"面"上有广泛浏览，进行知识迁移、阅读方法迁移，课内外相互促进，语文水平的提高就明显得多。

关于怎样学会学习，这儿仅就来信中反映的问题论及一二，不免挂一漏万。高中是解决这个问题的关键时期，解决得好，一辈子受用不尽。

不是"怪"学科

重庆市第四十九中学陈喜文同学（化名）来信说，自己很喜欢语文，并花气力努力学，但越学越觉得"怪"。数学题，哪一步错了，很清楚；历史讲社会发展的一般规律，也容易理解。唯独语文，碰到阅读中的选择题简直连猜带蒙，凭着一种无可名状的感觉去做，对不对完全无把握，分数高低凭运气。答题凭运气，这也算是一种能力吗？学语文不能自己掌握命运，莫测高深，这个学科是不是"怪"学科，希望得到指点。

这位同学提出了一个语文界十分值得探讨研究的问题：中学语文究竟怎么学，怎么考？特别是阅读教学究竟该怎样进行？

语文学科本不是"怪"学科。中国人学中国的语言文学，本没有多少神秘。我们生活在母语的环境中，从小耳濡目染。由于父母、亲朋的口耳相授，五六岁儿童的语言能力已可以适应身边生活的需要。入学校学习，识字，学习精要的语文知识，阅读美文佳作，训练理解和使用语言文字的能力，不仅使语言规范化，而且能进行语言积累、文化积累，提高文化素养。

阅读理解不是不可捉摸。读一篇文章要整体感知它的大概内容，整体把握它的内容，要能看出它各个部分之间的联系，能分析段、层次及其关系，能理清作者的思路，理解中心意思，领会作者写作意图。读文章还要根据不同表达方式和体裁的特点，感受语言所表达的思想感情，揣摩语句的含义，体会语言的表达效果，能评价文章的内容与写法，从中提取所需的材料。对文学作品，能初步鉴赏它的语言、形象和技巧。简言之，读一篇文章须把握以下几点：写什么？怎么写的？为什么这样写？从语言形式到思想内容，再从思想内容到语言形式反复琢磨，就能读顺读懂，从中吸取养料。一名学生阅读理解能力强弱与否，别人可以检测，自己心中也是有底的。

自从高考语文试题引入了标准化试题以后，语文教学尤其是阅读教学一步步进入怪圈。本来应该是教什么考什么，考试检测教与学的质量，促进教学改革，促进教学质量全面提高。而今由于应试泛滥，变成了本末倒置，考什么教什么，怎么考就怎么教。语文教学的质量，标准化的试题能否真正检测？只考机械的结论，分析问题、解决问题的思路难以知晓。众多的排山倒海似的选择题，在现象上搞得五花八门，反映中国语文本质的东西被掩盖了，似乎其中无规律可言。这种弊病，一直影响到小学，有些题目是帮助学生学语文，还是坑害学生学语文，明眼人一看便知，忧虑极深。比如有这样的试题：东风吹，天气____。（暖和、温暖、温和、良好）标准答案只能是一个，其他都错。又如：天空____。（蓝蓝的、灰灰的、青青的、白白的）标准答案只能是"蓝蓝的"，其他都错。真是荒唐至极！这种似是而非的题目会影响学生一辈子。语言文字是表情达意的，在怎样的语境中用怎样的词句，表达怎样的情意，有丰富的内涵，可用这个词，也可用那个词，看表达的目的而定。而今，把活泼的语言文字搞得机械割裂，烦琐不堪。天空有时是蓝蓝的，有时是青青的，有时是灰灰的，有时是白白的，这是学生见到的事实。抽去具体语境，拎出一个句子来选择，学生无所适从。学语文要讲人文，也要讲科学，要符合语文学科固有的规律；借助科学名义，违背语文规律，搞形式主义、烦琐哲学，教学就走进死胡同。不仅学生困惑，教师也困惑。对选择题的弊端，国际教育界已群起反对，遗憾的是我们还未洞悉语文学科的性质，还未彻底醒悟过来。语文考试成绩不能反映学生语文的真实水平，学生语文水平不理想，已成为众口一词的事。

困境令人窒息，改革势在必行。人为的怪圈还要靠有志之士来破。同学们学语文的苦衷与困惑是可以理解的。语文学科不是"怪"学科，认真读写，认真积累，认真思考，认真辨别，仍然是极有效果的。题目可以适当地做一点，为了应考，出于无奈，但最终是毫无用处的。考大学不过是块"敲门砖"，进了大学这些题目也无用，也就丢了，社会上更是不要。归根结底，要在训练语文真本领上下功夫。

读，调动自己的全部心智机能，感受、咀嚼、思考、体味、领悟语言的表现力和生命力，受深邃思想、精辟见解与高尚情操的熏陶感染，提高理解、分析能力。写，能从生活与书本中吸取营养，描绘大千世界中的人与事，明辨人生征途中的顺与逆、是与非、强与弱、成功与失败，抒发胸中充盈的壮志豪情。练就语文的真本领，一辈子受用不尽。

面目要清秀

四川省永川区永川中学高98级（2）班陈争同学、湖南省邵阳市新宁一中164班杨兴旺同学、湖南省吉首市吉首一中石献华同学来信说，自己从小就写不好字，作业本上老师经常写上"请把字练一练"的批语，自己多次下决心练，但写了几个字又老毛病复发，乱涂乱画了，十分烦恼。询问：这是不是"绝症"，还有没有办法医？

字写不好不是"绝症"，不是无药可救，而是"顽症"，十多年养成的书写习惯、书写方法，不可能不费吹灰之力改变于一旦。须从认识和实践两个方面努力，而且作比较持久的努力，才能攻克。

首先要切实提高对写好字重要性的认识。学习、工作、与人交往，离不开书面语言，离不开字。字犹如人的面孔，眉清目秀，看上去舒服，容易接近；如果眼睛、鼻子、嘴挤在一起，或五官东歪西斜，面目可憎，令人生畏、生厌，别人只好退避三舍。有人说，字是门面，门面一团糟，这家商店的经营必受大影响。字写得潦草、马虎，不仅有碍美观，更重要的在于容易发生差错，影响学习、工作，影响正常的思想交流。现在企业、事业等单位招聘人，第一件事往往是要求填写一张表格及写一份简单的自我介绍，如果字写得不像样，下面的测试就无资格参加了。升学考试也是如此，阅卷老师看到字迹端正、眉目清秀的卷子，精神都会为之一振，好感油然而生。

其次要认真分析自己字的毛病。诊断正确，对症下药，效果必佳。空泛地讲要练好字，无目的无方向，往往事倍功半。比如：有的字像是火柴棒搭起来的，硬邦邦，笔画与笔画之间常有空隙，缺乏必要的联系，就好似一张桌子，桌面与四只脚之间没有榫头或没有黏合起来。其中至少有两个毛病。一是笔画没有正确书写，二是笔画之间的组合欠考虑。横、竖、点、撇、捺、折、钩、提八个基本笔画都有一定的写法，不能随心所欲。用笔尖平拖，用一种速度行进，看上去就呆板，无活力，像根火柴棒。如写横的笔画，笔尖稍微按以后向上微带斜势5°～7°，写到中间处呈弧状，收尾时再稍微按一下，这个笔画就灵动，有活气了。当然，横的笔画不是一律这样写，要看位置在字的上端、中端，还是在字的底部。位置不同，写法如长短、起笔、收笔就略有变化。每个字是一个整体，犹如一部机器，每一笔都是这个整体里的零件，零件组装好，机器才能运转，呈现整体美。因此，笔画之间要自然连贯，左顾右盼，互相呼应，不能脱节，不能散板。还有一种常见的毛病是扭在一块，歪歪斜斜。汉字是方块字，十分讲究结构的规范。上下结构，左右结构，内外结构，都有一定的规矩，没有规矩，不成方圆。书写时必须遵守这些规矩。如偏旁部首放在这个字怎样的位置上，占整个字多少比例，心中都要有数。偏旁部首的位置、写法是在长期的汉字使用中约定俗成的，不能由着自己的性子爱怎么涂就怎么涂。字写不好的毛病很多，比如每个笔画喜欢弯一弯，扭一扭，手舞足蹈，又如字斜到15°～20°，好像被风吹得站不直。那就要找原因，有针对性地治疗。写字时"风正一帆悬"，斜的毛病就能治好；忠实于字的基本笔画，控制笔尖不弯不扭，不画蛇添足，字就会挺起来。

再次是多用脑筋"读"字，对字的笔画、笔顺、间架结构有清楚的认识。写不好往往是由于"读"得不好。对字形的认识若明若暗，字旁、字头、字底、字框不甚了了，没有作过分析，没有作过研究，下笔就会稀里糊涂，把握不住。经常看字帖，用心分析别人是怎样把从硬笔尖流泻出来的单一的线条组合成有特定布局的字的，会从中获得启发。

当然，最后要落到实践上。练，要讲究效果。不必贪多，每天写几十个字，怎样写才端正、美观，要记在心上。一日不多，十日许多，久而久之，就会改掉毛病，面目改观。

希望同学们勤学苦练，持之以恒，写一手眉清目秀的字，让人一看就喜爱。

勤学苦练，出口成章

河北省阜平县平阳中学高二年级杨志鹏同学、河南省沈丘县某中学高中王勖人同学来信说，自己口头表达能力差，不仅说话不够流利，而且常常词不达意，疙疙瘩瘩，听得人很不舒服。听到有些同学回答问题侃侃而谈，讨论问题诙谐风趣，不仅羡慕，而且感到是一种享受。自己十分盼望能有这样的口才，希望指点下提高的途径。

在现代社会，人与人之间交往日益频繁，对口头表达能力的要求也越来越高。口才好，小而言之，对学习、工作、生活能提供许多方便；大而言之，在国际交往中，能维护国家的主权和民族的尊严。这两位同学能认识到口头表达能力的重要，并着力于努力提高，是可喜的。怎样提高呢？

首先要克服和消除怯懦心理。我们整天生活在母语环境中，每个学生对自己极其熟悉的人与事，讲起来会一套又一套，头头是道。有些同学尽管课堂上羞于开口，但谈起球星、影星、歌星，可以滔滔不绝，有声有色。因此，对自己的口头表达能力应有充分的估计，不能用"差"一言以蔽之。在有些场合口难开，正如来信中所说犹如上"战场"，脑子里一片空白。说不出话是表面现象，实质是畏怯心理在作怪。害怕说错，害怕说得不周全、不完美，害怕别人笑话等，脑子里充满这些乱七八糟的东西，怎么可能静下心来思考问题进行答对呢？在任何场合，仔细谛听别人的发言，认真思考，把语言组织好，开口就由难而易了。

其次要积极地坚持不懈地训练。口头表达有许多技能技巧，实践得越多越纯熟，越能掌握其中的奥妙。可先从朗读入手，读一些短小的、朗朗上口的佳作，各种体裁的文章都读，把语句读顺了，句读分明了，抑扬顿挫、语音语调听起来悦耳了，这就给"说"打下了扎实的基础。读，当然要用普通话。然后可训练对话，可与好朋友交谈，也可一个人作甲乙双方来答对，围绕一件事、一个问题交谈，发现哪儿存在问题就及时纠正。与此同时，可训练整段整段的讲演，先可以背诵几段逻辑性强、颇有说服力的文字，然后口语化，一句一句打动人，可对着镜子讲，可在空旷的地方讲。在这个基础上，自己选题、确定内容，组织语句，自己演讲，力求有说服力、感染力。与此同时，可参加一些辩论，倾听不同意见，迅速辨别，慎加筛选，表明自己的意见与态度。虽然各人情况有所不同，但只要坚持训练，从实际出发，有所侧重，必会改变"金口难开"的状况。

再次要训练思维的敏捷性和严密性。准备稿子讲，很难判定是不是好口才。关键在即席发言质量如何。要点抓得准不准，论证的理由充分不充分，遣词造句妥帖不妥帖，逻辑性强不强，都在短时间内见分晓，甚至是瞬息之间。那就要靠思维敏捷，反应灵敏。懒于思索，思维迟钝，碰到事情都慢慢来，难以练就好口才。积极主动地训练自己对客观事物的迅速反应，训练自己多方位多角度多层面考虑问题，力求思考问题日益严密。比如电视里有些节目主持人口才好，与他们反应的灵敏度高有密切关系。

当然，口才好最为重要的是脑中要有比较丰富的知识。语言为表，内容为里，腹中空空，语言表达不可能生动优美。对事物认识深刻，拥有相当的词汇量，说起话来既可一语破的，又可精彩纷呈。

祝愿同学们都能练就好口才，将来在工作中显身手。

多多未必"益善"

四川省大足县大足中学高中学生邓玲、山西省沁县师范学校冯强同学来信说，自己喜爱语文，极想把文章写好，但往往提笔忘词，不论是描摹形象，表达感情，还是发表议论，总是干瘪几句，无话可说。老师经常批评，说"读"这一关没过好，要多读。于是，我们在"多"字里窜来窜去，然而至今无多大进步，希望得到指点。

众所周知，淮阴侯韩信将兵，多多而益善，意思是越多越好。其实，多多未必"益善"。用文字写景状物，表情达意，不能得心应手，与读得怎样确实有密切关系，老师要求在阅读上下功夫，要求多读，是指导在点子上的。唐代大诗人杜甫有句脍炙人口的名言，"读书破万卷，下笔如有神"，把读与写之间的联系揭示得生动而深刻。然而，必须清醒地认识到数量不等于质量，读不等于写，多读不等于一定能写好，读与写毕竟是两个范畴。要把阅读所得迁移到写上，有效地提高书面表达能力，至少有三个问题须认真思考，认真对待。

一是读什么书。开卷有益，开卷也未必有益，就看读什么书，选择怎样的书来读。读书要善于选择，用眼力来鉴赏。以为凡书都可以读，不问书籍内容，不作取舍选择，漫无边际地读，那就会滥用精力，收效甚微。再说，现在有些书不仅内容乱编，而且文字粗糙，错误丛生，如果读这种书，不仅不能得益，反而影响语文能力的提高。至于诲淫诲盗的坏书，更是不能读。正如英国作家菲尔丁所说："不好的书也像不好的朋友一样，可能会把你戕害。"中学生读书不能太泛，乱七八糟碰到什么吞什么，又不能太窄，认为捧着作文选就能写好作文。要以所学各门功课为轴心，有计划地扩展文学读物、社会科学读物和自然科学读物。有主攻方向，又有一定的知识面，这样的读就有基础。

二是怎样读。阅读技巧、阅读方法大有讲究。首先，对所读的书籍、文章不能平均使用力量。有些只需浏览，略知一二即可；有些需认真研读，仔细咀嚼，理解要义，掌握语言；有些需熟读、背诵、积累、储存。英国哲学家培根对怎样阅读阐述得十分具体，他说："有些书可供一尝，有些书可以吞下，有不多的几部书则应当咀嚼消化；这就是说，有些书只要读读它们的一部分就够了，有些书可以全读，但是不必过于细心地读，还有不多的几部书则应当全读，勤读，而且用心地读。"

浏览的且不说，认真咀嚼的必须是文章中的精品。从语言文字到思想内容，从遣词造句到谋篇布局，从构思技巧到写作方法，均要用心揣摩，细细体味。最为重要的是动脑筋，阅读要善于思考、思考、再思考。长一些的文章或内容丰富的书可一部分一部分读懂，先分后总。北宋苏东坡据说曾用"八面受敌"法读书，他说："人之精力，不能兼收尽取，但得其所欲求者尔。故愿学者每次作一意求之。"每次读书，只注意一项内容，单路挺进，然后连贯起来，把握要旨。

理解了要印在脑子里，有些文章一晃而过，看似读了，实际上没有入心，等于没读。这种"多读"是虚假的，无实效的。读书不是为了忘却。古今中外有学问的人，有成就的人，都十分重视知识的积累。大学问家钱锺书博闻强记，读过的书，即使相隔四五十年也忘不了。在美国一次招待酒会上，有人抄了一首绝句问他，说通常这首绝句被认为是朱熹的作品，但《朱子全书》却不见。钱锺书一看就知道此诗初刊于哪一部书，并非朱熹的作品。记忆力惊人，学问惊人，这都是自幼以来长期积累的超人功力。中学生读书要在熟读、背诵上下功夫，对佳文、美句要储存在胸。不在积累上努力，脑子里空荡荡，下笔时当然就羞涩不堪。

三是有意识地运用。要把阅读所得迁移到写作中，自己就要做有心人。如元代大书画家赵孟頫夫人管仲姬诙谐地对丈夫说："把一块泥，捻一个尔，塑一个我。将咱两个，一齐打破，用水调和。再捻一个尔，再塑一个我。我泥中有尔，尔泥中有我。"后来，"我中有你，你中有我"，许多地方套用，变成写作时信手用的常用语言。阅读中词语、句子、布局、写法等均可有意识地学习、运用。

  精读,深思,积累,运用,不断吮吸养料,能促进写作能力的提高。当然,提高写作能力还有一条十分重要的途径,那就是身入生活,心入生活,这儿就不赘言了。

勇气来自执着追求

青海省师大附中陶洁、江西省东乡县第二中学王新奎、四川省荣县一中杨绿萍等同学来信说，自己是文学爱好者，很想写点什么，投给报刊，但屡投屡不中，因而锐气大减，笔提起又放下，想寻求重鼓勇气的途径。

青年学生爱好文学是值得称道的。优秀的文学作品是作家用自己从人民中间汲取来的光和热去温暖、照亮、鼓舞别人的心。经常阅读文学作品，能深入地认识自然、认识社会，受到人生的启迪。青年学生有写作的愿望，希望投到报刊社的文章能被录用、能发表，这也是可以理解的。一旦自己的劳动被承认、被肯定，内心的欢快往往难以言表。

然而，天底下似乎没有百发百中的事，写稿投递也是如此，不可能投递一篇，发表一篇，即使是有名的作家，发表文稿也常要修改、加工，更何况没有写作经验的青年学生。举例来说，何为的《第二次考试》是脍炙人口的美文，高考作文题用过它，初中语文教材用过它。这篇文章原是3 000字的散文，由于发表时篇幅上的限制，《人民日报》文艺部要求将该文缩到2 000字以内，这样，作者就须重新构思，用最经济的笔墨勾勒出两次考试的场面，设置了一系列的悬念，引人入胜，修改的效果良好。用何为自己的话来说："文章有时候确实是改出来的。"

投稿未被采用，总有一定的道理。从来信看，几乎都涉及因无人认识，故而文稿如石沉大海，音信全无。其实不然，文章能不能发表最为主要的是质量问题。质量上乘，醒人耳目，谁都会爱不释手。任何一份报纸，包括以学生为阅读对象的报纸，能受到读者的欢迎乃至厚爱，必然要讲究质量。质量好，才能赢得读者的信任。所谓质量好，当然关系到排版、纸张、印刷、美化等问题，但最重要的是文章的质量，编辑选用什么文章，是煞费苦心的。因此，投稿的命中率高不高，关键在于稿子的质量。

怎样提高文章的质量，可研究的问题很多，其中有几点特别重要。第一要弄清楚写稿的目的。是为了积极锻炼自己反映生活、表情达意的能力，还是为了发表，效果不一样。前者求真，有情可抒，有事可叙，有感而发；后者容易本末倒置，不是从笔端自然地流出，而是硬做硬写。真实就美，做作就会给人虚假的感觉。第二是须弄明白写什么，意图何在。清朝人薛雪在《一瓢诗话》中说："诗不可无为而作。试看古人好诗，岂有无为而作者？无为而作者，必不是好诗。"写文章道理相同，无论是叙事、记人、写景、状物，总有一定的意图，不能想到哪里写到哪里。比如四川荣县一中杨绿萍同学写的《愿花开时节又逢君》，从文笔看，语文水平比较好，可惜的是写作的对象不明，表达的感情是怀念，是惋惜，还是无奈，用文中的话来说，"谁也说不清"。晦涩与含蓄是完全不同的概念，含蓄能给人以咀嚼的甘甜，而晦涩只能给人以混混沌沌的感觉。对青年学生来说，写明白十分重要。一位有才华的女教师离开教坛，留给学生深深的眷念，这个题材是摸得着看得见的。叙，可以饱蘸感情；议，可以启人深思。躲躲闪闪，虚无缥缈，写作意图就不能实现。第三是在读书和认识生活上下功夫。读是吸收，写是表达。吸收得丰富，下笔才能自如。读，既要读有字书，也要读无字书。读有字书，是指多读佳作，领会精髓，学习语言，琢磨写法，增长知识，开阔视野；读无字书，是指观察生活，认识生活，了解周围的人、事、景、物，锻炼观察事物的眼力和分析问题的能力。这个基本功反复训练，久而久之，语言仓库日益丰富，思维日益活跃，有眼力，有见解，写文章就不会生拉硬扯、无病呻吟了。

由于对写文章的艰辛缺乏足够的认识，因而碰到挫折容易气馁。天底下要正正经经做成一件事，没有不付出巨大艰辛的。来信的都是文学爱好者，情趣比较高雅，只要有韧性，执着追求，勇气就会倍增。

冲破"高原现象"

河北省沧州市第一中学高三田玉柱同学来信说，自己写作文的水平比较好，文从字顺，但近来出现了裹足不前的情况，似乎步入高原，看不到尽头，心中十分惊恐，询问这种写作上的"高原现象"能否克服，有什么好办法能使自己消除这种苦恼。

田玉柱同学提的问题在高中学生学习写作的过程中经常发生，很有讨论的价值。首先须明白：任何一名同学不可能写作能力直线上升，不可能篇篇作文有显著的进步。作文要求不同，文章体裁不一样，习作者的生活储存、知识积累强弱程度有差别，写出来的作文时好时差，时精彩时一般，是非常正常的。有个阶段写作似乎有灵气，进步得比较快；有个阶段似乎落入低谷，不但未见提高，反而好像有些下降，这也非常正常。学习过程呈现波浪形或呈现螺旋式上升，应该说是常态，根本无须惊慌，重要的是静下心来，冷静思考如何在已取得成绩的基础上寻求更大的进步。

出现"高原现象"意味着自己对前一阶段作文的进步是满意的，由低而高，由平而高，写作文跳跃了一下。为什么后来就"一马平川"，不能跃上新台阶呢？须剖析原因。

也许是固定模式的束缚。小学生初学作文，教师往往不遗余力地讲述作文的"三段论"，开头，结尾，当中一段是主要内容，结尾往往还要点题，或拔高一点，阐明意义。对从未写过作文的儿童来说，"规范"一下不无益处。但长此以往，不思变化，必然束缚思维的发展，束缚运用语言能力的提高。有经验的语文教师，在儿童进入初中后，写作上先破固定模式，让学生写自由文，活跃思维。高中学生，特别是高三学生，为了应考，写议论文准备了种种模式，也就是先搭框架，然后再填上一定的内容，套上一定的比喻论证、对比论证等论证方法。乍看，结构完整，眉目比较清楚，但由于文章的结构形式所限，思维拘囿于一定的范围之内，难以有闪光的思想，难以有神来之笔。形式为内容服务，过分强调文章模式，习作者很难尽情发挥。

也许是知识囊中羞涩，急需充电。现在有种怪现象，各种各样的习题如海洋，学生耗费了大量精力，真正读书求知的时间大大减少。中学生的知识储存毕竟有限，要写得好，必须得读得好。广泛阅读，开阔视野，脑中就会不断有知识活水流淌。一本好书、一篇优秀的文章能启人智慧，开人心窍，能引人思考许多问题，联想到许多人和事，能帮助人探究事物的真相、生活的真谛。读是吸收，功课再繁忙，也要挤出时间来读，来给自己充电。长篇巨著来不及读，可读短篇，可读短文，每天坚持读一点，就有成效。当然，读必须思考。浮光掠影，等于不读。读要有所得，善于抓要领。无须贪多，贪多必然模糊一片，难收实效。生活储存也很重要，生活中充分运用感觉器官眼看、耳听，广开见闻，会学到很多生动活泼有趣的知识，活生生的作文材料会涌到眼前，任你选用。囊中饱满，电力充足，下笔就会汩汩往纸上流。

也许是写作技能发生故障。有时会发生这样的状况：胸中有物，有许多话要说，但缺乏筛选的能力，似乎样样都是宝，没一样舍得丢弃，其结果是都塞进文章，臃肿不堪。须知：写作文不仅要会做"加法"，做到材料充实，而且更要会做"减法"，裁剪不必要的枝叶，在"精"上下功夫，做到以一当十。俄国文学家契诃夫说得好："要知道，在大理石上刻出人脸来，无非是把那块石头上不是脸的地方都剔掉罢了。"这段话充满哲理，对我们写作上的选材、剪裁无疑是有益的。有时还会出现这样的情况：开篇下笔如顺水行舟，思维敏捷，笔尖流畅，写到中途，思路突然堵塞，笔似乎下不了水，于是就硬写、硬挤，写出来的文章前后很不协调。碰到这种状况，应停笔潜思，重新梳理思路。可能打腹稿时考虑欠周密，可能线索拿得不准，不能一以贯之，可能某些材料仅知皮毛，运用时方知力不从心。凡此种种，只要从实际出发，对写作设想略作调整，电路接通，语言就会顺畅起来。

  总之，原因多种多样，在每个人身上反映的各不相同。查清原因，对症施以良药，必能冲破"高原现象"，使写作能力有新的进展。

方法正确，效果自佳

杜贞坤等同学：

你们提出的怎样才能使课外阅读更有效果的问题是很值得探讨的。生活在现代社会的青年学生，如果只抱着几本教科书不放，课外不读书报杂志，无疑是自我闭目塞听，关闭接受大量的信息渠道。社会在发展，科技飞速进步，新知识、新技术层出不穷，书报杂志作为传播知识、传播信息的重要媒介，青年学生应花一定的时间与精力与它们接触。语文教师提倡学生课外多读书报杂志，是正确的，积极的。

为什么效果不理想呢？在以下几个方面可能你们注意不够。

一是读书要精选，千万不能捡到篮里就是菜。好书犹如美好的社会，能培养高尚的情操和人格。选书不当，徒然浪费时间，有些内容芜杂、情节杜撰、文字拙劣的书，读了确实白费精力，至于内容不健康的，读了只有害处。有的缺乏鉴别能力的青少年沉湎于武侠、言情小说之中，胡思乱想，消耗青春及生命，就是令人痛心的事。在出版物良莠并存的今天，精选好书读，至关紧要。

二是要主攻方向明，茫无目的地这个翻翻，那个读读，就会在茫茫书海中沉浮，弄得不好，空手而归。书报类别很多，在初中或高中学习阶段，主要想读哪些类别的书报杂志，心中要有个总体框架。政治类、文艺类、科技类、史地类等都可读。某个时间段因为课内学习的需要，可在课外找一些相应的书阅读，既帮助解决课内的疑难，加深对课内某些知识的理解，又开阔了视野。如果你的目的在有效地提高写作水平，那你课外阅读的主攻方向应定在小说、散文、科学小品、一事一议或多事一议的短论上，而不是花相当精力看文章作法。读上述范围的书，要选精品，要多读短文，短而精，便于解剖，便于从写作技能技巧中获得借鉴。长篇小说、长文，也可读，其他类别作品也可涉猎，但一般浏览即可。平均使用力量，难以取得好效果。

三是要学会读书，善于消化吸收。读书如果只是目光的移动，没有入脑入心，就等于不读。读书一定要认真思考。思，才能读懂词句，理清写作思路，领悟文中深意，从中吸取养料。读而思，结合学过的知识，新旧联系思考，就能温故而知新；结合实际，包括过去的和现实生活的，进行思考，对文中阐述的道理能加深认识，并能运用书中的哲理分析问题，解决学习、生活中碰到的问题，就会品尝到读书的真正的欢乐。写阅读笔记是读书的一种好方法，但不能烂，要讲究质量。为写而写，是不会有好效果的。写笔记须讲究精要，阅读确有心得体会，记下来，不断积累，就可能终身受用。如果阅读时脑子里模糊一片，动笔时写些人云亦云的话，就会徒劳而无功。

最后谈一点朗读与默读的问题。朗读与默读都是读书的方法，谈不上谁好谁差。关键在阅读的目的是什么。要求深入思考，当然采用默读方法合适；要求体会文章的气势、词句的铿锵，当然朗读更能有效果。朗读并不是声音越大越好，它是有一套规则、一套学问的。

你读书很认真，写阅读笔记也很刻苦，只要方法正确，又持之以恒，学习上必能有长足的进步。

祝好！

关键在于"化"

新疆乌鲁木齐市八一中学高三文科班邢志荣同学、江西抚州市某中学高中生吴淑琴同学来信说,他们都喜爱语文,一心想提高写作能力与文学修养。为此,他们抄录了许多名言警句,本以为对写好作文会大有帮助,但实践下来没有什么效果。于是,产生怀疑,是不是过去的抄录浪费了时间和精力,希望找到答案。

学语文,积累很重要。积词积句,背诵美文佳作,丰富语言,丰富知识,丰富思想,对提高使用语言文字表达情意的能力,对加强文学修养很有帮助。摘录名言警句是积累的一种方法,而且是行之有效的一种方法,这已被无数成功的事实所证明。产不产生效果不可简单地归咎于这种积累方法,应认真分析,寻找原因,有针对性地加以解决。

要使摘录的名言警句产生效果,关键在于"化"。食而不化,或者是根本未"食",营养价值当然就难以发挥。怎样才能"化"呢?

深刻理解是"化"的第一步。名言警句之所以能使人振聋发聩,之所以能启迪人、教育人、开人心窍,是因为这些语言是思想的结晶,它反映了这些语言创造者对宇宙、对世界、对人生、对事物独具慧眼、独辟蹊径的思考,内涵极为丰富,透射出智慧的光芒。摘录时仔细咀嚼,反复体会,就能从中深受教益。比如英国哲学家培根有句名言,高中学生几乎都接触过,但理解、领悟的程度就大不一样。这段话是:"阅读使人充实,会谈使人敏捷,写作与笔记使人精确。……史鉴使人明智,诗歌使人巧慧,数学使人精细,博物使人深沉,伦理之学使人庄重,逻辑与修辞使人善辩。"粗读,摘录一下,可能仅理解到哲人知识渊博,对众多学科、众多技能对人的培养作用能列举一连串,启人思考。再咀嚼一下,会惊叹哲人高度概括的能力。"充实""敏捷""精确"等，不是一个个普通的词语，而是经过无数事实的积累，从正反经验中提炼出来的结晶。例如"阅读使人充实"，就可体会到人的成长离不开直接经验和间接经验。人不可能事事直接经历，人要在有限的生命时间里获得人类创造的精神财富，成为知识富有的人，就得借助别人的经验，阅读就是最好的途径。书是知识的源泉，每一本好书会在你面前打开一扇窗户，使你看到一个不可思议的新世界，脑子里要除去无知、除去愚昧，赶走精神上的贫乏，就得重视阅读，精读博览，涉猎古今中外佳作。心灵空虚、头脑空白，是人生的悲哀；一个人精神生活充实，知识富有，就能真正尝到人生的价值、人生的欢乐。"充实"一词把阅读的意义和作用表述得如此朴素、如此深刻、如此精辟，更易一下，很难囊括那么多的深意。再咀嚼体会，可发现每一个分句都是一篇长文的浓缩，都是一本人生启示录，内容的丰富可以尽情展开想象。从知识到思维，从道德到言辞，从机智到洞悉事物的能力，均作了深刻的阐述，言简意赅，确实可作为座右铭。如何深刻理解，上文仅举其一二，同学们自己阅读摘录时完全可以超越。

要"化"，就得加强记忆，注意在脑中储存。学生摘录名言警句常有这种情况：发现时惊喜，然后兴奋地抄写在本子上，可惜的是抄写完也就万事大吉。写在本子上的，即使再漂亮再丰富，也不等于是自己已经占用。不注意在脑中储存，就等于食物咬了一口又吐了出来，其中的精华并未吸收。如果抄录时漫不经心，那就等于食物未食。求学时期，对知识要有强烈的占有欲望，写在书上、记在本子上的知识是不属于自己的，只有理解了，记住了，才会用得上。当然，要背诵出所有的名言警句是比较困难的，但是青年学生记忆力强，择其中精彩的背诵出来是不困难的。有些虽背不出来，但有印象，只要外界事物一触发，马上可以联想起来，迅速翻检。

"化"还得采取拿来主义的态度。任何名人名言都是彼时彼地特定背景下的产物，生搬硬套不可能使自己的文章生色、增彩，甚至弄巧成拙，非驴非马。名人名言自己理解了，消化了，从思想高度上获得启发，从情操上获得陶冶，从认识事物、洞悉问题的方法上获得借鉴，对写作能力的提高必有帮助，这种提高是无形的，不可能用数据来衡量。在食而消化的情况下，从自己某篇作文的实际需要出发，引用名人名言，拿来为我所用，可增添文章的分量，增添说服力或感染力。

抓住"化"字，劳后必有功，不会浪费时间和精力。

迎考，须镇定自若

宋帮达、郭昕、龚华等十多位同学来信说，高中或初中毕业前夕，升学考试深深地困扰自己，心里慌乱，脑子里乱哄哄的，好像满脑子记住的东西很多，又好像记忆力衰退，什么都不记得，希望能得到指点。

同学们的心情是完全可以理解的。要打胜仗，战前必须秣马厉兵；要能在升学考试中发挥出最佳水平，考前须做充分的准备。怎样才能准备得有效？我看首先要有大将风度，从容不迫，镇定自若，千方百计克服困难，有坚定的信心。千万不能自己吓唬自己。心里慌，阵脚必乱，复习功课时效果必然受影响。

去除了心慌意乱，就能够冷静下来思考一些问题，做到有计划有目地复习功课。复习要讲究方法，从自己的实际情况出发，不能把什么东西都硬往脑袋里塞，弄成乱麻一团。

复习的过程应该是把所学的知识梳理、归纳，使之条理化的过程，是取舍详略、突出重点，使理解与记忆加强的过程。复习时不能如有的同学来信中所说，一篇篇课文都花时间读，什么都记，但什么都似乎记不住。语文总复习时可以分成四大块分别复习，这四大块是：基础知识、现代文阅读、文言文阅读、作文。

先说作文。作文关键在平日训练的功夫，似乎不必花更多时间复习。但有几点须弄得十分清楚。一是审题。题目要一字一字认真读，认真思考，准确无误地掌握题意。千万不能偏离或遗漏题目的要求。无论是记叙文、说明文、议论文，也无论是材料作文、情境作文、想象作文，都要弄清题意，把握要求。二是确立中心。文章要有主心骨，不可散漫无边。三是结构。要清晰、完整，不可杂乱、残缺。当然，语言通顺是最基本的，但非一下能解决。作文虽说考前不必多花时间，但考试时必须切实把握好以上几点。

再说现代文阅读。可按不同文体分类复习。如把记叙文的一个个知识点串联成一条知识链，使之系统化。记叙的要素、记叙的顺序、人称，肖像、语言、心理、行动等描写，环境描写、细节描写、正面描写、侧面描写等穿在一根链上，自己掌握的一带而过，自己不熟悉的或掌握得不牢固的，就多花一点时间，直到弄懂为止。选一些典范的课文，结合有关知识进行分析，加深理解。易读错写错的字词须记正确，该背诵的须背熟。说明文、议论文、散文等不一一列举了。文言文阅读、基础知识复习，也可以此类推。

经过梳理、归纳，脑子里线条清楚，该补什么，该强化什么，心中就有底，考前复习见成效，信心就增强了。再说，一名初中三年级学生，经历大大小小考试不下百次，可谓身经百战，更不用说高三学生了。只要注意总结经验教训，定能信心倍增。

总之，考前要尽力，考时要放松。正因为考前尽了心，于心无愧，就会怀着轻松的心情走进考场，从容不迫地夺取胜利。

虚假不得

肖玲同学：

你在信中提出了一个中学生应高度重视并应认真解决的问题，那就是应该如何制止并消除考试中的作弊现象。

众所周知，作弊是考试中的偷窃行为，是不登大雅、被人耻笑的行为。既然如此，为什么又屡禁不止，手法越来越高明，并有蔓延之势呢？我觉得要从三个方面来解决这个难题。

从学校方面说，应加强说服教育，陈述作弊行为的实质与危害，并绳之以校规校纪，以达到塑造学生心灵的目的。对正派的、不作弊的同学来说，要敢于规劝有作弊动机和作弊行为的同学，晓之以理，要热情帮助他们克服学习上的困难，鼓励他们通过自身的努力取得好成绩。

然而最为重要的还是作弊者自己痛下决心，与作弊行为决裂。因为前面两个方面都是外因，作弊者自己才是内因，外因要通过内因才起作用。为什么有的学生考试总想作弊呢？探究病因方能根治。

首先是一种心理上的病态，在付出与获取的关系上失衡。种瓜得瓜，种豆得豆，要在学习上取得好成绩，当然须付出艰辛的劳动。毛病出在想少付多取，或不付就取，于是动脑筋走歪门邪道，弄虚作假。其实，弄虚作假、作弊也是要花时间和精力的。我曾见过一些作弊的夹带，字像微雕的一般。何苦呢？花这么些时间，那几条公式、几项定理早背在心里了。

其次是受社会上不良风气的侵害，荣辱颠倒。不法商人销售伪劣产品，图谋暴利，不以为耻，反以为荣。青年学生如缺乏坚强的意志，就在不知不觉中中毒、受害。过去如果某名学生在考试中作弊，不仅他本人在班级里抬不起头，大家也以此为耻辱。现在有些人，对什么叫"耻",已经有几分麻木。青年学生应该唤醒羞耻心,因为这是人格的组成部分。

再次是认识上的短视。只顾考试分数,不管实际本领。分数不过是学习掌握情况的某种反映,它不是求学的目的。求学的真正目的在于学习做人的道理,掌握做学问、做工作的真本领。用虚假的手段去猎取好成绩,欺骗自己,欺骗别人,在生命的路程中留下永远擦不掉的阴影,又有什么值得呢?

最为根本的是缺乏志气。人无志不立,没有志气就不能挺直身子做人。学习当然会碰到种种困难,要真正学到知识,掌握本领,就得专心致志学,勇于克服困难。只要功夫深,铁杵也能磨成针,何况中学阶段学习上的困难?青年人特别要有志气,要长志气。从小养成克服困难的锐气和勇气,将来一辈子受用不尽。

有过作弊行为的改了就好。青年人不怕犯错误,就怕不改;改了,做人就会跃上新台阶,就会举一而反三,领悟到许多道理。

心旌不宜飘荡不定

甘肃省定西县东方红中学高三（2）班贾雄同学来信说，高考即将来临，自己异常困惑与彷徨。面对升学与就业，面对家乡的贫穷与落后，时而学习信心百倍，时而心乱如麻，时而感到前途光明灿烂，时而又觉得举步维艰，时而为过去曾名列前茅而欣喜，时而又因为名落孙山而无奈，如何才能摆脱这种困境，希望能得到良策。

贾雄同学这种思想状况在一部分即将毕业的高三学生中很有代表性，用一句话来概括，就是心中的旗帜飘荡不定，很是苦恼。

为什么心中的旌旗会飘荡不定呢？高中学习阶段结束，面临生活道路的抉择时刻，有这样那样的想法是不足为怪的。青年，对前途有憧憬、有追求，前思后想，左顾右盼，企望在继续深造中找到自己的位置，在就业大军中觅到自己的良机，因而，想得多一点，想得深一点，想得复杂一点，本无可非议。问题在于不能较长时间淹没于其中，搅得头昏脑涨，不得安宁。心情像钟摆似的摆个不停，忽这忽那，心绪不宁，心神不安，学习必然受影响，乃至裹足不前。怎么摆脱呢？

牢牢把握现在最为重要。距高考的时日已屈指可数，复习已进入了倒计时。时间十分珍贵，不允许我们学生在彷徨、困惑中抛掷。革命先烈李大钊说得好："今是生活，今是动力，今是行为，今是创作。"不管日后是升学还是就业，高中学了三年，应该把握时间进行系统复习，把零散的知识梳理成序，不理解的加深理解，薄弱部分弥补上，不熟练的加强训练，错误的加以纠正。复习，温故而知新，文化基础打扎实，不仅应考能力强，而且一辈子受用不尽。过去学习上的成功与失败，从吸取经验与教训的角度思考未尝不可，如忽而沾沾自喜，忽而颓唐沮丧，那就大可不必。为已逝去的往事心潮掀波澜，徒然搅乱思想，于事无补，于学习不利。今日就是学习生活，今日就是学习的动力。美国作家惠特曼曾这样说："我现在的这一分钟是经过了过去无数亿万分钟才出现的，世上再没有比这一分钟和现在更好。"

要心旌不飘荡，须在"沉稳"上下功夫。年轻人容易浮躁，遇到事更是不知把心往哪儿搁。要懂得：心必须放在心窝里。放在心窝里，就能头脑清醒，有条不紊地安排自己的学习、生活，遇到困难，想办法攻克；就能沉着、稳重，事情一件一件做，学科一门一门复习，问题一个一个弄懂，习题一道一道完成，而不是天马行空，不着边际。心要静，心静就安，就不会患得患失。"沉稳"还表现在对前途的执着追求与坦然自若。

继续升学，获得深造，几乎是所有高中生的愿望。因而，应孜孜以求，日复一日，年复一年，使自己的知识日益丰富，读写能力、自学能力、解题能力等日益增强。为了成为祖国的有用人才，年轻时就必须奋发努力，艰苦学习，有所追求。然而，读大学继续深造的毕竟数量有限。根据我们国家的国力，到20世纪末，只能普及九年义务教育，而且只是基本上普及，即使达到了这个目标，还要花极大的气力，克服种种困难。要普及大学，每个高中生都进大学，在短时间内是脱离实际的，做不到的。高校选拔学生有科学性，也有一定的偶然性。由于种种复杂因素，有的学得比较好的同学考试失手也是有的。尽管如此，仍然要坚持不懈地努力。

生活道路宽广，升学并不是唯一出路。在事业上有成就的人，有学历层次高的，也有中等学历的，乃至低学历的。关键在于有一颗为祖国服务、为人民服务的火热的心。行行工作都有学问，行行工作都有出息，只要明确意义，忠于职守，深入钻研，悉心进取，总会卓有成效。"抓斗大王"包起帆、营业员马桂宁、水电工徐虎，都是杰出的代表。他们的文化水平原本不高，但出于对事业的无比热爱无比忠诚，边干边学，刻苦钻研，有的在国际在全国频频获得发明创造奖，有的形成一整套服务艺术，有的把温暖送到千家万户。事在人为，只要尽心尽力干，前途必然光明。

把事情想清楚，想深想透，心情就会平如镜，不会飘荡不定。

行进，坚定不移

有些同学因为投稿失败而导致文学梦破灭，这个问题也是值得讨论的。我手头就有好几封这样的信。如江苏省姜堰市苏陈中学刘红梅同学来信说，自己痴迷文学，并有写作热情，于是向报纸三次投稿，然而三次皆失败，大大挫伤了自信心。又如山西省长子县一中王少科同学来信说，自己热爱文学，曾数十次投稿，均未被录用，心中烦躁不安，对文学的爱好也发生动摇，因而寻求指点。

要解决这个问题，首先须弄清楚自己为什么爱好文学，目的何在，是一时感情冲动，还是作过某些理性思考。比如，读了几首诗、几篇散文，或读了一部小说，被其中刻画的某些人和事、某些精彩的语言所吸引、所感动，于是油然生起了热爱的感情；这种感情又驱使自己关心文学作品，到文学宝库中去觅宝，去开阔视野。在较为广泛的阅读和比较深入的阅读中，认识到文学对人生的意义，初步体验到文学对生活的魅力，对自己成长、成熟，从思想到情操到语言的作用，感受到读优秀文学作品不仅锻炼自己的眼力、思考力、想象力，而且能吮吸众多的精神养料，使自己的内在气质发生变化，使自己的内心世界丰富起来。如此步步深入，对文学的热爱就会由情入理，情理兼备，基础牢靠。

由热爱阅读进而有写作的愿望，有创作欲，想反映生活，褒善贬恶，这也是十分正常的。从许多作家的创作道路中都可寻找到与这类似的心灵轨迹。学生时代观察生活，思考人生，把所见所闻所思诉之笔端，写成诗，写成文，投到报纸杂志，希望发表，这种写作积极性可喜可嘉。不过须注意的是热爱文学和诗文发表之间不能画等号，更不能因诗文几次未能发表而动摇对文学的感情。否则，不是对文学缺乏真切的认识，就是对文学还缺乏真正的感情。

热爱写作不等于马上就能成功。一篇文章能不能发表有主客观的因素。写什么，怎么写，其中学问不少；阅稿人的审稿眼光，某报刊的编辑意图，稿源的充沛与匮乏，等等，均关系到稿件是否被录用。不用说学生的一般作品，就是世界上的名家名作，有些也曾未能逃过退稿的厄运。大家熟知的法国著名小说家福楼拜所创作的《包法利夫人》，就曾遭到退稿的命运。退稿信上写着：整部作品被一大堆甚为精彩但过于繁复累赘的细节所淹没。又如美国名作家詹姆斯·乔伊斯是 20 世纪最重要最有影响的小说家，他的作品《尤利西斯》就被退过稿。退稿信是这样说的：我们以极大的兴趣拜读了小说稿，极愿将小说付梓，然小说的长度是我们目前难于逾越的障碍。任何一个印刷商都不愿意承印此书，而按我们现在的出版周期，出版一部 300 页的书至少需要两年时间……故将手稿退还给您，还望海涵。仅举两例，就可知发表、出版与否的原因多种多样。如果碰到困难，他们就改变初衷，创作上都偃旗息鼓，那怎么可能有以后那样举世公认的成就呢？

投稿不仅要有勇气，而且要有韧劲。人世间要真正做成一件事特别是一件好事是极其不容易的，其中付出的艰辛往往难以用简单的数据来衡量。尚未踏上人生征程的青年学生对此还缺乏认识，缺乏充分的思想准备。投稿不过是一种小小的考验，要经得起，不能一碰就碎，脆而不坚。

关键还在于要在稿子上下功夫。写的内容要实在，要清新，总要有闪光点，给人以惊喜、以沉思、以追寻、以遐想。平淡如水，人云亦云，稿子就立不起来，当然也就不可能被礼遇。比如写亲情，描绘与歌颂母亲的哺育之恩，如果只是泛泛而谈，文章就无分量，也无多少意义；如果有独特的视角，写出自己独特的感受，效果就大不一样了。我也常收到同学寄来的文稿，比较普遍性的问题是内容平平，乃至空泛，诗也好，文也好，往往是一些华丽的或故作深奥的词句的拼凑。语言文字是表达情意的工具，情真，意实，笔端的语言就会有灵气，就生动流畅，不佶屈聱牙；语言要磨炼，要选用最恰当的词句表达自己的情意。抄录下来的语句虽美，但毕竟是别人所思所想，只有植根于自己思想感情土壤中的语言花朵，才勃勃有生气。

做任何一件事，认清目标，能坚定不移走下去，都需要足够的勇气，走文学之路也是如此。

四、人际

要主动沟通

山西省临猗县钟文敏同学来信说,自己学习成绩有所下降是由于前面学过的知识有漏洞,正想办法补,可是父母不这样看,认为是交友方面有问题,因此发生矛盾,询问该怎样处理才能消除矛盾。

学习成绩下降,父母心里焦急,作为儿女,这一点应该理解。下降的原因往往是多方面的,学的知识不巩固,在有关学科的知识链中断裂几环,是常见的原因。父母可能没有对这个问题做较为深入较为全面的调查研究,因而提出来的结论一时令人难以接受。然而,不管这个结论的准确性如何,交友问题是青年学生要十分重视、切不可掉以轻心的问题。

选择朋友要谨慎。伟大的思想家孔子在《论语·述而》中说:"三人行,必有我师焉。择其善者而从之,其不善者而改之。"革命前辈谢觉哉在《交朋友的道理》一文中谆谆告诫我们:"和好人交朋友,受到朋友的帮助,自己就随着好了,所谓'与善人居,如入芝兰之室,久而不闻其香';与坏人交朋友,受到朋友的侵蚀,自己就随着坏了,所谓'与不善人居,如入鲍鱼之肆,久而不闻其臭'。所以我们要知道'择交',要交'益友',不交'损友'。"显然,无论是古人还是今人,都十分强调选择朋友的重要,要选择好人做朋友,朋友的优点要学,朋友身上的缺点要引以为戒。

一般地说,青年学生交的朋友多是好人,坏人极少。如果交的朋友都是同学,那更是好人多。且不说坏人坏思想坏行为的侵蚀、作崇，就是与好人为友，也有许多值得注意的地方。朋友之间相处，在思想、情感、行为、习惯等方面会相互影响，而且这种影响往往是无声的、潜移默化的，难以用数据表达。例如，朋友在一起，经常议论的话题是什么，是谈学习、谈人生、谈事业、谈前途，还是谈吃谈穿、谈金钱、谈享乐？谈论的基调是健康的、积极向上的，还是庸俗的、无聊的，乃至错误的？积极的内容给人以激励、鼓舞，消极的内容在不知不觉中给人的思想、人的感情蒙上一层阴影。一次两次不觉得，久而久之就大受影响，或变好，或变得不好。因此，交友必须有选择性，和朋友在一起要以"有益于健康成长"为主旨。

与朋友相交不能如胶似漆，整天泡在一起。学生的任务是学习，学习怎样做个有理想有道德的人，学习科学文化知识，学习将来做工作的本领。要取得明显学习效果，须集中精力花相当多的时间独立思考，独立钻研。如果三朋四友闲聊，言不及义，宝贵的时间就会如流水般消逝，而消逝了的时间与消逝的青春一样，是任何人都拉不回来的。当然，与朋友学习上切磋，文娱体育活动中共乐，是必要的，也是应该的。

如果懂得了这些，在思想感情上就与父母能沟通。再主动地向父母陈述学习成绩有所下降的具体情况，请父母当参谋，作指导，共同分析原因，这样不仅能密切关系，消除矛盾，而且找准原因，对症下药，学习成绩会明显提高。

要学会化解

江苏省兴化魏庄中学李玉珍同学、广东省从化良口二中柯秋花同学、广西南宁上尧一中陈艳同学来信说，由于家庭纠纷缠绕，上课经常走神，注意力难以集中，学习成绩下降，希望能指点迷津，解除苦恼。

三位同学的心情是完全可以理解的。谁都想有个和睦温馨的家，尊老爱幼，互尊互让，生活上妥帖顺当。然而，现实生活中并不如此，不少家庭存在着这样那样的矛盾，生活秩序被搅乱，思想情绪受震荡，学习、工作受影响。怎么办呢？在家庭成员中，自己是小字辈，能不能在其中起作用呢？起怎样的作用呢？

我看首先是承认矛盾，正视矛盾，不回避，不怨天尤人。任何一个家庭一丁点儿矛盾都没有，是不可能的。吃饭不小心，牙齿和舌头还会打架，更不用说人与人之间的关系了。两代人甚至三代人同住在一起，发生这样那样的摩擦，毫不足怪。采取唯物主义态度，承认客观事实，心里就会平静，头脑就会冷静，脑子里就不会被家庭里的阴影笼罩，更不会莫名其妙地被卷入矛盾漩涡之中而不能自拔。

其次要善于剖析矛盾。比如来信中说到奶奶和母亲之间的矛盾不可调和，是什么原因造成不可调和的呢？须细细琢磨。婆媳矛盾似乎是家庭不和的永恒主题，有的是传统偏见，互相看不惯；有的是钱财之间的隔阂与分歧；有的是别人介入挑拨离间，凡此种种，矛盾的形式类似，形成的原因各异，弄清来龙去脉，心里就有底了。又如父母之间的矛盾，从吵架到动手，牵连到哥哥，牵连到祖父，其中必有复杂原因。有性格问题，有感情纠葛，有对长辈的态度，有对子女的偏爱，有对家庭收入处理的意见等。对这些做一番调查研究，就能理出头绪，解开矛盾的结。至于母女之间、父子之间的矛盾，常因期望值过高而引起，与上述两种情况的矛盾比，毕竟简单一些。家庭中这矛盾那矛盾，说老实话，很少涉及大是大非，鸡毛蒜皮不登大雅之堂的小事比比皆是。

重要的在于化解矛盾。剖析矛盾的目的在于化解矛盾，增强家庭成员之间的相容性和凝聚力。要化解，一是自己定位要定得好，千万不能偏这偏那，立足点要高，要立足于搞好家庭团结的高度，多方促成，不能简单地评是说非当评判员；二是要一片真诚，精诚所至，金石为开，对长辈做工作，同样要在真诚上下功夫，使矛盾双方明白融洽和谐之利，懂吵闹不和之害，动容动心；三是要根据不同的人的性格、脾气、特点，采用不同的方法规劝，剖析事理，选择最佳时期劝说，使矛盾降温再降温，劝说时千万要把握好自己的身份，恭敬、诚恳，使长辈乐于接受；四是通过十分可信的亲朋好友迂回做工作，形成合力，形成和睦的氛围。总之要学会化解矛盾，促使家庭生活和和美美。

化解矛盾要有信心，要有耐心，不可能一蹴而就，不能一碰到困难就偃旗息鼓，要认准目标，坚持不懈地努力，日久就能收到成效。化解矛盾需要时间，人的思想感情的转变必有过程，因此，不能因矛盾未解开或未根本解决而延误学习。年轻人要增强自身的修养，遇到事情要提得起，放得下，黏黏糊糊于事无补，徒然苦恼自己。学习时要锻炼自控能力，把外来的干扰、不愉快的事一股脑儿放到脑后。脑子里晴朗、清爽，学习效率一定会提高。

和睦、欢乐的家庭不是从天上掉下来的，是家庭成员共同创造共同努力的结果。祝愿这几位同学通过努力，享受到家庭的温馨。

心灵的召唤

广西玉林市玉林镇七中有几位学生（来信希望不要署真名，我尊重写信人的意见）怀着焦急的心情询问我怎样才能帮助一位同学迷途知返。信中说这位男同学原本学习成绩名列前茅，后与几位"烂仔"弃学打工，别说成绩急剧下降，就是人也变得消极沉沦，自暴自弃，为此，大家很痛心，希望能寻找到有效的方法，帮助这个在青春迷宫里失去了方向的羔羊。

写信的几位学生的真情使我感动。有同学掉队，往深渊里滑，忧心如焚，想尽力帮助，又苦于无效。这种对同学负责的态度，这种纯真的感情值得称赞。

要帮助这位迷途的打工仔，首先要做一番认真的调查研究，从家庭到学校、到所交的朋友，从打工前的思想到打工中的社会影响、到重返学校的认识及表现，等等。只有弄清楚事情的来龙去脉，弄清楚他思想的演变，才可能有的放矢地进行工作。对这种濒临失足边缘的人，只从良好的愿望出发，主观地说些大道理，是无济于事的。

青年学生不是生活在真空当中，每一个人所处的环境不可能是纯而又纯，干净又干净，关键在如何认识环境，如何对待环境施加的影响。一名还没有接受完九年义务教育的初中学生为什么要打工？是家境清寒，无力供应读书？是想提早自立，减轻家庭的负担？还是羡慕钱财，想吃吃玩玩，乱用乱花？人是会变的，尤其是青年学生，对社会上纷繁复杂的现象缺少分析能力，缺少判别正误的清醒的头脑，只要思想一偏，怕吃苦，怕奋斗，好逸恶劳，拜金主义、吃喝玩乐的享乐思想就会乘虚而入，腐蚀再腐蚀，轻则侵害肌肤，重则深入心灵，如不及时诊治，后果不堪设想。事实上，每个学生都会接触到社会上很多好的东西，如日新月异的建设成就，迅猛发展的科学技术，为祖国两个文明建设做出巨大贡献的模范事迹，教师为培养国家有用人才而奉献青春、奉献智慧的敬业精神，这些都是培养青年学生成才的沃土。绝大多数青年学生随着年龄的增长，越来越懂事，越来越激励自己努力奋进，立志成为思想好、品德好、有文化、守纪律的公民。心术正，就能自觉抵制不良思想的影响，对是是非非就有火眼金睛，不怕妖雾迷惑。因此，要有效地帮助这位同学，就要把他的想法摸清楚，不仅是表面的，而且是较为深层的。他究竟想什么，对家庭、对学校、对社会、对自己的前途，都要弄清楚。当然，这不是出问答题要他答卷，而是通过谈心、访问，理出头绪。其中必有指导行为的思想。

交友须慎重，交友不慎往往是走下坡路的诱因。因此，这位同学交怎样的朋友，为什么是"烂仔"，都要认真了解。甚至"烂仔"怎样会"烂"，以什么来诱惑这位同学，他们经常谈论的话题是什么，他们在一起经常干什么，他们的家庭、朋友，他们背后还有些什么人，都须作一番了解。了解，没有其他目的，只是为了教育，为了帮助。一个人中了邪就好像着了魔，往死胡同里钻，此时此刻需要巨大的力量往外拽。诱惑力的诱因找准，对症下药，力量对比就会起变化。坚持不懈地做工作，不仅能解救一个人，而且可能解救一批人。

当然，帮助别人最重要的是满腔热忱，千万不能有丝毫的歧视。迷途的羔羊毕竟是羔羊，要满腔热忱满腔爱地对待他。一要晓之以理。以大量的青少年成才与堕落的事例进行正反对照，说明青年学生选择人生道路的重要性与严酷性。有远大理想的人心明眼亮，坚持走正道；反之，就歪歪斜斜，甚至走向毁灭。生活无情，关键在自重，把握人生的方向盘。二要动之以情。让迷失方向的人感到集体的温暖，感到有许许多多双充满友谊的手拉他、拽他，有许许多多颗火热的心关心他，有许许多多双期待的眼睛期待着他。人非草木，孰能无情？即使犯有严重错误的人思想也是充满矛盾的，也是有丢弃错误改邪归正的愿望的，只要抓住时机，积极引导，是会取得成效的。

希望这位同学不辜负国家的期望、师长的期望、同窗的期望，迷途知返，希望班级同学从事这项心灵召唤的工作取得成功。

千万不能错位

山东省烟台市福山中等职业专业学校机械一班杨梅娉同学、上海市鞍山中学方岚同学和山东省临沂市义堂镇中心中学李玉同学来信说，自己当了学生干部，或者是学校的，或者是班级的，或者是管宿舍的宿舍长，原来要好的同学疏远了，甚至不理睬，如同陌生人，有些事老师责怪，同学埋怨，自己两头为难，苦恼万分，希望能得到指点。

这三位同学碰到的情况在不少学生干部身上也有所反映，因而是一个值得讨论的问题。要解决问题，先得寻找形成问题的原因。学生干部与同学之间的关系如果不和谐，甚至有对立情绪，原因往往是多方面的，我认为，在众多原因当中，首要的是从自身寻找，这一点有所突破，其他问题就会迎刃而解。

十分重要的是定位，把自己的位置定在何处，如果错位，就会在不知不觉中产生一系列矛盾。学生干部是学生，这个坐标定位一点也不能含糊，是生活在同学之间，与同学一起学习、一起参加活动、一起锻炼的伙伴，绝不是凌驾于同学之上的人。学生干部不应该简单理解为管学生的人，呼么喝六，必会产生种种矛盾。学生群体要学习，要活动，要锻炼，就有个管理的问题，学校要管理，教师要管理，学生也要参与管理，逐步实现自理、自律、自治的目标。应培养与发展的需要，诞生了学生干部。学生干部应是学校与学生之间、教师与学生之间的桥梁，是为学生健康成长服务的，服务意识要强，和同学之间应努力做到亲密无间。

学生干部不能有异乎同学的特殊待遇，而是要强调表率作用。比如学习各门功课，虽不必也不可能门门优秀，但上课专心致志，善于思考，发现问题，并进而分析和解决问题，提高自己的自学能力，应该积极追求，力求做到。当然，一下子难以全面实现，但可以有意识、有计划地在某门学科或某两三门学科中多用点心，取得经验，然后再扩展到其他学科的学习。又如遵守纪律问题，要懂得培养"四有"新人中有一个方面就是要有纪律。偌大的国家，人口众多，一所学校，学生众多，没有纪律约束，就不可能井然有序，就会影响学习质量、工作质量的提高，就会影响事业的发展。因此，对学生来说，在学校里学有学规，考有考规，食有食规，宿舍有宿舍的规矩。这些规章制度所有学生都应遵守，而学生干部不仅毫不例外，而且应率先垂范。可在现实生活中我们常见到这样的情况：上课了，一名学生干部匆匆走进教室，于是全班视线集中在他身上。为什么迟到？不是玩，而是完成什么事情。事情虽小，一件件积累，久而久之，同学就觉得你特殊，你例外，于是感情上有隔阂，疏远了。事情应该完成，但应该放在什么时候完成，要事先考虑周到，千万不能抓了这个影响那个。榜样作用十分重要，行动就是无声的命令。身正，有令则行；身不正，有令不行。古人总结的言传身教的经验寓意非常深刻。

学生干部要善于团结同学，带领同学共同进步。要团结同学，首先要了解同学，某位同学的性格、脾气、习惯、爱好要粗知一二，要看到他的长处与不足，尤其是长处，要多看，要看清楚。一般来说，青年学生都有上进心，一个人的健康成长主要靠内驱的动力，教师也好，同学也好，帮助他不断发扬优点，克服缺点，他就能进步。比如打扫宿舍，除了自己以身作则外，给谁安排怎样的打扫任务，可以因人而异。如果有怨言，应分析一下，是任务太重，分配不均匀不合理，还是时间选得不恰当，找准原因，可交换意见，甚至可作点自我批评。如果确实由于某某同学懒惰，或只顾自己，不顾集体，事后也可与他交换意见，打比方，讲道理，一次不行，两次，两次不行，三次，以诚对待同学，久而久之，对方就会感动，就会心悦诚服。也许这几位同学会说：当干部太难了，委屈太多了。确实如此，当学生干部不容易，当好更不容易。

不过，话得说回来，同学对学生干部要理解，要支持，不可用挑剔的眼光对待他们。学生干部和自己一样，也是学生。学生干部所做的工作是为大家的,是为了大家学习有序,生活有序,更好地进步。对他们来说,就是多花时间,多花精力,是实实在在的奉献,实实在在的服务。作为学生,是群体中的一分子,应该与他们友爱团结,尊重和肯定他们为大家服务的精神。大家都为集体的形成而努力,都遵守集体的纪律,班级里、宿舍里就会气氛和谐,积极向上。

宽容·坦荡

新疆石河子袁媛、贵州省遵义市技工学校杨珍等同学来信说,与兄长、与同学发生摩擦、发生纠纷,从拌嘴发展到打架,以至于受到惩罚,为此,气恼万分,希望寻找解决问题的办法。

这两位同学写信来咨询,我是欢迎的。中学生了,吵吵打打,与身份不相称,应该寻求妥善的解决方法,集中精力,勤奋学习,使自己在德智体诸方面得到发展。我觉得,首先应该懂得,任何一个人都是生活在群体之中,是群体的一个成员。家庭也好,学校也好,班级也好,都是一个群体,作为家庭的一个成员,学校的一名学生,有义务也有责任维护这个群体的团结、和谐、宁静。"人"这个字大家都认识,大家都会写,但它的内涵十分丰富,不是每个人都能理解,都能感悟,有些人对它甚至一无所知。人之所以为"人",在于社会性,在群体中要互相支撑,互相帮助。正如这个字的字形一样,由一撇一捺组成,缺少任何一笔都不行,两个笔画不支撑,也不像"人"。懂得了这一点,就会有意识地把自己放在群体之中,放在合适的位置上。

其次,要学会容忍。家庭中兄妹也罢,学校里同学也罢,不可能有不可调和的你死我活的矛盾。不外乎是对某人某事某物有些不同的看法,不外乎语言上有某些冲撞,或者有点讽刺挖苦,不外乎在某些行为上有不如自己意的地方,凡此种种,细细想一想,深入地想一想,就会觉得没有什么了不起的大事。有些争执甚至是幼稚的,可笑的。这样想想,心就会平,气就会和顺起来。学会容忍是心胸广阔的表现,别人的言行只要不有损于国家、有损于集体,都要能容忍。当然,容忍不是不做工作。别人在火头上,不要碰,等冷却下来后再慢慢做工作,讲道理。至于影响个人的鸡毛蒜皮的小事,就不必顶真。人一天能吃几碗饭,难道还容不得几句话吗?在群体中如果没有宽容别人的美德，那就会如干柴一堆，一碰就着火，影响集体的凝聚，影响集体的安宁。

再次，要锻炼自己的自制力。俗话说，一只碗不响，两只碗叮当。吵架，打架，总是双方面的事。从吵到打，有个过程，这个过程中必然是双方互不相让，你抬杠，我抬杠，火越扇越大，逐步升级，最终闹得不可开交，以武力来解决。骂人、打人，是没有修养的表现。要使这种蠢事不再发生，就要加强修养，控制自己的感情。怎样控制呢？一是"让"字当头，开车有个"礼让三先"，如果两车相遇，"抢"字当头，十之八九会出车祸。发生矛盾也是如此，让一让，往后退一退，对方火气就会降点温。让，并不吃亏，息事宁人，坐下来心平气和地谈，对解决问题有百利而无一害。二是转换位置，设身处地替对方想一想。这样做的好处是会检验一下自己的想法、做法究竟是不是对。将心比心，感情上就立即会缩短距离，有助于冷静下来解决矛盾。

再说，人不可能事事对，事事都是自己正确。要有点自以为非的精神，自我批评的精神。两人争吵，自己不一定对，有时出于任性，有时出于蛮横，有时心里明明知道错了，但嘴仍然硬，硬撑面子。如果是这样，责任就在自身，吵架、打架在理上就完全输了。要养成尊重事实的好品德，自己错了，老师批评，同学指出，就应该感谢别人的好意，感谢别人的真诚，错把好意当伤害，胡闹一番，别人当然受不了。

一个人的精力有限，一个学生的主要精力应用在学习上。对生活中的小事，对人际关系中无关轻重的事应该洒脱一些，不放在心上。眼睛里容不得半点沙子，遇事斤斤计较，不仅给学习带来不良影响，而且会使性格扭曲，一天到晚沉湎于恩恩怨怨之中，思想情操不能获得健康的发展。

必须牢记：吵架、打架是很不文明的行为。思想上提高认识，行动上增强自制力，无论为人处世都坦坦荡荡，就能够做到向它们告别。

袁、杨二位同学，以及其他有类似情况的同学们：努力加强自身的文明，使胸怀宽广起来，多看别人的长处，抑制暴躁情绪，必能有效地解开矛盾，与家人、与老师、与同学和睦相处。

包装与修养

江苏省句容县高中三年级薛梅同学来信说，自己性格开朗，高兴时开怀大笑，旁若无人，想到什么就毫无顾忌地说，有时也和同学打打闹闹。为此，受到同学的指责，把开朗说成放荡，把活泼看作轻浮，因而，十分苦恼。问：是否在班级里每个人都要装得文文静静，包装得严严实实？

薛梅同学提出了一个很值得探讨的问题：学生求学，在班级里与同学相处，要不要自我包装，要不要把自己包装得严严实实。说到包装，先要从物品的包装说起。在商品流通的社会里，外包装显得越来越重要。在一些国家，有些物品普通又普通，乃至无甚价值，但一层层包装，包装得金碧辉煌，令人目眩。在我国，商品过去不讲究包装，讲究的是货真价实。在市场经济发展的情况下，包装提高到前所未有的高度，越来越重视，越来越考究，越来越有新招式。原因何在？要吸引顾客，要取悦于顾客，激发顾客购物的欲望。显然，无论是国外，也无论是国内，讲究包装是为了提高商品档次，扩大销售额，从而获取较多的利润。如果是劣质产品，只讲包装，就是欺骗行为。这个"包装"是贬义的。

人与物截然不同，人，尤其是青年学生要讲究纯真，心地纯净，晶莹透亮。如果戏谑地把人的穿着打扮说成是"包装"，那无可非议。每个人根据自己的审美观点、经济条件选择衣物装扮自己，只要大方、美观，别人能接受就行。如果是指披了一件与自己思想、性格、言行等不一样或不完全一样的"外衣"，这样的包装就是虚假，不仅不能提倡，而且要坚决反对。

学生进学校学习，要学会求知，学会劳动，学会生活，学会健体，学会审美，学会做人，而最为重要的是学会做人，做一个有理想、有道德、有文化、有纪律的人。虚假是道德的大敌。克林凯尔有句名言：真正的伟人常常是平凡的，他们的行为既不做作，也不虚饰。学生当然目前不是伟人，但应以伟人为榜样。做人要坦率、真诚。同学之间没有任何利害冲突，应该与尔虞我诈无缘。每位同学有自己的性格，自己的脾气，自己的兴趣爱好，有长处，有不足，但这些都不妨碍同学之间真诚相处，友好相处。也许对有些事情有不同的看法，也许会展开激烈的争论，也许把某些同学身上存在的缺点拔高，看得过分严重，即使如此，只要以诚相处，并不影响班级整体的和谐。做人贵"真"，同学相处贵"诚"，把自己蒙上面纱，内心一套，外表一套，成了两面人，那就与做一个正直的人、做一个真正的人的准则完全违背。事实上，我们的同学当中也没有这样的人。可能有的同学在某些方面把自己掩饰起来，出于一时的需要，但与严严实实包装仍然有质的区别。假的就是假的，有眼光的人都能识别，持久不了。学生身上虚假不多，对这一点要有基本估计。学生身上有这样那样的缺点毫不足怪，同学应出于善意，真诚地指出，热情地帮助；有缺点的同学自己不要隐瞒，更不能伪装和掩饰，而是正确对待，认认真真改正就行了。

看起来，薛梅同学有种误解，误认为同学对自己的指责似乎会导致人人需要包装起来，问题没有那么严重。可能同学的指责有点过分，特别是用词不当。开朗是很好的性格，活泼也很可爱。青年学生不活泼，难道叫七老八十的人活泼吗？放荡与开朗有本质的区别。前者是指行为不端，如果把打打闹闹、开怀大笑看作是放荡，那就在判断上出现了差错。

应从两个方面来努力。看到同学身上有不足，有缺点，甚至有严重的缺点，要竭诚帮助，千万不能背后叽叽喳喳。同窗三载，要珍惜难得的聚会，珍惜青春年华时代的友情。这是学做纯真的人很重要的方面。薛梅本身也应该反躬自省，自己的言行有无有失检点之处。高三的学生毕竟不是幼儿园的小朋友。在小朋友身上的语言动作，虽幼稚，但可爱，如果搬到青年身上，就可笑，因为与年龄与文化水平太不相称了。重要的是加强自身的思想修养、道德修养。高中生已是小文化人，是非对错，心中已很明白，关键在自己怎样做。凡事有个"度"，有个分寸，过分打闹，毫无顾忌，无形中会影响别人的学习或工作，那就应自我约束，因为人是生活在集体之中，时时刻刻要想到别人。再说，开朗指心胸比较开阔，性格乐观，与无顾忌的言行之间不能画等号。

　　加强自我修养，对指责者和被指责者同样重要。一朵花做不成花篮，每个人学习做人，班级就花团锦簇，春满人间。

妒：一种丑恶的感情

高丽英、亢莉、李雯等同学：

你们的信收到。你们在信中袒露了自己的思想，说明知道忌妒别人不好，但由于自尊心、虚荣心作怪，克制不住自己，怕学得差的赶上自己，怕学得好的越学越好，因而心里十分烦躁，希望得到帮助。感谢你们向我吐露真心话，但吐露只是反映情况，重要的在于认识忌妒的危害，摆脱它的缠绕。

人的思想感情里有真善美，也有假恶丑。崇尚真善美的，道德情操高尚，被假恶丑浸染的，做人的德行差，常令人远而避之。《红与黑》的作者司汤达曾这样认为："忌妒是诸恶德里面最大的恶德。"染上忌妒毛病的人，总害怕别人进步，别人有成绩，别人聪明，别人漂亮……总而言之，一看到别人好，心里就不舒服，而且不是一般的不舒服，而是像有条无形的蛇在吞噬着自己的心。

忌妒是心胸狭隘的表现。眼睛里容不得半点沙粒，怀有忌妒心的人容不得别人比自己强。时时比，事事比，越比心态越不平衡，越比忌妒之火越升温，乃至怒火中烧。忌妒，往往又选择目标，比自己真正高明的，差距悬殊的，不作为妒的对象；与自己相仿的，同龄人、同学、朋友，进步了，成功了，心里就不舒服，就容不得。中国有句古话，叫"宰相肚里好撑船"，意思是人要宽宏大量，不要斤斤计较。每个人头上有一片天，都有成长的条件，都有发展的机会。任何一个人，不论本事有多大，都不可能一手遮天。红花还要绿叶扶持，万紫千红才能编织春色。大自然风光如此，更何况是人类社会？学生世界里有许许多多朝气蓬勃的青少年，学生世界中任何一个人的进步，都是给这个世界增添力量，增添光彩。胸怀宽广，就会为之而高兴，而激励自己奋发图强。

要克服心胸狭隘的毛病须加强自我修养，用高尚的人的美好情操陶冶自己的思想感情。首先是加强学习，读些好书，开阔视野，从个人得失的小天地里解放出来。世界大得很，天地广阔得很，有志青年要学习的知识太多太多，将来要做的事也很多很多，把时间花在学本领上都来不及，怎能把心思用在鸡虫得失的小事上？多读好书，增进知识，开阔视野，向英雄学习，向优秀人物学习，眼光就会远起来，心胸就会逐渐宽起来。其次是摆正"比"的位置。年轻人喜欢比，但比什么，怎么比，很有讲究。以自己之长比别人之短，越比越觉得自己了不起，越觉得自己是块好材料，委屈得很，越觉得别人左也不顺眼，右也不顺眼。多比别人的优点，多比别人的长处，就会心平气和，虚心向人家学习。"妒"与"学"，感情上、行为上迥然不同。

当然，更为重要的是精神振奋，努力学习，使自己快快成长。要学习成绩优异，就得自己努力，天资再不高的人，也能积跬步以至千里；再聪明的人，不努力，也只能裹足不前。让妒忌的感情在胸中膨胀，对被妒忌的人丝毫没有损害，别人照样前进，对自己却有百害而无一利，被这种丑恶的感情纠缠，就会日益萎靡。

人要有自尊心，但自尊心与尊重别人并不矛盾。自尊是尊重自己，不向别人卑躬屈膝，也不容许别人歧视、侮辱。自尊的人既应尊重自己，也应尊重别人。自尊到要忌妒别人，已是对自尊心的一种扭曲。虚荣心要不得。有虚荣心就会如迷雾迷住眼睛，追求的东西实际上是雾中花，水中月，可望而不可即。有虚荣心就会是非难以辨别，甚至颠颠倒倒。

要消除妒忌这个恶魔对自己的侵害，须变狭隘为宽广，清除虚荣，端正自尊，奋发向上。青年学生不怕有这样那样的毛病，只要认真对待，及时治疗，就能恢复健康。希望这几位同学以及与他们有类似情况的同学，读了这封信后，能甩掉妒忌这个包袱，在学习生涯中愉快地前进。

委屈·受挫·承受力

甘肃省漳县一中初二学生郦丽、云南省祥云县第一中学高中学生段华先同学来信说,自己学习很努力,可一个学期下来,任课老师教课没有一次提问过自己,甚至连姓名也不清楚,自己写的作文是经过反复思考、修改才定稿的,可是批语是"这是你自己写的吗",为此,很苦恼,很伤心,请求解开思想上的疙瘩。

学生对教师有一种孺慕之情,就像小辈对长辈一样,尊敬、信赖、依恋。从心底发出的真情,做教师的应该理解,应该珍视,应该深切体会到这是人间最纯真、最无瑕的感情。

教师爱学生,对学生关心,这是做教师的责任。可能某老师新来乍到,还来不及对每位同学作比较深入的了解,也许还有其他原因。这些,这里暂不加评论。教师在教学实践中根据师德要求,会逐步提高,逐步自我完善。这儿和两位同学讨论的是:如何对待委屈?如何对待受挫?如何锻炼自己的承受力?

作为一名社会中的人,在生活道路上要接触各种各样的人,和各种各样的人打交道,要每个人对自己都理解,都支持,是不可能的。有时,明明事情做对了,别人不仅不称赞,反而有意无意埋怨几句,这时,自己如果不冷静,就会火冒三丈,就会感到委屈,轻则心情不舒畅,重则撂挑子,明明是好事也不干了。

社会纷繁复杂,在待人处事方面,一个人受委屈、受挫折的地方很多。一是要学会分析,学会化解。所谓委屈,就是客观评价与主观愿望发生矛盾,自认为前者是不公正的、不符合实际的。既然主客观发生矛盾,就应分析原因。如信中所说,教师一次都未提问过自己,原因究竟何在呢?可能这位教师擅长讲解,不善于启发学生质疑、组织学生析疑答疑;也可能有些学生学得十分主动,教师一提出问题,这些学生已经解答，无须展开讨论、再请别的同学发表意见，也可能……原因往往是多方面的，冷静下来分析一下，就心平气和得多了。有了矛盾，贵在化解。师生关系要亲密和谐，师生双方面都要作努力。教师起主导作用，当然要主动了解学生，关心学生，但学生也要主动找老师。心里有什么想法，主动找老师谈心，竭诚相待，让老师了解自己，如果有误会，有隔膜，就会烟消云散。二是锻炼自己的坚忍性。世界上的事从来都不是一帆风顺，而是曲曲折折向前发展的。人生旅程中的事，十之八九不如自己的意。有的是主观方面的原因，一切往好处想，一厢情愿，期望值过高；有的是客观原因，阻力重重。不管是哪方面的原因，都要锻炼自己的坚忍性。人不是玻璃制品，一碰就碎，面对生活，脆弱是不行的，要勇气百倍地向前进。大家都知道小草的性格，被践踏，被火烧，"野火烧不尽，春风吹又生"，被踏了倒伏下去，脚一离开，又昂起头来，求生存，求发展。年轻人就要有意识地培养小草似的这股劲，锻炼自己坚忍的性格、坚忍不拔的毅力。

俗话说，宰相肚里好撑船。形容人要宽宏大量，担得起事。青年学生当然不能这样要求，但遇事要有承受力是必不可少的。贝弗里奇在《科学研究的艺术》中说道："人们最出色的工作往往在处于逆境的情况下做出。思想上的压力，甚至肉体上的痛苦都可能成为精神上的兴奋剂。"思想上的压力，肉体上的痛苦，要正视，要跨越，须具有相当大的承受力；越是能承受困难、承受挫折的人，越是能在困境中崛起，做出贡献，创造辉煌。"这是你自己写的吗"这句批语据我推测，老师是善意的。看到学生的作文出乎意料的好，就情不自禁地写下这句话。不管什么原因，哪怕是误解，甚至信任度发生动摇，自己也要有承受的能力。

人的成长如树木花草一样，既要有阳光雨露的爱抚，又要能经受住风雨的洗礼。梅花香自苦寒来，经受挫折的磨炼，人的成长就越迅速，越刚强。师生之间有点误解本是稀松平常的小事，但从中可悟出一点做人的道理，促进自己走向成熟。

一字之差

李文宏、张宁、王静、樊宁等同学：

来信都谈到交友的问题，谈到和异性同学相处，友情如何把握，又怎样与爱情区分，在交友中出现种种不愉快给自己以困扰，希望能够得到解脱。

青年人喜交友，交友中由于纷繁复杂的社会生活的折射，又会有种种困惑，这是可以理解的。这个问题涉及的范围很广，暂不探讨。只就一字之差的"友情"与"爱情"说几句。

我国课堂教学是以班级组织形式来进行的，一个班级数十人，有男学生，有女学生，因此，与异性学生接触、交友，是极其正常的情况，没什么可点点戳戳、说三道四的。但是，有几点须十分注意。首先，交友要定格，"格"的定位应定准。同窗之谊不管是同性还是异性，都是友谊、友情。因此，定格要定在"友"上。这方面，与同性同学相交，问题不大，是同学，是朋友，是好朋友，是知心朋友，都无可非议。与异性同学同学习、同劳动，这个"格"就十分重要。认为与异性同学说话、接触，就是有爱情，这是认识进入了误区。友情与爱情虽一字之差，但是存在质的不同，切不可混淆，否则就会庸人自扰，产生不必要的困惑。其次，与异性同学交友，要心里坦荡荡。定格定准，心中就没有无可告人之隐，心底就会坦荡如砥。和同性朋友相交一样，别人的优点要吸取，别人的不足要帮助，互相尊重，互相学习，工作中团结协作，在学习生涯中共同进步，德智体美都得到发展。第三，排除干扰。自己由于特定环境的影响，和异性同学在学习上、工作上有所接触，心中坦荡荡，本没有什么想法，可是却有另外的异性同学妒忌了，使自己很难堪。只要心中的准绳是友情，此时此刻，就应排除干扰，或直言奉告，或以无声的语言——行动，表明自己的态度。至于有轻率的、不庄重的行为，不管他是哪位教师的儿子，某个人物的孩子，都应毫不含糊地讲道理、论是非，忍受屈辱、怕这怕那是无济于事的。特别是女孩子，有自己的女性尊严，要"争"，才能捍卫。

中学生青春年少，是学习的最佳时期。学生的任务就是学知识、学本领，专心致志才会学有成效。受港台影视、小说的影响，过早地去谈情说爱，对学业、对健康成长都有不良的影响。再说，学生毕竟年纪轻，特别是初中学生，涉世极浅，很不成熟，过早谈所谓"爱情"，有百害而无一利。中学生应珍惜学习的大好时光，与异性同学相交，定格在"友"上，培育友情，增进友谊。

排除"求爱信"的干扰

江苏省海门县包场中学高中部江志华同学来信说，进入高中，人的思想变化了许多，好些成年人干的事情也过早地踏入了学校生活，有的女孩子被纷纷袭来的求爱信困扰。起初，还能不理睬，但一封一封多了，弄得她们精神恍惚，学习成绩急剧下降，甚至于想辍学，以求解脱。为此，看在眼里，急在心里，希望能得到帮助，使这些同学恢复学业，健康成长。

江志华同学出于对同窗学友的关心，提出了一个值得重视、值得思考的问题。对这个问题有正确的认识，以正确的态度冷静处之，就能跨越关隘，成熟起来；否则，容易误入歧途，损伤青春的价值。

首先，对求爱者的信无须大惊小怪、惊慌失措。进学校，目的在求知，学习做人的道理，学习建设祖国的本领，使自己成为有理想、有道德、有文化、有纪律的人，为人民为祖国做贡献，让生命闪发光辉。有了正确的学习观、人生观，对外来的种种干扰就能识别，就能泰然处之。做人的道理懂得越多越深，学习的目的性就越明确，就越能排除干扰，孜孜不倦地求知。

当然，十七八岁的女孩子要完全回避"爱情"二字是不可能的。那么多的港台歌曲，情啊，爱啊；那么多的电视剧，爱情纠葛啊，悲欢离合啊；那么多的言情小说，说不清的爱，讲不完的情，对青年学生不可能没有影响。关键在于对爱情要有正确的认识，要树立正确的恋爱观。

写求爱信的同学往往信奉"一见倾心"，收到这类信"袭击"的女同学须有清醒的认识。"一见倾心"不等于就有真挚的感情。邓颖超同志对这个问题说得十分深刻,她说:"真挚的持久的爱情,不是'一见倾心',因为相互的全面的了解,思想观点的协和,不是短时期能达到的,必须经过相当的时期才能真正了解,才能实际地衡量双方的感情。"显然,真挚的爱情是建筑在彼此深入了解的基础上的,而思想观点的协和,对事业的共同追求又至关重要。正在求学的高中学生难以具备这些条件。且不说那些不同班级、不同年级的同学不了解,就是同班同学,大家都忙于学习,忙于完成各学科作业,谈不上深入了解。再说,由于中学生尚未步入社会,对人生知之甚少甚浅,对人的了解也往往停留在表面或局部。了解人、认识人是极其不容易的,需要时间,需要在不同场合、不同事情的碰撞中认识。凭感觉,凭一时冲动,感情就无基础,就没有根,因而,也就会飘忽不定,随时转向。由此可见,这种"求爱信"缺乏扎实的感情基础,有相当的盲目性。

树立正确的学习观、人生观,树立正确的恋爱观,遇到这类事情就能冷静分析,认识清楚。认识清楚就能无动于衷,做到不理睬,冷处理。最可怕的是一方面说回避,一方面又放纵感情,把现实生活中的事与文艺作品中描绘的爱情黏合起来,蒙上浓重的梦幻色彩。不能运用理智自我控制,就会加大干扰,恍惚迷茫,影响学习,影响健康成长。中学生对什么是真正的爱情还缺乏深刻的理解,就是随着年龄的增长,理解了,认识了,仍然要用理智控制感情。大戏剧家莎士比亚有句名言很值得作为处理感情与理智的座右铭,这句名言是:"爱,和炭相同,烧起来,得想办法叫它冷却。让它任意着,那就要把一颗心烧焦。"

写求爱信的同学应该反躬自省。自己的行为太轻率,"一见倾心"的感情不牢靠,采用的方式既可笑,又不尊重人。一名高中学生应该有自控的能力,应考虑到自己行为所产生的后果。学生的心思应该放在学习上。任何一个人不可能有第二个青春,高中阶段是学习求知的最佳时期,把青春大好时光花在胡思乱想方面,是对生命的极大浪费。学生要珍惜学习机会,勤奋刻苦,吮吸知识的乳汁,努力丰富自己,成为有文化教养的人。

这类事情经常发生的话,教师就须加强教育。青春这一关过得好,学习风气正,基础打得厚实,学生才有广阔的前途。

痴醉与自拔

山西省汾阳市三泉高中六十二班的一位同学来信说，由于自己不知不觉地爱上了一名女同学，功课耽误，成绩下降，以致常常陷于胡思乱想、如痴如醉之中，为了寻求解脱，就借酒浇愁，学会抽烟，自己折磨自己。

青年人对异性产生爱慕之情，只要是纯真的，健康的，本无可非议。但是，作为一名高中学生，如何正确对待这样的事，从认识到感情都应作一番认真的思考。

青年人往往有一种错觉，只要异性同学和你多说几句话，或偶然地多看一眼，就误以为人家对自己有什么意思，于是就想入非非。其实，这是主观臆想，客观事实并非如此，徒然是自作多情、自寻烦恼而已。如果发生这种情况，就应头脑冷静下来，认认真真想，面对现实，承认事实，清除主观臆想，迷雾拨开，就能精神振奋，投入学习。还有一种情况是自己确实对某异性同学发生了好感，甚而有爱慕之心。这在交友中本来很常见。但多情的人常认为这就是爱情，而且是浓浓的爱情。其实，好感与爱情之间有很长一段距离，即使是爱慕，也不等于是爱情。朦朦胧胧地把这些混淆起来，并一厢情愿地堕入自己制造的爱河之中，自酿苦酒，实在大可不必。真正的爱情是建立在彼此深入了解的基础之上，情投意合，甘苦与共。"一见钟情"是才子佳人小说中的时髦套路，现实生活中照此办理的，十之八九无好结果。因此，发生这种状况，同样头脑要降温，要保持冷静，区别好感、爱慕与爱情，要破除自织的网、制造的河，与冲动、轻率告别。

中学生由于处在长知识、长身体、长觉悟的时期，为人处世常比较幼稚，很不成熟，在交友方面也是如此，往往容易偏激，容易片面,"好",就是绝对的好,完美无瑕,"不好",浑身都有毛病。正因为涉世很浅,对人的认识缺乏全面、深入的了解,早恋很不合适,对自己的健康成长、全面发展不利。绝大多数的学生认识到这一点,就聚精会神努力学习,力求学得真本领,将来为祖国服务。如果真的萌发了爱情的幼苗,怎么办呢?应该强化自制的能力。首先要摆正位置。学生的主要任务是学习而不是谈情说爱。作为一名有理想有抱负的青年,应深刻意识到自己的责任和义务。人生在世,事业第一,不珍惜今日的学业,哪来明日事业的辉煌?牢记祖国培育的深恩,就能有源源不断的内驱力,奋发向上。其次要锻炼性格、意志,净化感情。俗话说:大丈夫要拿得起,放得下。一个人一辈子要碰到许许多多事,如意的,不如意的,要干许许多多事,爱干的,不爱干的,"粘"住了一个问题就哀哀怨怨,不能自拔,成不了大事,是性格、意志不坚强的表现。纯真的感情必然激励自己积极向上,完善自己的性格,增强自己的意志。因此,对这位同学来说,当务之急是:提高认识,转换情感,痴醉于学业,从沉湎中自拔。

从来信中看,这位同学文笔很不错,有点才气。只要能鼓起勇气,正确对待,前途会是美好的。

破除自我封闭

云南省会泽县第一中学韩日同学、四川省古蔺中学罗林林以及湖北省荆州市、内蒙古乌海市两位不愿透露学校和自己姓名的同学来信说，自己是生活在苦闷与彷徨中的高中生，理想与现实的矛盾，学习与娱乐的冲突，无时无刻不缠绕着自己的灵魂，无真正交往的好朋友，十分孤独，"纵有千种风情，更与何人说"；更有甚者，在某所学校里流行这样的话："男生越孤独越优秀，女生越优秀越孤独，优秀与孤独并存。"这种令人窒息的氛围影响学业，影响成长，希望能获得解脱。

年轻人有孤独感确实非常难受，要获得解脱，须找准孤独感形成的原因。孤独绝不是天生的，青少年有向群性，热爱生活，喜欢热闹，爱交朋友，按理说，孤独与青少年无缘。只是由于这样那样的原因，心理上、性格上受到影响而有所变化。从来信中看，不外乎有以下一些原因：一是看不惯，觉得别人自私、冷酷。例如一位同学患白血病，在发动捐款时，竟然有同学大笑，不仅漠不关心，还说身患绝症的人不应浪费社会的财富。这种自私、冷漠的关系使自己不敢正视人生，感到万般的孤独与悲凉。二是失落感。学习不能步入年级或班级的前列，在同学眼中似乎成了可有可无的人，像一根稻草随风飘忽。于是自怨自艾，悔恨自己不争气，失落得难以自拔。三是堕入冥想之中。过去的小小天地多美好：乡村的夜景，连绵的山峦，山洞边的槐树。现实是混浊的世俗小池，因而经常堕入三毛的"不要问我从哪里来？我的故乡在远方。为什么流浪？流浪远方，远方"的诗句中，在冥想中慰藉孤独的心。

不难看出，形成的原因虽各有差异，但共同点是自我封闭，用套子把自己裹得紧紧的，尽量和外界隔离。毋庸讳言，社会上有自私的人，有缺乏同情心的人，同学中也可能有类似现象，但是不是人人都如此呢？看问题要全面，不能以偏概全。社会上有真善美，但也有假恶丑。只看到前者，看不到后者，就会是非不分，善恶不辨，堕入幼稚与糊涂；如果只看到后者，看不到前者，就会眼前漆黑，悲观失望，似乎是众人皆醉我独醒。这都不符合客观实际。奉献社会、奋发有为的青年在各行各业不断涌现，只要眼睛认真观察，许多感人的事迹就会撞入眼帘。不说别的，就是同学之间关心别人、助人为乐的事也屡见不鲜。十个手指不可能一样齐，总有高低大小之分。同学之间认识、觉悟、性格、情操总会有差别。某个同学或某些同学对某个问题、某件事情有不周到甚至错误的看法，本不足为奇，正确的态度应是帮助、教育。学校是培养人的场所，着力于塑造学生具有健康的人格、良好的思想道德素质和科学文化素质。青年学生可塑性很大，只要坚持教育，缺点能改正，不足能弥补，应该有这个信心。

　　自怨自艾是自我封闭的又一种形式。总是悔恨，总是失落，不妨定下神来想一想：过去有多少辉煌，现在又失落了什么，有哪些事值得如此悔恨？充其量不过是以往可能成绩名列前茅，受到老师的器重、同学的拥护。事情发展有其规律，小学生考语文、数学，100分司空见惯，到高中，各门课程程度大大加深，要完全掌握得高分，实非易事。重要的是面对现实，振奋精神，放下包袱，轻装向前。顺规律而动，无怨无悔，就能向孤独告别。冥想又是一种自我封闭，沉湎于念旧的情怀之中，自视清高，孤芳自赏，远离现实的生活。孔子说："往者不可谏。"以往的人生不管怎样怎样美好，怎样值得珍惜，但毕竟已经过去，重要的是应该抓住现在，"现在"可能还不理想，但最抓得住，最可努力，最能创造美好。抓住了现在，心也就不会飘忽、流浪。

　　孤独和封闭结成联盟，优秀与孤独难以结伴。优秀的青年热爱生活，珍惜现在，敞开心扉，欢乐地接受阳光、空气、亲情、友情，感受集体的温暖，又以自己的真诚温暖别人的心，孤独当然与他们无缘。目前还有孤独感的也毫不可怕，只要破除自我封闭，打开心灵的窗户，清新的空气、灿烂的阳光就会扫除心理上的阴霾。青春是美丽的，生活是美好的。

超越自我就是生活的强者

柏健同学：

信收到。感谢你对我的信任，你能直袒胸怀向我诉说生活中的困惑与苦恼。我觉得你有力量从苦恼中摆脱出来，解除困惑，和同学们一起生活在快乐的集体中。

社会是人与人各种关系的总和。生产力发展，社会进步，一时一刻也离不开人和人之间的正常交往。从小学会尊重别人，热情而诚恳地对待别人，与别人友好相处，就可以促使工作有进展，集体有温暖，自己也可从集体中分享友谊与欢乐。

班级是由风华正茂的青年学生组成的集体。青春，就是财富，就是巨大的财富。青年人思维活跃，求知欲旺盛，对人生的真谛、自然的奥秘充满探求的愿望与行动；青年人好热闹，爱娱乐，三朋四友，志同道合，说天道地，评是论非，可以滔滔不绝。生活在青年人当中，即使年龄大的、年纪老的，也会受到青春活力的辐射，感到自己身上也有了使不完的劲。从你信中所说来看，你们班级很有几分这种味道，愉快是班级的主旋律。

你自责自己不合群，与同学交往很吃力，很不自然，虽多次试着改，但不见效果，因此，只得让"孤独"陪伴自己。其实，你能清醒地看到自己性格上的弱点，就有弥补的基础。关键在两条。

第一是痛感这种弱点会使自己裹足不前，下决心改。生活在改革开放的时代是十分幸福的。改变了闭关锁国的状况，人们的思想大解放，新知识、新技术层出不穷，各个领域创造的奇迹令人兴奋不已。只要认真地回顾历史，就会深深感到今日中国创造的业绩是多么辉煌。青年人应该张开双臂拥抱这个时代，要看，要听，要说，要想，从中获取新鲜的营养。与朋友、与老师交往，这方面能得到很多教益。千万不能自我封闭，用一只无形的手把自己裹起来。

第二是不断勉强自己，拆除拘束的屏障。儿童吃菜有个比较普遍的毛病，就是挑食，喜欢吃的拼命吃，不喜欢吃的，嘴闭得紧紧的，不肯吃。要健康成长，就需要多方面的营养，于是，做父母的，做老师的，就要采取多种多样的方法勉强孩子吃。同样的道理，要使自己合群，克服孤僻，就要不断地勉强自己，做自己原不想做的事，说自己原不想说的话。所谓"拘束"，就是有一种手脚都被捆起来，不能自由自在活动的感觉。手脚被捆，源于心理被绳索捆住。这种捆不是真正有形的绳索，而是种种无形的想法。比如，"我这样说，人家会笑话我吗？""我参加郊游不声不响，会使同学们扫兴吗？""同学们不叫我参加聚会，大概是怕看我紧张的样子。"凡此种种，都离不开一个"我"字，把"我"看得太重，屏障遮得太严实了。世界上有些事是绝对马虎不得的，如人要吃饭，种粮食丝毫不能掉以轻心；孩子要读书、受教育，否则会影响民族的素质，必须高度重视。而生活中大量的事都可随和一些，并不是锱铢必较，因而也不必紧张。在思想言行上拆除屏障，心地就宽了，合群性就强了，而心地越宽，心理屏障越能有效地拆除。

在生活道路上看到自己的不足，不断地勉强自己，超越自我，就是生活的强者。祝愿你取得成功，许多好朋友等待你去主动寻觅。

减肥

"一封薄薄的信,带去我心头许多愁!"这是河南省睢县回族高中文科二(2)班刘红莲同学写完信后专门加的一句话。确实如此,信上满纸愁云。学习效果不理想,想做"大学梦"又恐惧破灭;爱美,想像别的姑娘一样苗条,偏偏自己又胖;有时自知是虚荣心作怪,却又无法排遣,于是,堕入"长大烦恼多"的迷茫之中,希望得到解脱。特别是减肥的事,有没有良药医治,希望有肯定的答复。

关于学习,这封信暂且不谈,就谈减肥。爱美之心,人皆有之,特别是十七八岁的女孩子,希望长得美一点,亭亭玉立,这是无可非议的。可是天工造物非常奇妙,人不是一个模子里造出来的,有高有矮,有胖有瘦,有美有丑,就是孪生姐妹,也不尽相同。因此,愿望是一回事,实际又是一回事,有时二者相近,甚至吻合,有时差距很大。差距大怎么办呢?首先是承认事实。不能说瘦的人就绝对的美,胖的人就绝对的不美,古代还有"燕瘦环肥"的说法,可见对美的认识不那么绝对化。

现在流行瘦,于是给许多女孩子带来了烦恼,唯恐自己胖。为了制止发胖,对自己很苛刻,比如吃饭,明明可吃二两饭,偏偏吃一两,更有甚者,早上不吃,饿着肚子上四节课。仔细想一想,学习效果可想而知。脑血管的血约占全身血液的五分之一,脑子清不清醒,记忆力好不好,与血的质量有密切关系,而血的质量靠食物的营养。因此,正常的饮食与必需的营养,对正在长身体的中学生来说,十分重要。学生要德智体全面发展,增强体质才能担负起繁重的学习任务,将来也才能担当起工作的重担。为了追求苗条而置身体于不顾,是极不明智的表现,身体健康受影响,将来会后悔莫及。毕竟身体健康最重要,不在于胖与瘦。

已经比较胖怎么办？大可不必发愁，一是在饮食上调整，少吃饱含油脂的食物，少吃甜食；二是积极锻炼身体，这一条尤为重要。热量消耗少，脂肪就会堆积。年轻人特别要注意锻炼，跑、跳、打球、跳绳……不仅消耗热量，而且锻炼筋骨，锻炼意志，增强体力，提高学习效率。年轻人不能懒于活动，身体懒，脑子也勤快不了，再加上饮食不合理，发胖也就成了轻而易举的事。

不能乱吃减肥药。不锻炼身体，饮食不注意，吃什么药都不管用。再说，现在骗术不少，切不可上当。

但愿刘红莲同学积极锻炼身体，不要过分把注意力集中到胖与瘦的问题上，专心致志地学习，从自寻烦恼中解脱出来。

图书在版编目（CIP）数据

于漪全集.11,序言书信/于漪著.—修订本.—上海：上海教育出版社，2023.8
ISBN 978-7-5720-2213-5

Ⅰ.①于… Ⅱ.①于… Ⅲ.①序言－作品集－中国－当代②书信集－中国－当代 Ⅳ.①G4-53

中国国家版本馆CIP数据核字(2023)第149183号

上海教育出版社
官方微信平台

官方网站：
www.seph.com.cn

总 策 划	缪宏才	
执行策划	何　勇	
统　　筹	易英华	
责任编辑	付　寓	
整体设计	张国樑	董　伟

YUYI QUANJI

于漪全集　11　序言书信（修订版）
于　漪　著

出版发行	上海教育出版社有限公司
官　　网	www.seph.com.cn
地　　址	上海市闵行区号景路159弄C座
邮　　编	201101
印　　刷	上海雅昌艺术印刷有限公司
开　　本	640×965　1/16　印张 39.5　插页 4
字　　数	569 千字
版　　次	2023年8月第1版
印　　次	2023年8月第1次印刷
书　　号	ISBN 978-7-5720-2213-5/G·1972
定　　价	190.00 元

如发现质量问题，读者可向本社调换　电话：021-64373213